Andreas
Ganzer

Praktisches Programmieren in C

Bibliografische Information der Deutschen Bibliothek
Die Deutsche Bibliothek verzeichnet diese Publikation in der Deutschen Nationalbibliografie;
detaillierte Daten sind im Internet über **http://dnb.ddb.de** abrufbar.

Alle Angaben in diesem Buch wurden vom Autor mit größter Sorgfalt erarbeitet bzw. zusammengestellt und unter Einschaltung wirksamer Kontrollmaßnahmen reproduziert. Trotzdem sind Fehler nicht ganz auszuschließen. Der Verlag und der Autor sehen sich deshalb gezwungen, darauf hinzuweisen, dass sie weder eine Garantie noch die juristische Verantwortung oder irgendeine Haftung für Folgen, die auf fehlerhafte Angaben zurückgehen, übernehmen können. Für die Mitteilung etwaiger Fehler sind Verlag und Autor jederzeit dankbar.
Internetadressen oder Versionsnummern stellen den bei Redaktionsschluss verfügbaren Informationsstand dar. Verlag und Autor übernehmen keinerlei Verantwortung oder Haftung für Veränderungen, die sich aus nicht von ihnen zu vertretenden Umständen ergeben.
Evtl. beigefügte oder zum Download angebotene Dateien und Informationen dienen ausschließlich der nicht gewerblichen Nutzung. Eine gewerbliche Nutzung ist nur mit Zustimmung des Lizenzinhabers möglich.

© 2008 Franzis Verlag GmbH, 85586 Poing

Alle Rechte vorbehalten, auch die der fotomechanischen Wiedergabe und der Speicherung in elektronischen Medien. Das Erstellen und Verbreiten von Kopien auf Papier, auf Datenträgern oder im Internet, insbesondere als PDF, ist nur mit ausdrücklicher Genehmigung des Verlags gestattet und wird widrigenfalls strafrechtlich verfolgt.

Die meisten Produktbezeichnungen von Hard- und Software sowie Firmennamen und Firmenlogos, die in diesem Werk genannt werden, sind in der Regel gleichzeitig auch eingetragene Warenzeichen und sollten als solche betrachtet werden. Der Verlag folgt bei den Produktbezeichnungen im Wesentlichen den Schreibweisen der Hersteller.

Layout & DTP: DTP-Satz A. Kugge, München
art & design: www.ideehoch2.de
Druck: Bercker, 47623 Kevelaer
Printed in Germany

ISBN 978-3-7723-**7350-3**

Ganzer
Praktisches Programmieren in C

Inhaltsverzeichnis

1	**Einführung**	11
1.1	Voraussetzungen	11
1.2	Die Grenzen dieses Buchs	12
1.3	Einige Begriffe vorweg	13
1.4	Typografie	15
1.5	Die CD zum Buch	17
2	**Aus- und Eingabe von Daten**	19
2.1	Schreiben in den Bildschirm	19
2.1.1	Einfache Textausgaben	19
2.1.2	Ausgabefunktionen aus der Datei »conio.h«	25
2.1.3	Ausgabe von Zahlen	29
2.2	Arbeiten mit Variablen	32
2.2.1	Was ist eine Variable?	33
2.2.2	Verwenden von Variablen, die Zahlen speichern	34
2.2.3	Variablen für Zeichen und Zeichenketten	36
2.3	Exkurs: Bezeichner	40
2.4	Eingaben über die Tastatur	40
2.4.1	Einlesen von Zeichenketten	41
2.4.2	Einlesen von Zahlen	43
2.4.3	Zeichenketten über `scanf()` einlesen	45
2.4.4	Eingaben aus einer Zeichenkette lesen	46
3	**Arbeiten mit einfachen Datentypen**	49
3.1	Die Grunddatentypen in C	49
3.2	Einige Operatoren	54
3.2.1	Arithmetische Operatoren	54
3.2.2	Operatoren zur Bitmanipulation	58
3.2.3	Zusammengesetzte Operatoren	69
3.3	Typumwandlung	70
3.4	Definieren von benannten Konstanten in C	73
3.4.1	Das Schlüsselwort `const`	73
3.4.2	Aufzählungen	73
4	**Programmstrukturen**	77
4.1	Logische Operatoren	77
4.1.1	Einfache Bedingungen	78
4.1.2	Komplexe Bedingungen	80

4.2	Alternativen	80
4.2.1	Die unbedingte Verzweigung	81
4.2.2	Die bedingte Verzweigung	82
4.3	Schleifen	90
4.3.1	Die Endlosschleife	90
4.3.2	Die Zählschleife	90
4.3.3	Eine einfache Schleife mit `while`	95
4.3.4	Eine einfache Schleife mit `do-while`	97
4.3.5	Die `break`-Anweisung in Schleifen	98
4.3.6	Die Anweisung `continue`	100

5 Komplexe Datentypen 103

5.1	Arbeiten mit Speicheradressen	103
5.2	Felder	111
5.2.1	Eindimensionale Felder	111
5.2.2	Exkurs: Fehlerbehandlung	113
5.2.3	Mehrdimensionale Felder	115
5.2.4	Initialisierung von Feldern	116
5.2.5	Felder und Adressen	116
5.3	Zeichenketten	118
5.3.1	Zeichenketten definieren	118
5.3.2	Besonderheiten bei der Initialisierung	119
5.3.3	Konstante Zeichenketten	120
5.3.4	`cgets()` aus »conio.h«	121
5.3.5	Felder aus Zeichenketten	123
5.3.6	Die Informationsdatei »string.h«	125
5.4	Strukturen	131
5.4.1	Definieren eines neuen Datentyps	131
5.4.2	Der Zugriff auf Strukturkomponenten	133
5.4.3	Zeiger auf Strukturen	135
5.4.4	Initialisieren von Strukturen	136
5.4.5	Geschachtelte Strukturen	137
5.5	Unionen	138
5.5.1	Im Vergleich zur Struktur	138
5.5.2	Sparen von Speicherplatz	140
5.5.3	Unbestimmte Datentypen	142
5.5.4	Einfacher Zugriff auf bestimmte Bytes	143
5.5.5	Exkurs: Zahlen im Speicher	145
5.6	Bitfelder	148
5.7	Pseudo-Datentypen über `typedef`	150
5.7.1	Strukturen oder Unionen über `typedef`	150
5.7.2	Synonyme für vorhandene Datentypen	151

6	**Funktionen**		155
	6.1	Begriffe bei der Arbeit	155
	6.1.1	Prozedur und Funktion	155
	6.1.2	Definition und Deklaration	156
	6.2	Grundlagen der C-Funktionen	157
	6.2.1	Der allgemeine Aufbau einer Funktion	157
	6.2.2	Definieren einer Funktion in C	158
	6.2.3	Die Parameterliste im Funktionskopf	160
	6.2.4	Deklarieren einer Funktion in C	161
	6.2.5	Funktionen ohne Rückgaben	163
	6.3	Zeiger, Parameter und Rückgaben	180
	6.3.1	Wie werden Parameter in C behandelt?	180
	6.3.2	Strukturen als Parameter	183
	6.3.3	Übergabe von Feldern an Funktionen	185
	6.3.4	Ellipsen	190
	6.3.5	Sinnvolle Rückgaben	193
	6.4	Die Funktion `main()`	195
	6.4.1	Grundlagen	195
	6.4.2	Ein praktisches Beispiel	201
	6.5	Sichtbarkeit und Gültigkeit	203
	6.5.1	Die Problematik im Beispiel	203
	6.5.2	Lokale und globale Definitionen	211
	6.6	Speicherklassen	213
	6.6.1	Speicherklassen für Funktionen	213
	6.6.2	Speicherklassen für Variablen	213
	6.7	Eingaben von der Tastatur lesen	214
	6.7.1	Formulierung der Anforderungen	215
	6.7.2	Die Eingabefunktion	217
	6.7.3	Erzeugen von Zeichensätzen	221
	6.7.4	Eine abschließende Probe	224
7	**Der Präprozessor**		227
	7.1	Makros und Konstanten	227
	7.1.1	Die Anweisungen `#define` und `#undef`	227
	7.1.2	Nützliche Präprozessorkonstanten	230
	7.1.3	Makros	233
	7.2	Funktionen oder Makros?	235
	7.2.1	Gefahren eines Makros	235
	7.2.2	Vorteile eines Makros	236
	7.3	Arbeiten mit mehreren Dateien	237
	7.3.1	Ein erstes Pseudomodul	238
	7.3.2	Bedingtes Übersetzen	241
	7.4	Systemunabhängige Programme	244
	7.4.1	Compiler und Umgebungen erkennen	245
	7.4.2	Gleiche Datentypen für jeden Compiler	252

8 Modularisierung ... 259
8.1 Ein erstes Beispiel ... 259
8.1.1 Das Hauptmodul ... 260
8.1.2 Die Informationsdatei »getstr.h« ... 260
8.1.3 Das Modul »getstr.c« ... 262
8.1.4 Resümee ... 263
8.2 Exkurs: make ... 264
8.2.1 Was ist make? ... 264
8.2.2 Ziele, Abhängigkeiten und Regeln ... 265
8.2.3 make verwenden ... 267
8.2.4 Erweiterte Abhängigkeiten ... 269
8.2.5 Makros und Direktiven ... 272
8.2.6 Implizite Regeln ... 274
8.2.7 Verzeichnisse in einem Makefile ... 276
8.3 Lotto – ein größeres Projekt ... 280
8.3.1 Die Anforderungen ... 281
8.3.2 Die Verzeichnisstruktur ... 281
8.3.3 Die Module ... 284

9 Zeiger und Speicher ... 299
9.1 Zeiger auf Funktionen ... 299
9.1.1 Die reguläre Definition ... 300
9.1.2 Funktionszeiger über typedef ... 303
9.1.3 Eine praktische Anwendung ... 304
9.2 Zeigerarithmetik ... 306
9.2.1 Die einfache Arithmetik ... 307
9.2.2 Besonderheiten bei mehrdimensionalen Feldern ... 310
9.2.3 Praktische Beispiele ... 313
9.3 Der Heap ... 315
9.3.1 Funktionen zur Heap-Verwaltung ... 316
9.3.2 Felder auf dem Heap ... 320

10 Dateien und Verzeichnisse ... 325
10.1 Arbeiten mit Dateien ... 325
10.1.1 Öffnen, schließen und löschen von Dateien ... 325
10.1.2 Arbeiten mit Textdateien ... 327
10.1.3 Arbeiten mit Binärdateien ... 331
10.1.4 Dateien kopieren, umbenennen und verschieben ... 338
10.1.5 Prüfen von Dateieigenschaften ... 340
10.2 Arbeiten mit Verzeichnissen ... 344
10.2.1 Arbeitsverzeichnis ermitteln und setzen ... 346
10.2.2 Verzeichnisse erstellen und löschen ... 351
10.2.3 Rekursives Verarbeiten von Verzeichnissen ... 355

A	**Compiler und Umgebungen**		363
	A.1	Kommandozeilencompiler	363
	A.1.1	Linux und MinGW (gcc)	363
	A.1.2	Borland (bcc32)	366
	A.2	Entwicklungsumgebungen	368
	A.2.1	Dev-C++ und wx-DevCpp	368
	A.2.2	MinGW Developer Studio	371
	A.2.3	Open Watcom 1.4	374
B	**Operatoren**		377
C	**Literale Konstanten**		381
	C.1	Nummerische Literale	381
	C.1.1	Zahlen allgemein	381
	C.1.2	Suffixe	381
	C.2	Zeichen und Zeichenketten	383
D	**Formatkennzeichner und Steuerzeichen**		385
	D.1	Steuerzeichen	385
	D.2	Formatkennzeichner	386
	D.2.1	printf() und scanf()	386
	D.2.2	strftime()	389
E	**ANSI-Escape-Sequenzen**		391
F	**Literatur**		395
	Stichwortverzeichnis		397

1 Einführung

Von C wird behauptet, dass es eine kleine Sprache ist, die mit sehr wenigen Elementen auskommt. Das heißt, dass sie keine hohe Komplexität besitze und leicht zu erlernen sei. Aus persönlicher Erfahrung behaupte ich aber, dass C sich eher im unteren Mittelfeld befindet. Sie ist nicht besonders komplex, aber auch nicht so einfach wie eine Skript-Sprache, wie z. B. JavaScript oder eine Stapelverarbeitungsdatei von Windows.

Tatsächlich werden Sie aber nicht weit kommen, wenn Ihnen nur die in C integrierten Sprachelemente bekannt sind. Denn neben diesen Elementen gibt es Bibliotheken, die Sie kennen und anwenden müssen. In den Bibliotheken befindet sich die Funktionalität, die z. B. einen Text auf dem Bildschirm ausgibt oder eine Eingabe von der Tastatur liest. Diese Möglichkeiten sind nicht in C integriert, sondern müssen zusätzlich bereitgestellt werden, um ein vernünftiges Programm zu programmieren.

Wenn das Wort umfassend sich auch auf diese Bibliotheken bezöge, würde das Buch etliche Tausend Seiten umfassen. Denn der Funktionsumfang ist geradezu unüberschaubar und unterscheidet sich bei den verschiedenen Compilern teilweise gravierend. Was Sie hier lernen, ist nur ein Ausschnitt aus den Bibliotheken, die von allen Compilern unterstützt werden.

Wie Sie noch bemerken werden, ist der Funktionsumfang, den Sie mit allen gängigen Compilern nutzen können, nicht besonders groß. In diesem Werk werden wir schnell an solche Grenzen stoßen. Einer dieser Fälle ist das Löschen des Bildschirms, wie es unter DOS z. B. der Befehl »CLS« oder unter Linux der Befehl »clear« macht. Auch für das Positionieren der Schreibmarke gibt es keinen Standard, der von allen Compilern unterstützt wird, genauso wenig, wie wir Farben verwenden können, wenn wir uns ausschließlich auf das stützen, was alle Compilerhersteller in ihren Bibliotheken zur Verfügung stellen. Deshalb werden wir an den entsprechenden Stellen auch kurz auf solche Punkte eingehen, damit Sie eine Vorstellung davon bekommen, welche Möglichkeiten Ihnen spezialisierte Bibliotheken bieten.

1.1 Voraussetzungen

Ganz ohne Vorkenntnisse kommen Sie mit diesem Buch allerdings nicht weit, denn bevor Sie damit beginnen, einen Computer zu programmieren, sollten Sie wissen, was ein Computer ist und wie er funktioniert. Sie sollten also keine Probleme haben, ihn einzurichten, Programme zu installieren und zu deinstallieren, (Text-)Dateien zu bearbeiten, zu kopieren, zu löschen, zu erzeugen, umzubenennen oder zu verschieben usw.

Sie sollten auch ohne Schwierigkeiten mit der Kommandozeile arbeiten können, Sie müssen wissen, wie Sie unter einer grafischen Oberfläche, wie z. B. Windows oder KDE von Linux, ein Konsolen- oder Terminalfenster öffnen und damit umgehen. Dass wir auf der Kommandozeile arbeiten werden, mag Sie etwas irritieren, da üblicherweise heute alle Aufgaben über die grafische Oberfläche abgewickelt werden, indem man über ein Menü oder ein Symbol die entsprechenden Programme aufruft und höchstens noch Benutzernamen, Kennwörter und ähnliche Kleinigkeiten in ein Dialogfenster eingibt. Und obwohl es heute große Entwicklungsumgebungen gibt, mit deren Hilfe man, wenn man den Herstellern Glauben schenkt, alles erledigen kann, was für die Erstellung einer Anwendung nötig ist, werden Sie auf die Kommandozeile nicht verzichten können, wenn Sie effektiv programmieren wollen.

Ein wesentlicher Grund, weshalb Sie auf der Kommandozeile arbeiten sollten, ist der, dass es noch immer viele Systeme gibt, für die es keine grafische Oberfläche gibt. Und wenn Sie ein Programm für ein solches System entwickeln wollen, müssen Sie auf der Kommandozeile arbeiten. Ein weiterer Grund ist, dass viele Dinge eben nicht aus einer Entwicklungsumgebung heraus erledigt werden können – egal, was die Hersteller versprechen.

Ein wenig sollten Sie von Mathematik verstehen. Damit sind nicht nur die Grundrechenarten gemeint, sondern auch Brüche und Potenzen. Sie müssen wissen, dass 10^0 gleich 1 ist, 10^1 gleich 10, 10^2 gleich 100 usw.

Zu guter Letzt erwarte ich von Ihnen noch etwas, das nichts mit Wissen, sondern mit Charakter zu tun hat: Sie sollten experimentierfreudig und neugierig sein und auch keine Angst haben, an einem Programm alles auszuprobieren, was Sie nicht verstehen. Sie sollten den Fleiß mitbringen, sich selbstständig durch die Dokumentationen der Programme und deren Onlinehilfen zu arbeiten. Es gibt so viele unterschiedliche Umgebungen, dass ich nicht auf alle Parameter und Details eingehen kann. Allein die Anwenderhandbücher der gängigen Entwicklungsumgebungen enthalten bereits mehrere Tausend Seiten. Und die kann ich hier natürlich nicht wiedergeben.

1.2 Die Grenzen dieses Buchs

Was Sie in diesem Buch nicht finden werden, ist die Programmierung einer grafischen Oberfläche wie Windows oder die KDE von Linux. Wir werden also nur Programme entwickeln, die als sogenannte Konsolenprogramme laufen werden.

Für alle, die jetzt enttäuscht das Buch beiseite legen wollen: Urteilen Sie nicht zu früh. Es gibt auch heute noch viele Arten von Programmen, für die eine grafische Oberfläche tatsächlich überflüssig ist. Was aber für meine Entscheidung, hier auf der Konsole zu bleiben, das wichtigste Kriterium ist: Sie sollen die Programmiersprache C erlernen. Und das, ohne von der Komplexität einer grafischen Oberfläche abgelenkt zu werden. Fast alles von dem, was Sie hier lernen, werden Sie auch übernehmen können, wenn

Sie später Anwendungen mit einer solchen Benutzerschnittstelle entwickeln wollen[1]. Und eines dürfen Sie mir glauben: Wenn Sie professionell programmieren wollen, dann müssen Sie alle Möglichkeiten einer Programmiersprache kennen. Denn ohne diese werden Sie schnell an Ihre Grenzen stoßen. Solche umfassenden Möglichkeiten lernen Sie in keinem Buch, das darauf ausgelegt ist, Ihnen nur die Programmierung einer grafischen Oberfläche zu vermitteln.

1.3 Einige Begriffe vorweg

Programmieren

Unter dem Begriff *Programmieren* verstehen wir das Erstellen eines Codes für einen Rechner, also für einen Computer. Im Grunde sagen wir der Maschine mit diesem Code, was sie tun soll.

Programmiersprache

Da keine Maschine unsere Umgangssprache versteht, gibt es die Programmiersprachen. Eine dieser Sprachen ist C, eine andere ist C++. Auch diese Sprachen werden nicht vom Computer verstanden, bilden aber die Arbeitsweise, die Logik und den Aufbau des Rechners besser ab als die Umgangssprache. Außerdem lässt sich die Umgangssprache sehr schlecht analysieren und auf Fehler überprüfen. Das gelingt bei Programmiersprachen durch den besser strukturierten Aufbau leichter.

Compiler

Wie schon gesagt, versteht ein Rechner auch die Programmiersprache nicht. Daher muss ein in dieser Sprache verfasster Text übersetzt werden – und zwar in die Maschinensprache. Dieser Vorgang wird *Übersetzen* genannt[2]. Das Werkzeug, also das Programm, das eine Programmiersprache in Maschinensprache übersetzt, heißt *Compiler*.

Quelltexte und Objektdateien

Eine Datei, die Code, also Text in einer Programmiersprache, enthält, wird *Quelltext* genannt. Das ist die Datei, in die Sie den Programmcode hineinschreiben. Dieser Quelltext wird vom Compiler übersetzt. Das Resultat der Übersetzung ist eine Datei, welche den Code in Maschinensprache enthält. Er nennt sich *Objektcode* und die Datei, die ihn enthält, heißt *Objektdatei*.

---

[1] Was Sie in einer grafischen Oberfläche nicht verwenden können, sind die Ein- und Ausgabefunktionen, die ein Konsolenfenster voraussetzen. Eine grafische Anwendung zeichnet sich dadurch aus, dass sie eben kein solches Fenster mehr benötigt.

[2] Meistens wird allerdings das englische Wort *compiling* verwendet. Daraus entstehen dann solche Begriffe wie *compiliert* oder *compilieren*.

Linker

Objektdateien enthalten Code in Maschinensprache. Der Code dieser Dateien kann zwar ausgeführt werden, doch werden Sie ihn noch nicht starten können. Damit ein richtiges Programm daraus wird, sind weitere Informationen nötig. Diese sagen dem Betriebssystem etwa, dass es sich um ein ausführbares Programm handelt und wie es gestartet werden muss. Erst wenn diese Informationen vorhanden sind, kann der Maschinencode tatsächlich ausgeführt werden.

Man nennt diese Informationen *Startup-Code*. Dieser muss zu den Objektdateien hinzugefügt werden. Das erledigt der *Linker*, auf deutsch der *Verbinder*. Der Linker kann mehrere Objektdateien zu einem Programm zusammenbinden und die für die Ausführung notwendigen Informationen hinzufügen. Das Resultat ist eine ausführbare Datei, unter Windows und DOS mit der Dateierweiterung ».exe« oder ».com«.

Bibliothek

Wenn Quelltext geschrieben wird, der von mehreren Programmen verwendet werden soll, übersetzt man diesen mit dem Compiler in eine Objektdatei, ohne daraus eine ausführbare Datei zu erzeugen. Man kann eine oder mehrere solcher Objektdateien zu einem Paket zusammenschnüren, das von anderen Programmen verwendet wird. Der Linker bindet dann die benötigen Teile der Objektdateien in das ausführbare Programm ein.

Ein solches Paket aus wiederverwendbaren Objektdateien nennt man *Bibliothek*.

Debugger

Die ersten Computer bestanden noch aus Röhren anstelle von Transistoren, und diese Röhren hatten die Eigenschaft, dass sie die Motten anzogen wie das Licht. Wenn sich eine Motte in dem Röhrensystem verfangen hatte, kam es häufig dazu, dass eine oder mehrere der Röhren durchbrannten. Dann mussten die damaligen Programmierer die störenden Motten (englisch *Bugs*) finden und entfernen.

Dieser Begriff des *Debuggens*, also des *Entwanzens*, hat sich bis heute gehalten, auch wenn es schon längst nicht mehr um echte Motten geht. Wenn ein Computerprogramm einen Fehler hat oder einen Fehler erzeugt, dann muss die Ursache dafür gefunden werden. Das Werkzeug, mit dessen Hilfe man Fehler in einem Programm aufspüren kann, nennt sich *Debugger*.

Damit ein Debugger funktioniert, muss das zu untersuchende Programm mit *Debug-Informationen* übersetzt worden sein. Ein Programm, das an einen Kunden ausgeliefert wird (das *Release*), enthält diese Informationen normalerweise nicht.

Entwicklungsumgebung

Um ein Programm zu entwickeln, werden mehrere Werkzeuge, also Programme, benötigt. Der Quelltext wird in einem Editor geschrieben, dieser von einem Compiler übersetzt, das Programm von einem Linker gebunden, Fehler werden mit einem Debugger gesucht und Ausführungsgeschwindigkeiten mit einem *Profiler* ermittelt.

Eine Entwicklungsumgebung fasst alle diese Werkzeuge unter einer Oberfläche zusammen, sodass man von den verschiedenen Programmen, die tatsächlich verwendet werden, nichts mehr mitbekommt. Mit einer solchen Umgebung zu arbeiten ist in der Regel wesentlich bequemer, als die verschiedenen Programme manuell zu verwalten. Aber in einigen Fällen bietet eine solche Umgebung auch zu wenig Flexibilität und schränkt eher ein, als dass sie fördert.

Im Englischen werden diese Umgebungen *Integrated Development Environment* (integrierte Entwicklungsumgebung) genannt, oder kurz *IDE*.

1.4 Typografie

In diesem Buch verwende ich verschiedene Schrift- und Gestaltungsarten, um unterschiedliche Kontexte, Textteile und Bedeutungen darzustellen:

Quelltext wird in serifenloser Schrift dargestellt und ist grau unterlegt:

```
#include <stdio.h>
```

In den folgenden Zeilen befindet sich ein komplexerer Quelltext. Die Zahlen ganz links sind die Zeilennummerierung, die zur Orientierung dient. Die Zeichenfolgen »A)« und »B)« markieren Zeilen, die im folgenden Text ausführlicher erklärt werden. Der eigentliche Quelltext beginnt erst in der dritten Spalte.

```
1  A) /*
2       File: aus_1.c
3       */
4
5  B) #include <stdio.h>
```

Wird innerhalb des laufenden Textes der Teil eines Quelltextes dargestellt, wird auch dieser in serifenloser Schrift dargestellt, allerdings ohne diesen farblich zu unterlegen.

Ebenfalls in serifenloser Schrift, aber ohne farbige Hervorhebung, wird der Inhalt des Konsolenfensters dargestellt. Dabei kann es sich um Benutzereingaben, um Programmausgaben oder um beides handeln:

```
C:\>subst_
```

Wenn Betriebssystembefehle oder sonstige Ein- oder Ausgaben der Konsole im Fließtext dargestellt werden, werden diese, genau wie Quelltextauszüge, in serifenloser Schrift dargestellt.

Eine sehr wichtige Bemerkung, die Sie auf keinen Fall ignorieren sollten, sieht so aus:

> Dieses ist ein sehr wichtiger Text.

Beziehe ich mich auf Menüpunkte oder Beschriftungen von Dialogelementen, werden diese in Anführungszeichen gesetzt, wie etwa die Schalter »OK« und »Abbrechen«. Bei einer Hierarchie werden die einzelnen Ebenen durch Schrägstriche getrennt, z. B. »Datei / Speichern unter ...«.

Tasten, die Sie drücken sollen, werden in eckigen Klammern angegeben. So wird die Taste »A« als [A] dargestellt oder die Taste »Strg« als [Strg]. Wenn der nummerische Tastenblock gemeint ist, beginnt die Tastenbezeichnung mit einem »N« – die Taste »5« wird auf dem Ziffernblock als [N5] dargestellt und das Pluszeichen als [N+].

Tastenkombinationen werden mithilfe von Komma und dem Plus- sowie dem Minuszeichen dargestellt, wobei das Pluszeichen eine Gleichzeitigkeit ausdrückt, Komma und Minus aber eine Sequenz. In der Tabelle 1.1 sehen Sie ein paar Beispiele.

Tabelle 1.1: Beispiele für die Darstellung von Tastenkombinationen

Darstellung der Tastenkombination	Bedeutung
[Alt] + [D]	Drücken Sie die Taste »D« gemeinsam mit der Taste »Alt«.
[Alt] + [D], [F]	Drücken Sie die Taste »D« gemeinsam mit der Taste »Alt«. Lassen Sie beide Tasten wieder los. Danach drücken Sie die Taste »F«.
[Alt] + [N2] - [N2] - [N3], [Eingabe]	Drücken Sie die Taste »Alt« und halten Sie diese fest, während Sie nacheinander auf dem Ziffernblock die Tasten »2«, »2« und »3« drücken. Danach lassen Sie die Taste »Alt« wieder los und drücken die Eingabetaste.

Literaturhinweise werden in eckigen Klammern angegeben. Sie finden die Beschreibungen dazu im Anhang F.

Wenn etwas im Fließtext besonders betont werden soll, wird es *kursiv* geschrieben. Besondere Eigennamen erscheinen das erste Mal ebenfalls *kursiv*, wie z. B. im Satz: Das nennt man *Compiler*.

Datei- und Verzeichnisnamen werden, sofern sie allgemeingültig sind, im Unix-Stil dargestellt, das heißt, dass vorwärtsgerichtete Schrägstriche für die Trennung von Verzeichnisebenen verwendet werden. Bezieht sich eine Verzeichnisangabe nur auf ein bestimmtes System, erfolgt diese Angabe in einer Darstellung, die dem jeweiligen System entspricht. Unabhängig davon werden aber alle Datei- und Verzeichnisnamen in Anführungszeichen gesetzt: »/home/Andreas/MyProjects«, »C:\Dokumente und Einstellungen\Andreas\Eigene Dateien\MyProjects«, »test.c«.

Zitate erscheinen in Anführungszeichen, ebenso Texte, die als Querverweis verwendet werden, da diese im Grunde auch Zitate sind. Anführungszeichen werden an einigen Stellen auch nur dazu verwendet, um den Text übersichtlicher zu gestalten – in ähnlicher Weise, wie runde Klammern einen Kontext zusammenfassen oder vom restlichen Text abtrennen.

Wir werden in diesem Buch mit unterschiedlichen Zahlensystemen arbeiten. Wenn eine Zahl ohne Angabe eines Systems dargestellt wird, dann handelt es sich immer um das Dezimalsystem. So ist 10 gleich 10_{10} und 102 gleich 102_{10}. Ansonsten wird das entsprechende System immer mit angegeben, wie etwa 10001_2, 11_{16} oder 21_8.

1.5 Die CD zum Buch

Auf der CD zum Buch finden Sie alle Quelltexte der Beispielprogramme, zusammen mit allen Dateien, die notwendig sind, die Programme zu übersetzen und zu binden, im Verzeichnis »/Projekte«. Für jedes Kapitel gibt es dort ein weiteres Verzeichnis, in dem sich die Dateien des jeweiligen Kapitels befinden. Größere Projekte und Bibliotheken sind in separaten Verzeichnissen untergebracht, wie z. B. das Programm Lotto, das sich im Verzeichnis »/Projekte/lotto« befindet.

Im Verzeichnis »Projekte/compiler« finden Sie ein paar vorbereitete Scripte, welche die Umgebung setzen, wenn Sie auf der Kommandozeile arbeiten wollen. Sie öffnen z. B. eine Konsole, in der die korrekte Umgebung für den Borland-Compiler gesetzt ist, indem Sie die Datei »Borland C++ Command Prompt« ausführen. Unter Linux wäre es die Datei »Linux gcc X-Term Prompt«. Allerdings müssen Sie diese Datei sowie die Datei »umgebung.bat« noch bearbeiten, denn die Verzeichnisstruktur auf Ihrem Rechner wird sich wahrscheinlich von meiner unterscheiden. Auch installiere ich meine Entwicklungsumgebungen und Compiler unter DOS und Windows generell im Verzeichnis »c:\ides«. Sie müssen alle diese Verzeichnisangaben an Ihr System anpassen.

> Ich gestatte, alle im Buch abgedruckten oder auf der Buch-CD enthaltenen Quelltexte zu verändern oder auch unverändert zu verwenden. Sie dürfen auch verändert oder unverändert zur Erstellung kommerzieller Software eingesetzt werden.
> Ich gestatte nicht, dass die Quelltexte veräußert werden, weder unter meinem noch unter einem anderen Namen.

Neben den Projekt- und Quelldateien befindet sich auf der CD auch eine Auswahl an kostenlosen Compilern und Entwicklungsumgebungen im Verzeichnis »/Programme«. Es handelt sich dabei um die Versionen, mit denen auch die Beispiele im Buch übersetzt wurden. Es ist allerdings durchaus möglich, dass es inzwischen neuere Versionen eines Compilers oder einer Umgebung gibt.

Welchen Compiler oder welche Umgebung Sie nutzen wollen, bleibt Ihnen überlassen. Alle haben ihre Vor- und Nachteile. Am besten, Sie probieren verschiedene Umgebungen und Werkzeuge aus. Nach und nach werden sich dann Ihre Favoriten herauskristallisieren. Im Anhang A finden Sie eine kurze Beschreibung sowie eine rudimentäre Bedienungsanleitung zu verschiedenen Compilern und Umgebungen.

2 Aus- und Eingabe von Daten

In diesem Kapitel werden wir uns mit der allgemeinen Struktur eines C-Programms auseinandersetzen und die grundlegenden Befehle ansehen, die Ein- und Ausgaben über die Tastatur und den Bildschirm ermöglichen. Weil wir hier aber nicht ganz ohne Variablen und Datentypen auskommen, erfolgt stellenweise schon ein kleiner Vorgriff auf das nächste Kapitel.

2.1 Schreiben in den Bildschirm

2.1.1 Einfache Textausgaben

Wir entwickeln unser erstes Programm. Richten Sie sich dazu ein Arbeitsverzeichnis ein, in dem die Programmdatei abgelegt werden kann. Wenn Sie mit einer Entwicklungsumgebung arbeiten, erzeugen Sie in diesem Verzeichnis zunächst ein neues Projekt. Halten Sie sich dabei an die im Anhang A.2 angegebenen Schritte für die jeweilige Umgebung, die Sie verwenden. Wenn Sie auf der Kommandozeile arbeiten, öffnen Sie in einem Editor eine neue Datei. Wie Sie die Quelltextdatei (und in einer Entwicklungsumgebung die Projektdatei) benennen, überlasse ich Ihnen. Es muss aber darauf geachtet werden, dass die Dateierweiterung der Quelltextdatei ».c« lautet.

Den Code des Programms, das wir schreiben, können Sie in die Quelltextdatei so eingeben, wie es im Quelltext 2.1 abgedruckt ist. Alles, was sich zwischen den Zeichen »/*« und »*/« befindet (auch diese Zeichen selbst), können Sie außer Acht lassen. Es handelt sich dabei um Kommentare, die vom Compiler nicht beachtet werden.

Quelltext 2.1: aus_1.c

```
1  A) /*
2        File: aus_1.c
3        Prints a string into the screen.
4        */
5
6  B) #include <stdio.h>
7
8
9  C) int main( void )
10 D) {
11 E)     puts("Mein erstes C-Programm!");
```

```
12 F)      getchar();
13 G)      return 0;
14      }
```

Erklärungen

A In den Zeilen 1 bis 4 befinden sich Kommentare. Diese sind der Dateiname und ein Hinweis auf den Zweck des Programms. Die Zeichenfolge »/*« leitet einen Kommentar ein, und die Zeichenfolge »*/« beendet ihn. Alles was sich zwischen diesen Zeichenfolgen befindet (natürlich inklusive dieser Zeichen), wird nicht übersetzt. Dabei spielt es keine Rolle, ob »*/« in der gleichen Zeile wie »/*« steht, oder in einer tiefer liegenden. Diese Kommentare dürfen aber nicht geschachtelt werden. Wenn Sie zum Beispiel einen Kommentar mit »/*« einleiten, und es folgt dann ein zweites »/*«, so gilt der Kommentar beim Auftauchen des ersten »*/« als beendet. Trifft der Compiler dann auf das zweite »*/«, generiert er einen Fehler:

```
/* ... /* ... Kommentarende --> */    Fehler --> */
```

Allerdings gibt es bei den meisten Compilern die Option, verschachtelte Kommentare zuzulassen. Da das aber nicht üblich ist und auch nicht dem Standard entspricht, sollten Sie es sich nicht angewöhnen.

Kommentare sollte man nicht zu sparsam verwenden, aber doch so damit umgehen, dass der Quelltext dabei nicht unübersichtlich wird. Wie wichtig gute Kommentare sind, erkennt man meistens erst Monate später, wenn man seine alten Quelltexte wieder unter die Lupe nehmen muss. Gutes Kommentieren ist allerdings, wie ich festgestellt habe, eine Sache, von der nur wenige Programmierer etwas verstehen oder verstehen wollen. In [McConnel93] ist der Verwendung von Kommentaren ein ganzes Kapitel gewidmet, und ich kann jedem Programmierer empfehlen, sich darin mal umzuschauen.

B In dieser Zeile sehen Sie eine Anweisung die mit einem Nummernzeichen (auch Raute genannt) beginnt. Dieses ist eine Anweisung an den sogenannten *Präprozessor* und bedeutet: Einbinden der Datei »stdio.h« in den Quelltext. Das ist dann so, als hätten wir den Inhalt dieser Datei selbst an dieser Position in den Text geschrieben. Der Präprozessor ist ein Teil des Compilers, der den Text so bearbeitet, dass der Compiler etwas damit anfangen kann. Wir benötigen die Datei »stdio.h« für die Befehle puts() und getchar(), da diese dort deklariert sind. Sie können ja mal versuchen, das Programm ohne diese #include-Anweisung zu starten. Der Compiler wird Ihnen melden, dass puts() und getchar() unbekannt sind.

»stdio« steht für **Standard Input Output**. Eine andere Datei ist zum Beispiel »conio.h«, was so viel wie **Console Input Output** heißt[1]. Das »h« steht in allen Fällen für Header, auf Deutsch in etwa Kopf oder Vorspann. Allerdings heißt eine

---

[1] Diese Datei gibt es nur bei den DOS- und Windows-Compilern.

solche Datei im Deutschen korrekt Informationsdatei, was den Sinn auch besser trifft.

Das Zeichen # muss das erste Zeichen in der jeweiligen Programmzeile sein. Ansonsten kann es passieren, dass das Programm vom Präprozessor nicht als solches erkannt wird.

C main() ist eine Funktion, die in jedem C-Programm enthalten sein muss. Es handelt sich hier um den Einstiegspunkt eines C-Programms.
Eine Funktion ist ein Programmstück, das eine ganz bestimmte Aufgabe zu erfüllen hat. Hinter dem Funktionsnamen müssen runde Klammern stehen. In diesen Klammern befinden sich die Parameter, die an die Funktion übergeben werden sollen. Das Wörtchen void bedeutet, dass diese Funktion keine Parameter erwartet. Man könnte die Klammern auch leer lassen, also schreiben: int main(). In ANSI-C – nach dem Standard des American National Standards Institute – ist es aber die Regel, dass man die Klammern in diesem Falle nicht leer lässt, sondern void hineinschreibt.
Im Allgemeinen gibt eine Funktion ein Ergebnis zurück. Hier ist es ein Wert des Datentyps int (das steht für **Integer**). Dieser Datentyp kann ganze Zahlen im Bereich von mindestens -32768 bis +32767 aufnehmen. Wenn eine Funktion kein Ergebnis liefern soll, dann kann man auch hier das Wort void angeben[2]. Allerdings ist es in C verboten, die Funktion main() nichts zurückgeben zu lassen.

D Jede Funktion braucht einen Funktionsblock, auch Funktionsrumpf oder Funktionskörper genannt. Mit den geschweiften Klammern werden der Anfang und das Ende eines Blocks gekennzeichnet. In dieser Programmzeile befindet sich der Blockbeginn. Das Blockende befindet sich in Zeile 19.

E Hier rufen wir eine andere Funktion auf. Dass es sich um den Aufruf einer Funktion handelt, erkennen wir an den runden Klammern hinter dem Bezeichner puts (bei diesen Klammern handelt es sich um den sogenannten Funktionsaufrufoperator). puts() schreibt das, was wir zwischen den Klammern angeben (das Argument), in den Bildschirm. Und zwar an die Position, an der sich die Eingabemarke zurzeit befindet.

Das Argument »Mein erstes C-Programm!« ist mehr als nur ein einzelnes Zeichen, es ist eine *Zeichenkette*. Zeichenketten werden grundsätzlich in Anführungszeichen gesetzt. Schließlich muss der Compiler wissen, wo die Zeichenkette beginnt und wo sie endet.

Für Zeichenketten wird häufig der englische Begriff *String* verwendet. Ich selbst ziehe die deutsche Bezeichnung vor, weshalb ich auch im Weiteren von Zeichenketten sprechen werde. Der Bezeichner puts steht für **put string**. Es gibt bei

---

[2] Für die Leser, die sich bereits mit anderen Programmiersprachen auskennen: Dieses entspräche dann einer Prozedur in Pascal und einer Sub in Basic.

manchen Compilern auch eine Funktion mit dem Namen cputs(), die in der Datei »conio.h« deklariert ist und im Wesentlichen genauso funktioniert wie puts().

Bei puts()handelt es sich um eine Anweisung, also einen Befehl, genauso, wie auch die zwei folgenden Zeilen Befehle enthalten. Hinter jede Anweisung gehört ein Semikolon oder Strichpunkt, weshalb diese Zeilen auch mit je einem Semikolon beendet werden.

F Damit wir auch bei den Entwicklungsumgebungen, die unter Windows laufen, genug Zeit haben, uns die Ausgabe zu betrachten, halten wir das Programm so lange an, bis [Eingabe] gedrückt wird. Dieses Anhalten erreichen wir durch den Aufruf der Funktion getchar(), die ein einzelnes Zeichen (englisch: Charakter) von der Tastatur liest. Solange die Eingabe nicht mit [Eingabe] bestätigt wird, passiert nichts, außer, dass alle anderen eingegebenen Zeichen auf dem Bildschirm ausgegeben werden.

G Wie schon erwähnt, liefert eine Funktion einen Wert zurück (wie in der Mathematik, aus der dieser Begriff entlehnt ist). Mit dem Befehl return wird eine Funktion verlassen und der hinter return stehende Wert an die aufrufende Funktion geliefert. Wenn eine Funktion void zurückgibt (also nichts), dann kann die return-Anweisung auch entfallen.

Nun werden Sie sich vielleicht fragen, welche Funktion main() aufgerufen haben soll, aber das ist einfach erklärt: Der Linker bindet einen zum Starten notwendigen Code zu der Objektdatei hinzu. Dieser Code ist es, der die Funktion main() aufruft. Der über return gelieferte Wert wird in diesem Fall an das Betriebssystem übergeben, wo der Fehlerstatus abgefragt werden kann (z. B. unter DOS anhand des Befehls ERRORLEVEL). Ein Wert von Null bedeutet, dass das Programm ohne Fehler ausgeführt werden konnte.

Sie können das Programm jetzt übersetzen. Wie Sie das machen, finden Sie im Anhang A. Sehen Sie sich dort unter der entsprechenden Umgebung oder dem jeweiligen Compiler im Abschnitt »Quelldateien übersetzen« die notwendigen Anweisungen an.

Wenn Sie das Programm übersetzen, kann es sein, dass Sie eine Warnmeldung der Art »Der Code hat keinen Effekt« erhalten. Gute Compiler prüfen, ob eine Anweisung einen Sinn hat. Ist das nicht der Fall, wird eine Warnung ausgegeben. Es könnte sich ja schließlich um einen Fehler handeln, weil man sich verschrieben hat. Im obigen Programm bemerkt der Compiler, dass die Anweisung getchar() überflüssig ist. Sie holt ein Zeichen von der Tastatur, ohne dass dieses irgendwo verarbeitet wird. Weil so etwas im Grunde Unsinn ist, wird eine Warnung ausgegeben, denn der Programmierer könnte ja vergessen haben, das Ergebnis von getchar() zu verarbeiten. Dass wir nur auf einfachste Weise das Programm anhalten wollen, kann der Compiler nicht ahnen.

Solche Warnungen können Sie abschalten, wenn es zu viele werden und Sie genau wissen, dass die entsprechenden Warnungen ignoriert werden sollen. Wie Sie Warnungen ein- oder ausschalten, finden Sie detailliert in der Dokumentation des jeweiligen Compilers (es sind zu viele Möglichkeiten, um sie in diesem Buch eingehend zu besprechen). Zu den Entwicklungsumgebungen und Compilern gibt es in der Regel

Onlinehilfen, in denen Sie nach Begriffen wie »Optionen«, »Meldungen« oder »Warnungen« suchen können. Auch unter Linux findet sich eine hervorragende Dokumentation zu allen Optionen des Compilers *gcc* (»info gcc« oder »man gcc« an der Konsole eingeben). Zwar werden Sie die meisten Optionen zu Beginn noch nicht verstehen, aber das wird sich im Laufe der Zeit noch ändern.

Wenn Sie später mal ein ernsthaftes Programm schreiben wollen, dann sollten Sie sich allerdings alle Meldungen anzeigen lassen, denn es kann sich schließlich wirklich um einen Fehler handeln. Unterschätzen Sie nicht die Dienste, die Ihnen der Compiler hier bietet.

Doch kommen wir wieder zu unserem Programm. Sie sollten es starten und sich das Ergebnis in Ruhe betrachten. Je nachdem, was vorher auf dem Schirm zu sehen war (und das ist wiederum abhängig von der Umgebung, in der das Programm läuft), steht der Text irgendwo am Ende aller bisherigen Ausgaben, oder auch alleine links oben in der Ecke der Konsole.

Ganz sicher kann man sich aber nicht sein, dass der Text ohne alles unnötige Drumherum auf dem Monitor erscheint. Also braucht man eine Anweisung, die vor der Textausgabe den Bildschirm säubert. Das ist aber bei den Funktionen aus der Datei »stdio.h« ein Problem, denn dort gibt es keine solche Anweisung. Wir können den Text leider auch nicht auf eine ganz bestimmte Stelle des Bildschirms positionieren. Dieses ist keine Nachlässigkeit der Entwickler der Sprache C, sondern hängt mit den Entscheidungen des ANSI-Komitees zusammen. Über die Funktionen, die in der Datei »stdio.h« deklariert sind, wird sichergestellt, dass Programme auf jeden Rechner portierbar sind. Die Funktionen der Standardbibliothek garantieren das, indem die kleinste Menge möglicher und notwendiger Operationen zusammengefasst ist. Wenn Sie ein Programm schreiben, das die Ausgabefunktionen ausschließlich aus dieser Datei verwendet, dann können Sie sicher sein, dass es auch auf anderen Rechnern keine Probleme gibt[3].

Nun steht es natürlich jedem Compilerhersteller frei, den mitgelieferten Funktionsumfang zu erweitern, was auch kräftig genutzt wird. So liefern viele zu ihren Compilern auch Bibliotheken, mit denen man Bildschirmausgaben positionieren, farblich hervorheben und den Bildschirm löschen kann[4]. Der Nachteil von diesen Bibliotheken ist der, dass es dafür keinen Standard gibt und jeder Hersteller sein eigenes Süppchen kocht. So kann man ziemlich sicher sein, dass sich die Programme nicht mehr mit einem anderen Compiler übersetzen lassen.

Wir sehen uns gleich eine Compiler-spezifische Lösung zu der Bildschirmausgabe an. Doch zuvor werden wir uns mit den Möglichkeiten auseinandersetzen, die einen (wenn auch nicht unbedingt sicheren) Ausweg aus der Misere mit dem Löschen des Bildschirms bieten. Betrachten wir dieses gleich wieder an einem Beispiel:

---

[3] Die Voraussetzung ist, dass es für das entsprechende Rechnersystem auch einen C-Compiler gibt.
[4] Eigentlich müsste es »Bildschirm säubern« heißen, aber der Ausdruck »Bildschirm löschen« ist inzwischen zum gängigen Begriff geworden.

2 Aus- und Eingabe von Daten

Quelltext 2.2: aus_2.c

```
1    /*
2    File: aus_2.c
3    Output positioned by control characters.
4    */
5
6    #include <stdio.h>
7
8
9    int main( void )
10   {
11 A)   puts("\x1b[2J");
12 B)   puts("\x1b[1;1H");
13 C)   puts("\n\n\n\n\n\n\n\n\n\n");
14 D)   puts("\t\tPositionierter Text ueber die Standardausgabe!");
15      getchar();
16      return 0;
17   }
```

Erklärungen

A Das erste Zeichen in dieser Zeichenkette ist der Rückwärtsstrich (Backslash), also das Zeichen, welches auch für Pfadangaben unter DOS verwendet wird. In C hat dieses Zeichen innerhalb einer Zeichenkette eine besondere Bedeutung. Es ist ein sogenanntes *Fluchtsymbol*. Das heißt, dass das folgende Zeichen nicht auf dem Bildschirm ausgegeben wird, sondern dass es sich um ein *Steuerzeichen* handelt, das die Art der Ausgabe beeinflusst. Hier ist es das »x«, das das Steuerzeichen darstellt. Und dieses »x« bedeutet, dass die folgenden (zwei) Zeichen als sedezimale[5] Ziffern interpretiert werden sollen. Diese folgenden Zeichen sind hier die Zeichen »1« und »b«. Sie stellen die Zahl $1B_{16}$ dar (27_{10}).

Das Zeichen »[« gehört nicht mehr zur Zahl, aber alle drei Zeichen zusammengenommen haben eine besondere Bedeutung: Es ist die Einleitung einer *ANSI-Escape-Sequenz*. Was das Wort genau bedeutet, sehen wir uns erst im Kapitel über den Präprozessor an. Hier soll es genügen, dass nach dieser Einleitung der eigentliche *ANSI-Escape-Code* folgt, und das ist hier der Code »2J«. Das »J« müssen Sie großschreiben. Diese ANSI-Escape-Sequenz bewirkt, dass der Bildschirm gelöscht wird.

Nun habe ich weiter oben erwähnt, dass dieses nicht die sichere Art ist, den Bildschirm zu löschen. Das liegt daran, dass das zugrunde liegende System diese Sequenzen unterstützen muss. Unter Linux ist das standardmäßig der Fall. Unter DOS konnten Sie noch den Treiber »ansi.sys« installieren. Doch das ist für 32-Bit-Windows-Programme nicht mehr möglich. Microsoft unterstützt diesen Stan-

---

[5] Man sagt dazu häufig *hexadezimal*, was allerdings nicht ganz korrekt ist, denn damit vermischt man lateinische und griechische Sprachelemente. Richtig ist *sedezimal* oder auch *hexadekadisch*.

dard gar nicht mehr. In diesem Fall sehen Sie nur die Zeichen ←[2J auf dem Bildschirm.

B Wenn wir über die ANSI-Escape-Sequenz den Bildschirm löschen, dann wird die Eingabemarke nicht automatisch in die erste Zeile und Spalte gesetzt. Das machen wir mit einer Sequenz, wie sie hier zu sehen ist. Die Angaben müssen in der Form »Zeile;Spalte« erfolgen, wobei die Zählung in beiden Fällen mit 1 beginnt, was so viel heißt wie: die linke obere Ecke hat die Koordinaten 1;1.

C Diese Zeichenkette besteht ausschließlich aus Steuerzeichen (diesmal sind es keine ANSI-Escape-Sequenzen). Das Zeichen »n« hinter dem Fluchtsymbol bewirkt einen Zeilenvorschub und setzt die Eingabemarke an den Anfang der folgenden Zeile. Wir wollen, dass der folgende Text in der Mitte des Bildschirms ausgegeben wird. Die Mitte liegt in der Senkrechten in der 13. Zeile, weil der Bildschirm in der Regel 25 Zeilen enthält. Dafür müssten wir zwölf Zeilenvorschübe durchführen. Weshalb stehen hier aber nur zehn? Vielleicht haben Sie bemerkt, dass die Funktion puts() von sich aus schon automatisch einen Zeilenvorschub anhängt. Nach einer Textausgabe über puts() befindet sich die Eingabemarke immer am Anfang der nächsten Zeile. Weil vor der Ausgabe des eigentlichen Textes bereits zwei puts()-Anweisungen auftauchen, brauchen wir nur zehn Zeilenvorschübe auszugeben.

D Steuerzeichen können sich auch zusammen mit dem eigentlichen Text in einer Zeichenkette befinden, wie es hier demonstriert ist. Das »t« bewirkt einen Sprung zur nächsten Tabulatorposition. In der Regel liegen diese immer im Abstand von acht Zeichen zueinander.

Es gibt noch mehr von diesen Steuerzeichen, auf die wir jetzt aber nicht weiter eingehen werden. Wenn Sie sich schon mal einen Überblick verschaffen wollen, dann können Sie im Anhang D.1 nachschauen. Und im Anhang E finden Sie die gebräuchlichsten ANSI-Escape-Sequenzen.

2.1.2 Ausgabefunktionen aus der Datei »conio.h«

Wie bereits erwähnt, bieten viele Compilerhersteller spezielle Bibliotheken für Bildschirmausgaben an. Wenn Sie nicht darauf angewiesen sind, Ihre Programme auf andere Systeme zu portieren, sollten Sie auf diese Bibliotheken zurückgreifen.

Eine Informationsdatei, die von fast allen DOS- und Windows-Compilern unterstützt wird, ist die Datei »conio.h«. Hier befinden sich die Deklarationen der Funktionen, die für die Ausgabe von Text zuständig sind. In der Regel heißen die Funktionen genauso wie die Funktionen aus der Datei »stdio.h«, von denen wir bereits einige kennengelernt haben. Der Unterschied besteht lediglich darin, dass dem Funktionsnamen ein »c« vorangestellt ist, also anstelle von puts() nun cputs().

Das klingt alles recht einfach, doch leider ist dem nicht immer so. Es gibt für die Datei »conio.h« keinen Standard. Daher unterscheiden sich die Funktionsnamen, deren Wirkungen und selbst deren Vorhandensein von Hersteller zu Hersteller. Microsoft beginnt jeden Namen mit einem Unterstrich, andere Hersteller wiederum liefern nur einen rudimentären Satz an Funktionen. Bei Dev-C++ z. B. entsprechen die Namen zwar denen, die auch von Borland verwendet werden, aber es sind nicht alle Funktionen vorhanden. Und von denen, die vorhanden sind, machen einige wiederum nichts (wirklich nichts), und andere verhalten sich anders als die Funktionen von Borland.

Was ich damit sagen will, ist Folgendes: Sie können sich nicht darauf verlassen, dass Funktionen, die nicht im ANSI-Standard enthalten sind, sich mit anderen Compilern in der gleichen Weise verwenden lassen.

Das Programm aus dem Quelltext 2.3 werden Sie daher nur ausführen können, wenn Sie mit Compilern von Borland arbeiten. Da die Unterschiede in den verschiedenen Bibliotheken der verschiedenen Hersteller zu groß sind, um sie für jedes Programm explizit aufzuführen, müssen Sie die Programme, welche die Datei »conio.h« verwenden, durch Ausprobieren und Lesen der entsprechenden Einträge in der Onlinehilfe selbstständig an Ihren Compiler anpassen. Wenn Sie unter Linux oder Unix arbeiten, steht Ihnen leider gar keine »conio.h« zur Verfügung. Dort gibt es andere Alternativen (wie etwa »curses.h«), aber diese sind für den Anfang zu kompliziert zu bedienen und zu verwenden. Daher lassen wir das an dieser Stelle, kommen später wieder darauf zurück.

Die Entscheidung, mich in Bezug auf »conio.h« auf die Compiler von Borland zu stützen, hat drei Gründe:

1. Ein wirklich hervorragender Compiler ist von Borland kostenlos erhältlich.
2. Die Unterstützung für Textausgaben ist in der »conio.h« von Borland unschlagbar. Ich habe bei noch keinem anderen Compiler eine vergleichbare Vielfalt an Funktionen für den Textmodus gesehen[6].
3. Programmieren soll Spaß machen, und das Lernen auch. Und wie Sie im Laufe dieses Buchs noch sehen werden, kann selbst der auf den ersten Blick verstaubte Textmodus noch für Faszination sorgen.

Quelltext 2.3: con_aus.c

```
 1      /*
 2       File: con_aus.c
 3       Formatted output by using the CONIO library.
 4      */
 5
 6      #include <conio.h>
 7
 8
 9      int main( void )
10      {
11  A)      clrscr();
12  B)      gotoxy(18, 13);
13  C)      textcolor(YELLOW);
14  D)      textbackground(BLUE);
```

---

[6] Wenn wir hier mal bei den Compilern für DOS und Windows bleiben.

```
15  E)     cputs("Ein Programm mit positionierter Ausgabe!\r\n");
16  F)     getch();
17  G)     normvideo();
18         return 0;
19  }
```

Erklärungen

A Die Anweisung `clrscr()` steht für *clear screen*. Wer Englisch kann, weiß jetzt, dass damit der Bildschirm gelöscht wird. Die Schreibmarke wird dadurch auch automatisch in die linke obere Ecke gesetzt.

B Auch `gotoxy()` ist einfach zu verstehen. Die Eingabemarke wird an die Position X = 18 und Y = 13 gesetzt. Die X-Achse des Bildschirms geht von links nach rechts, die Y-Achse von oben nach unten. Da in eine Zeile in der Regel 80 Zeichen passen, liegen die möglichen Angaben für X im Bereich von 1 bis 80. Die Anzahl der Zeilen beträgt normalerweise 25, was für Y einen Wert von 1 bis 25 ergibt. Das erste Argument gibt also die Spalte (X) an, das zweite die Zeile (Y). Wie in diesem Beispiel zu sehen ist, werden mehrere Argumente, die an eine Funktion übergeben werden, durch jeweils ein Komma getrennt. Ob Sie davor oder dahinter Blanks[7] eingeben, spielt keine Rolle.

C `textcolor()` setzt die Zeichenfarbe des Textes, hier setzen wir sie auf Gelb. `YELLOW` ist eine benannte Konstante, die den Wert 14 repräsentiert. Sie ist in der Datei »conio.h« deklariert. Die eigentliche Konstante ist die Zahl 14. Weil dieser Zahl aber der Name `YELLOW` gegeben wurde, wird der Begriff *benannte Konstante* verwendet. Wir könnten genauso gut auch gleich den Wert 14 angeben, doch wer sich nicht die verschiedenen Zahlen für die einzelnen Farben merken möchte, kann dafür die aussagekräftigeren benannten Konstanten verwenden (siehe Tabelle 2.1). Außerdem wird der Quelltext verständlicher, wenn man einfachen Zahlen Namen zuordnet.

D `textbackground()` setzt die Hintergrundfarbe für die Zeichen. Hier ist es Blau.

E Nun heißt die Ausgabefunktion nicht mehr `puts()`, sondern `cputs()`. Der einzige Unterschied zu `puts()` ist der, dass `cputs()` keinen automatischen Zeilenvorschub anhängt. Diesen geben wir daher über die Steuerzeichen »\r\n« explizit an.

An dieser Stelle weise ich auf etwas hin, was uns später noch häufig begegnen wird: Unter Unix, Linux usw. genügt es, das Steuerzeichen »n« anzugeben, um die Schreibmarke in die erste Spalte der folgenden Zeile zu setzen. Bei DOS und Windows werden dagegen für einen vollständigen Zeilenvorschub immer zwei Zeichen benötigt, nämlich ein Zeilenvorschub und ein Wagenrücklauf.

---

[7] *Blank* ist ein Sammelbegriff für alle Arten von Leerzeichen. Darunter fallen z. B. die Leerzeichen selbst, Zeilenvorschübe, Tabulatorzeichen usw.

Weil die Funktionen aus »stdio.h« sich aber unter allen Systemen gleich verhalten müssen, reicht bei diesen Funktionen auch unter DOS und Windows ein einfaches »\n«, um einen vollständigen Zeilenvorschub auszuführen. Das gilt aber nur bei den Funktionen aus »stdio.h«.

F getch() ist die Entsprechung zu getchar(). Aber auch in dieser Funktionsweise gibt es einen Unterschied: getch() wartet nicht auf den Druck von [Eingabe], sondern liest das eingegebene Zeichen aus und gibt es sofort ans System zurück. Egal, um welches Zeichen es sich dabei handelt. Dieses Zeichen wird auch nicht auf dem Bildschirm angezeigt.

G normvideo() stellt die Farben wieder so her, wie das Programm sie bei seinem Start vorgefunden hatte.

Tabelle 2.1: Farbkonstanten aus »conio.h«

Name	Wert	Farbe
BLACK	0	Schwarz
BLUE	1	Dunkelblau
GREEN	2	Dunkelgrün
CYAN	3	Dunkles Kobaltblau
RED	4	Dunkelrot
MAGENTA	5	Dunkellila
BROWN	6	Braun
LIGHTGRAY	7	Hellgrau
DARKGRAY	8	Dunkelgrau
LIGHTBLUE	9	Hellblau
LIGHTGREEN	10	Hellgrün
LIGHTCYAN	11	Helles Kobaltblau
LIGHTRED	12	Hellrot
LIGHTMAGENTA	13	Helllila
YELLOW	14	Gelb
WHITE	15	Weiß

Anhand der zwei Funktionen cputs() und getch() haben wir schon fast alle Unterschiede zu den Ausgabefunktionen aus »stdio.h« kennengelernt. Ein zusätzlicher Unterschied ist noch, dass das Steuerzeichen für den Tabulator von den Funktionen aus »conio.h« nicht erkannt wird. Wenn Sie also ein »\t« in Ihrem Text haben, dann wird nur ein Symbol ausgegeben.

Zum Ende dieses kurzen Ausflugs in die Datei »conio.h« stelle ich Ihnen in der Tabelle 2.1 noch die Farbkonstanten vor, die für das Setzen der Farbe verwendet werden können. Neben den in dieser Tabelle angegebenen Konstanten gibt es noch die

Konstante `BLINK`. Sie repräsentiert den Wert 128. Wenn Sie diesen Wert zur Vordergrundfarbe addieren, dann wird der Text blinkend dargestellt:

```
textcolor(YELLOW + BLINK);
```

Den gleichen Effekt erhalten Sie, wenn Sie als Hintergrundfarbe einen Farbwert größer als 7 übergeben. Denn als Farbwert, der als Hintergrundfarbe von `textbackground()` erwartet wird, kann man in der Regel nur die Konstanten `BLACK` bis `LIGHTGRAY` angeben. Wenn Sie eine der anderen Werte übergeben, dann blinkt der Text – und nur, wenn das BIOS (das Basic Input Output System Ihres Computers) mitspielt, können Sie auch wirklich die hellen Farben sehen.

Blinkende Texte sind allerdings nur bei Grafikkarten und Farbmonitoren möglich, die mindestens 16 verschiedene Farben darstellen können[8]. Bei Monochrombildschirmen wird der Text in der Regel unterstrichen. Es kann aber auch passieren, dass Sie zwar 16 Farben haben, der Text aber trotzdem nicht blinkt, sondern der Hintergrund lediglich heller wird. Dieses ist dann eine Einstellung im BIOS.

2.1.3 Ausgabe von Zahlen

Wir haben im vorhergehenden Abschnitt eine Möglichkeit kennengelernt, um Zeichenketten auszugeben. Wie aber gibt man in C Zahlen aus? Wenn wir `puts(1234)` schreiben, bekommen wir eine Fehlermeldung. Schreiben wir `puts("1234")` dann wird die Zahl zwar wie erwartet auf dem Bildschirm ausgegeben. Allerdings ist dieses keine Zahl, mit der man rechnen kann, sondern eine Zeichenkette.

Für Zahlen stellt C eine formatierte Ausgabe zur Verfügung. Die Funktion, die das bewerkstelligt, heißt `printf()` (*print formatted*). Im Quelltext 2.4 sehen Sie dazu ein kleines Programm, das uns diese Funktion vorstellt.

Quelltext 2.4: zahl_aus.c

```
1   /*
2   File: zahl_aus.c
3   Printing numbers into the screen.
4   */
5
6   #include <stdio.h>
7
8
9   int main( void )
10  {
11      printf("\nMeine %d. Ausgabe mit %d Zahlen.\n", 1, 2);
12      getchar();
13      return 0;
14  }
```

---

[8] Es dürfte wohl keine Monitore oder Grafikkarten mehr zu kaufen geben, die nicht 16 Farben und mehr darstellen können. Grafik- und Textmodi, die nur 2 oder 4 Farben erzeugen, können aber immer noch über die Grafikkarte eingestellt werden.

Neu ist hier nur die Anweisung `printf()`. Die Ausgabefunktion `cprintf()` aus »conio.h« wird in derselben Weise verwendet, sodass folgende Erläuterungen gleichermaßen für beide Versionen gelten:

Der Funktion `printf()` werden mehrere Argumente übergeben, die jeweils durch ein Komma voneinander getrennt werden. Das erste Argument ist immer eine Zeichenkette, die sogenannte *Formatanweisung*. Diese kann Fluchtsymbole enthalten, denen je ein *Formatkennzeichner* folgt.

In der Zeichenkette in Zeile 11 des Quelltextes 2.4 befinden sich zwei Fluchtsymbole, die Prozentzeichen. Hinter diesen Symbolen stehen die Formatkennzeichner, in diesem Fall nur das »d«. Dieses Zeichen steht für die Ausgabe einer ganzen Zahl (Typ `int`) in dezimaler Darstellung. Die zwei nächsten Argumente sind eben die Zahlen, die an den Stellen eingesetzt werden sollen, an denen sich die Fluchtsymbole befinden. Die Zahlen müssen in der entsprechenden Reihenfolge auftauchen. Wenn Sie die Positionen der Fluchtsymbole und der Formatkennzeichner innerhalb der Formatanweisung ändern, dann werden Sie schnell merken, welche Zusammenhänge hier bestehen.

Es gibt selbstverständlich noch mehr Formatkennzeichner, doch soll ein zweiter erst einmal genügen. Einen Überblick verschaffen Sie sich im Anhang D.2.1. Dieser zweite Kennzeichner, den ich vorstellen möchte, ist das »s«. Er kennzeichnet das Einfügen einer Zeichenkette in das Ergebnis. Die Wirkung erkennen Sie, wenn Sie die `printf()`-Zeile ändern:

```
printf("\n%s: eine %d.\n", "Zahl" ,12);
```

Sie werden bemerken, dass man also auch eine Zeichenkette problemlos einfügen kann. Sie werden sich fragen, wozu man dieses braucht. Das werden wir sehen, wenn wir im Folgenden mit Variablen arbeiten.

Wenn Sie versuchen, in der obigen Programmzeile die Reihenfolge von »`"Zahl"`, `12`« in »`12,"Zahl"`« zu ändern, dann werden Sie merken, wie das Programm auf eine falsche Reihenfolge reagiert (sicherheitshalber würde ich vorher alle offenen Dateien speichern).

> Die Funktion `printf()` erwartet mindestens ein Argument in den Klammern, die sogenannte Formatanweisung in Form einer Zeichenkette.
> Wenn in dieser Formatanweisung Fluchtsymbole mit den dazugehörigen Formatkennzeichnern auftauchen, werden bei der Ausgabe die folgenden Argumente der Reihe nach an den Positionen, an denen sich die Fluchtsymbole befinden, im Ergebnis eingetragen. Dabei gilt: Das erste Argument ersetzt den ersten Formatkennzeichner, das zweite Argument den zweiten und so weiter.
> `printf()` hängt keinen automatischen Zeilenvorschub an.

Wir haben nun auch die Möglichkeit, ein Format genauer zu beschreiben, indem wir Feldbreiten mit angeben. Wenn Sie im letzten Programm die Größe der Zahlen

2.1 Schreiben in den Bildschirm

verändern (auf 1000, 100 oder 10), dann erkennen Sie, dass die Feldbreite immer der Anzahl der Stellen entspricht. Dieses nennt man die *Präzision*. Bei der Zahl 1000 ist das Feld also vier Zeichen breit. Diese Standardvorgabe können wir beeinflussen, indem wir explizite Angaben zwischen das Fluchtsymbol und den Formatkennzeichner setzen. Im folgenden Fall werden für beide Felder 10 Zeichen reserviert:

```
printf("\n%10s: eine %10d.\n", "Zahl" ,12);
```

Wir wollen uns dazu das Programm im Quelltext 2.5 ansehen, das uns einige Spezialitäten mit den Formatkennzeichnern zeigen soll. Dabei lernen wir auch gleich noch etwas über die Verwendung von langen Zeichenketten.

Quelltext 2.5: feld_aus.c

```
1     /*
2     File: feld_aus.c
3     Printing formatted numbers into the screen.
4     */
5
6     #include <stdio.h>
7
8
9     int main( void )
10    {
11  A)    puts("-------------------------------\n"
12              "Unformatierte Ausgabe von Zahlen:");
13  B)    printf("%i\n%f\n", -123, 45.0987456);
14        puts("-------------------------------\n"
15              "Formatierte Ausgabe von Zahlen:");
16  C)    printf("%6i\n%6.2f\n", -123, 45.0987456);
17        puts("-------------------------------\n"
18              "Formatierte Ausgabe von Zahlen:");
19  D)    printf("%*i\n%*.*f\n", 6, -123, 6, 2, 45.0987456);
20        puts("-------------------------------\n"
21              "Formatiert mit Nullen:");
22  E)    printf("%06i\n%06.2f\n", -123, 45.0987456);
23        puts("-------------------------------\n"
24              "Formatiert mit Vorzeichen:");
25  F)    printf("%+6i\n%+6.2f\n", -123, 45.0987456);
26        puts("-------------------------------");
27        getchar();
28        return 0;
29    }
```

Erklärungen

A Es kommt häufiger vor, dass wir Zeichenketten ausgeben wollen, die etwas zu lang sind, um sie noch komplett im Editor sehen zu können. In diesem Fall können wir die Zeichenkette einfach an einer beliebigen Stelle umbrechen. Allerdings muss darauf geachtet werden, dass die Zeichenkette in jeder Zeile in Anführungszeichen eingeschlossen ist. Der Compiler fügt diese Zeichenketten dann automatisch zusammen.

B Hier lernen wir einen neuen Formatkennzeichner kennen. Es ist das »f« (Abkürzung für *float*). Dieser Kennzeichner ermöglicht uns das Einfügen und Ausgeben von Kommazahlen.

C Wir geben nun Feldbreiten an. Die Zahlen sollen in einem Feld ausgegeben werden, das 6 Zeichen breit ist. Für Kommazahlen ist es möglich, auch die Anzahl der Nachkommastellen anzugeben. Diese wird, durch einen Punkt getrennt, hinter die Angabe der Feldbreite geschrieben. Dabei ist aber etwas zu beachten: Die Zahl vor dem Punkt gibt die *Gesamtbreite* des Feldes an, enthält also auch die Nachkommastellen und das Komma selbst. In diesem Beispiel haben wir drei Stellen vor und zwei Stellen nach dem Komma. Wie Sie am Ergebnis sehen können, wird auf die angegebene Anzahl Nachkommastellen korrekt gerundet.

D Dieses ist ein interessantes Konstrukt. Wenn wir anstelle der Feldbreiten Sterne einfügen, dann können wir die Feldbreiten auch als weitere Argumente an `printf()` übergeben. Achten Sie dabei genau auf die Reihenfolge, in der die Argumente angegeben werden müssen. Der Stern steht z. B. vor dem »i«. Also muss auch die Feldbreite vor der auszugebenden Zahl in der Parameterliste erscheinen.

E Wenn wir vor die Angabe der Feldbreite eine Null einfügen, werden die Zahlen links so weit mit Nullen aufgefüllt, bis die angegebene Feldbreite erreicht ist.

F Wie bei den vorhergehenden Ausgaben werden bei negativen Zahlen die Minuszeichen ausgegeben. Wenn wir das Vorzeichen auch bei positiven Zahlen haben wollen, können wir ein Pluszeichen in die Formatangabe schreiben.

Sie sollten mit dem obigen Programm experimentieren. Sehen Sie sich im Anhang D.2.1 die Formatkennzeichner an und probieren Sie verschiedene Konstellationen aus. Machen Sie die Feldbreite auch mal kleiner als das erwartete Ergebnis oder fügen Sie ein Minuszeichen in die Formatangabe ein. Sie sollten dann folgendes bemerken: Ist die angegebene Feldbreite zu klein, um das Ergebnis aufnehmen zu können, wird über die Feldbreite hinaus geschrieben. Damit ist gewährleistet, dass Ergebnisse immer korrekt angezeigt werden. Wenn die Feldbreite größer als das Ergebnis ist und Sie ein Minuszeichen angeben, werden die Zahlen linksbündig im Feld ausgerichtet.

2.2 Arbeiten mit Variablen

Bevor wir uns ansehen, wie man in C Eingaben von der Tastatur entgegennimmt, müssen wir lernen, wie in C Variablen deklariert werden, denn ohne diese geht es nicht. Das liegt daran, dass man die eingegebenen Werte ja auch irgendwo speichern muss, damit sie nicht verloren gehen.

2.2.1 Was ist eine Variable?

Wer sich bereits mit anderen Programmiersprachen auskennt, der wird es wissen und kann diesen Abschnitt auslassen. Für Neulinge soll der Begriff hier jedoch kurz erläutert werden.

Der Computer muss eine Vielzahl von verschiedenen Daten verarbeiten – seien es Daten, die er aus einer Datei bekommt, über die Tastatur, oder Daten, die er sich selbst errechnet. Diese Daten werden im Hauptspeicher des Computers aufbewahrt, ähnlich einem Notizblock. Damit sie jederzeit wieder gefunden werden, bekommt jede Speicherzelle eine Adresse. Nehmen wir an, in dem Speicherplatz mit der Nummer (Adresse) 100 befindet sich die Zahl 20 und im Speicherplatz Nummer 105 die Zahl 30.

Bevor es die Programmiersprachen gab, mussten Programmierer ihre Programme in der Maschinensprache erstellen. Dabei wurde auch von Hand festgelegt, in welcher Speicherzelle welcher Wert gespeichert werden sollte. So wusste man auch, unter welcher Adresse ein bestimmter Wert, z. B. eine Zahl, zu suchen war. Mit der Assembler-Sprache hat man dann für die Speicherstellen Synonyme entwickelt. Das heißt, dass ein Speicherplatz vom Programmierer nicht mehr direkt über die Adresse angesprochen wird, sondern er vergibt einen Namen dafür, z. B. »Zahl«.

In der Praxis sieht es jetzt folgendermaßen aus: Wir teilen dem Computer mit, dass wir in einem Speicherplatz eine Zahl ablegen wollen. Dazu vergeben wir einen Namen, unter dem wir auf diese Zahl zugreifen können. Nehmen wir den Namen »zahl_1«, die sieht in C so aus:

```
int zahl_1;
```

`int` sagt dem Compiler, dass er im Hauptspeicher einen Speicherplatz reservieren soll, in dem wir eine ganze Zahl (einen Integer) ablegen können. Dieser Speicherplatz bekommt den Namen »zahl_1«. Immer, wenn wir auf die darin gespeicherte Zahl zugreifen wollen, brauchen wir nicht mehr die Adresse angeben (die wir in der Regel sowieso nicht wissen), sondern nur noch das Synonym, den Namen.

Man kann den Hauptspeicher mit einem Schrank vergleichen, der viele Schubladen hat. Jede Schublade hat eine Nummer, also eine Adresse, die wir nicht kennen. Wir nennen einem Sachbearbeiter (dem Compiler) unseren Namen und sagen ihm, dass wir ein Gepäckstück in einer der Schubladen aufbewahren wollen. Der Sachbearbeiter nimmt das Gepäck und legt es in eine freie Schublade. Wenn wir unser Gepäck abholen wollen, sagen wir wieder unseren Namen. Der Sachbearbeiter weiß, welche der Schubladen er uns gegeben hat und holt daraus das Gepäck. Wir selbst brauchen die Nummer der Schublade nicht zu wissen. Wir arbeiten lediglich mit unserem Namen. Das Gepäck repräsentiert in diesem Vergleich einen Wert, den wir in einem Speicherplatz (eben der Schublade) ablegen.

Legt der Compiler nun Speicherplatz für eine Variable an, so kann man den Wert in dieser Speicherstelle lesen und ihn auch *verändern*. Der Inhalt dieser Speicherstelle ist also variabel (daher der Name). Das Gegenstück dazu ist eine *Konstante*. Eine solche Speicherstelle kann man zwar lesen, aber der Wert darin kann nicht geändert werden.

Der Inhalt einer solchen Speicherstelle ist konstant. Wie wir Konstanten definieren, lernen wir später.

2.2.2 Verwenden von Variablen, die Zahlen speichern

Am besten beginnen wir mit dem Quellcode eines Programms, um den Umgang mit Variablen zu lernen:

Quelltext 2.6: var_1.c

```
1     /*
2     File: var_1.c
3     Working with variables.
4     */
5
6     #include <stdio.h>
7
8
9  A) int zahl_1, zahl_2, summe;
10
11
12    int main( void )
13    {
14 B)    zahl_1 = 10;
15       zahl_2 = 20;
16 C)    summe = zahl_1 + zahl_2;
17
18       printf("\nDer Inhalt der Variablen zahl_1 ist: %d\n"
19              "und der Inhalt von zahl_2 ist: %d.\n\n"
20              "%d + %d = %d\n",
21 D)           zahl_1, zahl_2, zahl_1, zahl_2, summe);
22
23       getchar();
24       return 0;
25    }
```

Erklärungen

A Dieses ist die *Definition* der Variablen. Hier können wir sehen, dass es erlaubt ist, hinter der Typangabe (in diesem Fall `int` für Integer) gleich eine Liste von Bezeichnern anzulegen. Die einzelnen Bezeichner müssen durch jeweils ein Komma voneinander getrennt werden. Da auch Definitionen Anweisungen sind, werden sie mit dem Semikolon abgeschlossen.

B Hier werden den Variablen Werte zugewiesen. Dazu dient der Zuweisungsoperator »=«. Nach dieser Zuweisung enthält die Variable `zahl_1` den Wert 10.

An dieser Stelle noch eine Bemerkung zur Ausdrucksweise: Im Allgemeinen sagt man: »Der Inhalt der Variablen«. Damit ist aber der Inhalt der Speicherzelle gemeint, für deren Adresse die Variable steht. Korrekt hieße es: »Der Speicherplatz, der unter dem Namen `zahl_1` ansprechbar ist, wird mit dem Wert 10 gefüllt.« Wir benutzen aber die Ausdrucksweise: »Die Variable `zahl_1` enthält den Wert 10.« So ist es gebräuchlich.

C Nun werden zunächst die Werte von `zahl_1` und `zahl_2` addiert und danach der Variablen `summe` zugewiesen. Nach dieser Zuweisung befindet sich das Resultat aus der Addition in der Variablen `summe`.

D In dieser Zeile sehen wir, dass man auch Variablen anstelle von Zahlen als Argumente einsetzen kann, und es wird auch noch einmal deutlich, in welcher Reihenfolge die Argumente den Fluchtsymbolen und Formatkennzeichnern zugeordnet werden müssen.

> Wenn wir schreiben »`summe = zahl_1 + zahl_2`«, dann handelt es sich nicht um eine mathematische Gleichung. Das Gleichheitszeichen ist ein *Zuweisungsoperator*. Das bedeutet, dass das Ergebnis des Ausdrucks auf der rechten Seite dieses Operators der Variablen auf der linken Seite zugewiesen wird.

Beschäftigen wir uns aber noch näher mit der Definition einer Variablen:

In unserem Beispiel werden mehrere Variablen definiert. Das heißt, dass der Compiler Speicherplatz reserviert, der ganze Zahlen vom Typ `int` aufnehmen kann. Insgesamt drei Zahlen gleichzeitig, da wir drei Variablen haben. Dieser Speicherplatz wird in dem obigen Programm automatisch mit dem Wert Null gefüllt, was man *Initialisierung* nennt. Dann werden den Variablen Werte zugewiesen. Das ergibt für jede Variable immer zwei Schritte:

1. Die Definition mit der Initialisierung und
2. die spätere Zuweisung.

Das kostet bei zeitkritischen Programmen unter Umständen unnötig viel Zeit. Diese zwei Schritte lassen sich aber auch zusammenfassen. C bietet die Möglichkeit, Variablen direkt bei der Definition mit einem Wert zu belegen, also zu initialisieren[9]. Und das sieht so aus:

```
int zahl_1 = 10;
```

Ersetzen Sie mal die Zeile 9 im Quelltext 2.6 durch

```
int zahl_1 = 10, zahl_2 = 20, summe;
```

und entfernen Sie die Zeilen 14 und 15. Übersetzen und starten Sie das Programm erneut. Sie werden sehen, es geht auch so.

---

[9] Pascal-Programmierer kennen für so etwas die Anweisung `CONST zahl_1: Integer = 10;`.

Aber es gibt noch mehr Möglichkeiten. Wir könnten die Variablen auch innerhalb der Funktion `main()` definieren und initialisieren. Das Programm sähe dann so aus:

```
1   #include <stdio.h>
2
3   int main( void )
4   {
5      int zahl_1 = 10, zahl_2 = 20;
6      int summe  = zahl_1 + zahl_2;
7
8      printf("\nDer Inhalt der Variablen zahl_1 ist: %d\n"
9              "und der Inhalt von zahl_2 ist: %d.\n\n"
10             "%d + %d = %d\n",
11             zahl_1, zahl_2, zahl_1, zahl_2, summe);
12
13     getchar();
14     return 0;
15  }
```

In ANSI-C muss so eine Definition immer am Anfang des Funktionsblocks stehen. Es ist auch möglich, bei der Initialisierung komplexere Ausdrücke und vorher definierte Variablen zu verwenden.

Nun will ich noch ein Wort zur automatischen Initialisierung verlieren. Wird eine Variable außerhalb einer Funktion definiert, wird sie automatisch mit Null initialisiert. Eine solche automatische Initialisierung findet *nicht* statt, wenn eine Variable innerhalb einer Funktion definiert wird. Ihr Inhalt ist damit vom Zufall abhängig.

2.2.3 Variablen für Zeichen und Zeichenketten

Variablen, die einzelne Zeichen speichern

Wir haben bisher nur Variablen vom Typ Integer kennengelernt. Es gibt auch Variablen, die Zeichen (z. B. »a«, »f«, »H«, »i« oder »C«) aufnehmen können. Dieser Typ heißt `char`. Hier einige Beispiele, wie solche Variablen definiert werden können:

```
1   /* Eine Variable mit dem Bezeichner "zeichen": */
2   char zeichen;
3
4   /* Zwei char-Variablen: */
5   char zeichen_1, zeichen_2;
6
7   /* "zeichen" wird mit dem Buchstaben "z" initialisiert: */
8   char zeichen = 'z';
```

In Zeile 8 des obigen Beispiels sollten wir beachten, dass Zeichenketten in Anführungszeichen, also doppelten Hochkommas, eingeschlossen werden. Einzelne Zeichen dagegen werden in einfachen Hochkommas eingeschlossen.

Sehen wir uns noch ein Beispiel an:

```
char zahl = '4';
```

Hier wird der Variablen `zahl` das *Zeichen* 4 zugewiesen, nicht die Zahl 4. Wenn Sie dieser Variablen eine richtige Zahl zuordnen wollen, müssen Sie die 4 ohne Hochkommas schreiben:

```
char zahl = 4;
```

Diese Art, eine Variable vom Typ `char` zu verwenden, ist oft dort anzutreffen, wo man Speicherplatz sparen möchte und eine Variable vom Typ `int` nicht benötigt wird. Der Typ `char` kann nämlich nur Zahlen im Bereich von -128 bis +127 aufnehmen. Dafür benötigt er nur halb so viel Speicherplatz.

Nun aber ein Beispiel dazu, das sich nicht auf der Buch-CD befindet:

```
1     #include <stdio.h>
2
3     int main( void )
4     {
5  A)    char zeichen = 'Z', zahl_1 = '8', zahl_2 = 65;
6
7  B)    printf("\nzeichen = %c\n"
8            "zahl_1 = %d\n"
9            "zahl_2 = %c\n",
10           zeichen, zahl_1, zahl_2);
11
12       getchar();
13       return 0;
14    }
```

Erklärungen

A Wir definieren drei Variablen. `zeichen` wird mit »Z« initialisiert, `zahl_1` mit dem Zeichen »8« und `zahl_2` mit der Zahl 65.

B Hier lernen wir einen neuen Formatkennzeichner kennen, das »c«. »c« gibt dem Compiler bekannt, dass die Ausgabe eines einzelnen Zeichens erwartet wird. Wenn Sie sich genau die Reihenfolge der Formatkennzeichner ansehen und mit der Reihenfolge der Variablen vergleichen, dann werden Sie erkennen, dass es völlig unwichtig ist, ob wir den Kennzeichner »c« oder »d« verwenden. Wichtig ist nur, dass wir *dann* das »c« verwenden, wenn wir auch einen *Buchstaben* sehen wollen. Soll der Inhalt der Variablen als Zahl ausgegeben werden, nehmen wir das »i« oder das »d«. Denn ob wir einer Variablen vom Typ `char` einen Buchstaben oder eine Zahl zuweisen, ist der Variablen selbst völlig egal. Sie speichert ihren Inhalt immer als Zahl.

Was wir am Ende auf dem Bildschirm sehen, ist also abhängig davon, wie dieser Inhalt interpretiert wird.

Anzumerken bleibt noch, dass das Zeichen »4« nicht der Zahl 4 entspricht. Der Computer verwendet eine Tabelle, in der die Zeichen gespeichert sind. Die Variable speichert lediglich die Nummer der Tabellenzelle. Wenn ein Zeichen ausgegeben werden soll, wird das Zeichen ausgegeben, das sich in der Zelle befindet, deren Nummer in der Variablen gespeichert ist. Das »A« z. B. befindet sich in der Zelle mit der Nummer 65. Die Anweisung

```
char z = 'A';
```

bewirkt also, dass sich in z die Zahl 65 befindet. Wir können der Variablen z ein »A« also auch so zuweisen:

```
char z = 65;
```

Tabelle 2.2: Auszug aus einer ASCII-Tabelle

...	!	"	#	$	%	&	'	(	)	*	+	,	-	.	/
...	33	34	35	36	37	38	39	40	41	42	43	44	45	46	47
0	1	2	3	4	5	6	7	8	9	:	;	<	=	>	?
48	49	50	51	52	53	54	55	56	57	58	59	60	61	62	63
@	A	B	C	D	E	F	G	H	I	J	K	L	M	N	O
64	65	66	67	68	69	70	71	72	73	74	75	76	77	78	79
P	Q	R	S	T	U	V	W	X	Y	Z	[	\	]	^	...
80	81	82	83	84	85	86	87	88	89	90	91	92	93	94	...

Damit Ihnen nicht ganz der Kopf raucht, will ich das an einem Bild deutlich machen, genau gesagt an einem Ausschnitt einer solchen Tabelle. Sie sehen es in Tabelle 2.2.

Die Punkte in der ersten und der letzten Zelle bedeuten, dass es davor und dahinter noch weitere Elemente gibt. Für das Verständnis des zugrunde liegenden Sachverhalts ist die komplette Tabelle aber nicht nötig.

In der oberen Hälfte einer Zelle finden Sie das jeweilige Zeichen. In der unteren Hälfte einer Zelle finden Sie die Nummer, also die Position der Zelle in der Tabelle. Die folgenden Anweisungen sorgen dafür, dass einmal die Zahl 90 und einmal das Zeichen »Z« ausgegeben werden:

```
char z = 'Z';
printf("Die Zahl %i entspricht dem Zeichen: %c!", z, z);
```

Daran erkennen wir, dass, wenn wir ein Zeichen zuweisen, sich in der Variablen tatsächlich nur eine Zahl befindet und die Formatanweisung darüber entscheidet, ob die Zahl oder das zugehörige Zeichen ausgegeben wird.

Bei der Tabelle 2.2 handelt es sich um einen Ausschnitt der *ASCII-Tabelle*. ASCII (American Standard Code for Information Interchange) ist ein Standard, in dem die einzelnen Zeichen bestimmten Zellen (oder Nummern, den sogenannten *ASCII-Codes*) zugeordnet werden. Die Zeichen müssen nicht zwangsläufig immer in den gleichen Zellen stehen. Vielleicht haben Sie schon mal Begriffe, wie *Codepage, ANSI-Zeichen, ASCII-Zeichen* oder *OEM-Zeichen* gehört? Eine Codepage ist nicht anderes als eine Kodierungstabelle. Die ersten 128 Zeichen liegen dabei in allen Tabellen an den gleichen Positionen, haben also immer die gleiche Nummer. An den Positionen, die größer als 127 sind[10], befinden sich länderspezifische Zeichen (wie etwa Umlaute) und grafische Symbole. Diese Zeichen sind daher je nach Ländereinstellung austauschbar.

Nun sehen wir uns an, wie wir eine Variable definieren, die nicht nur ein einzelnes Zeichen, sondern eine ganze Zeichenkette speichern kann.

Variablen, die Zeichenketten speichern

Um eine Variable für eine Zeichenkette zu erzeugen, verwenden wir wieder den uns inzwischen bekannten Typ `char`. Erinnern wir uns: Ein einzelnes Zeichen speichern wir in einer `char`-Variablen:

```
char z = 'A';
```

Wenn wir eine Zeichenkette speichern wollen, die 15 Zeichen lang ist, dann benötigen wir Platz für diese 15 Zeichen. Das teilen wir dem Compiler mit, indem wir den Platzbedarf in eckige Klammern hinter den Namen der Variablen schreiben:

```
char s[16];    /* <-- Platz für 15 Zeichen! */
```

Nein, das war kein Druckfehler. Eine Zeichenkette endet immer mit dem Zeichen, das in jeder Kodierungstabelle der Nummer Null entspricht. Dieses Zeichen hat auch einen bestimmten Namen, nämlich *NUL*, was eine Kurzform von Null ist. Wir müssen das Nullzeichen nicht explizit angeben, wenn wir eine Zeichenkette in Anführungszeichen einschließen. Aber intern sorgt der Compiler dafür, dass dieses Nullzeichen immer mitgespeichert wird. Wenn wir also eine Zeichenkette speichern wollen, die 15 Zeichen lang ist, dann müssen wir auch den Platz für das abschließende Nullzeichen reservieren. Das sind dann insgesamt 16 Zeichen.

Wir können auch Variablen für Zeichenketten bei der Definition initialisieren:

```
char s[16] = "Mein Name";
```

Lassen Sie sich aber nicht einfallen, in einem Programm das Folgende zu schreiben:

```
char s[16];
s = "Mein Name";
```

Das wird nicht funktionieren. Weshalb nicht, dazu werden wir in Kapitel 5.3 kommen. Bevor wir uns jetzt intensiver mit Variablen für Zeichenketten befassen, sollten wir uns noch mit einer anderen Sache beschäftigen: Den Namen, mit denen Sie eine Variable

---

[10] Die Zählung beginnt bei Null. So hat die erste Zelle die Nummer Null, die 128. Zelle die Nummer 127.

benennen dürfen. Wenn wir das getan haben, werden wir im Kapitel 2.4.1 sehen, wie wir mit Variablen für Zeichenketten grundsätzlich arbeiten.

2.3 Exkurs: Bezeichner

Wir sind schon öfters über das Wort *Bezeichner* gestolpert, ohne uns klar zu machen, was ein Bezeichner in C ist. Das wollen wir an dieser Stelle nachholen.

Ein Bezeichner ist ein Name für ein Objekt, etwa eine Variable, Funktion oder sonst ein Ding. Diese Bezeichner sind in C mit einigen Einschränkungen frei wählbar. Diese Einschränkungen beziehen sich auf die Länge sowie auf die verwendbaren Zeichen und deren Reihenfolge.

Erlaubt sind die Ziffern 0 bis 9, die großen und kleinen Buchstaben A bis Z und der Unterstrich. Bezeichner dürfen nicht mit Ziffern beginnen, also nur mit einem Buchstaben oder dem Unterstrich. Die weitere Reihenfolge ist dann egal.

Ein Bezeichner darf nicht länger als 32 Zeichen sein. Komfortable Entwicklungsumgebungen bieten allerdings die Möglichkeit, diese Höchstlänge eigens einzustellen. Ist ein Bezeichner länger als die eingestellte Zeichenzahl, werden überstehende Zeichen ignoriert.

Zu beachten ist auch, das C zwischen Groß- und Kleinschreibung unterscheidet. `ABC` ist nicht gleich `Abc`.

2.4 Eingaben über die Tastatur

Nun kommen wir dazu, uns mit Tastatureingaben zu beschäftigen. Zwar haben wir schon in jedem der obigen Programme Tastatureingaben entgegengenommen. Die Funktionen `getch()` und `getchar()` warten nämlich auf einen Tastendruck und, was bislang ein wenig untergegangen war, liefern ihn auch als Ergebnis an das Programm.

Dieser Wert entspricht dem Datentypen `char`, den wir weiter oben kennengelernt haben. Das folgende Programm nimmt also schon Eingaben entgegen und verarbeitet sie:

```
1    #include <stdio.h>
2
3    int main( void )
4    {
5        char ch;
6
7        printf("\nGeben Sie ein beliebiges Zeichen ein "
8                "und druecken Sie dann [Eingabe]: ");
9
10       ch = getchar();
11
12       printf("\nDas eingegebene Zeichen ist: %c.", ch);
```

```
13          printf("\nDer ASCII-Code des Zeichens ist: %i\n", ch);
14
15   A)     getchar();
16          getchar();
17
18          return 0;
19   }
```

Erklärungen

A Weshalb steht hier zweimal die Anweisung `getchar()`? Nun, `getchar()` liest genau *ein* Zeichen von der Tastatur. Damit überhaupt etwas gelesen wird, muss [Eingabe] gedrückt werden. Wenn Sie nun ein Zeichen eingeben und danach [Eingabe] drücken, sind das bereits zwei Zeichen, das eingegebene und der Zeilenvorschub. Das eingegebene Zeichen wird in der Zeile 10 ausgelesen und der Zeilenvorschub in dieser Zeile, also der Zeile 15. Damit das Programm sich nicht sofort beendet, sondern auf die nächste Eingabe wartet, muss in der Zeile 16 ein weiteres `getchar()` stehen.

2.4.1 Einlesen von Zeichenketten

Zu Beginn will ich Sie richtig aufmuntern: C hat die mit Abstand schlechtesten Eingabemöglichkeiten für Zeichenketten, die ich kenne. Wer noch keine große Erfahrung mit dieser Sprache hat, könnte daran schier verzweifeln. Und einem unbedarften Anwender ist ein Programm, das mit diesen Funktionen die Eingabe entgegennimmt, wirklich nicht zuzumuten.

Besonders problematisch ist das Einlesen von Zeichenketten, die auch Leerzeichen enthalten. Für einen solchen Fall kann man nur auf eine einzige Funktion zurückgreifen, und die ist in der Datei »stdio.h« deklariert. Sie heißt `gets()`. In »conio.h« gibt es eine Entsprechung, die Funktion `cgets()`. Wir werden uns diese Funktion aber erst ansehen, wenn wir wissen, wie wir Zeichenketten manipulieren und einzelne Zeichen darin verändern können.

Eine sicherere Alternative für die Funktion `gets()` gibt es zwar auch, aber diese wird zusammen mit Dateien verwendet und heißt `fgets()`. Sie lässt sich grundsätzlich für das Lesen von der Tastatur verwenden, aber es tauchen dann wieder andere Probleme auf (z. B. ob sich noch ungelesene Zeichen im Tastaturpuffer befinden, die erst ausgelesen werden müssen), sodass die Verwendung von `fgets()` zunächst keine echte Alternative ist.

Doch kommen wir nun zum Quelltext 2.7. Aufgrund der oben genannten Gründe sollten Sie die Erklärungen durchlesen, bevor Sie das Programm starten.

Quelltext 2.7: str_ein.c

```
1    /*
2    File: str_ein.c
3    Reading strings from keyboard.
```

2 Aus- und Eingabe von Daten

```
4       */
5
6       #include <stdio.h>
7
8
9   A)  char name[80], geb_dat[80], tele[80], str[80], ort[80];
10
11
12      int main( void )
13      {
14          printf("\x1b[2J");
15          printf("\x1b[1;1H");
16
17  B)      printf("Geben Sie den Namen ein: ");
18  C)      gets(name);
19
20  D)      printf("Geben Sie die Strasse ein: ");
21          gets(str);
22
23          printf("Geben Sie den Ort ein: ");
24          gets(ort);
25
26          printf("Geben Sie das Geburts-Datum ein: ");
27          gets(geb_dat);
28
29          printf("Geben Sie die Telefon-Nummer ein: ");
30          gets(tele);
31
32          printf("\x1b[2J");
33          printf("\x1b[1;1H");
34
35  E)      printf("Hier sind Ihre Eingaben:\n"
36                 "------------------------\n\n"
37                 "%s\n%s\n\n%s\n\n\n"
38                 "Telefon: %s\n\nGeburtstag: %s\n\n"
39                 "------------------------\n",
40                 name, str, ort, tele, geb_dat);
41
42          getchar();
43          return 0;
44      }
```

Erklärungen

A Diesmal definieren wir Variablen, die einen Namen, ein Geburtsdatum, eine Telefonnummer, eine Straße und einen Ort aufnehmen. Entsprechend habe ich auch die Bezeichner gewählt. In den eckigen Klammern steht jeweils eine »80«. Es können also maximal neunundsiebzig Zeichen in einer Variablen gespeichert werden (das hatten wir im Kapitel »Variablen, die Zeichenketten speichern«). Es ist zwar grundsätzlich unnötig, für die Telefonnummer und das Datum so viele Zeichen zu reservieren (Speicherplatz nimmt es auch weg), doch hier hat das seinen Grund: Wenn wir Speicherplatz für eine Zeichenkette von zehn Zeichen reservieren, dann aber mehr als zehn Zeichen eingeben, könnte man erwarten, dass die überflüssigen Zeichen einfach ignoriert werden. Doch das ist nicht der Fall. Bei meinen Versuchen wurden manchmal auch die zu viel eingegebenen Zeichen ausgegeben, und mitunter machte das Programm danach gar nichts mehr. Wirklich gar nichts.

B Diese Anweisung kennen wir ja schon. Wir geben dem Anwender hier einen Hinweis, damit dieser weiß, was er zu tun hat. Es wird kein Zeilenvorschub angehängt, damit die Eingabe gleich dahinter stattfindet. Wie wir sehen, können wir `printf()` wie ein `puts()` verwenden, wenn wir den obligatorischen Zeilenvorschub von `puts()` vermeiden wollen. Sie sollten aber darauf achten, dass sich in der übergebenen Zeichenkette kein Prozentzeichen befindet. Wenn Sie trotzdem ein Prozentzeichen ausgeben wollen, schreiben Sie es doppelt.

C Dieser Befehl hält das Programm an, bis die [Eingabe]-Taste gedrückt wird. Damit wird auch die Eingabe abgeschlossen. Alle eingegebenen Zeichen befinden sich dann in der Variablen `name`.

D Diese letzten zwei Schritte wiederholen sich, bis allen Variablen ein Wert übergeben wurde.

E Sehen Sie sich die Argumente in der `printf()`-Anweisung genau an und stellen Sie sich vor, wie der Ausdruck auf dem Bildschirm aussieht.

2.4.2 Einlesen von Zahlen

Jetzt betrachten wir das Einlesen von Zahlen. Doch vorab wieder ein kleiner, aber wichtiger Hinweis:

Werden an eine Funktion Argumente in Form von Variablen übergeben, dann kann die aufgerufene Funktion die Inhalte dieser Variablen *nicht* verändern. Von den uns bis jetzt bekannten Datentypen gibt es davon nur eine Ausnahme: Variablen für Zeichenketten. Der Funktion `gets()` wird eine solche Variable übergeben, und innerhalb dieser Funktion wird deren Inhalt verändert. Wenn wir wollen, dass eine Funktion fähig ist, den Inhalt eines anderen Variablentyps zu ändern, müssen wir der Variablen bei der Übergabe einen Hinweis voranstellen. Dieser Hinweis ist das Zeichen »&«[11], der sogenannte *Referenzoperator*.

---

[11] Diese Erklärung ist nicht sehr professionell, doch sie ist für den Anfang sehr verständlich. Was es mit dem Zeichen »&« wirklich auf sich hat, sehen wir, wenn wir uns im Kapitel 5.1 mit Zeigern beschäftigen werden.

2 Aus- und Eingabe von Daten

Sehen wir uns das im Quelltext 2.8 gleich an:

Quelltext 2.8: zahl_ein.c

```
1    /*
2    File: zahl_ein.c
3    Reading numbers from keyboard.
4    */
5
6    #include <stdio.h>
7
8
9    int main( void )
10   {
11       int zahl_1, zahl_2;
12
13       printf("\x1b[2J");
14       printf("\x1b[1;1H");
15
16       printf("Geben Sie eine ganze Zahl ein: ");
17  A)   scanf("%d", &zahl_1);
18
19       printf("Geben Sie noch eine ganze Zahl ein: ");
20       scanf("%d", &zahl_2);
21
22       printf("\nEingegeben wurden: %d und %d.\n", zahl_1, zahl_2);
23
24  B)   getchar();
25       getchar();
26
27       return 0;
28   }
```

Erklärungen

A Hier treffen wir auf die Funktion, die es uns ermöglicht, Zahlen einzulesen. Sie heißt scanf(). Sie ähnelt von ihrem Aufbau her der Funktion printf(), und tatsächlich sind diese Ähnlichkeiten nicht nur oberflächlich. Als erstes Argument muss eine Formatanweisung übergeben werden. Diese enthält die Formatangaben. Hier ist es der Kennzeichner »d« für eine Zahl vom Typ int. Das folgende Argument ist die Variable, in der die eingelesene Zahl gespeichert werden soll. Hier müssen wir das Zeichen »&« voran stellen, denn sonst wird sich am Inhalt von zahl_1 nichts ändern.

B Auch hier wollen wir das Programm nach der Ausgabe der Zahlen anhalten, damit wir das Ergebnis in Ruhe betrachten können. scanf() liest zwar alle eingegebenen Zeichen aus, aber nicht den bestätigenden Zeilenvorschub. Dieser muss explizit ausgelesen werden. Daher folgt auch hier wieder zweimal die Anweisung getchar().

Werden andere Zahlen ausgegeben, als Sie eingegeben haben, dann sollten Sie überprüfen, ob Ihre Zahlen nicht zu groß waren. Wenn Sie ein Programm für DOS oder Windows 3.x (16 Bit) schreiben, dürfen sich die Eingaben im Bereich von -32768 bis +32767 bewegen. Schreiben Sie ein Programm für Linux oder Windows NT, können Sie Zahlen im Bereich von -2147483648 bis +2147483647 eingeben.

2.4.3 Zeichenketten über `scanf()` einlesen

Über die Funktion `scanf()` können wir auch Zeichenketten einlesen. Man muss dazu nur den richtigen Formatkennzeichner an die richtige Stelle setzen. Wir sehen es uns an und lernen auch die Möglichkeit kennen, gleich mehrere Eingaben in einer `scanf()`-Anweisung zusammenzufassen. Gehen wir von folgendem Problem aus: Wir wollen Personaldaten einlesen, die in Vorname, Nachname, Straße, Hausnummer, Postleitzahl und Ort unterteilt sind. Die Definitionen der Variablen sehen dann so aus:

```
char v_name[80], n_name[80], str[80] ,plz[10], ort[80];
int    h_nr;
```

Die Eingabe könnte jetzt recht lästig werden, wenn wir für jeden Teil eine eigene `gets()`-Anweisung benötigten, etwa in diesem Stil:

```
1    puts("Geben Sie den Vornamen ein:");
2    gets(v_name);
3    puts("Geben Sie den Nachnamen ein:");
4    gets(n_name);
5    puts("Geben Sie die Straße ein:");
6    gets(str);
7    puts("Geben Sie die Hausnummer ein:");
8    scanf("%i", &h_nr);
9    /* ... usw. */
```

Mit `scanf()` geht es auch so:

```
puts("Geben Sie Vor- und Nachname, durch Leerstelle getrennt, ein:");
scanf("%s%s", v_name, n_name);
```

Sie können jetzt Vor- und Nachnamen in einem Rutsch eingeben, getrennt durch Leerzeichen. Die Argumente werden wie bei `printf()` angegeben und zugeordnet. Doch Vorsicht, die gleichzeitige Ausgabe eines Kommentars ist nicht möglich, wie es etwa in der Programmiersprache BASIC mit der Anweisung `Input` funktioniert. Man könnte zwar schreiben:

```
scanf("Eingeben: %s", name);
```

Dann müssen wir genau das eingeben, was in der Zeichenkette steht – nämlich das Wort »Eingeben«, einen Doppelpunkt sowie ein Leerzeichen und zuletzt den Namen, der in der Variablen `name` gespeichert werden soll.

Bei `scanf()` werden so viele Eingaben erwartet, wie Formatkennzeichner vorhanden sind. Diese werden durch Leerzeichen getrennt. Erst ganz am Ende darf man [Eingabe] drücken, sonst wird man sich über die Ergebnisse wundern. Da eine Leerstelle als

Trennzeichen für die einzelnen Eingaben steht, können auch keine Sätze, sondern nur einzelne Worte mit `scanf()` eingelesen werden. Auch wenn, wie oben, nur ein einziges »%s« angegeben ist, wird nur das erste Wort an `name` übergeben und die Eingabe beim ersten Leerzeichen unterbrochen. Alle weiteren Wörter werden dann der folgenden Eingabeaufforderung zugeordnet.

Es ist auch möglich, Zeichenketten und Zahlen in einer einzigen Formatanweisung zu mischen:

```
scanf("%s%i", name, zahl);
```

Auch hier muss ein Leerzeichen zwischen dem Wort und der Zahl eingegeben werden. Die `cscanf()`-Funktion aus der Datei »`conio.h`« arbeitet genauso.

Auf der CD zum Buch finden Sie den Quelltext »`alle_ein.c`«. Diesen können Sie inzwischen ohne weitere Erklärungen verstehen. Darin wird die Funktion `scanf()` in der beschriebenen Weise verwendet. Wenn Sie diesen Quelltext übersetzen und das entstandene Programm laufen lassen, werden Sie auf kleine oder sogar große Probleme stoßen, wenn Sie sich vertippen und die Eingabe korrigieren wollen. Für solche unvorhersehbaren Eingabefehler sind die `scanf()`-Funktionen ungeeignet.

Müssen wir deshalb auf diesen Eingabekomfort verzichten? Nein, denn es geht auch anders. Eine Möglichkeit sehen wir uns im folgenden Abschnitt genauer an.

An dieser Stelle möchte ich aber noch auf etwas anderes hinweisen: Wir bekommen Probleme, wenn der Straßenname aus mehreren Wörtern besteht, wie es zum Beispiel bei der Straße »Weg zum Roten See« der Fall wäre. Sie sollten es ruhig ausprobieren, Sie sehen dann genau, wie `scanf()` arbeitet. Eine `scanf()`-Anweisung liest genau so viele Zeichenfolgen ein, wie Fluchtsymbole vorhanden sind. Gibt es mehr Zeichenfolgen, werden diese vom folgenden `scanf()` gelesen.

2.4.4 Eingaben aus einer Zeichenkette lesen

Wir lesen den Vor- und Nachnamen wie gewohnt mit `gets()` ein, getrennt durch ein Leerzeichen:

```
1    char buffer[80];
2    puts("Geben Sie Vor- und Nachname, durch Leerstelle getrennt, ein:\n\r");
3    gets(buffer);
```

Nun müssen wir die einzelnen Namen noch den richtigen Variablen zuordnen. Für diese Fälle gibt es ebenfalls eine `scanf()`-Funktion: `sscanf()` (string **scan f**ormatted). `sscanf()` liest die Eingaben nicht von der Tastatur, sondern aus einer Zeichenkette. Als erstes Argument benötigt diese Funktion die Zeichenkette, aus der die Eingaben gelesen werden sollen. In den obigen Anweisungen lasen wir die Eingaben von der Tastatur in den Tastaturpuffer, die Variable `buffer`. Dort befindet sich nun die komplette Eingabe, und aus diesem Puffer muss `sscanf()` seine Eingaben lesen:

```
sscanf(buffer, "%s%s", v_name, n_name);
```

Wie das in der Praxis aussieht, finden Sie wieder auf der CD zum Buch, diesmal im Quelltext »buff_ein.c«.

Auch wenn es eigentlich nicht zur Eingabe gehört, möchte ich es doch an dieser Stelle erwähnen: Es gibt auch ein Pendant zu sscanf(). Das ist die Funktion sprintf(). Diese Funktion wird genauso verwendet wie die printf()-Funktion, nur, dass die Ausgabe nicht in den Bildschirm, sondern in eine Zeichenkette erfolgt. Daher muss das Ausgabeziel (also die Variable, welche die Zeichenkette speichern soll) als erstes Argument mit angegeben werden:

```
char ziel[80];
sprintf(ziel, "Ganze Zahl: %i, Kommazahl: %2.2f!", 100, 45.554123);
```

In ziel befindet sich danach der Inhalt »Ganze Zahl: 100, Kommazahl: 45.55!« Sie können ein eigenes Listing erstellen, um dies auszuprobieren. Achten Sie aber unbedingt darauf, dass der Zielpuffer groß genug ist, um alles aufzunehmen.

3 Arbeiten mit einfachen Datentypen

Bisher waren die einzigen Variablen, die wir definiert haben, vom Typ `int` oder `char`. Wir haben auch bereits Kommazahlen kennengelernt, und natürlich gibt es dafür ebenfalls einen eigenen Datentyp. Doch das ist längst noch nicht alles, was uns C zu bieten hat, und das wollen wir uns in diesem Kapitel ansehen. Außerdem werden wir hier die wichtigsten Operatoren kennenlernen, mit denen man Zahlen ver- und bearbeiten kann.

3.1 Die Grunddatentypen in C

Der einfache Unterschied zwischen Integer- und Kommadatentypen ist der, dass Integertypen nur ganze Zahlen aufnehmen können und Kommatypen eben Kommazahlen, wie es der Name schon sagt.

Wenn wir von Kommazahlen sprechen, dann meinen wir eine bestimmte Art von Kommazahlen: die *Fließkommazahlen*. Was das bedeutet, will ich kurz erklären: Wenn wir die Zahlen 1,5 und 2,5 multiplizieren, dann erhalten wir 3,75. Wenn wir mit dem *Fixkommazahlen* arbeiten und davon ausgehen, dass wir nur eine Nachkommastelle haben, dann muss 3,75 auf diese Nachkommastelle gerundet werden. Das Ergebnis lautet im Fixkommaformat 3,8. Dagegen variiert bei Fließkommazahlen die Anzahl der Nachkommastellen – man sagt auch, sie fließt.

Programmiersprachen bieten im Allgemeinen keine Fixkommazahlen an, sodass wir hier nur mit Fließkommazahlen arbeiten. Zunächst können Sie sich in Tabelle 3.1 und Tabelle 3.2 einen Überblick über die verschiedenen Datentypen verschaffen, die uns ANSI C zur Verfügung stellt.

In Tabelle 3.1 sind in der Spalte »Datentyp« einige Wörter in runde Klammern gesetzt. Das bedeutet, dass Sie diese Wörter auch weglassen können. So ist `signed long int` dasselbe wie einfach nur `long`. Bei `signed`, `unsigned`, `long` und `short` handelt es sich lediglich um Modifizierungen. Die eigentlichen Typen sind `char` und `int`. Wenn der Wertebereich, den ein `int` aufnehmen kann, nicht ausreicht, kann man den Modifizierer `long` verwenden, um den Wertebereich zu vergrößern. Wenn man keine negativen Werte speichern will, kann man den Modifizierer `unsigned` angeben. Bei Berechnungen wird dann ausschließlich mit positiven Werten gerechnet.

Tabelle 3.1: Integertypen in C

Datentyp	Kleinster Wert	Größter Wert	Speicherbedarf
(signed) char	- 128	+ 127	1 Byte
unsigned char	0	+ 255	1 Byte
(signed) short (int)	- 32 768	+ 32 767	2 Byte
unsigned short (int)	0	+ 65 535	2 Byte
(signed) int	?	?	?
unsigned (int)	0	?	?
(signed) long (int)	- 2 147 483 648	+ 2 147 483 647	4 Byte
unsigned long (int)	0	+ 4 294 967 295	4 Byte

Tabelle 3.2: Fließkommatypen in C

Datentyp	Kleinster Wert	Größter Wert	Speicherbedarf
`float`	$3,4 * 10^{-38}$	$3,4 * 10^{38}$	4 Byte
`double`	$1,7 * 10^{-308}$	$1,7 * 10^{308}$	8 Byte
`long double`	$3,4 * 10^{-4932}$	$3,4 * 10^{4932}$	10 Byte

Wenn ein Modifizierer ohne die Angabe eines Datentypen (eines Typspezifizierers) verwendet wird, nimmt der Compiler automatisch den Typen `int`. An diese Regeln muss man sich anfangs gewöhnen, aber letztendlich verwendet man selten die volle Schreibweise. Wenn wir einen großen Integerwert haben wollen, dann schreiben wir einfach nur `long`. Wollen wir einen Integer ohne Vorzeichen, dann schreiben wir `unsigned`.

> Wenn `unsigned`, `short` oder `long` ohne weitere Typspezifizierer verwendet werden, wird automatisch der Datentyp `unsigned int`, bzw. `short int` oder `long int` angenommen.

Eine weitere Besonderheit in Tabelle 3.1 sind die Fragezeichen. Sie deuten an, dass die jeweiligen Werte sich ändern können. Diese Werte hängen davon ab, wie groß die Typen unter einer bestimmten Umgebung sind. Wenn Sie das Programm mit einem 32-Bit-Compiler (für eine 32-Bit-Umgebung) übersetzen, werden 4 Byte für `int` reserviert, mit einem 16-Bit-Compiler nur 2 Byte. Das heißt, dass der Typ `int` in einer 16-Bit-Umgebung exakt dem Typen `short int` entspricht und in einer 32-Bit-Umgebung dem Typen `long int`.

So weit die Theorie. Das, was wir soeben besprochen haben, entspricht einem Standard. Leider halten sich nicht alle Compilerhersteller daran. Wenn wir uns den Typ `long double` ansehen, so sollte dieser 10 Byte groß sein. Ich kenne aber mehrere Compiler, die sich nicht daran halten. So existiert etwa bei den Werkzeugen von Watcom und Microsoft der Typ `long double` gar nicht. Wenn einer dieser Compiler im Quelltext auf `long double` trifft, macht er daraus automatisch `double`. Wenn Sie darauf angewiesen sind, genaue Zahlen im Bereich eines `long double` zu erhalten, müssen Sie den Compiler wechseln.

Doch nun kommt wieder ein Programm (Quelltext 3.1), das Sie erst einmal laufen lassen können. Dann werden Sie sehen, wie viel Speicherplatz die verschiedenen Datentypen für ein bestimmtes Programm beanspruchen. Wenn Sie die Möglichkeit haben, mit Ihrer Entwicklungsumgebung sowohl 16- als auch 32-Bit-Programme zu erzeugen, können Sie die Unterschiede in den Größen des Typs `int` erkennen.

Quelltext 3.1: dat_size.c

```
1     /*
2        File: dat_size.c
3        Showing sizes of data types.
4     */
5
6     #include <stdio.h>
7
8  A) char       ch;
9     short      sh;
10    int        in;
11    long       lo;
12    float      fl;
13    double     dbl;
14    long double lodbl;
15
16    int main( void )
17    {
18       printf("\nchar: %i Byte\nshort: %i Byte\n"
19              "int: %i Byte\nlong: %i Byte\n"
20              "float: %i Byte\ndouble %i Byte\n"
21              "long double: %i Byte\n",
22  B)         sizeof ch, sizeof sh, sizeof in,
23             sizeof lo, sizeof fl, sizeof dbl,
24             sizeof lodbl);
25       getchar();
26       return 0;
27    }
```

Erklärungen

A Von jedem der Datentypen, die wir jetzt kennen, definieren wir eine Variable. Auf diese Weise lernen wir gleich, damit umzugehen.

B `sizeof` liefert uns die Größe des dahinter stehenden Datentypen in Byte. `sizeof` ist ein Operator, keine Funktion, und daher kann man `sizeof ch` schreiben, ohne Klammern verwenden zu müssen. Allerdings könnten wir auch schreiben `sizeof(ch)`. Das bleibt am Ende Ihnen überlassen, mit einer Ausnahme: Wenn Sie anstelle einer Variablen den Typbezeichner selbst angeben wollen, dann müssen Sie klammern: `sizeof(long double)`, `sizeof(int)`. Das liegt daran, dass Datentypen aus mehreren Bezeichnern (Modifizierer und Typ) zusammengesetzt sein können.

Ein gewisser Reiz der Integertypen besteht darin, dass man sie in verschiedenen Zahlensystemen darstellen kann: In dezimal, oktal und sedezimal. Leider ist, wie in Basic oder Assembler, die binäre Darstellung in C nicht möglich. Wenn Sie sich schon mal im Anhang D.2.1 umgeschaut haben, dann sind Ihnen vielleicht auch die Formatkennzeichner »X«, »x« und »o« aufgefallen. Welche Wirkung diese auf die Ausgabe einer Integerzahl haben, sehen wir uns anhand eines kurzen Programms, das im Quelltext 3.2 abgebildet ist, in der Praxis an.

Quelltext 3.2: zahl_sys.c

```
1    /*
2     File: zahl_sys.c
3     Showing numbers in several systems.
4    */
5
6    #include <stdio.h>
7
8
9    int main( void )
10   {
11       int i = 1234;
12
13       printf("\x1b[2J");
14       printf("\x1b[1;1H");
15
16       printf("Die Zahl 1234 in verschiedenen Zahlensystemen:\n"
17              "----------------------------------------------\n"
18 A)           "Dezimalsystem:                         %4d\n"
19 B)           "Oktalsystem:                           %4o\n"
20 C)           "Sedezimalsystem (klein):               %4x\n"
21 D)           "Sedezimalsystem (gross):               %4X\n"
22 E)           "Sedezimalsystem (mit Null-Fuellung):   %04X\n"
23 F)           "Sedezimalsystem (in \"C\"-Manier):     %#06x\n",
24              i, i, i, i, i, i);
25
26       getchar();
27       return 0;
28   }
```

Erklärungen

A Diese Zeile sollte uns die allerwenigsten Schwierigkeiten bereiten. Das »d« ist mit dem »i« identisch und kennzeichnet eine Ausgabe im dezimalen Format. Die Feldbreite wird hier, wie bei allen anderen Ausgaben auf 4 Zeichen festgelegt.

B Das »o« bewirkt die Ausgabe der Zahl in oktaler Darstellung. Das Oktalsystem kennt ja nur die Ziffern 0 bis 7, weshalb die Zahl größer zu sein scheint. Aber sie stellt wirklich immer noch den dezimalen Wert 1234 dar, nur eben in oktaler Schreibweise.

C Das Sedezimalsystem besteht aus den Ziffern »0« bis »F«. Weil neben den Dezimalziffern auch Buchstaben zur Darstellung verwendet werden, kann man hierbei entscheiden, ob diese groß- oder kleingeschrieben werden. Ein kleines »x« sorgt für die Kleinschreibung.

D Das große »X« stellt die Ziffern »A« bis »F« groß dar.

E Die Präzision kann auch hier genauso verwendet werden wie bei den Formatkennzeichnern »f«, »d« und »i«. Eine Null hinter dem Fluchtsymbol füllt auch hier mit Nullen auf.

F Gut zu erkennen ist die Wirkung des »#«-Kennzeichens bei der sedezimalen Darstellung (im Anhang D.2.1 finden Sie mehr über dieses Kennzeichen). Allerdings müssen wir hier die Feldbreite auf 6 erhöhen, denn sonst wird die vorangestellte Null nicht ausgegeben. Beachtenswert ist auch, wo sich das zugehörige Fluchtsymbol »%« im Text befindet (vergleichen Sie es mit der Ausgabe auf dem Bildschirm): Die Zeichen »0x« werden *davor* ausgegeben – vorausgesetzt, es ist genug Platz vorhanden.
Wenn Sie diese Zeile in

```
"Sedezimalsystem (in \"C\"-Manier):%#06x\n",
```

oder

```
"Sedezimalsystem (in \"C\"-Manier): %#06x\n",
```

ändern, dann wird »0x« genau an der Position des Fluchtsymbols ausgegeben, weil sich davor nicht genügend Leerzeichen befinden.

Um das Bild abzurunden, stelle ich Ihnen in Tabelle 3.3 noch einen Datentyp vor, der zwar von jedem neueren Compiler unterstützt wird, aber nicht im ANSI-Standard definiert ist und daher auch Probleme bereitet, wenn ein Programm portabel sein soll.

Tabelle 3.3: Zusätzliche 64-Bit-Integertypen in C

Datentyp	Kleinster Wert	Größter Wert	Speicherbedarf
(signed) long long (int)	-9 223 372 036 854 775 808	9 223 372 036 854 775 807	8 Byte
unsigned long long (int)	0	18 446 744 073 709 551 615	8 Byte

Tabelle 3.3 (Fortsetzung): Zusätzliche 64-Bit-Integertypen in C

Datentyp	Kleinster Wert	Größter Wert	Speicherbedarf
(signed) __int64	-9 223 372 036 854 775 808	9 223 372 036 854 775 807	8 Byte
unsigned __int64	0	18 446 744 073 709 551 615	8 Byte

Die Definition mit long long wird von allen von mir getesteten Compilern unterstützt, außer denen von Borland und Microsoft. Bei diesen beiden Compilertypen muss das Schlüsselwort __int64 verwendet werden. Dieses wird neben long long auch noch vom Watcom-Compiler erkannt, aber von keinem anderen. Bei Borland ist __int64 erst ab der Version 5.0 verfügbar.

3.2 Einige Operatoren

Es gibt eine Vielzahl an Operatoren in C. Eine Aufstellung finden Sie im Anhang 0. Wichtig sind für uns an dieser Stelle die Operatoren für arithmetische Berechnungen und die zur Bitmanipulation. Den Zuweisungs- und den sizeof-Operator haben wir bereits kennengelernt, weshalb wir auf diese nicht weiter eingehen. Auch mit dem Additionsoperator haben wir in einem Programm gearbeitet, ohne diesen näher erklärt zu haben. Das soll hier nachgeholt werden, denn es gibt dabei doch etwas mehr zu beachten, als es bisher den Anschein hat.

Von Bedeutung sind auch die *Booleschen* Operatoren, auch *logische* Operatoren genannt. Sie vergleichen zwei Werte miteinander und liefern einen logischen, auch sogenannten *Wahrheitswert*. Beispiele dafür kennen Sie aus der Mathematik, »größer als« oder »kleiner als«[1]. Weil diese Operatoren aber erst einen Sinn haben, wenn man sie in Schleifen und Fallunterscheidungen verwendet, wurde deren Behandlung in das nächste Kapitel verschoben.

Fangen wir also an, und zwar mit den verständlichsten aller Operatoren:

3.2.1 Arithmetische Operatoren

Die Grundrechenarten sind in C genauso realisierbar wie in den meisten anderen Sprachen auch. Dabei spielt es keine Rolle, ob mit konstanten oder variablen Größen gerechnet wird. Für diejenigen, die noch keine Programmiererfahrung haben, soll noch etwas näher darauf eingegangen werden.

---

[1] Wenn bei dem Vergleich »A < B« »A« kleiner als »B« ist, dann ist der Ausdruck »wahr«, ansonsten »falsch«.

Die vier Grundrechenarten

Wir beginnen mit der Addition und sehen uns anhand dieses Beispiels an, in welchen Ausdrücken die arithmetischen Operatoren verwendet werden. Damit ist gemeint, wie Sie mit Konstanten oder Variablen rechnen können, welche Art von Operanden also links und rechts des Operators stehen dürfen. Hier sind einige der möglichen Formen:

```
1   int_variable    = 10 + 20;
2   int_variable    = int_variable + 20;
3   int_variable    = int_variable + char_variable;
4   float_variable  = int_variable + float_variable;
5   float_variable  = float_variable + char_variable;
6   double_variable = float_variable + 12.555219;
7   int_variable    = float_variable + 12.555219;
8   char_variable   = char_variable + char_variable;
```

Denken Sie bitte daran, das Gleichheitszeichen ist der Zuweisungsoperator. Es wird erst der Ausdruck auf der rechten Seite errechnet und dann das Ergebnis der Variablen auf der linken Seite zugewiesen.

In diesen Beispielen sehen Sie, dass Sie die Operanden beliebig mischen können. Es ist auch gleichgültig, ob Sie als Operanden Konstanten oder Variablen einsetzen (Zeilen 1, 2, 6 und 7).

Während einer Operation werden die kleineren Datentypen in die größeren konvertiert. In der Zeile 4 zum Beispiel wird aus der Integervariablen ein float-Typ gemacht, und erst dann werden beide Operanden addiert. char-Typen werden intern immer zu int-Typen konvertiert. Das liegt daran, dass der Rechner schneller mit den Typen rechnen kann, die seiner Prozessorstruktur entsprechen. Daher ist die interne Größe des Typen int auch nicht von vornherein festgelegt, sondern wird dem Rechner angepasst (vgl. Kapitel 3.1). In der Zeile 8 werden daher beide Operatoren vor der Addition in int umgewandelt.

Man kann Integertypen mit Fließkommatypen mischen, ja, man kann sogar einer Integervariablen einen Fließkommatyp zuweisen (Zeile 7). Ein guter Compiler gibt bei so einer Zuweisung allerdings eine Warnung aus, weil Nachkommastellen abgeschnitten werden. Desgleichen wird ein guter Compiler warnen, wenn Sie einer char-Variablen den Inhalt einer Integervariablen zuweisen wollen, denn auch dabei gehen die höherwertigen Stellen einer Zahl verloren.

Die anderen arithmetischen Operatoren sind Subtraktion (-), Multiplikation (*) und Division (/). Von der Anwendung und dem Einsatz unterscheiden sie sich nicht von dem Additionsoperator. Es gibt noch einen zweiten Operator für die Division, den Modulooperator (das %-Zeichen, nicht zu verwechseln mit dem Fluchtsymbol innerhalb einer Zeichenkette, das ebenfalls mit dem Prozentzeichen dargestellt wird). Als Ergebnis liefert er den Rest einer Division und ist daher nur auf Integertypen anwendbar. Eine Eigenschaft der Kommazahlen ist ja, dass sie keinen Rest liefern. Ein Beispiel:

```
int rest = 13 % 3;
```

rest erhält den Wert 1, da 13 durch 3 geteilt 4 ergibt. 4 mal 3 ist 12, und der Rest zu 13 ist 1.

Interessant sind noch die Rangverhältnisse der Operatoren zueinander, also die Priorität. Sie entsprechen den mathematischen Regeln (Punktrechnung geht vor Strichrechnung). Zur Punktrechnung gehört auch der Modulooperator. Ebenso wie in der Mathematik haben wir auch in C die Möglichkeit, diese Rechenregeln ein wenig zu manipulieren. Das funktioniert durch Einklammern der verschiedenen Ausdrücke. Wieder ein Beispiel:

```
zahl_1 = 3 * 4 + 2 * 5;
```

zahl_1 erhält den Wert 22. Zuerst werden die Produkte errechnet und aus diesen dann die Summe gebildet. Wollen wir aber, dass zuerst »4 + 2« errechnet wird, klammern wir diesen Ausdruck ein:

```
zahl_1 = 3 * (4 + 2) * 5;
```

Nun wird erst die Summe gebildet (4 + 2 = 6) diese mit 3 und anschließend mit 5 multipliziert. zahl_1 erhält also den Wert 90.

> Geklammerte Ausdrücke haben eine höhere Priorität als Multiplikation und Division, die Punktrechnungen eine höhere als Strichrechnungen.

Jetzt bleibt noch die Frage, wie Ausdrücke mit gleichrangigen Prioritäten behandelt werden. Zum Beispiel die Zeile

```
zahl_1 = 2 * 8 / 4;
```

Diese Operationen werden von links nach rechts ausgewertet. Also erst 2 * 8 (= 16) und danach wird das Ergebnis durch 4 geteilt. Auch hier gilt die Regel, dass geklammerte Ausdrücke Vorrang haben.

Nehmen wir mal an, wir wollten die folgende Formel in C realisieren:

$$x = \frac{12}{2y}$$

Ganz instinktiv mag man die Formel vielleicht so übernehmen:

```
x = 12 / 2 * y;
```

Aber hier ist Vorsicht geboten, denn nun passiert Folgendes: Es wird erst 12 / 2 gerechnet, was 6 ergibt, und dann wird dieses Ergebnis mit y multipliziert. Wenn wir mal annehmen, dass y gleich 2 ist, dann würde x am Ende der Wert 12 zugewiesen, was definitiv falsch ist. Denn die Formel sagt, dass 12 durch das Ergebnis von 2 mal y geteilt wird. Wenn y gleich 2 ist, ist das korrekte Ergebnis also nicht 12, sondern 3. Um das zu erreichen, müssen wir die Formelbestandteile im Quelltext klammern:

```
x = 12 / (2 * y);
```

3.2 Einige Operatoren

Eine andere Möglichkeit ist die folgende:

```
x = 12 / 2 / y;
```

Welche der Möglichkeiten verwendet werden, ist die Sache des Programmierers. Man sollte aber unbedingt darauf achten, dass der Sinn und die Verarbeitung einer Formel möglichst auf den ersten Blick zu verstehen ist.

Das umständlichste Verfahren ist das Zerteilen in einzelne Programmschritte. Es soll an unserer kleinen Formel demonstriert werden, obwohl es hier nicht nötig wäre. Bei sehr komplexen Ausdrücken ist es aber eine sinnvolle Sache:

```
nenner = 2 * y;
x = 12 / nenner;
```

Die Programmzeilen werden in C von oben nach unten abgearbeitet. Daher wird x der richtige Wert zugewiesen. Ich erwähne das, weil diese Verarbeitungsreihenfolge nicht selbstverständlich ist, da man in einigen Programmiersprachen die Reihenfolge durch Zeilennummerierung ändern kann.

Erhöhen und Vermindern

Wenn wir den Wert einer Variablen um 1 erhöhen oder erniedrigen wollen, können wir es so machen:

```
zahl_1 = zahl_1 + 1;
zahl_2 = zahl_2 - 1;
```

Eine wesentlich elegantere Methode bieten die Inkrement- und Dekrementoperatoren. Es sind dieses »++« und »--«. Diese Operatoren können vor oder hinter einer Variablen stehen. Am besten können Sie die unterschiedliche Wirkung der zwei Positionen an dem Programm im Quelltext 3.3 sehen.

Quelltext 3.3: inc_dec.c

```
 1      /*
 2       File: inc_dec.c
 3       Increment and decrement operators.
 4      */
 5
 6      #include <stdio.h>
 7
 8
 9      int main( void )
10      {
11         int var1 = 10;
12  A)     int var2 = ++var1;
13
14         puts("\n\n");
15         printf("var1 ist 10. Die Anweisung lautet: var2 = ++var1.\n\n"
16                "Die jetzigen Inhalte: var1 = %i und var2 = %i.\n\n\n",
17                var1,var2);
```

```
18
19          var1 = 10;
20   B)     var2 = var1++;
21
22          printf("var1 ist 10. Die Anweisung lautet: var2 = var1++.\n\n"
23                 "Die jetzigen Inhalte: var1 = %i und var2 = %i.\n\n\n",
24                 var1, var2);
25
26          getchar();
27          return 0;
28      }
```

Erklärungen

A   Hier befindet sich der Inkrementoperator *vor* der Variablen. In diesem Fall wird erst der Inhalt von `var1` um 1 erhöht und dann der Inhalt in die Variable `var2` kopiert.

B   In dieser Konstellation ist es anders. Zuerst wird der Inhalt von `var1` nach `var2` kopiert, dann wird `var1` um 1 erhöht.

> Steht der Inkrement- oder Dekrementoperator vor einer Variablen, so wird er vor einer anderen Operation ausgeführt. Steht er dahinter, wird er nach einer anderen Operation ausgeführt.

Das Gleiche gilt, wenn eine Variable als Argument mit diesen Operatoren erscheint. Sehen Sie sich dazu das nächste Programm an, tippen Sie es ab und lassen Sie es laufen:

```
1    #include <stdio.h>
2
3    int main( void )
4    {
5        int zahl = 10;
6        printf("\n\n%i\n", ++zahl);
7
8        zahl = 10;
9        printf("%i\n", zahl++);
10
11       getchar();
12       return 0;
13   }
```

Wir sehen: Auch bei Verwendung als Argument gelten die Regeln für die Bearbeitungsreihenfolge, nicht anders als bei der Zuweisung.

3.2.2 Operatoren zur Bitmanipulation

Jetzt wird es etwas komplizierter. Sollten Sie sich bereits mit den Begriffen Bit und Byte auskennen und wissen, wie das duale, oktale und sedezimale Zahlensystem aufeinander abgebildet und wie positive sowie negative Zahlen im Hauptspeicher dargestellt und verarbeitet werden, dann können Sie den folgenden Abschnitt getrost überspringen und mit Kapitel »Bitweise Verschiebung« auf Seite 66 fortfahren. All denen, die jetzt Neuland betreten oder sich nicht ganz sicher sind, empfehle ich, das Folgende durchzuarbeiten.

Exkurs: Die Bits, die Bytes und die Zahlensysteme

Vielleicht haben Sie sich bereits gefragt, was es für einen Sinn haben sollte, Zahlen bei der Ausgabe in das oktale oder sedezimale Zahlensystem zu konvertieren. Dass diese Zahlensysteme so wichtig sind, liegt an der Bau- und Funktionsweise eines Computerchips. Eine Information kann nur als binäres Signal gespeichert werden, also etwa als »das Licht ist an oder aus« oder als »der Strom fließt oder er fließt nicht«. Etwas vereinfacht dargestellt, besteht der Hauptspeicher, in dem alle Arbeitsinformationen gespeichert werden, nur aus kleinen Stromleitungen. Durch diese Leitungen fließt Strom oder eben nicht. Eine Stromleitung kann also genau einen von zwei Zuständen annehmen: entweder »An« oder »Aus«.

Da eine einzige Leitung nur zwei Zustände annehmen kann, und das zu wenig ist, um sinnvoll damit zu arbeiten, werden mehrere solcher Leitungen zu einem größeren Ganzen zusammengefasst. Der größte Vorteil ist, dass diese Leitungen dadurch parallel bearbeitet werden können, was die Arbeitsgeschwindigkeit eines Rechners wesentlich erhöht.

Es gab in der Geschichte des Computers bereits Versuche mit verschiedenen Bündelungsgrößen. Durchgesetzt hat sich letztendlich eine Bündelung von acht Leitungen. Dieses Paket aus acht Leitungen nennt man *Byte*. Eine einzelne Leitung ist das sogenannte *Bit*. Bei einem Byteprozessor werden also acht Informationen parallel verarbeitet.

Inzwischen sind die Leistungen der Computer und Prozessoren um ein Vielfaches gestiegen. Lange Zeit beherrschten die Wortprozessoren unsere PCs. Bei einem *Wort* handelt es sich um zwei Bytes, also 16 Bits. Die inzwischen veralteten PC-Prozessoren der Serien 286 und 386 arbeiteten mit dieser Größe. Der 386-DX war bereits in der Lage, 32 Bits parallel zu verarbeiten, und mit dem 486er und der Pentium-Baureihe war die 32-Bit-Verarbeitung bereits normal. Diese Prozessoren nennen sich Doppelwortprozessoren, weil sie mit vier Bytes arbeiten, also das doppelte von einem Wort. Inzwischen stellen sich alle auf die *Quadwort*-Verarbeitung ein, das heißt auf die Verarbeitungsbreite von vier Wörtern (= 8 Bytes = 64 Bits).

> Ein Bit speichert genau eine binäre Information: »An« oder »Aus«, dargestellt durch die Zahlen 0 und 1.
> Acht Bits werden zu einem Byte zusammengefasst. Das ist die kleinste Einheit, die vom Computer verarbeitet werden kann. Das heißt, dass niemals nur ein einzelnes Bit gelesen oder geschrieben werden kann, sondern immer mindestens ein Byte gelesen oder geschrieben werden muss.
> Werden mehrere Bytes zu einer Einheit zusammengefasst, werden daraus ein *Wort* (zwei Bytes = 16 Bits), ein Doppelwort (vier Bytes = 32 Bits) und ein Quadwort (acht Bytes = 64 Bits).

Da ein Bit nur eine binäre Information speichern kann, ist das einzige Zahlensystem, das wir für die natürliche Abbildung von Bits verwenden können, das Dualsystem[2]. Für jemanden, der noch niemals mit einem anderen als dem gewohnten Dezimalsystem gearbeitet hat, ist das erst einmal ein kleiner Schock, denn er kann mit einer Ziffernfolge wie 10010_2 gar nichts anfangen.

Aber lassen Sie sich nicht irritieren. Wir fangen mit kleinen Zahlen an. Stellen Sie sich eine Folge von Bits vor, sagen wir, ein Byte. In diesem Byte ist nichts gespeichert, alle Leitungen sind »Aus«, also kein Bit gesetzt:

0	0	0	0	0	0	0	0

Nun können wir einige Bits setzen – nehmen wir das erste und das dritte von rechts:

0	0	0	0	0	1	0	1

Lassen wir die Kästchen weg, dann sieht das so aus: 00000101. Nichts weiter als eine Folge der Ziffern 0 und 1. Und das ist nichts anderes, als eine Dualzahl. Doch sehen wir uns das genauer an:

Ein wenig Mathematik

Üblicherweise verwenden wir im Alltag das Dezimalsystem, also das Zehnersystem. Es heißt so, weil jede Stelle zehn Zustände annehmen kann, nämlich die Ziffern 0 bis 9. Wenn die eine Stelle nicht mehr ausreicht, um einen weiteren Zustand zu speichern, wird eine neue Stelle verwendet, die wiederum zehn Zustände annehmen kann. So kann man bereits 100 Zustände darstellen, nämlich die Zahlen 0 bis 99. Für die Zahl 4005 reichen selbst drei Stellen nicht mehr aus. Hier benötigen wir schon vier.

Nun kehren wir zurück ins Dualsystem. Um die Werte 0 und 1 darzustellen, brauchen wir nur eine einzige Stelle. Aber bereits bei dem Wert 2 sieht das anders aus. Es gibt im

---

[2] Die Experten streiten noch darüber, ob es das *duale* oder das *binäre* Zahlensystem heißt. Ich nenne es das duale Zahlensystem, damit wir in einer Sprache bleiben (man nennt die anderen ja auch das *dezimale* oder das *oktale* Zahlensystem und nicht etwa das *dekadische* usw.).

Dualsystem keine Ziffer 2. Eine Stelle kann nichts anderes aufnehmen als eine 0 oder eine 1. Also müssen wir eine weitere Stelle hinzufügen: 10_2. Das ist tatsächlich nicht 10_{10}, sondern 2_{10}.

Nun behaupte ich mal, die Ziffernfolge 1101_2 sei gleich 13_{10}. Kann ich das mathematisch beweisen? Kann ich es umrechnen? Ja, das kann ich, wenn ich mich an das halte, was mir bereits bekannt ist und dieses dann auf das Unbekannte übertrage. Ich werde also zunächst beweisen, dass die Ziffernfolge 2045_{10} tatsächlich 2045_{10} ist:

Die Stelle rechts zeigt einen Wert von 5. Das kann ich abzählen und es steht ja auch so da. Die zweite Stelle von rechts zeigt die Ziffer 4. Aber es ist nicht der Wert 4, weil wir uns an einer anderen Stelle befinden. An dieser Stelle zeigt die Ziffer 4 den Wert 40, also das Zehnfache. Hier sollten wir Folgendes beachten: Die zweite Stelle (von rechts) hat den zehnfachen Wert der ersten Stelle. Und wir haben auch für jede Stelle *zehn* mögliche Zustände. Mathematisch drücken wir das für die Stelle ganz rechts so aus:

$x = 5 * 10^0 = 5 * 1 = 5$

Für die zweite Stelle (die Ziffer 4 in der Zahl 2045) folgt daraus:

$x = 4 * 10^1 = 4 * 10 = 40$

Um den Wert der Zahl 45 zu errechnen, können wir also sagen:

$x = 5 * 10^0 + 4 * 10^1 = 5 * 1 + 4 * 10 = 5 + 40 = 45$

Genauso beweisen wir jetzt, dass die Zahl 2045 auch tatsächlich den Wert 2045 darstellt:

$x = 5 * 10^0 + 4 * 10^1 + 0 * 10^2 + 2 * 10^3 = 5 * 1 + 4 * 10 + 0 * 100 + 2 * 1000 = 5 + 40 + 0 + 2000 = 2045$

So kehren wir zu der Behauptung zurück, 1101_2 sei gleich 13_{10}. Da eine Stelle im Dualsystem nur zwei Zustände annehmen kann, errechnen wir den Wert einer Stelle auch nicht mehr über die Potenz von zehn, sondern von zwei. Die erste Stelle (ganz rechts) errechnet sich also so:

$x = 1 * 2^0 = 1 * 1 = 1$

Der Wert der zweiten Stelle errechnet sich so:

$x = 0 * 2^1 = 0 * 2 = 0$

Und der Wert der ganzen Zahl:

$x = 1 * 2^0 + 0 * 2^1 + 1 * 2^2 + 1 * 2^3 = 1 * 1 + 0 * 2 + 1 * 4 + 1 * 8 = 1 + 0 + 4 + 8 = 13$

Sie sehen, es stimmt. 1101_2 ist tatsächlich 13.

Beim Oktalsystem haben wir acht Zustände, die pro Stelle dargestellt werden können (die Ziffern 0 bis 7). Das heißt, jede Stelle hat einen Wert, der sich durch eine Potenz von 8 errechnet. So ist 173_8 gleich 123_{10}. Hier der Beweis:

$x = 3 * 8^0 + 7 * 8^1 + 1 * 8^2 = 3 * 1 + 7 * 8 + 1 * 64 = 3 + 56 + 64 = 123$

Beim Sedezimalsystem haben wir pro Stelle 16 Zustände. Da reichen selbst unsere zehn Ziffern nicht aus, um diese darzustellen. Daher werden zusätzlich noch die ersten sechs Zeichen des Alphabets verwendet, also »A« für den Wert 10, »B« für 11 usw. »F« schließlich repräsentiert den Wert 15. $1B3_{16}$, ist also gleich 435_{10}:

$x = 3 * 16^0 + 11 * 16^1 + 1 * 16^2 = 3 * 1 + 11 * 16 + 1 * 256 = 3 + 176 + 256 = 435$

Das soll hierzu reichen. Die Umkehrungen dieser Berechnungen (also vom Dezimal- ins Dual-, Oktal- oder Sedezimalsystem) benötigen wir in diesem Buch nicht, weshalb es Ihrem eigenen Interesse überlassen bleibt, sich dieses ohne meine Hilfe zu erarbeiten. Etwas anderes aber wollen wir noch festhalten:

> Die Stelle, die am weitesten rechts steht, hat die niedrigste Wertigkeit (immer Basis hoch 0). Je weiter links sich eine Stelle befindet, desto höher ist ihre Wertigkeit (Basis hoch 1, Basis hoch 2 usw.). Man nennt dieses höherwertig und niederwertig. Die rechten Stellen sind also die niederwertigen Stellen, die linken die höherwertigen.
> Die Stellen werden immer von der niederwertigsten Stelle an gezählt, also immer von rechts nach links.

Die Verbindung von Hardware und Mathematik

Weil wir den Hauptspeicher über das Dualsystem abbilden können, werden auch die Bits innerhalb eines Bytes so gezählt, wie es das Zahlensystem vorschreibt. Das heißt, dass das niedrigste Bit das ganz rechte und das höchstwertige Bit das ganz linke ist. Dazu kommt, dass Informationstechniker es vorziehen, eine Zählung bei Null zu beginnen. So hat das rechte Bit die Nummer 0 und das achte Bit die Nummer 7:

7	6	5	4	3	2	1	0

Auch die Bytes in einem Wort (oder einem Doppelwort usw.) werden, wenn wir sie auf dem Papier darstellen, von rechts nach links gezählt. Das niedrigste Byte ist also das rechte, das höchste das linke:

Höherwertiges Byte								Niederwertiges Byte							
15	14	13	12	11	10	9	8	7	6	5	4	3	2	1	0

Ein einzelnes Byte kann mit seinen 8 Bits insgesamt 256 Zustände annehmen (2^8), also von den Bitfolgen 00000000 bis 11111111, die den Werten 0 bis 255 entsprechen. Daher kann in einem Byte auch niemals ein Wert gespeichert werden, der größer als 255 ist. Ein Wort kann bereits 65536 verschiedene Zustände annehmen und ein Doppelwort 4294967296. Das entspricht genau den Datenbereichen der jeweiligen

Datentypen `char`, `int` und `long`, die jeweils 1, 2 und 4 Byte groß sind. Und vermutlich können Sie jetzt auch nachvollziehen, weshalb Buchstaben und andere Zeichen intern immer als Zahl gespeichert werden. Anders geht es einfach nicht.

Wenn wir nun bestimmte Bits in einem Byte setzen wollen, sagen wir mal, die Bits Nummer 0, 2 und 3,

0	0	0	0	1	1	0	1

wie sollen wir es dann im Quelltext darstellen?

In C haben wir keine Möglichkeit, innerhalb des Quelltextes Dualzahlen zu verwenden. Außerdem wären diese Ziffernkolonnen, die sehr schnell daraus entstehen können, unleserlich und umständlich. Wesentlich leichter ist es, ein Zahlensystem zu verwenden, das die Bits in einem Byte ebenso sauber abdeckt, wie es das Dualsystem macht, und dabei doch wesentlich kürzer und leserlicher in der Schreibweise ist. Und damit kommen wir zu den beiden Systemen, die kein Mensch außerhalb der Informationstechnik tatsächlich braucht: dem Oktal- und dem Sedezimalsystem.

Das Oktalsystem hat seine Nutzungsberechtigung aus der Zeit, als die Bytes noch bescheiden waren und lediglich sechs Bits enthielten. Denn das Oktalsystem hat pro Stelle sieben Zustände, was sich im Dualsystem mit drei Stellen abbilden lässt:

$000_2 = 0_8$
$001_2 = 1_8$
$010_2 = 2_8$
$011_2 = 3_8$
$100_2 = 4_8$
$101_2 = 5_8$
$110_2 = 6_8$
$111_2 = 7_8$

Wenn wir sechs Bits abbilden wollen, können wir das also mit zwei oktalen Ziffern tun: $001101_2 = 15_8$.

Das Sedezimalsystem eignet sich hervorragend, um ein Byte mit acht Bits darzustellen, weil eine Gruppe von vier Bits sich durch eine sedezimale Ziffer ausdrücken lässt:

$0000_2 = 0_{16}$
$0001_2 = 1_{16}$
$0010_2 = 2_{16}$
$0011_2 = 3_{16}$
$0100_2 = 4_{16}$
$0101_2 = 5_{16}$
$0110_2 = 6_{16}$
$0111_2 = 7_{16}$
$1000_2 = 8_{16}$
$1001_2 = 9_{16}$
$1010_2 = A_{16}$
$1011_2 = B_{16}$

$1100_2 = C_{16}$
$1101_2 = D_{16}$
$1110_2 = E_{16}$
$1111_2 = F_{16}$

Um also die Bitfolge 00101101 abzubilden, brauchen wir lediglich die Ziffern $2D_{16}$:

2				D			
0	0	1	0	1	1	0	1

Das macht das Arbeiten mit einzelnen Bits und langen Bitfolgen leicht. Die sechzehn Kombinationen von vier Bits lassen sich leicht merken, sodass man nach kurzer Zeit nicht mehr überlegen muss, mit welcher sedezimalen Ziffer z. B. die Folge 0101 oder 1010 abgebildet wird. Wenn wir ein Wort haben, das die Bitfolge 1010001101110101 enthält, dann lässt sich das ganz einfach mit $A375_{16}$ abbilden:

A				3				7				5			
1	0	1	0	0	0	1	1	0	1	1	1	0	1	0	1

Diese saubere und restfreie Abbildung der Bits in einem Byte ist nicht durch das Dezimalsystem möglich, weil sich der Sprung auf eine weitere Stelle im Dezimalsystem nicht mit einem Sprung im Dualsystem deckt. Der Wert 9 dezimal ist dual 1001_2. Jetzt erfolgt im Dezimalsystem der Sprung auf eine weitere Stelle (10_{10}), im Dualsystem aber nicht (1010_2). Deshalb können wir das Dezimalsystem für eine saubere Abbildung nicht verwenden.

Und noch ein wenig Zahlenspuk

In C gibt es keinen Überlauffehler wie in manchen anderen Programmiersprachen, sondern die Zahlen sind wie in einem Kreis angeordnet. Nach 0 kommt 1, danach 2 und so weiter. Beim Typen `unsigned char` folgt auf die Zahl 127 die Zahl 128, weiter bis 255. Wenn dieser Wert noch einmal erhöht wird, dann sollte daraus die 256 werden. Weil diese Zahl aber nicht mehr in das eine Byte von `unsigned char` hineinpasst, wird daraus die Null, und der Kreislauf beginnt von vorn.

Bei einem vorzeichenbehafteten Typ stellt das höchstwertige Bit das Vorzeichen dar. Ist dieses Bit gesetzt, dann ist die Zahl negativ, ansonsten positiv. Für die eigentliche Zahl steht daher immer ein Bit weniger zur Verfügung. So kann ein `signed char` nur positive Zahlen bis 127 aufnehmen. Wenn nun die 127 inkrementiert wird, dann wird das Vorzeichenbit gesetzt und daraus die -128. Danach kommt die -127, und so geht es weiter, bis wieder der Wert Null erreicht ist. Dieses gilt für alle `signed`-Typen, jeweils aber im entsprechenden Wertebereich.

Weil das ohne eine bildhafte Darstellung schwer zu fassen ist, sehen wir uns ein Beispiel dazu an: Im Folgenden sehen Sie fünf Bytes, welche die Werte Null bis Vier darstellen:

0	0	0	0	0	0	0	0
0	0	0	0	0	0	0	1
0	0	0	0	0	0	1	0
0	0	0	0	0	0	1	1
0	0	0	0	0	1	0	0

Es werden also die Bits so gesetzt, wie man es vom dualen Zahlensystem her auch erwarten würde. Der Wert 127 sieht demnach so aus:

0	1	1	1	1	1	1	1

Wenn dieser jetzt auf 128 erhöht wird, dann entsteht logischerweise diese Bitfolge:

1	0	0	0	0	0	0	0

Beim einem vorzeichenbehafteten Typ ist das höchstwertigste Bit aber das Minuszeichen. Wir haben jetzt also eine Zahl, bei der das Minuszeichen gesetzt ist. Aber welche Zahl? Null? Minus Null? Doch eine Null kann weder positiv noch negativ sein. Wenn das da oben keine Null ist, scheint es sich wohl um die kleinste mögliche Zahl zu handeln, nämlich um die -128. Probieren wir es aus: Wenn jetzt die Zählung weitergeht (wir also normal nach »oben« zählen), werden die Bits auch entsprechend dem Dualsystem weitergesetzt. Im Folgenden sind dieses die vorzeichenlosen Zahlen 129, 130 und 131:

1	0	0	0	0	0	0	1
1	0	0	0	0	0	1	0
1	0	0	0	0	0	1	1

Bei `signed char` zählen wir im obigen Beispiel aber von -128 an rückwärts, und erhalten demnach die Werte -127, -126 und -125. Wenn wir die Bits jetzt immer fleißig so weitersetzten, dann ist irgendwann jedes Bit mit einer 1 gefüllt, was den positiven Wert 255 bedeutet. Beim vorzeichenbehafteten Typ sind wir auf diese Weise bis zur -1 heruntergekommen:

1	1	1	1	1	1	1	1

Wenn wir nun weiterzählen, werden wieder alle Bits gelöscht und es geht von vorne los.

Diese Art der Zählung ist am Anfang vielleicht nicht ganz einfach nachzuvollziehen. Aber Sie werden darüber bald nicht mehr nachdenken, weil es im Grunde logisch ist. Wenn wir hochzählen, dann werden auch negative Werte größer, und -127 ist größer als -128! Auf diese Weise arbeiten auch der Inkrement- und der Dekrementoperator mit negativen Zahlen immer korrekt!

Am folgenden kleinen Programm können Sie es nachvollziehen. Denken Sie auch daran, dass `signed` die Voreinstellung bei Variablen ist, weshalb dieses Wort bei der Deklaration fehlen kann:

```
1    #include <stdio.h>
2
3    int main( void )
4    {
5        char c = 126;
6
7        /*
8        Versuchen Sie es auch mal mit %u statt %i:
9        */
10       printf("%i\n", ++c);
11       printf("%i\n", ++c);
12       printf("%i\n", ++c);
13       printf("%i\n", ++c);
14
15       getchar();
16       return 0;
17   }
```

Die Bits werden vom Inkrement- wie von Dekrementoperator einfach nur der Reihe nach hoch- bzw. runtergezählt. Ob eine positive oder negative Zahl gezählt wird, ist in diesem Fall nur eine Interpretationssache.

Bitweise Verschiebung

Es gibt Operatoren, die die gesetzten und nicht gesetzten Bits innerhalb eines Bytes verschieben können: die Schiebeoperatoren. Diese sind »<<« (zweimal das Kleiner-als-Zeichen) fürs Linksschieben und »>>« (zweimal das Größer-als-Zeichen) fürs Rechtsschieben. Nehmen wir die Zahl 15, welche in binärer Darstellung wie folgt aussieht:

| 0 | 0 | 0 | 0 | 1 | 1 | 1 | 1 |

Wenn wir nun nach links schieben (sagen wir, um 4 Bits), dann sieht die Anweisung dazu so aus:

```
zahl_1 = 15 << 4;
```

In `zahl_1` befindet sich nach der Zuweisung der Wert 240, weil wir alle Bits um vier Stellen nach links verschoben haben, und links freiwerdende Bits auch nicht mehr gesetzt werden (man sagt dazu auch, dass sie mit Nullen aufgefüllt werden):

| 1 | 1 | 1 | 1 | 0 | 0 | 0 | 0 |

Schieben wir diese Bits wieder um 4 Stellen zurück, dann haben wir auch wieder den Wert 15:

```
zahl_2 = zahl_1 >> 4;
```

> Hier ist Vorsicht geboten: In C wird zwischen vorzeichenbehaftetem und vorzeichenlosem Schieben unterschieden.
> Handelt es sich um einen vorzeichenbehafteten Datentyp, wird beim Rechtsschieben lediglich das höchstwertige Bit in jede durch das Schieben freiwerdende Stelle kopiert. Dadurch bleibt ein negativer Wert negativ und ein positiver Wert positiv.

Im obigen Fall haben wir uns um das Vorzeichen nicht gekümmert, sind also vom Datentyp `unsigned char` (weil wir nur ein Byte in diesen Beispielen hatten) ausgegangen. Wenn wir einen `signed`-Wert haben, dann ist das höchstwertige Bit für das Vorzeichen reserviert. Ist dieses Bit gesetzt, dann handelt es sich um einen negativen Wert. Ist es nicht gesetzt, ist der Inhalt der Speicherstelle positiv. Bei allen Schiebeoperationen nach rechts werden diese Vorzeichen *nicht* verschoben.

Wenn wir davon ausgehen, dass wir mit dem Typen `signed char` arbeiten, dann stellt die Bitfolge

| 1 | 1 | 1 | 1 | 0 | 0 | 0 | 0 |

den Wert -16 dar. Wenn diese Bits jetzt nach rechts verschoben werden, dann wird nicht mit Nullen, sondern mit Einsen aufgefüllt. Bei einer Verschiebung um 4 Stellen ergibt das:

| 1 | 1 | 1 | 1 | 1 | 1 | 1 | 1 |

Und das ist der Wert -1.

Bitweise Verknüpfungen

Neben dem Verschieben der Bits stehen auch bitweise Verknüpfungen zur Verfügung, um bestimmte Bits zu manipulieren. Diese sind das bitweise *Und* (dargestellt mit »&«,

dasselbe Zeichen wie für den Referenzoperator), das bitweise *Oder* (dargestellt mit »|«)[3] und das bitweise *Exklusive Oder* (dargestellt mit »^«). Üblicherweise werden die Begriffe *AND*, *OR* und *XOR* dafür verwendet.

Was die einzelnen Verknüpfungen bewirken, sehen wir uns am Beispiel zweier einzelner Bytes an, nämlich den Zahlen 10 und 7:

0	0	0	0	1	0	1	0
0	0	0	0	0	1	1	1

Wenn wir diese beiden Bytes mit *AND* verknüpfen, dann sind folgende Regeln relevant:

1 & 1 = 1
1 & 0 = 0
0 & 1 = 0
0 & 0 = 0

Bei einer bitweisen Verknüpfung obiger Bytes mit *AND* ist das Ergebnis also:

0	0	0	0	0	0	1	0

Denn (von rechts nach links abgearbeitet):

0 & 1 = 0
1 & 1 = 1
0 & 1 = 0
1 & 0 = 0
0 & 0 = 0
0 & 0 = 0
0 & 0 = 0
0 & 0 = 0

Werden beide Bytes mit *OR* verknüpft, dann ist im Ergebnis überall dort ein gesetztes Bit, wo in mindestens einem der Bytes ein Bit gesetzt ist, weil:

1 | 1 = 1
1 | 0 = 0
0 | 1 = 0
0 | 0 = 0

---

[3] Das Zeichen »|« ist das ASCII-Zeichen mit der Nummer 124. Sie sprechen es auf der deutschen Tastatur durch Drücken von [AltGr] + [<] an. Sollte es auf Ihrer Tastatur nicht funktionieren, dann drücken Sie [Alt] + [N1] - [N2] - [N4]. Auf vielen Computern ist der Strich in der Mitte auch getrennt: »¦«.

Wenn wir uns das wieder mit unseren zwei Bytes ansehen, können wir es am Ergebnis erkennen:

	0	0	0	0	1	0	1	0
OR	0	0	0	0	0	1	1	1
=	0	0	0	0	1	1	1	1

Bei einer Verknüpfung mit *XOR* darf entweder nur das eine oder nur das andere Bit gesetzt sein. Daher auch der Begriff *Exklusives Oder*. Wenn in beiden Fällen ein Bit gesetzt ist, dann ergibt es Null:

1 ^ 1 = 0
1 ^ 0 = 1
0 ^ 1 = 1
0 ^ 0 = 0

	0	0	0	0	1	0	1	0
XOR	0	0	0	0	0	1	1	1
=	0	0	0	0	1	1	0	1

Wir werden diese Operationen in einem Programm nachvollziehen, damit Sie das Ergebnis betrachten können. Zuvor sei aber noch auf die *bitweise Negation* eingegangen, die einfach alle Bits ins Gegenteil kehrt. Aus einem gesetzten Bit wird also ein nicht-gesetztes und umgekehrt. Der Operator dazu ist die Tilde (»~«). Im Quelltext wird sie vor den zu negierenden Wert gesetzt:

```
int x = ~7;
int y = ~x;
```

Die Wirkung sehen Sie an dem folgenden Byte:

~	0	0	0	0	0	1	1	1
=	1	1	1	1	1	0	0	0

Auf der CD zum Buch finden Sie den Quelltext »bit_mani.c«, mit dem Sie die Verwendung der bitweisen Operatoren praktisch nachvollziehen können.

3.2.3 Zusammengesetzte Operatoren

Wie wir weiter oben erfahren haben, kann man die Schreibweise »zahl = zahl + 1« abkürzen (zahl++). Was können wir aber tun, wenn wir folgende Programmzeilen haben:

```
zahl_1 = zahl_1 << 4;
zahl_2 = zahl_2 / zahl_1;
```

C bietet hier gegenüber vielen anderen Programmiersprachen einen kleinen Vorteil, der es erlaubt, bei obigen Zuweisungen eine kürzere Schreibweise zu wählen, die zusammengesetzten Zuweisungsoperatoren:

```
zahl_1 <<= 4;
zahl_2 /= zahl_1;
```

Dieses entspricht exakt den obigen Befehlen und liefert auch dieselben Ergebnisse. Vergleichen Sie die Schreibweisen genau, denn für jemanden, der das zum ersten Mal sieht, ist es noch sehr gewöhnungsbedürftig.

> Es dürfen sich zwischen den beiden Zeichen eines zusammengesetzten Operators keine anderen Zeichen befinden, auch keine Leerzeichen. Das gilt für alle Operatoren, die aus mehreren Zeichen bestehen.

Wir lassen es hier bei diesen zwei Formen, da sie zur Erklärung ausreichen. Sie können fast alle Operatoren, die wir in diesem Kapitel kennengelernt haben, mit der Zuweisung verbinden. Im Anhang »Operatoren« finden Sie alle zusammengesetzten Operatoren, die es in C gibt.

3.3 Typumwandlung

Bei der Besprechung der Operatoren haben wir einmal das Thema »Typumwandlung« angeschnitten (Kapitel »Die vier Grundrechenarten«). Für alle Fälle, in denen mit einfachen Datentypen gearbeitet wird, stellt die Sprache C Operatoren zur Verfügung, die eine implizite Umwandlung vornehmen, falls dies nötig ist. Dabei gilt grundsätzlich Folgendes: Wenn in einem Ausdruck verschiedene Datentypen vorkommen, dann werden alle Datentypen in den größeren konvertiert. Bei einer Berechnung, in der mit Integerwerten gerechnet wird, werden diese Werte in einen Fließkommatypen umgewandelt, wenn einer der Operanden ein Fließkommatyp ist. In der Formel

(3,5 + 1) * 10

wird erst der Integer 1 zum Fließkommatyp, wodurch in Wirklichkeit »3,5 + 1,0« gerechnet wird. Das Ergebnis dieser Berechnung (4,5) wird auch als Fließkommatyp zwischengespeichert. Nun rechnet der Computer wieder mit einer Fließkomma- und einer ganzen Zahl, weshalb die 10 ebenfalls vor der Berechnung konvertiert wird.

Anders liegt es bei diesem Fall:

(10 + 1) * 3,5

Es wird erst »10 + 1« errechnet, weil es sich bei beiden Werten um ganze Zahlen handelt. Daher findet auch keine implizite Umwandlung statt. Erst im folgenden Schritt (11 * 3,5) wird das zwischengespeicherte Ergebnis in eine Kommazahl konvertiert.

Es gibt aber Fälle, in denen der Compiler nicht erkennt, wann eine Umwandlung sinnvoll ist. Sehen wir uns dazu folgendes Programm an:

```
1     #include <stdio.h>
2
3     int main( void )
4     {
5        int i1 = 10;
6        int i2 = 4;
7        int i3 = 30;
8
9  A)    float f1 = i1 / i2;
10 B)    float f2 = i3 / i2;
11 C)    float f3 = i1 / i2 * 3;
12
13       printf("Implizite Typwandlung:\n\n"
14              "Rechnung:      Ergebnis:\n"
15              "-----------------------\n"
16              "10 / 4      =   %5.2f\n"
17              "30 / 4      =   %5.2f\n"
18              "10 / 4 * 3  =   %5.2f\n"
19              "-----------------------\n", f1, f2, f3);
20
21       getchar();
22       return 0;
23    }
```

Was erwarten Sie für eine Ausgabe? Mit Sicherheit etwas anderes, als das, was tatsächlich ausgegeben wird:

```
Implizite Typwandlung:

Rechnung:      Ergebnis:
-----------------------
10 / 4      =    2.00
30 / 4      =    7.00
10 / 4 * 3  =    6.00
-----------------------
```

Erklärungen

A In diesem Fall sollte man meinen, dass sich nach der Division das Ergebnis 2,5 in der Fließkommavariablen befindet. Nachkommastellen werden bei der Zuweisung nicht abgeschnitten, weil sich links des Zuweisungsoperators eine Variable des Typs `float` befindet und das Ergebnis der Berechnung vor der Zuweisung auch in diesen Typen konvertiert wird. In f1 sollte sich also der Wert 2,5 befinden. Allerdings werden Sie sich wundern, wenn Sie sich darauf verlassen. In f1 befindet sich nämlich der Wert 2,0.

B »30 / 4« ergibt 7,5. Aber auch hier finden wir in der Variablen f2 nur den Wert 7,0, obwohl es sich links der Zuweisung um einen Fließkommatyp handelt.

C »10 / 4« ergibt 2,5, und dieses mit 3 multipliziert 7,5. Hier finden wir in f3 aber den völlig unverständlichen Wert 6,0.

Was ist in den obigen Fällen denn nun passiert? Das Problem bei solchen Berechnungen ist, dass sich der Compiler überhaupt nicht darum schert, was sich auf der linken Seite einer Zuweisung befindet, solange er sich nicht mit der Zuweisung selbst beschäftigen muss. Es wird also erst die Division durchgeführt, und weil es sich bei allen Operanden um Integertypen handelt, findet keine Konvertierung statt. Die Nachkommastellen werden also einfach ignoriert. In der Zeile 11 des obigen Quelltextes wird erst »10 / 4« errechnet, was ohne Typumwandlung nicht 2,5, sondern 2 ergibt. Dieser Wert wird nun mit 3 multipliziert, was ein Ergebnis von 6 zur Folge hat. Jetzt erst, wenn die Zuweisung stattfindet, stellt der Compiler fest, dass sich links der Zuweisung ein Fließkommatyp befindet, was ihn veranlasst, aus der 6 eine 6,0 zu machen. Wenn wir also wollen, dass der Compiler bereits während der Division mit Fließkommatypen arbeitet, bleiben uns zwei Möglichkeiten:

1. In jeder der Divisionen muss mindestens eine der Variablen vom Typen float sein. Weil im obigen Quelltext die Variable i2 in jeder Division vorkommt, liegt es nahe, i2 als float zu definieren.
2. Wir nehmen eine *explizite* Typumwandlung vor, ohne dass dabei der Typ der Variablen i1, i2 oder i3 verändert wird.

Der erste Fall kommt nur dann in Frage, wenn die Integervariablen sowieso nur in Berechnungen mit Fließkommazahlen Verwendung finden.

Wem die erste Möglichkeit nicht recht ist, dem bleibt noch die zweite: eine explizite Konvertierung. Dafür stellt uns C den Typumwandlungsoperator zur Verfügung. Im Englischen heißt er *type cast operator* oder einfach nur *cast operator*. Er besteht aus den gleichen Zeichen wie der Funktionsaufruf, nämlich aus der öffnenden und schließenden runden Klammer »( )«. Zwischen diesen Klammern befindet sich der Bezeichner des Typen, in den gewandelt werden soll, und dieses schreibt man dann vor den zu wandelnden Wert. Ändern Sie die Zeilen 9, 10 und 11 des obigen Quelltextes wie folgt ab:

```
float f1 = (float)i1 / i2;
float f2 = (float)i3 / i2;
float f3 = (float)i1 / i2 * 3;
```

Der Inhalt der Variablen i1 bzw. i2 wird hier explizit in den Typ float konvertiert. Die Variable selbst behält dabei den Typ int. Der Typumwandlungsoperator wirkt sich tatsächlich nur auf den Inhalt, hier also auf den Wert 10, aus, welcher nun als 10,0 behandelt wird. Weil einer der Operanden in der Division nun vom Typ float ist, wird auch der andere Operand zu float konvertiert, weshalb das Ergebnis dieser Berechnung schon vor der Zuweisung als float zwischengespeichert wird. Daher liefern diesmal alle Berechnungen korrekte Ergebnisse.

Sie finden den vollständigen Quelltext dazu auf der CD zum Buch unter dem Namen »typ_cast.c«.

3.4 Definieren von benannten Konstanten in C

Konstanten sind etwas Ähnliches wie Variablen, doch mit dem Unterschied, dass man den Wert einer Konstanten nicht verändern kann. In C haben wir drei Möglichkeiten, Konstanten zu definieren, von denen wir uns zwei ansehen werden. Die dritte Möglichkeit lernen wir kennen, wenn wir uns mit dem Präprozessor auseinandersetzen.

3.4.1 Das Schlüsselwort `const`

Wenn man verhindern will, dass einer Variablen ein anderer Wert zugewiesen wird, dann kann man dafür den Modifizierer `const` verwenden:

```
const int zahl = 10;
```

In dieser Definition wird erklärt, dass der Variablen `zahl` in einem Programm kein anderer Wert mehr zugewiesen werden darf:

```
1   int main( void )
2   {
3       const int zahl = 10;
4       ...
5       zahl = 20;  /* Fehler!!! */
6       ...
7   }
```

`zahl` wird also zu einer Konstanten erklärt. Es ist dabei unerheblich, ob `zahl` innerhalb oder außerhalb einer Funktion definiert wird.

An dieser Stelle gehe ich nicht weiter auf Konstanten ein, die über das Schlüsselwort `const` definiert werden. Im Kapitel 7 werden Konstanten und deren Sinn und Verwendung noch einmal eingehend besprochen.

3.4.2 Aufzählungen

Man kann Konstanten auch über das Schlüsselwort `enum` definieren. Mit dem Wort `enum` wird im Grunde genommen sogar ein neuer Datentyp eingeführt. Wir wollen es an einem konkreten Beispiel genauer ansehen:

```
enum autos { AUDI, BMW, OPEL, FIAT };
```

> Vergessen Sie nicht das Semikolon hinter der schließenden Klammer, das ist bei einer `enum`-Definition notwendig.

Im obigen Beispiel werden die Konstanten `AUDI`, `BMW` usw. definiert. Es werden ihnen automatisch Werte zugewiesen, beginnend bei Null. Jede folgende Konstante erhält einen Wert, der um eins höher als der Wert der vorhergehenden Konstanten ist. `AUDI` steht also für den Wert 0, `BMW` für 1, `OPEL` für 2 und `FIAT` für 3. Jede dieser Konstanten ist vom Typ `int`.

Wir können jetzt eine Variable definieren, die vom Typ `autos` ist:

```
enum autos wagen;
```

Das Wort `enum` muss in der Deklaration einer Variablen verwendet werden, damit der Compiler erkennt, dass es sich um den Aufzählungstyp und nicht um etwas anderes handelt. Das sehen wir uns genauer an:

```
1    #include <stdio.h>
2
3    enum autos { AUDI, BMW, OPEL, FIAT };
4
5    int main( void )
6    {
7        enum autos wagen;
8        int zahl;
9
10 A)    wagen = AUDI;
11 B)    zahl  = OPEL;
12
13       printf("Inhalt von wagen: %i\n"
14              "Inhalt von zahl:  %i\n\n", wagen, zahl);
15
16       zahl  = 4;
17 C)    wagen = zahl;    /* In C++ ist diese Zuweisung verboten! */
18
19       printf("Inhalt von wagen: %i\n"
20              "Inhalt von zahl:  %i\n\n", wagen, zahl);
21
22       getchar();
23       return 0;
24   }
```

Erklärungen

A Wir können mit dem neuen Typ so arbeiten wie mit den Standardtypen auch. Hier weisen wir der Variable `wagen` den Wert `AUDI`, also Null, zu.

B Auch einer normalen Integervariablen können wir eine dieser Konstanten zuweisen.

C Dieses dürfen Sie auch tun, allerdings rate ich davon ab. In C ist es erlaubt, der Variablen eines Aufzählungstyps einen beliebigen Integerwert zuzuweisen. Sollten Sie einer Quelldatei aus Versehen die Erweiterung ».cc« oder ».cpp« geben, wird statt des C-Compilers normalerweise der C++-Compiler aufgerufen. Und in C++ ist diese Zuweisung ein Fehler, weil dort eine strengere Typüberprüfung erfolgt.

Wirklich sinnvoll sind diese Konstanten erst, wenn man mit C++ arbeitet, weil es sich hier tatsächlich um einen eigenständigen Datentyp handelt. In C ist ein Aufzählungstyp eher eine bequeme Art, Konstanten mit aufeinanderfolgenden Werten zu definieren, weil man nicht die Initialisierungswerte angeben muss. Wir können aber auch diese Konstanten mit einem beliebigen Wert im Bereich eines `int` initialisieren:

```
enum autos { AUDI = -5, BMW, OPEL = 1, FIAT = BMW - 1 };
```

`AUDI` steht jetzt für den Wert -5 und `BMW` erhält einen um eins höheren Wert, also -4. Beachtenswert ist noch die Initialisierung von `FIAT`. Wie wir sehen, können auch ganze Ausdrücke zur Initialisierung verwendet werden sowie die vorangegangenen Aufzählungskonstanten selbst. Und nicht nur das, wir können sogar mehrere Bezeichner auf den gleichen Wert setzen. `BMW` steht für -4. Davon wird eins abgezogen, sodass `FIAT` nun für -5 steht – genauso, wie `AUDI`.

4 Programmstrukturen

Alle Programme, die wir bisher geschrieben haben, werden sequenziell abgearbeitet, also von oben nach unten, Zeile für Zeile. Dabei wird jede Anweisung einmal ausgeführt und dann mit der nächsten Anweisung fortgefahren. In diesem Kapitel wollen wir Programme erstellen, in denen Anweisungen mit Hilfe einer *Bedingung* mehrmals oder auch gar nicht ausgeführt werden. Dazu dienen uns *Schleifen* und *Alternativen*.

Bevor wir zu Schleifen oder Alternativen kommen, müssen wir uns ansehen, wie eine Bedingung als *Wahr* oder *Falsch* erkannt werden kann. Damit kommen wir zu den sogenannten *logischen Operatoren*.

4.1 Logische Operatoren

Eine Bedingung ist ein Wahrheitswert, der bei einer Schleife oder Verzweigung geprüft wird. Ein Wahrheitswert kann nur die zwei Zustände *Wahr* oder *Falsch* annehmen. Trifft eine Bedingung zu, so ist sie wahr. Ob eine Bedingung zutrifft, kann man durch Vergleiche herausfinden. Steht zum Beispiel die Frage im Raum: »Ist 10 größer als 11?«, dann lautet die Antwort darauf: »Falsch«, denn 10 ist kleiner als 11. Für solche Fälle stehen die Vergleichsoperatoren »Kleiner als« (<) und »Größer als« (>) zur Verfügung. Es gibt auch die Prüfung auf Gleichheit und Ungleichheit. Die Frage »Ist 10 gleich 11?« würde in C so formuliert: »10 == 11«, und die Frage »Ist 10 ungleich 11?« so: »10 != 11«.

Ein Ergebnis solcher Operatoren kann nur wahr oder falsch sein. Sie werden daher logische Operatoren genannt, von Programmierern auch häufig als Boolesche Operatoren bezeichnet. Dieser Name soll an George Boole erinnern, der als Begründer der mathematischen Logik gilt.

In C gibt es keinen speziellen Datentyp für logische Aussagen (in Pascal oder Java hat man dafür den Typ `Boolean`). Die Zustände *Wahr* oder *Falsch* können von jedem ordinalen (abzählbaren) Datentyp dargestellt werden. Dabei ist der Wert Null *Falsch* und alles, was nicht Null ist, ist *Wahr*.

4.1.1 Einfache Bedingungen

Sehen wir uns ein Programm im Quelltext 4.1 an, in dem ein paar einfache Bedingungen dargestellt sind:

Quelltext 4.1: bool.c

```
1       /*
2       File: bool.c
3       Using of boolean values.
4       */
5
6       #include <stdio.h>
7
8
9       int main( void )
10      {
11  A)      char boolval;
12
13          printf("\x1b[2J");
14          printf("\x1b[1;1H");
15
16  B)      boolval = 10 == 10;
17          printf("10 ist gleich 10 ist: %i\n", boolval);
18
19          boolval = 10 != 10;
20          printf("10 ist ungleich 10 ist: %i\n", boolval);
21
22  C)      printf("10 ist groesser als 10 ist: %i\n", 10 > 10);
23          printf("10 ist kleiner als 10 ist: %i\n", 10 < 10);
24
25          getchar();
26          return 0;
27      }
```

Erklärungen

A Wir definieren eine Variable, die den Booleschen Wert aufnehmen soll. Diese dient nur dazu, zu zeigen, dass man ein logisches Ergebnis auch einer Variablen zuweisen kann.

B Jetzt wird der Ausdruck auf der rechten Seite ausgewertet (auf *Wahr* oder *Falsch* geprüft) und das Ergebnis in die Variable `boolval` kopiert. Dann wird der Inhalt von `boolval` in Zeile 17 ausgegeben. Das Spiel wiederholt sich in den Zeilen 19 und 20 noch einmal, nur dass die Variable einen anderen Wert erhält.

C Hier geben wir das Ergebnis des Ausdrucks ohne den Umweg über eine Variable an die Funktion `printf()` weiter. Auch hier weise ich noch einmal darauf hin: Es können auch ganze Ausdrücke als Argumente in Funktionsaufrufen angegeben werden. Dabei wird zuerst der Ausdruck ausgewertet und das Ergebnis der aufgerufenen Funktion übergeben.

Es gibt noch mehr als die obigen vier Vergleichsoperatoren. In Tabelle 4.1 sind daher die möglichen Vergleiche aufgeführt, die sich auf alle ordinalen Datentypen anwenden lassen.

Die logische Negation macht aus einem Ausdruck, der *Wahr* ergibt, *Falsch*, und aus einem, der *Falsch* ergibt, *Wahr*. Eigentlich ist sie kein *Vergleichsoperator*.

Tabelle 4.1: Logische Operatoren in C

Operator	Anwendung	Bedeutung
!	!x	Logische Negation, kehrt den Wahrheitswert von x um.
==	x == y	Liefert *Wahr*, wenn x gleich y ist.
!=	x != y	Liefert *Wahr*, wenn x ungleich y ist.
<	x < y	Liefert *Wahr*, wenn x kleiner als y ist.
>	x > y	Liefert *Wahr*, wenn x größer als y ist.
<=	x <= y	Liefert *Wahr*, wenn x kleiner als oder gleich y ist.
>=	x >= y	Liefert *Wahr*, wenn x größer als oder gleich y ist.

Neben den Vergleichsoperatoren gibt es noch die logischen Verknüpfungen mit *Und* und *Oder*, dargestellt durch »&&« (Und) und »||« (Oder), also einfach durch die Verdoppelung der Zeichen für die entsprechenden bitweisen Verknüpfungen. Die logischen Verknüpfungen unterscheiden sich von den bitweisen dadurch, dass sie ganze Ausdrücke miteinander verknüpfen und nicht einzelne Bits. Sie werden daher in Bedingungen verwendet und nicht für Manipulation von Bits.

Dazu zwei Beispiele:

Wenn Sie einen Computer haben && (und)
Sie ihn anschalten && (und)
er ein Betriebssystem hat,
dann können Sie damit arbeiten.

Es müssen also alle drei Dinge zutreffen. Wenn auch nur eines fehlt (z. B. das Betriebssystem), dann können Sie nicht arbeiten.

Wenn Sie ein Hund sind || (oder)
Sie ein Mensch sind || (oder)
Sie ein Tier sind,
dann sind Sie ein Lebewesen.

Hier braucht nur ein einziger Umstand richtig zu sein, um die Aussage zutreffen zu lassen. Ebenso können aber auch zwei Dinge zutreffen (ein Hund und ein Tier) und eines falsch sein (der Mensch), Sie sind dennoch ein Lebewesen.

4.1.2 Komplexe Bedingungen

Wir können beliebig viele Bedingungen miteinander verknüpfen, wie in der folgenden Zeile dargestellt:

```
int result = a < b || c < d || (d < f && f < g)
```

result wird *Wahr* sein, wenn a kleiner als b oder c kleiner als d ist oder aber der Ausdruck »d < f && f < d« *Wahr* ergibt. Der Compiler geht dabei standardmäßig folgendermaßen vor:

Wenn er feststellt, dass »a < b« *Wahr* ist, dann führt er keine weitere Prüfung mehr durch, weil der gesamte Ausdruck in jedem Fall *Wahr* ergeben wird, egal, ob die folgenden Bedingungen *Wahr* oder *Falsch* liefern (denn diese Teilausdrücke sind durch *Oder* miteinander verknüpft).

Nur wenn die Bedingung »a < b« *Falsch* liefert, wird die nächste Bedingung geprüft. Und wenn diese ebenfalls wieder *Falsch* ergibt, prüft der Compiler die Bedingung »d < f && f < g«, wobei »f < g« wiederum nur dann geprüft wird, wenn »d < f« *Wahr* ist. Das muss hier so sein, weil der gesamte Ausdruck »d < f && f < g« nur dann *Wahr* ist, wenn beide Bedingungen *Wahr* ergeben. Ist »d < f« *Falsch*, dann ist es auch unnötig, »f < g« zu prüfen, weil der gesamte Ausdruck »d < f && f < g« niemals mehr *Wahr* ergeben kann.

Das ist wichtig zu wissen, weil in solchen Bedingungen häufig Funktionen aufgerufen oder Werte verändert werden:

```
int result = a < b && check_input(strinput);
```

Die Funktion check_input() wird nur dann aufgerufen, wenn »a < b« *Wahr* ist. Andernfalls erfolgt der Aufruf nicht.

Einige Compiler können so eingestellt werden, dass logische Ausdrücke immer vollständig ausgeführt werden. Verwenden Sie diese Option nie! Jeder C-Programmierer verlässt sich darauf, dass logische Ausdrücke nur teilweise ausgeführt werden. Das Programm kann, wird es mit dieser Option übersetzt, sonst ein unvorhergesehenes Verhalten an den Tag legen.

4.2 Alternativen

Nachdem wir also wissen, wie wir Wahrheitswerte erzeugen und damit arbeiten können, sind wir auch reif für die Schleifen und die Alternativen.

Alternativen zeichnen sich dadurch aus, dass wir mit ihnen bestimmen können, ob eine Anweisung ausgeführt wird oder nicht. Anstelle des Wortes Alternative wird auch oft *Verzweigung* verwendet. Es gibt zwei Arten von Verzweigungen, die *bedingte* und die *unbedingte* (wobei es sich bei letzterer nicht um eine *Alternative* in eigentlichen Sinn handelt).

4.2.1 Die unbedingte Verzweigung

Eine unbedingte Verzweigung ist ein Sprung von einer Zeile des Programms in eine weiter vorn oder hinten liegende Programmzeile, der *unbedingt* erfolgt, egal welche Voraussetzungen vorliegen. Der Sprung hängt nicht von einer Bedingung ab. Der Befehl dafür heißt goto. Dahinter muss sich, durch Leerzeichen getrennt, eine *Sprungmarke* befinden. Eine Sprungmarke ist nichts anderes als ein beliebiger Bezeichner, den Sie in der Quelltextzeile einfügen, in die der Sprung erfolgen soll. Konkret könnte es so aussehen:

```
1      ...
2      getch();
3      goto marke;
4      cputs("Hallo.\n\r");
5      cputs("Wie geht's?");
6   marke:
7      ...
```

Die Zeilen 4 und 5 unterhalb der goto-Anweisung würden nie zur Ausführung kommen. Dieses ist natürlich eine sinnlose Konstruktion. Aber der goto-Befehl ergibt im folgenden Programmfragment schon etwas mehr Sinn, obwohl sich über diesen Fall auch noch streiten ließe:

```
1      ...
2   marke:
3      printf("Wert von zahl: %i\n", zahl++);
4      goto marke;
5   ende:
6      ...
```

Diesmal wird eine Anweisung wiederholt ausgeführt. Wir haben damit eine Programmschleife geschaffen, die solange ausgeführt wird, bis wir den Reset-Knopf am Rechner drücken oder das Programm irgendwie zum Absturz bringen. Besser wäre es, wenn wir eine Bedingung schaffen könnten, bei deren Eintreffen diese Schleife wieder verlassen wird. Zum Beispiel, indem wir den aktuellen Wert von zahl abfragen und dann auch entsprechend handeln: »Wenn der Inhalt von zahl gleich dem Wert 1001 ist, dann goto ende«.

Es gibt solche Möglichkeiten, doch bei deren Verwendung wird der Befehl goto überflüssig. Und in der Tat kann man auf goto verzichten, denn dieser Befehl befindet sich laut einiger Compilerhersteller nur noch deshalb im C-Repertoire, damit auch ältere Programme ohne Quelltextänderungen übersetzt werden können[1].

Es gibt andere Verzweigungen in C, und die sind weit interessanter:

4.2.2 Die bedingte Verzweigung

Eine bedingte Verzweigung hängt, im Gegensatz zu einer unbedingten, von einer Bedingung ab. Und C bietet gleich drei Möglichkeiten, um bedingte Verzweigungen zu implementieren.

Wenn, dann...

Diese Bedingung wird mit Hilfe des Schlüsselworts if abgefragt. Die Syntax lautet:

```
if( Ausdruck )
```

Das Wort *Ausdruck* steht hier für eine Variable, eine Konstante oder sonst einen Ausdruck. Abgefragt wird aber immer ein logischer Wert, also *Wahr* oder *Falsch*. Wenn wir daran denken, das in C alles das, was nicht Null ist, als *Wahr* betrachtet wird, wird uns auch klar, weshalb es ausreicht, nur eine Variable oder eine Konstante einzusetzen. Setzen wir eine Konstante ein, ist diese Verzweigung allerdings sinnlos, da das Ergebnis dann immer *Wahr* bzw. *Falsch* ergibt. Doch nun ein etwas detaillierteres Beispiel dazu:

```
if( zahl_1 < zahl_2 )
    Anweisung;
```

Auf Deutsch würde man sagen: »Wenn zahl_1 kleiner als zahl_2 ist, dann führe Anweisung aus!« Technisch sieht es ebenfalls so aus, dass zunächst der Ausdruck in den Klammern ausgewertet wird. Je nachdem, ob zahl_1 kleiner ist als zahl_2, ist das Ergebnis Null (*Falsch*) oder ungleich Null (*Wahr*). Ist es nicht Null, wird die folgende Anweisung ausgeführt; ist es Null, wird sie übersprungen.

> Der auszuwertende Ausdruck muss in runden Klammern stehen. Es gehört auch kein Semikolon hinter die if-Klammern, da die nächste Anweisung sonst nicht als zu if gehörig erkannt wird.

---

[1] Es gibt tatsächlich noch einige Programmierer, die gerne mit goto arbeiten. Gerade was Programme für Windows angeht, bin ich manchmal entsetzt, wie häufig diese Anweisung verwendet wird. Dass man auf den goto-Befehl verzichten sollte, ist nicht eine Laune irgendwelcher Programmierer oder Compilerhersteller, sondern es hängt mit der Programmstruktur und damit automatisch mit der Wartbarkeit und der daraus resultierenden Programmsicherheit zusammen. Wenn ein Programm mit gotos bestückt ist, liegt es meist an der Bequemlichkeit des Programmierers, der sich Schreibarbeit ersparen will oder die Struktur seiner Programme nicht richtig überdenkt. Es gibt nur ganz wenige Fälle (tatsächlich kenne ich nur zwei), in denen goto angemessen ist und ich die Verwendung von goto auch verteidigen würde. Sie werden diesen Fällen noch begegnen.

Und jetzt ein richtiges Beispiel:

```
1     #include <stdio.h>
2
3     int main( void )
4     {
5         int zahl;
6
7         printf("\n\nGeben Sie eine Zahl ein: ");
8         scanf("%i", &zahl);
9         getchar();
10
11 A)    if( zahl < 10 )
12          puts("\nDie Zahl ist kleiner als 10.");
13
14        getchar();
15        return 0;
16    }
```

Erklärungen

A Hier wird gefragt, ob die eingegebene Zahl kleiner als 10 ist. Trifft dieses zu, wird eine entsprechende Meldung ausgegeben (Zeile 12). Ist die Zahl größer oder gleich 10, wird nichts unternommen und das Programm fährt mit der Anweisung `getchar()` in Zeile 14 fort.

Was aber, wenn wir für den Fall, dass die Zahl größer oder gleich 10 ist, ebenfalls eine Meldung ausgeben wollen? Dafür gibt es den sogenannten `else`-Zweig. Wenn bei der Abfrage durch `if` der Wahrheitsgehalt gleich Null ist, wird die Anweisung hinter `else` ausgeführt. Im Allgemeinen sieht das so aus:

```
if( Ausdruck )
    Anweisung_1;    /* hier ein Semikolon !!! */
else
    Anweisung_2;
```

Pascal-Programmierer, aufgepasst: Die Anweisung vor `else` muss mit Semikolon beendet werden.

Wir könnten auch alles in eine Zeile schreiben, in C ist das erlaubt:

```
if( Ausdruck ) Anweisung_1; else Anweisung_2;
```

Es ist jedoch übersichtlicher, wenn die Anweisung auf mehrere Zeilen verteilt wird, weil man dann auf den ersten Blick erkennt, dass auch noch ein `else` vorhanden ist.

Nun können wir uns daran machen, unser obiges kleines Programm zu erweitern. Ersetzen Sie die Zeilen 11 und 12 durch die folgenden vier Zeilen:

```
1    if( zahl < 10 )
2        puts("\nDie Zahl ist kleiner als 10.");
3    else
4        puts("\nDie Zahl ist nicht kleiner als 10.");
```

Den vollständigen Quelltext finden Sie wieder auf der CD zum Buch unter dem Namen »if_else.c«.

Wir gehen jetzt noch einen Schritt weiter und wollen beim Zutreffen der Bedingung nicht nur eine einzige Anweisung ausführen. Denken wir uns mal, der Bildschirm soll gelöscht werden, bevor wir eine Meldung ausgeben:

```
1    if( zahl < 10 )
2        clrscr();
3        cputs("Meldung");
```

Doch wenn wir das tatsächlich so schreiben, werden wir überrascht sein. Denn den Compiler interessiert es nicht, ob wir eine Zeile einrücken oder nicht. Zwar wird der Bildschirm gelöscht und die Meldung ausgegeben, doch wird die Meldung auch dann ausgegeben, wenn die Bedingung nicht zutrifft, bloß clrscr() wird nicht ausgeführt. Das liegt daran, dass C in solchen Programmstrukturen (und das gilt auch für Schleifen, wie wir noch sehen werden) nur eine einzige Anweisung akzeptiert. Auch das Folgende führt daher zu keinem Ergebnis, sondern liefert nur einen Compilerfehler über ein else, das dort nicht stehen darf:

```
1    if( zahl < 10 )
2        clrscr();
3        cputs("Meldung");
4    else
5        cputs("Andere meldung");
```

Dagegen können wir nur eines tun, und zwar mehrere Anweisungen zu einer einzigen zusammenschließen. Das Werkzeug dafür kennen wir schon: die geschweiften Klammern. Wie wir bereits erfahren haben, dienen diese Klammern dazu, Funktionsblöcke zu definieren sowie ihren Anfang und das Ende festzulegen. Doch diese Klammern können noch mehr, sie können mehrere Befehle zu einem einzigen zusammenbinden, zu einem sogenannten *Anweisungsblock*. Sehen wir es uns an:

```
1    if( zahl > 10 )
2    {
3        clrscr();
4        cputs("Meldung");
5    }
```

Nun werden zwei Anweisungen in den Zeilen 3 und 4 als eine einzige Anweisung behandelt.

Darauf müssen wir auch achten, wenn wir so etwas mit einem else-Zweig machen:

```
1    if( zahl > 10 )
2    {
3        clrscr();
4        cputs("Meldung");
5    }
6    else
7    {
8        clrscr();
9        cputs("Andere Meldung");
10   }
```

Grundsätzlich gilt, dass hinter den abschließenden Klammern kein Semikolon zu stehen braucht. Es gibt nur drei Ausnahmen, von denen wir eine bereits kennen: die Definition von Aufzählungskonstanten (enum). Die weiteren Ausnahmen sind die Initialisierung von komplexen Datentypen und die Definitionen eines neuen Datentyps wie einer Struktur[2]. Das liegt daran, dass Initialisierungen und Definitionen Anweisungen sind, die mit Semikolon beendet werden müssen, während es sich bei einem Block nicht um eine Anweisung im eigentlichen Sinn handelt.

Der Bedingungsoperator

Im Anschluss an die Verzweigung durch if sei noch auf einen weiteren Operator hingewiesen, den *Bedingungsoperator*. Dieser besteht aus den Zeichen »?« und »:«. Wir können damit die Schreibweise

```
1    if( a < b )
2        c = a;
3    else
4        c = b;
```

abkürzen, indem wir schreiben:

```
a < b ? (c = a) : (c = b);
```

Wenn die Bedingung zutrifft, also a kleiner als b ist, dann wird die Anweisung *vor* dem Doppelpunkt ausgeführt (c = a), ansonsten die dahinter (c = b). Die runden Klammern müssen im oberen Beispiel sein, weil die Priorität der Zuweisung niedriger ist als die des Bedingungsoperators. Bei Anweisungen wie der folgenden gibt es dagegen keine Probleme:

```
c = a < b ? a + 5 : b - 2;
```

Über die Prioritäten der Operatoren können Sie sich im Anhang B »Operatoren« informieren.

---

[2] Was komplexe Datentypen und Strukturen sind, werden wir in einem späteren Kapitel erfahren.

Ich muss sagen, dass mir die oben als Beispiel angeführte Zeile

```
a < b ? (c = a) : (c = b);
```

gar nicht gefällt. Ich habe sie deshalb so niedergeschrieben, um das Beispiel darüber (mit `if` und `else`) möglichst genau im Quelltext abzubilden und um Sie auf die möglicherweise auftretenden Probleme mit der Rangfolge von Operatoren hinweisen zu können. Kürzer und auch wesentlich sinnvoller ist bei einer Zuweisung die folgende Schreibweise:

```
c = a < b ? a : b;
```

Die Wirkung ist identisch. Die Bedingung wird geprüft und je nach Ergebnis werden entweder a oder b ausgeführt. Das Ergebnis wird dann, nachdem die Bedingung vollständig abgearbeitet ist, der Variablen c zugewiesen.

Die Fallunterscheidung

Die `if`-Verzweigung ist für Fälle, in denen es nur um Ja oder Nein geht, hervorragend geeignet. Haben wir aber fünf oder gar zehn verschiedene Möglichkeiten zu untersuchen, ist sie denkbar umständlich. Man kann sie zwar verschachteln, doch rate ich grundsätzlich erstmal davon ab. Zum einen verliert man leicht die Übersicht und zum anderen gibt es die viel elegantere Methode der Fallunterscheidung in C mithilfe des Wortes `switch`.

`switch` heißt auf Deutsch so viel wie *schalten*, und etwas anderes macht diese Anweisung auch nicht. Je nach Wert eines Ausdrucks oder einer Variablen wird in einen bestimmten Zweig *geschaltet*.

Etwas abstrahiert sieht das so aus:

```
switch( Ausdruck )
{
    case Fall_1:    Anweisungen_1;
    case Fall_2:    Anweisungen_2;
    default:        Anweisungen_3;
}
```

In den runden Klammern hinter `switch` steht ein Ausdruck oder eine Variable. Nehmen wir an, im folgendem Programmausschnitt ist `zahl` eine Integervariable mit dem Inhalt 3:

```
1   switch( zahl )
2   {
3       case 1:
4           puts("zahl hat den Wert 1.");
5           break;
6       case 2:
7           puts("zahl hat den Wert 2.");
8           break;
9       case 3:
10          puts("zahl hat den Wert 3.");
```

```
11            break;
12        default:
13            puts("zahl ist größer als 3 oder kleiner als 1.");
14    }
```

Es wird der Inhalt von `zahl` abgefragt. Ist der Inhalt 1, wird der Zweig »case 1:« ausgeführt. Doch in diesem Beispiel befindet sich in unserer Variablen ja der Wert 3, und so wird der Zweig in Zeile 3 übersprungen. Das Gleiche gilt für den Zweig »case 2:« in Zeile 6. Dieser würde ausgeführt, wenn `zahl` den Wert 2 enthielte. Aber da `zahl` den Inhalt 3 hat, wird in den Zweig »case 3:« in Zeile 9 verzweigt. Hier wird die entsprechende Meldung ausgegeben und danach die switch-Anweisung durch den Befehl break verlassen.

Wenn `zahl` einen anderen Inhalt als 1, 2 oder 3 hat, dann trifft keiner der abgefragten Fälle zu und der default-Zweig wird ausgeführt. Dieser Zweig ist optional, das heißt, dass Sie ihn weglassen können. Wenn dann keine der Marken zutrifft, wird die Verzweigung verlassen und mit dem nächsten Befehl hinter dem switch-Block weitergemacht.

Die Anweisung break ist unbedingt notwendig, wenn Sie nicht wollen, dass die darunter stehenden case-Marken ebenfalls ausgeführt werden sollen. break verlässt den switch-Block mit sofortiger Wirkung. Am besten verstehen Sie es, wenn Sie dazu das kleine Programm aus Quelltext 4.2 starten. Dieses Programm wartet auf einen Tastendruck und prüft, ob die gedrückte Taste auf eine der Marken zutrifft. Ist dies nicht der Fall, soll eine entsprechende Meldung ausgegeben werden. Denken Sie daran, dass Sie das eingegebene Zeichen mit [Eingabe] bestätigen müssen.

Quelltext 4.2: switch.c

```
1     /*
2     File: switch.c
3     Using the keyword switch.
4     */
5
6     #include <stdio.h>
7
8     int main( void )
9     {
10        puts("Druecken Sie eine Taste!");
11
12 A)     switch( getchar() )
13        {
14            case 'a':
15                puts("Sie haben ein \"a\" gedrueckt.");
16                break;
17            case 'b':
18                puts("Sie haben ein \"b\" gedrueckt.");
19                break;
20            case 'c':
21                puts("Sie haben ein \"c\" gedrueckt.");
```

```
22              break;
23         case 'd':
24              puts("Sie haben ein \"d\" gedrueckt.");
25              break;
26         default:
27              puts("Keine bekannte Taste.");
28         }
29
30  B)    getchar();
31        getchar();
32        return 0;
15  }
```

Erklärungen

A Die Abfrage nach einer Taste kann auch in den Klammern der `switch`-Anweisung erfolgen. Damit erspart man sich eine zusätzliche Programmzeile sowie eine zusätzliche Variable, welche die Taste aufnimmt. `getchar()` liefert ja den ASCII-Code der Taste zurück, und dieser wird direkt an `switch` weitergeleitet.

B Wir benötigen auch hier wieder zwei `getchar()`-Anweisungen. Da das eingegebene Zeichen mit [Eingabe] zu bestätigen war, haben wir zwei Zeichen eingegeben: das Zeichen selbst und das Steuerzeichen für eine neue Zeile. `getchar()` liest aber nur ein einziges Zeichen aus, und so lässt das `getchar()` in der `switch`-Anweisung das Steuerzeichen noch im Puffer. Dieses lesen wir in dieser Zeile aus.
Das sind so die kleinen Schwierigkeiten, die man mit C hat.

Nachdem Sie sich mit dem Programm vertraut gemacht haben, sollten Sie daran gehen, die `break`-Anweisungen zu löschen (oder auszukommentieren). Dann werden Sie sehen, dass jeder nachfolgende Befehl ausgeführt wird und die `case`-Marken dem keinen Abbruch tun. Im `default`-Zweig befindet sich keine `break`-Anweisung. Das ist hier auch nicht nötig, weil dieses der letzte Zweig ist und der `switch`-Block danach sowieso verlassen wird.

> Um einen `switch`-Block zu verlassen, muss der Befehl `break` gegeben werden, wenn man nicht möchte, dass auch nachfolgende `case`-Zweige ausgeführt werden sollen.

Es kann aber Gründe geben, `break` mit Absicht wegzulassen. Der nächste Programmausschnitt gibt eine kleine Demonstration. Geben Sie im obigen Programm aus dem Quelltext 4.2 mal ein großes »A« oder »B« ein. Der Buchstabe wird nicht erkannt, und das wollen wir ändern:

```
1   switch( getchar() )
2   {
3   A)   case 'A':
4        case 'a':
5             puts("Sie haben ein \"a\" oder \"A\" gedrueckt.");
```

```
 6            break;
 7
 8       case 'B':
 9       case 'b':
10            puts("Sie haben ein \"b\" oder \"B\" gedrueckt.");
11            break;
12
13       case 'C':
14       case 'c':
15            puts("Sie haben ein \"c\" oder \"C\" gedrueckt.");
16            break;
17
18       case 'D':
19       case 'd':
20            puts("Sie haben ein \"d\" oder \"D\" gedrueckt.");
21            break;
22
23       default:
24            puts("Keine bekannte Taste.");
25    }
```

Erklärungen

A Auf diese Weise kann man mehrere Marken zusammenschließen. Das ist dann sinnvoll, wenn auf verschiedene Fälle in gleicher Weise reagiert werden soll.

Das obige Problem ist auch auf andere Art lösbar. Wenn als Eingabe nämlich Buchstaben erwartet werden und die Schreibung nicht relevant ist, kann man eingegebene Zeichen in Groß- oder Kleinschreibung umwandeln. Dazu dienen die Funktionen `tolower()` (aus »A« wird »a«) und `toupper()` (aus »a« wird »A«). Ist das eingegebene Zeichen kein Buchstabe, wird das originale Zeichen von diesen Funktionen zurückgegeben[3]. Um `toupper()` verwenden zu können, müssen wir die Datei »ctype.h« über `#include` einbinden. Eine übersichtliche Möglichkeit, `toupper()` zu verwenden, sieht so aus:

```
ch = getchar();
ch = toupper(ch);
```

Allerdings geht es auch so:

```
ch = toupper(getchar());
```

Und in unserem Programm:

```
1    switch( toupper(getchar()) )
2    {
3       case 'A':
```

---

[3] Standardmäßig funktioniert die Umwandlung für die deutschen Umlaute nicht, weil diese im Englischen nicht vorkommen, aber diese Funktionen standardmäßig amerikanische Konventionen verwenden. Dies lässt sich ändern, worauf wir später noch eingehen werden.

```
4          puts("Sie haben ein \"a\" oder \"A\" gedrueckt.");
5          break;
6
7      case 'B':
8          puts("Sie haben ein \"b\" oder \"B\" gedrueckt.");
9          break;
10
11     case 'C':
12         puts("Sie haben ein \"c\" oder \"C\" gedrueckt.");
13         break;
14
15     case 'D':
16         puts("Sie haben ein \"d\" oder \"D\" gedrueckt.");
17         break;
18
19     default:
20         puts("Keine bekannte Taste.");
21  }
```

Auf dieser Grundlage kann man auch eine Menüsteuerung erstellen.

4.3 Schleifen

Eine Schleife ist im Grunde nichts anderes als eine Anweisung, die wiederholt wird. Und zwar so lange, bis eine bestimmte Bedingung eingetreten ist, die sogenannte Schleifenbedingung. Allerdings gibt es auch eine andere Art von Schleifen die *Endlosschleifen*. Diese Schleifen hängen nicht von einer Bedingung ab.

4.3.1 Die Endlosschleife

Unter einer Endlosschleife versteht man eine Schleife, die immer wieder durchlaufen wird, weil die Schleifenbedingung immer *Wahr* ergibt. Diese Schleifen sind katastrophal, wenn sie unbeabsichtigt sind, da mitunter nur noch das Abschalten des Rechners hilft (oder das Beenden des Programms über einen Task-Manager).

In C hat man die Möglichkeit, aus jeder Schleife eine Endlosschleife zu machen. Wenn man das will, kann es von Vorteil sein, doch viele Endlosschleifen entstehen unbeabsichtigt, gerade wenn man sich in C noch nicht so gut auskennt.

4.3.2 Die Zählschleife

Damit Schleifen in C++ auch wirklich (mehrmals) durchlaufen werden, muss das Ergebnis einer Prüfung für jeden Durchlauf *Wahr* sein, in C also ungleich Null. Sehen wir es uns in einer Schleife an, die einen Wert laufend in gleicher Weise verändert: die `for`-Schleife. Achten Sie auf die Semikolons innerhalb der Klammern:

```
for( zahl = 0; zahl < 10; zahl++ )
```

Diese Zeile enthält vier grundlegende Teile:

1. Das Schlüsselwort `for`: Es deutet an, dass eine nachfolgende Anweisung wiederholt werden soll.
2. Die Initialisierung eines Zählers mit einem Anfangswert (`zahl = 0`): Mit diesem Wert beginnt die Schleife zu zählen.
3. Die Bedingung (`zahl < 10`): Sie muss ungleich Null (also *Wahr*) ergeben, damit die Schleife ausgeführt wird.
4. Die Inkrementierung des Zählers (`zahl++`, es kann auch eine Dekrementierung sein): Die Inkrementierung kann beliebig sein. Ebenso könnte man anstelle von `zahl++` auch `zahl += 2` einsetzen.

Im Grunde besteht jede `for`-Schleife nicht aus vier, sondern aus fünf Teilen, denn das Wichtigste habe ich ja noch nicht erwähnt: die Anweisung, die wiederholt ausgeführt werden soll. Wie dieses in einem Programm aussieht, sehen wir uns hier an:

```
1    #include <stdio.h>
2
3    int main( void )
4    {
5       int zahl;
6
7       for( zahl = 0; zahl < 10; zahl++ )
8          printf("%d\n", zahl);
9
10      getchar();
11      return 0;
12   }
```

Das obige Programm führt die Schleife in Zeile 7 so lange aus, wie `zahl` kleiner als 10 ist. Die Anweisung, die entsprechend oft wiederholt wird, ist der Aufruf von `printf()` in Zeile 8. Diese Funktion soll den momentanen Inhalt von `zahl` auf dem Bildschirm ausgeben. Dies geschieht zehnmal, da `zahl` die Werte von 0 bis 10 annimmt. Ausgegeben werden nur die Zahlen 0 bis 9, da die Bedingung »10 < 10« *Falsch*, also Null ergibt. Und bei einem Wahrheitswert von Null wird die Schleife abgebrochen.

Weil diese Schleife wirklich nicht leicht zu verstehen ist, wiederholen wir das Ganze noch einmal Schritt für Schritt:

`zahl` wird der Wert Null zugewiesen. Daraufhin wird geprüft, ob `zahl` kleiner als 10 ist. Die Prüfung ergibt 1 (*Wahr*). Jetzt wird die folgende Anweisung `printf()` ausgeführt und *danach* erst `zahl` um 1 erhöht. Nun wird wieder geprüft, ob `zahl` kleiner als 10 ist. Die Bedingung trifft zu, da `zahl` einen Wert von 1 hat. Die folgende Anweisung wird ausgeführt und danach `zahl` wieder um eins erhöht. Dies geht so lange, bis `zahl` den Wert 10 hat, denn bei dieser Prüfung wird der Ausdruck als *Falsch* erkannt, und das Programm fährt mit der nächsten Anweisung, die nicht zur Schleife gehört, fort. In diesem Fall ist dies die Anweisung in Zeile 10.

Es gibt noch mehr Möglichkeiten, die `for`-Schleife zu verwenden, doch bevor wir etwas Neues zu dieser Schleife lernen, entwickeln wir erst einmal ein Programm, welches (wenn es später fertig ist) nur die erste Ziffer einer eingegebenen Zahl ausgeben soll:

```
1      int main( void )
2      {
3          long zahl, i;
4
5          printf("\x1b[2J");
6
7          printf("Geben sie eine positive Zahl ein: ");
8   A)     scanf("%li", &zahl);
9          getchar();
10
11  B)     if( (zahl > 999999L) || (zahl <= 0) )
12             puts("Die Zahl ist zu groß oder zu klein.");
13         else
14  C)         for( i = zahl; i != 0; i /= 10 )
15                 printf("%li\n",i);
16
17         getchar();
18         return 0;
19     }
```

Erklärungen

A Den Formatkennzeichner »i« kennen wir schon. Setzen wir vor das »i« ein »l«, wird die Eingabe eines `long int` erwartet. Das Gleiche gilt für die spätere `printf()`-Anweisung in Zeile 17.

B Hier sehen wir eine logische Verknüpfung zweier Bedingungen. Wenn `zahl` größer als 999999 oder kleiner als 1 ist, wird eine Meldung ausgegeben und das Programm ohne Ausführung der Schleife beendet. Die Klammern um die Vergleichsausdrücke müssen nicht sein, weil die Priorität der logischen Verknüpfungen kleiner ist als die der logischen Vergleiche (dazu im Anhang »Operatoren«), doch in vielen Fällen machen solche Klammern einen Ausdruck leserlicher.

Das »L« hinter der 999999 ist ein Suffix. Manche Compiler geben eine Warnung aus, wenn eine Konstante nicht dem voreingestellten Typ entspricht. Diese Voreinstellung ist für Integerliterale der Typ `int`, für Fließkommaliterale der Typ `double`. Weil eine int-Konstante in 16-Bit-Programmen nicht den Wert 999999 aufnehmen kann, könnte es ein Fehler sein (man hat sich vielleicht vertippt), und gute Compiler warnen davor. Wenn wir das Suffix »L« an die Zahl anhängen, dann sagen wir dem Compiler, dass es sich tatsächlich um einen `long`-Wert handelt, und die Warnung wird nicht ausgegeben (siehe Anhang C.1.2).

4.3 Schleifen

C Hier wird der Zähler `i` mit dem Wert von `zahl` initialisiert. Danach wird die Bedingung abgefragt, ob `i` ungleich Null ist. Wenn dieses zutrifft, wird die folgende `printf()`-Anweisung ausgeführt und der momentane Wert von `i` ausgegeben. Danach erst wird `i` durch 10 geteilt (in der Schreibweise mit zusammengesetzten Operatoren) und die Bedingung erneut abgefragt.

Irgendwann wird die ständig durch 10 geteilte Zahl kleiner als 10 sein und der Wert von `i` bei einer weiteren Teilung Null betragen. Da es sich nicht um eine Fließkommavariable handelt, werden Nachkommastellen ignoriert.

Dieses ist ein sehr wichtiger Schritt im Programm, den wir uns noch mal vor Augen führen sollten. Angenommen, `i` hat einen Wert von 7. Die Bedingung erhält den Status *Wahr* und die `printf()`-Anweisung wird ausgeführt. Nun wird 7 durch 10 geteilt (ergibt 0,7, ohne Nachkommastellen Null) und die Bedingung abermals geprüft. Auf die Frage, ob Null ungleich Null ist, wird natürlich *Falsch* die Antwort sein und die Schleife verlassen. Die letzte ausgedruckte Zahl ist in diesem Fall also wirklich die 7 und nicht die Null.

Das Programm, das wir soeben erstellt haben, hat unsere Wünsche aber nicht ganz erfüllt. Immerhin wollten wir ja nur die erste Ziffer ausgeben und nicht auch den ganzen Weg bis dorthin. Wie ist dieses Problem zu lösen?

Der Zauberspruch heißt *leere Anweisung*. Dabei handelt es sich um einen Befehl, der nichts tut. Das gibt es tatsächlich. Es ist das Semikolon. In der Praxis sieht das so aus:

```
for( i = zahl; i != 0; i /= 10 )
    ;
```

Sie können das Semikolon natürlich auch direkt hinter die Schleifenanweisung setzen, aber eines können Sie mir glauben: Wenn Sie das Programm später wieder durchsehen müssen, dann werden Sie an der Stelle stehen bleiben und fragen: »Gehört da wirklich ein Semikolon hin oder ist das ein Versehen?« Wenn Sie das Semikolon in die nächste Zeile schreiben, dann wissen Sie, dass das Absicht war. Um die Absicht ganz deutlich zu machen, können Sie auch schreiben:

```
for( i = zahl; i != 0; i /= 10 )
    ((void)0);
```

Das ist der erlaubte Ausdruck dafür, dass das Programm hier nichts tun soll. Jeder Programmierer, der das sieht, weiß dann ganz genau: Das muss hier so sein. Diese Konstruktion finden wir im fertigen Programm im Quelltext 4.3.

Quelltext 4.3: main() aus for_test.c

```
1   int main( void )
2   {
3       long zahl, i;
4
5       printf("\x1b[2J");
```

```
 6          printf("\x1b[1;1H");
 7
 8          printf("Geben Sie eine positive Zahl ein: ");
 9          scanf("%li", &zahl);
10          getchar();
11
12          if( zahl > 999999L || zahl <= 0 )
13              puts("Die Zahl ist zu groß oder zu klein.\n");
14          else
15  A)          for( i = zahl; i >= 10; i /= 10 )
16                  ((void)0);
17
18          printf("%li\n", i);
19
20          getchar();
21          return 0;
22      }
```

Erklärungen

A Die Schleifenbedingung hat sich geändert. Warum?

Gehen wir es wieder Schritt für Schritt durch: Der Zähler wird mit dem Wert von zahl initialisiert. Die Bedingung wird geprüft, die leere Anweisung ausgeführt und danach i durch 10 geteilt. Aber erst, wenn die Schleife verlassen wird, folgt die Ausgabe von i, also nach der letzten Division. Aus diesem Grund muss die Schleife beendet werden, *bevor* i den Wert Null erreichen kann.

Neben der leeren Anweisung, die wir eben kennengelernt haben (und die man auch für andere Zwecke einsetzen kann), gibt es bei der for-Schleife auch die Möglichkeit, einzelne Komponenten innerhalb der runden Klammern hinter for wegzulassen. Dabei muss aber darauf geachtet werden, dass die Semikolons in diesen Klammern erhalten bleiben. Wozu so etwas gut sein kann, sehen wir uns in zwei Beispielen an. Für das erste bleiben wir bei der Ausgabe der ersten Ziffer einer Zahl. Aber diesmal brauchen wir die Variable i nicht mehr, sondern verwenden die Variable zahl selbst:

```
 1      int main( void )
 2      {
 3          long zahl;
 4
 5          printf("\x1b[2J");
 6          printf("\x1b[1;1H");
 7
 8          printf("Geben sie eine positive Zahl ein: ");
 9          scanf("%li", &zahl);
10          getchar();
11
12          if( (zahl > 999999L) || (zahl <= 0) )
13              puts("Die Zahl ist zu groß oder zu klein.\n");
```

```
14          else
15  A)         for( ; zahl >= 10; zahl /= 10 )
16                ((void)0);
17
18          printf("%li\n", zahl);
19
20          getchar();
21          return 0;
22      }
```

Erklärungen

A Die Initialisierung entfällt, da `zahl` bereits initialisiert wurde (durch `scanf()`).

Das zweite Beispiel ist kein Programm, sondern nur ein Hinweis darauf, wie man die `for`-Schleife ebenfalls verwenden könnte:

```
for( ;; )
   puts("Ich heiße Dinara.");
```

Ich rate Ihnen nicht, das so in einem Programm zu verwenden. Es handelt sich hier um eine Endlosschleife, die, eben ohne Ende, stets den Satz »Ich heiße Dinara.« auf den Bildschirm schreibt. Wenn Sie Glück haben, lässt sich das mit [Strg] + [Pause] oder [Strg] + [C] unterbrechen. Andernfalls hilft nur noch rohe Gewalt.

4.3.3 Eine einfache Schleife mit `while`

Wenn wir die `for`-Schleife verstanden haben, sind die anderen kein Problem mehr. Es gibt deren nur noch zwei, die bei Weitem nicht so komplex sind.

Die `while`-Schleife ist wohl am einfachsten zu handhaben, weil sie übersichtlich und ohne alle Schnörkel zu programmieren ist:

```
while( Ausdruck )
   Anweisung;
```

Solange der Ausdruck *Wahr* ergibt, wird die Anweisung ausgeführt. Ein einfaches Beispiel ist ein kleines Menü, in dem es eine Auswahl zum Beenden des Programms gibt. Im Quelltext 4.4 sehen wir ein kleines Programm, das uns genau diese Funktionalität bietet.

Wenn Sie unter Linux oder Unix arbeiten, nennen Sie die ausführbare Datei nicht »while«, sondern »while_1«, »While« oder ähnlich, weil es bereits ein Programm namens »while" gibt. Wenn Sie es doch »while« nennen (wie auf der CD zum Buch), dann müssen Sie dieses Programm in der Konsole immer zusammen mit einer Pfadangabe aufrufen, damit nicht das originale `while`-Programm gestartet wird.

Quelltext 4.4: while.c

```
1       /*
2       File: while.c
3       Using the while-loop.
4       */
5
6       #include <stdio.h>
7       #include <ctype.h>
8
9
10      int main( void )
11      {
12          int  zahl;
13 A)       char ch = 'A';
14
15          printf("\x1b[2J");
16          printf("\x1b[1;1H");
17
18 B)       while( ch != 'E' )
19 C)       {
20              printf("Geben Sie eine Integerzahl ein: ");
21              scanf("%i", &zahl);
22              getchar();
23
24              printf("\x1b[2J");
25              printf("\x1b[1;1H");
26
27 D)           printf("H: Zahl in sedezimaler Darstellung\n"
28                     "O: Zahl in oktaler Darstellung\n"
29                     "E: Beenden\n\n"
30                     "Ihre Wahl: ");
31
32 E)           switch( ch = toupper(getchar()) )
33              {
34                 case 'H':
35                    printf("\n\nSedezimal: %x\n\n", zahl);
36                    break;
37
38                 case 'O':
39                    printf("\n\nOktal: %o\n\n", zahl);
40              }
41 F)       }
42
43          return 0;
44      }
```

Erklärungen

A `ch` wird mit einem Wert vorbelegt, da die Schleife vor dem Durchlauf den Inhalt von `ch` prüfen muss. Wenn wir das nicht tun, dann könnte es sein, dass sich darin zufällig gleich der Wert »E« befindet, denn weil `ch` nicht außerhalb der Funktion definiert ist, wird `ch` auch nicht automatisch mit Null initialisiert.

B Nur, wenn `ch` einen anderen Inhalt als »E« hat, wird die Schleife durchlaufen und Sie werden aufgefordert, eine Zahl einzugeben.

C Da nur eine einzige Anweisung in einer Schleife erkannt wird, fassen wir die vielen Befehle wieder mit geschweiften Klammern zu einem Anweisungsblock zusammen. Die schließende Klammer dazu befindet sich in Zeile 41.

D Das ist unser Menü, aus dem man einen Punkt durch Angabe des Buchstabens auswählen kann.

E Das Programm wartet auf einen Tastendruck und wertet die Eingabe aus. Die einzigen relevanten Eingaben für diesen `switch`-Block sind »H« und »O«.

F Die Schleifenanweisung ist hier zu Ende. Es wird wieder in Zeile 18 geprüft, ob `ch` ein »E« enthält. Wurde ein »E« eingegeben, wird mit der nächsten Anweisung hinter der Schleife fortgefahren, in diesem Falle mit `return` in Zeile 43.

Die große Gefahr bei dieser Schleife ist, dass man nur allzu schnell eine Endlosschleife daraus machen kann, ohne es zu wollen. Schreiben Sie aus Versehen ein Semikolon hinter `while`,

```
while( ch != 'E' );
```

können Sie lange darauf warten, dass noch etwas passiert. Die Schleife wird die leere Anweisung ausführen, bis `ch` ein »E« enthält. Und das ist gar nicht der Fall, weil man nicht mehr dazu kommt, `ch` zu verändern.

> Also: Vorsicht mit den Semikolons hinter Schleifen-Anweisungen!!!

4.3.4 Eine einfache Schleife mit do-while

Die `do-while`-Schleife ist vom Prinzip das Gleiche wie die `while`-Schleife, nur mit einem kleinen Unterschied: Die Bedingung wird nicht vor, sondern nach dem Schleifendurchlauf geprüft. Für unser obiges Programm wäre das sinnvoller, weil dadurch die Vorbelegung von `ch` mit einem Wert entfällt.

```
do
    Anweisung;
while( Ausdruck );
```

Hier gehört hinter `while` ein Semikolon, da die Schleife an dieser Stelle beendet ist.

> Die do-while-Schleife wird immer mindestens einmal durchlaufen, da die Bedingung erst am Ende geprüft wird, während die while-Schleife unter Umständen auch gar nicht durchlaufen werden kann, da die Bedingung vor dem Durchlauf geprüft wird.

Um es in der Praxis sehen zu können, gibt es das letzte Programm noch einmal, aber mit der do-while-Schleife realisiert:

```
1     int main( void )
2     {
3         int  zahl;
4  A)     char ch;
5
6         printf("\x1b[2J");
7         printf("\x1b[1;1H");
8
9  B)     do
10 C)     {
11            ... wie im Quelltext 4.4
12 D)     }
13 E)     while( ch != 'E' );
14
15        return 0;
16    }
```

Erklärungen

A ch muss diesmal nicht initialisiert werden.

B Der Schleifenanfang.

C Auch wenn man meinen könnte, dass der Schleifenkörper mit do und while eindeutig festgelegt ist, ist trotzdem nur eine einzige Anweisung zulässig. Daher beginnt an dieser Stelle wieder ein Anweisungsblock in geschweiften Klammern.

D Das Ende des Anweisungsblocks.

E Das Ende der Schleife. Hier erst wird der Inhalt von ch abgefragt, also *nachdem* die Schleife durchlaufen wurde.

4.3.5 Die break-Anweisung in Schleifen

Es gibt durchaus sinnvolle Anwendungen für eine Endlosschleife. Man muss nur darauf achten, dass man sie auch jederzeit wieder verlassen kann.

Den break-Befehl haben wir im Zusammenhang mit switch bereits kennengelernt. Mit seiner Hilfe kann man aber auch eine Schleife verlassen. Dazu nehmen wir unser letztes Programm und ändern es ein wenig ab:

```
1     int main( void )
2     {
3        int zahl;
4
5        printf("\x1b[2J");
6        printf("\x1b[1;1H");
7
8        do
9        {
10          printf("Geben Sie eine Integerzahl ein: (0 = Ende)");
11          scanf("%i", &zahl);
12
13 A)       if( zahl == 0 )
14             break;
15
16          getchar();
17
18          printf("\x1b[2J");
19          printf("\x1b[1;1H");
20
21 B)       printf("H: Zahl in sedezimaler Darstellung\n"
22                 "O: Zahl in oktaler Darstellung\n"
23                 "Ihre Wahl: ");
24
25          switch( toupper(getchar()) )
26          {
27             case 'H':
28                printf("\n\nSedezimal: %x\n\n", zahl);
29                break;
30
31             case 'O':
32                printf("\n\nOktal: %o\n\n", zahl);
33          }
34       }
35 C)    while( 1 );
36
37       return 0;
38    }
```

Erklärungen

A Diesmal wird das Programm beendet, wenn als Zahl der Wert Null eingegeben wurde. Weil sich diese `break`-Anweisung nicht innerhalb des `switch`-Blocks befindet, wird damit gleich die ganze Schleife verlassen.

B Wir brauchen hier nicht mehr zu der Eingabe von einem »E« auffordern, weil die Schleife diesmal durch eine andere Bedingung verlassen wird (Zeile 13).

C So kann man ganz bewusst eine Endlosschleife aufbauen. Wir wissen ja inzwischen, dass in C jeder Wert, der nicht Null ist, den Status *Wahr* hat. Setzen wir als Bedingung für die Schleife also eine Konstante ein, die nicht Null ist, wird die Schleife immer durchlaufen.

> Mit dem Befehl `break` wird jede Schleife sofort verlassen und mit der nächsten Anweisung hinter dieser Schleife fortgefahren.

4.3.6 Die Anweisung `continue`

Der Befehl `break` verlässt eine Schleife gänzlich, wie wir soeben erfahren haben. Wenn man die Schleife aber nicht verlassen möchte, sondern nur will, dass nachfolgende Anweisungen innerhalb der Schleife übersprungen werden, um wieder mit dem Schleifenbeginn fortzufahren, kann man den Befehl `continue` verwenden.

> In `while`- und `do-while`-Schleifen wird die Programmsteuerung durch `continue` an die Testbedingung übergeben, in `for`-Schleifen an den Inkrementausdruck.

Im Folgenden sehen wir, wie alle ungeraden Zahlen im Bereich von 1 bis 9 ausgegeben werden:

```
1    int i = 0;
2
3    while( i < 9 )
4    {
5       ++i;
6
7       if( i % 2 == 0 )
8          continue;
9
10      printf("%i\n", i);
11   }
```

Die `continue`-Anweisung in Zeile 8 springt zur Schleifenbedingung in Zeile 3. So wird die Anweisung in Zeile 10 nicht ausgeführt. Das Gleiche nun mit einer `for`-Schleife:

```
1    int i;
2
3    for( i = 1; i < 10; ++i )
```

```
4    {
5        if( i % 2 == 0 )
6            continue;
7
8        printf("%i\n", i);
9    }
```

Diesmal springt die `continue`-Anweisung in Zeile 6 zum Inkrementausdruck der `for`-Schleife in Zeile 3 (es wird also der Inhalt von `i` erhöht und danach die Prüfung `i < 10` ausgeführt).

5 Komplexe Datentypen

Neben den einfachen Datentypen, die wir in Kapitel 3 behandelt haben, gibt es auch die komplexen. Diese unterscheiden sich von den einfachen dadurch, dass sie aus mehr als nur einem vordefinierten Typ bestehen und wir uns diese Datentyp nach Bedarf zusammenstellen können. In C sind dieses Zeichenketten, Felder, Strukturen und Unionen.

Gerade in diesem Kapitel taucht ein Problem auf: Es gibt in C einen Datentyp, der nicht einfach nur Zahlen oder Zeichenketten speichern kann, sondern dieser Typ speichert *Adressen*. Es ist der sogenannte *Zeiger*. Weil das Thema Zeiger sehr umfangreich ist, wollte ich es in einem gesonderten Kapitel behandeln, doch musste ich feststellen, dass das nicht ohne Einschränkung funktioniert. Die Zeiger nehmen in C eine so große Anwendungsbreite ein, dass es nicht möglich ist, sie erst viel später zu erörtern. Andererseits kann ich die Zeiger nicht gleich zu Beginn ausführlich behandeln, weil uns dazu noch Grundlagen fehlen. Also habe ich das Thema Zeiger ein wenig zerpflückt. Wir kommen in diesem Kapitel ohne Zeigertechniken nicht vernünftig voran, weshalb wir jetzt so ausführlich wie nötig darauf eingehen werden. Das Kapitel 9 »Zeiger und Speicher« setzt diese Grundkenntnisse dann voraus.

5.1 Arbeiten mit Speicheradressen

Mit Zeigern lässt sich einfacher arbeiten, als es häufig den Anschein hat. Ich kenne nicht wenige Programmierer, die einen Horror davor haben, und wenn man sie reden hört, dann könnte man wirklich glauben, es handle sich bei Zeigern um ein mystisches Thema, das nur privilegierten Köpfen zugänglich sei. Viele Lehrbücher, die ich kenne, behandeln dieses Thema meist nur so, dass man eben weiß, wie auf den Inhalt einer Speicherstelle über einen Zeiger zugegriffen wird und wie man Zeiger in einem Programm verwendet. Andere Bücher setzen wiederum voraus, dass man mit Zeigern keine Probleme hat und legen auch gleich so los, dass der Leser erst recht entmutigt wird. So steht der Anfänger häufig vor einem Dilemma: Er kommt um Zeiger nicht herum, weiß aber eben nur, wie er sie syntaktisch korrekt verwendet. Ansonsten hat er aber keine rechte Vorstellung davon, was ein Zeiger ist und wie er sich in bestimmten Situationen verhält. Und gerade dieses Hintergrundwissen ist notwendig, wenn man ernsthaft in C programmieren will.

Beginnen wir also mit einer Tatsache, die so einfach ist, dass sie vielleicht deswegen gar nicht erkannt wird: Ein Zeiger ist ein Datentyp. Genauso wie `int` oder `float` einer ist. Eine `short int`-Variable z. B. kann Integerzahlen im Bereich von -32768 bis +32767 aufnehmen, also speichern. Wenn man versucht, dieser Variablen eine Fließkommazahl zuzuweisen, dann gibt es zwar keine Fehlermeldung, doch gehen die Nachkommastellen verloren, eben, weil der Typ `int` keine Nachkommastellen aufnehmen kann. Noch weniger kann man in einer Variablen vom Typ `int` eine Zeichenkette speichern. Es ist ja auch verständlich, warum das so ist. Nun gibt es einen Datentyp, der nicht eine Zahl oder eine Zeichenkette speichern kann, sondern nur Adressen. Im Kapitel 2.2.1 haben wir schon darüber gesprochen, was eine Variable eigentlich ist: Sie ist nur ein Synonym für eine Speicherstelle, in der sich etwas befindet, zum Beispiel ein einzelnes Zeichen. Anstatt die Speicherstelle direkt anzusprechen, spricht man deren Inhalt über den Namen der Variablen an. Wir werden uns das noch einmal an einem Bild klarmachen:

0	1	2	3	4	5	6	7	8	9	10	11	12	13	14	15

Nehmen wir an, unser Speicher bestünde aus diesen 16 Bytes. Jedes Byte hat eine Nummer, unter der es angesprochen werden kann, hier also die Nummern 0 bis 15. Diese Nummer nennt man die *Adresse* der Speicherstelle. Nehmen wir weiter an, wir definierten eine `char`-Variable. Für diese Variable reserviert der Compiler nun einen Platz im Speicher, wo deren Inhalt abgelegt werden kann. Wir gehen jetzt davon aus, der Compiler würde die Speicherstelle mit der Adresse 10 verwenden. Wenn wir nun die Anweisung

```
char_variable = 'A';
```

in unser imaginäres Programm schreiben, dann wird das »A« in der Speicherstelle mit der Adresse 10 gespeichert:

0	1	2	3	4	5	6	7	8	9	10	11	12	13	14	15
										A					

Es wird also über den Namen der Variablen auf die Adresse zugegriffen, um deren Inhalt zu verändern. Die Zeiger sind daher recht einfach zu verstehen, wenn man diese zwei Dinge verstanden hat:

1. Jede Variable steht für eine ganz bestimmte Adresse (Speicherstelle).
2. An dieser Adresse (in dieser Speicherstelle) befindet sich der Inhalt der Variablen.

Nun gibt es auch die Möglichkeit, zu erfahren, an welcher Adresse der Compiler den Inhalt einer Variablen eigentlich ablegt. Wenn wir wissen wollen, für welche Adresse der Name einer Variablen steht, benutzen wir ein Zeichen, das wir schon bei der Anweisung `scanf()` kennenlernten, das »&«. Dieses ist der sogenannte *Referenzoperator*. Dieser Operator liefert uns die Adresse, an der eine Variable ihren Inhalt ablegt.

Sie sollten sich die Mühe machen, folgendes Programm zu schreiben und zu starten:

```
1     int main( void )
2     {
3         char char_variable = 'A';
4
5  A)     printf("\"char_variable\" steht für die Adresse: %u.\n",
6  B)             &char_variable);
7         printf("Der Inhalt dieser Adresse ist: %c.\n",
8  C)             char_variable);
9
10        getchar();
11        return 0;
12    }
```

Erklärungen

A Der Formatkennzeichner »u« steht für unsigned und erzwingt eine ganzzahlige Ausgabe ohne Vorzeichen. Wenn wir ein »i« oder »d« nähmen, würden Sie sich eventuell wundern, weshalb eine Adresse negativ sein kann.

B In dieser Zeile sehen Sie, wie wir die Adresse ermitteln, an welcher der Compiler den Inhalt von char_variable ablegt.

C Und hier übergeben wir an printf() nicht die Adresse, an der sich der Inhalt der Variablen befindet, sondern den Inhalt selbst.

Mal ganz nebenbei: Adressen werden in der Regel in sedezimaler Form dargestellt. Ändern Sie daher mal den Kennzeichner »u« in »x« (Zeile 5) und starten Sie das Programm erneut. Bei mir lautete die Adresse bei einem 16-Bit-Programm »fff5«, bei Ihnen kann das durchaus anders sein, weil andere Compiler den Speicher eventuell anders organisieren oder Sie mit 32 Bit arbeiten.

Dieses Beispiel sollte Ihnen zeigen, dass man anstelle des Inhalts einer Adresse auch die Adresse selbst in Erfahrung bringen kann. Man muss nur den Referenzoperator vor den Bezeichner der Variablen setzen.

> Setzen wir vor eine Variable, die als Argument an eine Funktion übergeben wird (wie bei scanf()) den Referenzoperator, dann wird an diese Funktion immer die Adresse (nicht der Inhalt) dieser Variablen übergeben.
> Die Adresse ist nichts anderes als die Nummer der Speicherstelle, an der die Variable ihre Daten ablegt.

Es gibt Variablen, die in der Lage sind, solche Adressen wie z. B. die Adresse einer anderen Variablen zu speichern. Gehen wir wieder von unserem Beispiel mit der char-Variablen aus und auch davon, dass diese Variable ihren Inhalt an der Speicherstelle mit der Adresse 10 ablegt. Wir definieren nun eine weitere Variable, und zwar eine, welche die Adresse unserer ersten char-Variablen speichern kann. Um es möglichst einfach zu machen, nehmen wir an, dass unser Rechner tatsächlich nur aus obigen 16 Bytes bestünde und eine Adresse dieses Rechners in einer einzigen Speicherstelle Platz fände. Wir nennen unsere neue Variable `adresse_von_erstem_char` und nehmen weiter an, dass der Compiler diese Variable auf die Speicherstelle 5 legt. Nun weisen wir dieser neuen Variablen die Adresse der ersten `char`-Variablen zu:

```
adresse_von_erstem_char = &char_variable;
```

Wir müssen den Referenzoperator angeben, weil wir die Adresse und nicht den Inhalt zuweisen wollen. Unser Speicher sieht jetzt so aus:

0	1	2	3	4	5	6	7	8	9	10	11	12	13	14	15
					10					A					

An der Speicherstelle 5 ist nun die Adresse der ersten `char`-Variablen gespeichert. Man sagt dazu, dass die Variable `adresse_von_erstem_char` auf eine Speicherstelle *zeigt*. Hier zeigt sie auf die Adresse 10. Dieses ist der Grund, weshalb man solche Variablen *Zeiger* nennt, und das ist auch schon das ganze Geheimnis.

Wollen wir wissen, an welcher Adresse die Variable (also der Zeiger) `adresse_von_erstem_char` ihren Inhalt speichert, können wir es so machen wie bei unserer ersten `char`-Variablen: Wir verwenden den Referenzoperator.

```
printf("%x", &adresse_von_erstem_char);
```

Es würde nun die 5 ausgedruckt werden, denn an der Speicherstelle 5 legt `adresse_von_erstem_char` ihren Inhalt ab.

Die Frage, die wir noch gar nicht behandelt haben, ist, wie man so einen Zeiger definiert. Dazu müssen wir auf eines achten: Zeiger sind in C *typisiert*, das heißt, dass ein Zeiger, der Adressen von `char`-Variablen speichern kann, auch wirklich nur diese Adressen aufnehmen kann und nicht etwa die von `int`- oder `float`-Variablen. Wir bleiben noch bei dem Beispiel mit dem Typ `char` und definieren nun einen Zeiger, der auf die Adressen von `char`-Variablen *zeigen* kann. Er wird wie eine normale `char`-Variable definiert, nur mit einem Unterschied, dass vor dem Bezeichner ein Stern steht, der sogenannte *Dereferenzierungsoperator*[1]. In einem Programm sieht das so aus:

```
char *adresse_von_erstem_char;
```

Damit haben wir einen Zeiger definiert, der die Adressen von `char`-Variablen speichern kann. Wenn wir einen Zeiger wollen, der Adressen von `int`-Variablen aufnehmen kann, dann nehmen wir eben den Datentyp `int` anstelle von `char`:

```
int *adresse_einer_int_variablen;
```

---

[1] Dieser Operator ist das Gegenstück zum Referenzoperator, weshalb er diesen seltsamen Namen trägt. Er referenziert nicht, sondern *dereferenziert*.

Und nun ein Programm, an dem Sie dieses nachvollziehen können:

```
1     int main( void )
2     {
3         char ch;
4         char *adresse;
5
6         printf("Die Adresse von ch: %X\n", &ch);
7
8         adresse = &ch;
9
10 A)    printf("Die Adresse von ch: %X\n", adresse);
11
12        getchar();
13        return 0;
14    }
```

Erklärungen

A Und wir sehen: Es funktioniert. Wir können die Adresse von ch in adresse speichern. Wir greifen auf den Inhalt eines Zeigers nicht anders zu, als auf den Inhalt einer anderen Variablen. Der Zeiger ist ja auch nichts anderes als eine Variable.

Und da dieses sehr wichtig ist, eine Zusammenfassung, die sich auf obiges Programm bezieht:

> ch steht für eine Adresse im Speicher. Bei Verwendung des Namens ch sprechen wir den Inhalt dieser Adresse an. Brauchen wir die Adresse selbst, setzen wir den Referenzoperator (&) davor.
> Wollen wir diese Adresse in einer anderen Variablen speichern, müssen wir bei der Definition dieses mit einem Dereferenzierungsoperator (*) kennzeichnen, der vor dem Bezeichner dieser anderen Variablen steht. Wollen wir die Adresse haben, die in dieser Adressenvariablen gespeichert ist, also deren Inhalt, so benutzen wir diese Variable wie gewohnt mit dem Namen.
> Programmierer sagen, dass diese Variable auf eine Adresse *zeigt*. Aus diesem Grund werden solche Adressenvariablen *Zeiger* genannt (englisch: *pointer*).
> In C werden solche Zeiger typisiert, das heißt, ein Zeiger kann nur auf die Adresse von Variablen eines bestimmten Datentyps zeigen. Wollen wir die Adressen von char-Variablen speichern, brauchen wir einen Zeiger mit dem Datentyp char (man sagt: Zeiger auf char). Wollen wir die Adresse einer int-Variablen speichern, brauchen wir einen Zeiger auf int.

Um Ihnen die Typisierung noch einmal deutlich zu machen, folgt ein kleines Programm:

```
1     int main( void )
2     {
3  A)    char ch,   *pch;
4  B)    int  zahl, *pzahl;
5
6  C)    pch   = &ch;
7        pzahl = &zahl;
8
9  D)    printf("Die Adresse von ch:   %X\n", pch);
10       printf("Die Adresse von zahl: %X\n", pzahl);
11
12       getchar();
13       return 0;
14    }
```

Erklärungen

A Man kann Zeiger und normale Variablen auch gemeinsam in einer einzigen Anweisung definieren. Es hat sich allgemein eingebürgert, Zeiger mit einem vorangestellten »p« zu kennzeichnen (für `pointer`).

B Wir definieren eine `int`-Variable und einen Zeiger, der Adressen von `int`-Variablen aufnehmen kann.

C Die Adressen der Variablen werden den entsprechenden Zeigern zugewiesen. An dieser Stelle sollten Sie auch einmal versuchen, dem `char`-Zeiger die Adresse der `int`-Variablen zuzuweisen und umgekehrt. Die meisten Compiler geben Warnungen aus, dass die Typen nicht zuweisungskompatibel sind.

D Wir geben den Inhalt des Zeigers (die Adressen, die in ihnen gespeichert sind) an die Funktion `printf()` weiter, genauso, wie wir den Inhalt von normalen Variablen weitergeben.

Und jetzt wird es ein wenig komplizierter: Wir können den Inhalt einer ganz normalen Variablen auch über einen Zeiger verändern. Doch auch hier fangen wir ganz langsam an, damit alles leicht nachvollziehbar bleibt. Definieren wir zunächst also wieder eine `char`-Variable und einen Zeiger, der die Adresse dieser Variablen aufnehmen kann:

```
char ch = 'A';
char *pch = &ch;
```

Nun lassen wir uns die Adresse ausgeben:

```
printf("Adresse von ch: %x", pch);
```

Und jetzt möchten wir den Inhalt von `ch` ausgeben (also den Wert, der an der Adresse von `ch` gespeichert ist):

```
printf("Inhalt: %c", ch);
```

Bisher nichts Neues. Wir können den Inhalt aber auch über den Zeiger ausgeben lassen, und das geht so:

```
printf("Inhalt: %c", *pch);
```

Auch dieses Phänomen soll erklärt werden: Wenn wir den Namen einer Variablen verwenden, sprechen wir deren Inhalt an, und der Inhalt von pch ist ja eine Adresse. Also wird bei der Anweisung

```
printf("Adresse: %x", pch);
```

auch die in pch gespeicherte Adresse an printf() übergeben. Wollen wir jedoch mit dem Inhalt dieser Adresse arbeiten, so muss dem Compiler das auch mitgeteilt werden. Das geht genauso, wie wir es bei der Definition des Zeigers getan haben, mit dem Dereferenzierungsoperator. Die Anweisung

```
printf("Inhalt: %c", *pch);
```

bedeutet demnach: In der Variablen pch befindet sich eine Adresse. An dieser Adresse ist ein Wert gespeichert, und dieser Wert wird der Funktion printf() übergeben. Der Zeiger wird *dereferenziert*, was heißt, dass nicht die Adresse, die im Zeiger gespeichert ist, geliefert werden soll, sondern der Inhalt dieser Adresse. Das ist alles. Und genau das sehen wir uns noch in einem kompletten Programm an:

```
1    #include <stdio.h>
2
3    int main( void )
4    {
5        char  ch  = 'A';
6        char *pch = &ch;
7
8        printf("Adresse von ch: %x\n", pch);
9        printf("Inhalt von ch:  %c\n", *pch);
10
11       getchar();
12       return 0;
13   }
```

Wenn man also über den Zeiger auf den Inhalt der Adresse zugreifen kann, müsste man diesen Inhalt auch verändern können. Das kann man tatsächlich:

```
1     #include <stdio.h>
2
3     int main( void )
4     {
5         int  zahl  = 1001;
6         int *pzahl = &zahl;
7
8         printf("Der Inhalt von zahl ist: %i\n", zahl);
9
10 A)     *pzahl = *pzahl + 5;
```

```
11          printf("Der neue Inhalt von zahl ist: %i\n", zahl);
12
13  B)      *pzahl -= 5;
14          printf("Und wieder der alte Inhalt von zahl: %i\n", zahl);
15
16          getchar();
17          return 0;
18      }
```

Erklärungen

A Der Wert, der an der Adresse steht, die in `pzahl` gespeichert ist, wird um 5 erhöht.

B Diese Zeile soll verdeutlichen, dass sich mit den Zeigern genauso so arbeiten lässt wie mit anderen Variablen auch.

> Wenn man über einen Zeiger auf den Inhalt der im Zeiger gespeicherten Adresse zugreifen will, muss man den Zeiger *dereferenzieren*.

Jetzt können Sie sich auch denken, weshalb der Referenzoperator bei den Funktionen `scanf()` und `cscanf()` mit angegeben werden muss. Der Inhalt der übergebenen Variablen wird nämlich über einen Zeiger verändert, weshalb wir nur die Adresse der Variablen übergeben. Später, wenn wir unsere eigenen Funktionen schreiben, sehen wir uns das genauer an.

Wie bereits gesagt, sind Zeiger in C typisiert, sie können also nur auf Variablen eines bestimmten Datentyps zeigen. Eine Ausnahme bildet ein Zeiger auf den Typ `void`. Er wird so definiert:

```
void *irgendwas;
```

In dem Zeiger `irgendwas` kann nun jede Adresse aufgenommen werden, unabhängig davon, was für ein Datentyp in der jeweiligen Adresse gespeichert wird:

```
1       char   ch      = 0;
2       char   *pch    = &ch;
3       int    zahl    = 0;
4       int    *pint   = &zahl;
5       float  fzahl   = 0.0;
6       float  *pfloat = &fzahl;
7
8       void   *irgendwas;
9
10      irgendwas = pch;
11      irgendwas = pint;
12      irgendwas = pfloat;
13      irgendwas = &ch;
14      irgendwas = &zahl;
```

Umgekehrt führt dieses allerdings zu Fehlermeldungen. Wenn man einen Zeiger auf `void` einem Zeiger eines anderen Typen zuweisen will, muss man ihn zuvor explizit konvertieren:

```
1    pch    = irgendwas;          /* Nicht richtig! */
2    pint   = irgendwas;          /* Nicht richtig! */
3    pfloat = irgendwas;          /* Nicht richtig! */
4    pch    = (char*)irgendwas;   /* Ok! */
5    pint   = (int*)irgendwas;    /* Ok! */
6    pfloat = (float*)irgendwas;  /* Ok! */
```

Achten Sie bei den obigen Typkonvertierungen auf die Sterne in den Klammern: `char*` heißt hier *Zeiger auf* `char`.

5.2 Felder

Ein Feld oder Array ist eine Sammlung gleichartiger Variablen unter einem gemeinsamen Namen. Auf die einzelne Variable wird über einen Index (eine fortlaufende Nummer) zugegriffen. Es gibt eindimensionale und mehrdimensionale Felder, und diese Arten werden wir unter die Lupe nehmen.

5.2.1 Eindimensionale Felder

Die Definition einer einzelnen Variablen kennen wir bereits. Legen wir spaßeshalber noch einmal 20 Integervariablen an:

```
1    int zahl_1, zahl_2, zahl_3, zahl_4, zahl_5,
2        zahl_6, zahl_7, zahl_8, zahl_9, zahl_10,
3        zahl_11, zahl_12, zahl_13, zahl_14, zahl_15,
4        zahl_16, zahl_17, zahl_18, zahl_19, zahl_20;
```

Wir sehen, dass es ganz schön umständlich ist. Eine Lösung hierfür sind Felder. Wir müssen nur die Anzahl der Variablen, die wir wünschen, in eckigen Klammern hinter den Bezeichner setzen, genauso, wie wir in den letzten Kapiteln Variablen für Zeichenketten definiert haben:

```
    int zahl[20];
```

Mit dieser Anweisung haben wir 20 Variablen definiert (Speicherplätze reserviert), die über den Namen `zahl` angesprochen werden können.

Nun sieht das ja schön und gut aus, aber wie greifen wir auf eine bestimmte Variable zu, wenn alle 20 den gleichen Namen tragen? Die Antwort ist einfach: über einen Index, also über eine Nummer.

Dazu müssen wir noch wissen, dass C bei der Definition von Feldern automatisch fortlaufende Nummern für jedes Feldelement vergibt, beginnend bei Null. Die 20 Variablen in unserem Feld haben also die Nummern 0 bis 19. Wollen wir ganz speziell unsere erste Variable ansprechen, brauchen wir nur die Nummer (den Index) 0 angeben. Nehmen wir an, der ersten Variablen in dem Feld zahl soll der Wert 1000 zugewiesen werden:

```
zahl[0] = 1000;
```

> Das erste Feldelement hat in C *immer* den Index Null. Das letzte Element hat deswegen den Index »Anzahl der Elemente minus 1«!

Logischerweise rufen wir unsere zweite Variable im Feld mit dem Index 1 und die zwanzigste mit dem Index 19 auf:

```
zahl[1]  = 1000;
zahl[19] = 1000;
```

Selbstverständlich ist auch eine Variable oder ein Ausdruck in den eckigen Klammern erlaubt – allerdings nur, wenn es sich nicht um die Definition des Feldes selbst handelt:

```
zahl[integer_variable + 2] = 1000;
```

Wir sehen uns nun in einem praktischen Beispiel an, wie auf die einzelnen Feldelemente zugegriffen werden kann:

```
1  A) int ifeld[3];
2
3     int main( void )
4     {
5         int index, wert;
6
7  B)     printf("Geben Sie eine Integerzahl ein: ");
8         scanf("%i", &wert);
9         getchar();
10
11        printf("Welchem Feldelement soll sie zugewiesen werden? "
12               "(0, 1 oder 2): ");
13        scanf("%i", &index);
14        getchar();
15
16 C)     ifeld[index] = wert;
17
18 D)     printf("Inhalt von ifeld[0]: %i\n", ifeld[0]);
19        printf("Inhalt von ifeld[1]: %i\n", ifeld[1]);
20        printf("Inhalt von ifeld[2]: %i\n", ifeld[2]);
21
22        getchar();
23        return 0;
24     }
```

Erklärungen

A Wir definieren ein Feld, das drei Speicherplätze für `int`-Werte enthält.

B Zunächst werden Sie aufgefordert, einen Integerwert einzugeben. Dann werden Sie gefragt, welchem der drei Speicherplätze, also welchem Feldelement, dieser Wert zugewiesen werden soll. Denken Sie daran, dass die Zählung bei Null beginnt und der höchstmögliche Index daher nur 2 sein kann.

C Dem gewünschten Element wird der Wert zugewiesen. Wir brauchen nur den Index mit anzugeben, sonst ändert sich an der Zuweisung nichts.

D Nun werden alle drei Feldelemente ausgegeben. Wie Sie sehen, enthalten die beiden Elemente, denen nichts zugewiesen wurde, den Wert Null. Das liegt daran, dass das Feld außerhalb der Funktion definiert und alle Elemente daher automatisch mit Null initialisiert wurden.

5.2.2 Exkurs: Fehlerbehandlung

Das obige Programm ist sehr einfach gehalten, damit Sie sich schnell darin zurechtfinden. Aber dieses bietet eine gute Gelegenheit, um auf das Thema Fehlerbehandlung zu kommen.

Wir dürfen für den Index Werte im Bereich von 0 bis 2 verarbeiten. Wenn ein anderer Wert vom Anwender eingegeben wird, dann wird das Programm etwas Unvorhergesehenes tun. Im schlimmsten Fall wird es abstürzen, also vom Betriebssystem beendet werden oder gar den ganzen Rechner lahmlegen. Das müssen wir bei allen Programmen verhindern, die andere Leute benutzen sollen (wir selbst wissen meistens ja, was wir eingeben dürfen und wo die Schwächen in unserem Programm liegen). Dazu sehen wir uns die Stellen an, an denen der Anwender das Programm beeinflussen kann.

Da wäre zunächst die Eingabe der Zahl, die später gespeichert werden soll. Wenn hier ein völlig absurder Wert eingegeben wird, dann ist es nicht angenehm, aber das Programm wird ohne Fehler weiterarbeiten, weil eine zu große Zahl in C einfach so zurechtgestutzt wird, dass die jeweilige Variable sie noch aufnehmen kann. Wir können den Wertebereich, der eingegeben werden kann, einschränken. Aber solange wir nicht in der Lage sind, auch die Anzahl der Zeichen zu beschränken, die der Anwender eingeben kann, nützt uns das nichts. Hier bleibt uns zunächst nur die Möglichkeit, dem Anwender mitzuteilen, dass das Programm nur mit einem eingeschränkten Zahlenbereich arbeiten kann.

Anders sieht es aus, wenn wir den Index für das Feldelement entgegennehmen. Wenn der Anwender hier verrückte Werte eingibt, kann er das Programm zum Absturz bringen. Das müssen wir in jedem Fall verhindern.

Wir legen also Folgendes fest:

1. Der Anwender erhält eine Meldung, die ihm sagt, dass das Programm nur Zahlen im Bereich von -32768 bis +32767 korrekt verarbeitet.

2. Der Anwender erhält den Hinweis, dass nur die Indizes von 0 bis 2 erlaubt sind.

3. Wenn der eingegebene Index ungültig ist, darf das Programm sich nicht beenden, sondern muss einen entsprechenden Hinweis ausgeben und dem Anwender ermöglichen, den Index ein weiteres Mal einzugeben, bis der Index gültig ist.

Die Werkzeuge für die obigen Anforderungen kennen wir bereits. Es sind die Alternativen und die Schleifen.

Sie sollten jetzt versuchen, das Programm ohne meine Hilfe zu entwickeln. Nehmen Sie die Lösung, die ich Ihnen auf der CD zum Buch anbiete, erst dann zur Hand, wenn Sie wirklich nicht mehr weiterkommen. Und noch ein guter Rat vorweg: Entwerfen Sie das Programm zuerst auf dem Papier. Überlegen Sie sich, wo und wie Sie Schleifen und Alternativen einsetzen, bevor Sie das im Quelltext tun. Sie werden bemerken, dass das Programm allein durch die Fehlerbehandlung um einiges größer und unübersichtlicher wird.

Die von mir entwickelte Lösung finden Sie im Quelltext »feld_idx.c« auf der CD zum Buch.

Zum Abschluss dieses Abschnitts sehen wir uns noch einmal eine bequeme Indizierung von Feldern an, indem wir ein Feld mit zwanzig Elementen definieren und deren Inhalte ausgeben lassen:

```
1   A)  int zahl[20], i;
2
3       int main( void )
4       {
5   B)      for( i = 0; i < 20; ++i )
6               zahl[i] = i + 10;
7
8   C)      for( i = 0; i < 20; ++i )
9               printf("%d\n", zahl[i]);
10
11          getchar();
12          return 0;
13      }
```

Erklärungen

A Es werden ein Integer-Feld mit zwanzig Elementen und eine Variable für den Index definiert.

B In der ersten Schleife wird jedem Element im Feld ein Wert zugewiesen. Damit die Werte unterschiedlich sind, wird zu der Konstanten 10 der Wert von i addiert. Das Bequeme an der Sache ist, dass wir den Zähler auch gleich als Feldindex verwenden können.

C Nun beginnt die Ausgabe. Wenn wir uns die Mühe machen, alles nachzurechnen, werden wir sehen, dass alles korrekt abgelaufen ist.

Jetzt wissen wir, wie angenehm Felder sein können. Wenn Sie es noch nicht wissen, dann schreiben Sie das obige Programm in der herkömmlichen Weise, nämlich ohne Felder. Die Schleife hilft Ihnen dabei dann nämlich auch nicht weiter.

5.2.3 Mehrdimensionale Felder

Nachdem wir uns so erfolgreich mit den eindimensionalen Feldern auseinandergesetzt haben, gehen wir einen Schritt weiter und entwickeln Felder, die noch mehr leisten. Dazu stellen wir uns vor, vor uns läge die Matrix aus Abbildung 5.1.

	0	1	2	3	4	5	6	7	8	9
0	0, 0	0, 1								
1									1, 8	
2					2, 4					
3										
4			4, 2							4, 9

Abbildung 5.1: Beispielmatrix

Das Element links oben in der Ecke hat die Koordinaten Zeile = 0, Spalte = 0. Das Element in der zweiten Zeile und der vierten Spalte 2, 4. So, wie es in einigen Elementen eingetragen ist. Für genau diese Matrix definieren wir jetzt ein Feld:

```
int matrix[5][10];
```

Vorstellen kann man sich dieses, indem man sich das obige Bild vor Augen führt. Wir haben ein Feld, das aus fünf Zeilen besteht. Jede dieser Zeilen enthält zehn Spalten. Da ein Feldindex in C immer bei Null beginnt, entsprechen auch die Indizes dieses Feldes denen der Matrix. Wollen wir dem Element in der vierten (Index 3) Zeile und der ersten (Index 0) Spalte einen Wert zuweisen, sprechen wir es so an:

```
matrix[3][0] = 1000;
```

Genauso wie ein zweidimensionales Feld können wir auch drei-, vier- und andere mehrdimensionale Felder definieren. Im Grunde sind uns da keine Grenzen gesetzt. Das Prinzip bleibt überall das gleiche, für jede Dimension brauchen wir ein zusätzliches Klammerpaar:

```
char _3D_feld [10] [10] [10];
```

Um es sich bildlich vorzustellen: Obige Definition entspricht einem Würfel mit 10 mal 10 mal 10 Elementen[2].

5.2.4 Initialisierung von Feldern

Nun widmen wir uns dem Thema, wie man Felder bei der Definition initialisieren kann. Wenn wir uns ein Feld mit drei `int`-Elementen definieren und dieses auch gleich initialisieren wollen, dann benötigt man hierfür die geschweiften Blockklammern:

```
int zahlen[3] = {10, 11, 20};
```

`zahlen[0]` erhält also den Wert 10, `zahlen [1]` den Wert 11, und `zahlen[2]` den Wert 20. In diesem Fall ist das Semikolon hinter den Klammern des Blocks zwingend, wir dürfen es nicht vergessen.

Legen wir ein zweidimensionales Feld an, wird jeder Wert wie folgt zugeordnet:

```
int zahl[2][3] = {2, 4, 6, 8, 10, 12};
```

`zahl[0][0]` erhält 2, `zahl[0][1]` erhält 4, `zahl[0][2]` erhält 6, `zahl[1][0]` erhält 8, `zahl[1][1]` erhält 10 und `zahl[1][2]` erhält 12.

Der Übersichtlichkeit halber kann und sollte man allerdings weitere Klammern verwenden. Dann ist leichter zu durchschauen, welcher Wert welchem Index zugewiesen wird:

```
int zahl[2][3] = {{2, 4, 6}, {8, 10, 12}};
```

Und wenn Sie sich jetzt ein Blatt Papier zur Hand nehmen, eine Linie zeichnen, die ein paar Kästchen enthält, und in diese Kästchen die Initialisierungswerte in der oben angegebenen Reihenfolge eintragen, dann sehen Sie auch, in welcher Lage die einzelnen Elemente von mehrdimensionalen Feldern im Hauptspeicher untergebracht werden.

5.2.5 Felder und Adressen

Dass wir uns zu Beginn dieses Kapitels so eingehend mit Zeigern beschäftigt haben, hat seinen Grund. Wenn man nämlich einen Feldbezeichner ohne Index verwendet, dann greift man nicht auf ein Feldelement zu, sondern auf die Adresse, an der sich das erste Feldelement im Speicher befindet. Wir können also einen Zeiger auf `int` definieren und diesem Zeiger die Adresse des ersten Feldelements zuweisen, indem wir nur den Feldbezeichner verwenden:

```
int feld[20];
int *pint = feld;
```

---

[2] Diese Erklärungen scheinen Ihnen vielleicht etwas dürftig für ein solches Thema, doch werden wir im Laufe dieses Buchs noch so viel mit Feldern zu tun bekommen, dass es bald zur Selbstverständlichkeit wird.

Nun können wir auch über den Zeiger auf die Feldelemente zugreifen:

```
int_variable = pint[1];
```

Es wird der Variablen `int_variable` der Inhalt des zweiten Feldelements zugewiesen.

Das ist jetzt im Augenblick nicht von großer Bedeutung für uns, doch sollten wir es schon wissen. Denn spätestens, wenn wir eigene Funktionen erstellen, müssen wir darauf zurückgreifen. Also merken wir uns:

> Wenn Feldbezeichner ohne Index verwendet werden, erhält man die Adresse des ersten Feldelements, nicht den Inhalt eines der Feldelemente.

Wir sehen uns noch ein kleines Programm dazu an, damit wir diesen Zusammenhang zwischen Feldern und Zeigern nicht so schnell wieder vergessen:

```
1   int main( void )
2   {
3       int feld[3] = {100, 200, 300};
4       int *pint   = feld;
5
6       printf("Inhalt des ersten Elementes: %i\n", *pint);
7       printf("Inhalt des zweiten Elementes: %i\n", pint[1]);
8       printf("Inhalt des dritten Elementes: %i\n", pint[2]);
9
10      getchar();
11      return 0;
12  }
```

Es wird in diesem Programm nur über den Zeiger `pint` auf die Feldelemente zugegriffen. In der Zeile 6 wird der Inhalt des ersten Feldelements nicht über den Index ausgegeben, sondern über eine einfache Dereferenzierung. Wir können es auf diese Weise machen, weil sich in `pint` die Adresse des ersten Feldelements befindet. Genauso gut könnten wir hier schreiben:

```
printf("Inhalt des ersten Elementes: %i\n", *feld);
```

Das geht, weil der Feldname ohne Index einen Zeiger auf das erste Element darstellt. Wenn dieser Zeiger dereferenziert wird, dann holen wir uns den Inhalt aus dieser Adresse.

So, das sollte erst einmal genügen. Im Kapitel 9 »Zeiger und Speicher« gehen wir dann intensiver auf dieses Thema ein.

5.3 Zeichenketten

5.3.1 Zeichenketten definieren

Zur Erinnerung an vergangene Kapitel wollen wir noch einmal eine Zeichenkettenvariable definieren:

```
char string[16];
```

Und spätestens jetzt dämmert uns, dass wir hier eigentlich ein Feld definiert haben, das 16 Elemente des Typs char enthält.

> Eine Zeichenkette ist ein Feld aus char-Elementen. Daher können wir auf einzelne Zeichen in der gleichen Weise zugreifen wie auf die Elemente eines Feldes.

Wenn diese Zeichenkette außerhalb einer Funktion definiert wird, dann befindet sich darin gar nichts (eben nur Nullzeichen). Wird sie innerhalb einer Funktion definiert, dann kann sich irgend etwas darin befinden, meistens jedoch nichts Sinnvolles. Bisher haben wir so einer Zeichenkette nur über eine Eingabefunktion wie zum Beispiel gets() einen Inhalt zuweisen können. Doch man kann sie auch anders füllen, wie durch eine explizite Initialisierung:

```
char string[16] = "Hans Müller";
```

Wir sehen uns an, was dabei im Speicher passiert. Zunächst, nach der Definition, wird für alle 16 Elemente Speicher reserviert. Weil ein Element dem Datentypen char entspricht, wird für jedes dieser Elemente ein einzelnes Byte im Speicher benötigt, denn der Typ char ist ja genau ein Byte groß. Diese Bytes liegen dann glücklicherweise immer direkt nebeneinander, also schön der Reihe nach, eines hinter dem anderen. Wir können uns diesen Speicherausschnitt so vorstellen:

0	1	2	3	4	5	6	7	8	9	10	11	12	13	14	15

Über die einzelnen Elemente habe ich den Index geschrieben, über den das jeweilige Element angesprochen werden kann. Hier gilt, wie bei allen Feldern, dass das erste Element immer den Index Null hat. Nach der Initialisierung mit »Hans Müller« befindet sich in den einzelnen Elementen dann folgender Inhalt:

0	1	2	3	4	5	6	7	8	9	10	11	12	13	14	15
H	a	n	s		M	ü	l	l	e	r	\0				

Das letzte Zeichen einer Zeichenkette ist immer die Kennzeichnung für das Ende der Zeichenkette, das Zeichen mit der Nummer Null. Auch dafür gibt es in C ein Steuerzeichen, und dieses ist schlicht und ergreifend auch nur die Null. Wenn diese Null hinter dem Fluchtsymbol »\« auftaucht, dann ist damit das Zeichen mit der Nummer Null gemeint, welches nicht druckbar ist und in einer Zeichenkette daher auch nicht anders dargestellt werden kann. Diese Null wird automatisch an ein jedes Zeichenkettenliteral angehängt. Deshalb können wir in unserem Beispiel auch nur Zeichenketten aus maximal 15 Zeichen speichern, weil dann das letzte Zeichen, also das sechzehnte, die Endekennung ist.

5.3.2 Besonderheiten bei der Initialisierung

Zur Initialisierung muss ich noch ein wichtiges Wort verlieren, weil in vielen Lehrbüchern, die ich gesehen habe, folgendes Konstrukt vorgestellt wird:

```
char *string = "Hans Müller";
```

Sie können also einen Zeiger auf `char` definieren und diesen mit einer literalen Zeichenkette initialisieren. Das funktioniert tatsächlich, und dagegen ist auch nichts einzuwenden. Aber leider wird nicht erklärt, was man damit für einen Schaden anrichten kann. Ich werde immer wieder mit Fragen konfrontiert, die auftauchen, weil Programme abstürzen oder sich seltsam verhalten, wenn sie mit solchen Zeichenketten arbeiten. Das Problem dabei ist das folgende:

Jedes Literal, und damit auch »Hans Müller«, ist eine Konstante, und Compiler legen Konstanten üblicherweise im sogenannten *Codesegment* ab. Bei einigen Compilern (so bei denen von Borland) kann man auch in den Optionen angeben, wo diese Zeichenketten gespeichert werden sollen. Das Codesegment ist der Bereich im Hauptspeicher, in dem sich das Programm mit seinem ausführbaren Code befindet. Daten, also Variablen, die wir im Programm definieren, werden dagegen im *Datensegment* abgelegt.

Das Datensegment zeichnet sich dadurch aus, dass wir innerhalb dessen eigentlich machen können, was wir wollen. Wir können nach Belieben etwas hinschreiben und ändern. So machen wir es ja mit allen unseren Variablen, die wir im Programm erzeugen und verwenden.

Das Codesegment dagegen ist schreibgeschützt (unter DOS ist es das nur hypothetisch, in 32-Bit-Systemen wie Windows NT oder Unix, ist es das tatsächlich). Das Codesegment ist also *konstant*, weshalb dort unsere Konstanten auch problemlos gespeichert werden können. Man sollte es tunlichst vermeiden, ins Codesegment zu schreiben, weil Sie dadurch den ausführbaren Code des Programms ändern. Und wenn Sie jetzt Folgendes machen,

```
char *string = "Hans Müller";
string[6] = 'ö';
```

dann kann es in manchen Umgebungen dazu führen, Sie zwar das »ü« in ein »ö« ändern, Sie damit aber ins Codesegment schreiben. Bei den folgenden Programmzeilen passiert dagegen etwas anderes:

```
char string[16] = "Hans Müller";
string[6] = 'ö';
```

Es wird der geforderte Platz für 16 Zeichen im Datensegment bereitgestellt, und die Variable `string` enthält die Adresse dieses im Datensegment bereitgestellten Speichers. Die Konstante »Hans Müller« kann vom Compiler nach wie vor im Codesegment abgelegt werden, doch wird diese Zeichenkette jetzt in den dafür reservierten Platz im Datensegment *kopiert*. Wenn wir jetzt das »ü« zum »ö« machen, dann wird auch in das Daten- und nicht in das Codesegment geschrieben.

Seien Sie sich dessen immer bewusst, wenn Sie einen Zeiger auf `char` auf eine Konstante zeigen lassen. Bei einer Quelltextzeile wie dieser

```
char *string = "Hans Müller";
```

sollte ein Compiler eigentlich eine Warnung anzeigen, weil wir einem Zeiger auf ein variables `char` die Adresse eines konstanten `char` zuweisen.

Allerdings gibt es eine Möglichkeit, die Änderung einer solchen Zeichenkette zu verhindern. Das sehen wir uns im folgenden Abschnitt an.

5.3.3 Konstante Zeichenketten

Wenn wir wissen, dass wir die Zeichenkette, die wir in der obigen Weise definieren, nicht verändern wollen (oder nicht verändern dürfen), dann können wir es dem Compiler explizit mitteilen. Wir sagen ihm, dass wir einen Zeiger auf ein konstantes `char` haben wollen, und das machen wir so:

```
const char *string = "Hans Müller";
```

Wenn wir jetzt in einem Programm

```
string[6] = 'ö';
```

schreiben, dann ist das ein Fehler, weil der Compiler bemerkt, dass wir ein konstantes Zeichen ändern wollen. Und das lässt er nicht zu.

Und wo wir gerade bei dem Wort `const` sind, sehen wir uns noch eine Spezialität der Konstantendefinition an, die wir früher nicht behandeln konnten, weil wir die Zeiger noch nicht kannten:

Mit der Anweisung

```
const char ch = 'A';
```

definieren wir eine Konstante. Wir können den Inhalt der Konstante nicht ändern, ihr nichts zuweisen:

```
const char ch = 'A';
ch = 'B';   /* Fehler: ch ist konstant! */
```

Wenn wir schreiben,

```
const char *string = "Hans Müller";
```

dann ist die Variable (der Zeiger) string nicht konstant, sondern nur das, was an der Adresse steht, auf die der Zeiger zeigt. Lassen Sie uns Folgendes machen:

```
const char *string = "Hans Müller";
string = "Maria";      /* OK! */
```

Wir haben nämlich einen Zeiger auf ein konstantes char. Der Zeiger selbst kann geändert werden, das heißt, er kann auch auf andere Adressen zeigen, solange diese Adressen vom gleichen Typ (const char*) sind. Wenn wir verhindern wollen, dass die Adresse in string geändert werden kann, dann schreiben wir:

```
char *const string = ...;
```

Damit haben wir einen konstanten Zeiger auf (ein variables) char:

```
1  char  hans[20]       = "Hans Müller";
2  char  maria[20]      = "Maria Müller";
3  char *const name = hans;   /* OK! name zeigt auf Daten von hans! */
4  name = maria;              /* Fehler: Zeiger (Variable) ist konstant! */
5  name[6] = 'ö';             /* OK! Daten sind nicht konstant! */
```

Um es noch auf die Spitze zu treiben, definieren wir jetzt einen konstanten Zeiger auf ein konstantes char:

```
1  const char *const name = "Hans Müller";
2  name[6] = 'ö';        /* Fehler: Daten sind konstant! */
3  name = "Maria";       /* Fehler: Zeiger auf Daten ist konstant! */
```

Weil das nicht leicht zu verstehen, aber sehr wichtig ist, sehen wir uns alle Definitionen anhand des Typen int noch einmal an:

```
1   /*
2   Für variable Daten:
3   */
4   int  x;         /* = ein variabler int */
5   int *x;         /* = ein (variabler) Zeiger auf variablen int */
6   int *const x;   /* = ein konstanter Zeiger auf variablen int */
7
8   /*
9   Für konstante Daten:
10  */
11  const int  x        /* = ein konstanter int */
12  const int *x;       /* = ein (variabler) Zeiger auf konstanten int */
13  const int *const x; /* = ein konstanter Zeiger auf konstanten int */
```

Lassen Sie sich diese Definitionen ruhig auf der Zunge zergehen. Man gewöhnt sich recht schnell daran, wenn man daran denkt, dass sich das Schlüsselwort const immer auf den darauf folgenden Bezeichner bezieht.

5.3.4 cgets() aus »conio.h«

Nun kommen wir endlich zu der Eingabefunktion cgets(). Diese Funktion aus »conio.h« unterscheidet sich von gets() aus »stdio.h«. Sie liest zwar auch eine

Zeichenkette mit Leerzeichen ein, doch muss man die Zielvariable vorher etwas bearbeiten. Wie man das macht, sehen wir uns anhand des Beispiels im Quelltext 5.1 an. Dieses Beispiel können leider wieder nur diejenigen nachvollziehen, denen die Funktionen aus »conio.h« zur Verfügung stehen. Und was die Sicherheit bei der Eingabe angeht, so ist die cgets()-Variante der Borland-Compiler leider die einzige, bei der ein Anwender keine Programmabstürze durch zu viele eingegebene Zeichen verursachen kann.

Quelltext 5.1: cgets.c

```
1      /*
2      File: cgets.c
3      Reading strings by the function cgets().
4      */
5
6      #include <conio.h>
7
8
9      int main( void )
10     {
11  A)     char buffer[8];
12
13         clrscr();
14
15         cputs("Geben Sie eine kurze Zeichenkette ein: ");
16  B)     buffer[0] = 5;
17  C)     cgets(buffer);
18
19  D)     cprintf("\n\n\rDie Eingabe: %s\n\r", buffer);
20
21         cputs("\n\n\n\rGeben Sie eine kurze Zeichenkette ein: ");
22         buffer[0] = 5;
23
24  E)     cprintf("\n\n\rDie Eingabe: %s\n\r", cgets(buffer));
25
26         getch();
27         return 0;
28     }
```

Erklärungen

A Das Feld, das die Zeichenkette aufnehmen soll, ist recht klein. Es kann also leicht eine Zeichenkette eingelesen werden, die gar nicht in das Feld hineinpasst.

B An die Funktion cgets() wollen wir das Feld buffer übergeben, doch bevor wir das tun können, müssen wir in buffer[0] die Anzahl der maximal einzulesenden Zeichen angeben. Dabei zählt auch die abschließende \0 als einzulesendes Zeichen. Wir wollen, dass hier höchstens fünf Zeichen eingegeben werden können, also ein Wort aus vier Zeichen und der Endekennung.

C Hier wird die Zeichenkette in `buffer` eingelesen. Nach der Eingabe befindet sich in `buffer[1]` die tatsächlich eingelesene Zeichenzahl, allerdings ohne Mitzählung der abschließenden Null. Das erste Zeichen der eingegebenen Zeichenkette befindet sich also erst in `buffer[2]`. Nach der Eingabe der Zeichenkette »str« sähe der Inhalt von `buffer` also so aus:

5	3	s	t	r	\0	

Abgeschlossen wird die Eingabe mit [Eingabe], und wenn wir mehr als die vorgegebenen 5 Zeichen einlesen wollen, dann hat das keine Wirkung, die Zeichen werden nicht angenommen[3]. Sie sollten es mal ausprobieren. In dieser Hinsicht ist die Funktion `cgets()` um einiges sicherer als die anderen Eingabefunktionen. Denn man kann nicht mehr unkontrolliert in den Speicher schreiben, weil man gar nicht mehr Zeichen eingeben kann, als im `char`-Feld Platz haben.

D Bei dieser Ausgabe werden Sie sich wundern, denn vor der eingegebenen Zeichenkette befinden sich noch zwei andere Zeichen, nämlich die ASCII-Entsprechungen der Zahlen 5 und 3, wenn Sie eine Zeichenkette aus drei Buchstaben eingegeben haben. Wir können den Puffer also nicht ohne Weiteres an eine Ausgabefunktion übergeben – eben deshalb, weil bei der Übergabe einer Zeichenkette immer die Anfangsadresse übergeben wird, also die Adresse, an der sich das Zeichen `buffer[0]` befindet.

E Allerdings können wir das Problem auf einfache Weise lösen, wenn wir die Funktion `cgets()` gleich als Argument übergeben, wie in dieser Zeile. `cgets()` liefert nämlich als Rückgabewert die Speicherstelle, an der die eingegebene Zeichenkette beginnt, also die Adresse des Zeichens `buffer[2]`.

5.3.5 Felder aus Zeichenketten

Genauso, wie wir Felder aus beliebigen Datentypen definieren können, lassen sich auch Felder aus Zeichenketten definieren. Dabei handelt es sich tatsächlich um zweidimensionale Felder, wie wir an folgender Zeile sehen können:

```
char strings[3][10];
```

Wir haben jetzt ein Feld, das drei Zeichenketten mit jeweils neun Zeichen aufnehmen kann. Sehen wir uns dieses wieder genauer anhand eines Programms an:

```
1     char strings[3][10];
2
3     int main( void )
4     {
5         puts("\n\nGeben Sie drei Namen ein: ");
6  A)    scanf("%s%s%s", strings[0], strings[1], strings[2]);
7         getchar();
```

---

[3] Das ist leider nur bei den Borland-Compilern der Fall. Bei anderen besteht diese Gefahr noch immer.

```
 8
 9   A)    printf("\nDie Namen:\n%s\n%s\n%s\n",
10             strings[0], strings[1], strings[2]);
11
12         getchar();
13         return 0;
14   }
```

Erklärungen

A Wir greifen auf eine bestimmte Zeichenkette ebenfalls über den Index zu, genauso, wie wir es bei eindimensionalen Feldern eines anderen Datentypen tun. Nach der Eingabe der Namen »Otto«, »Siegrid« und »Gudrun« sieht der Feldinhalt so aus (weil nicht genügend Platz vorhanden ist, habe ich die Zeilen umbrochen und die Elemente wieder durchnummeriert; tatsächlich liegen alle Elemente linear hintereinander im Speicher):

0	1	2	3	4	5	6	7	8	9
O	t	t	o	\0					

10	11	12	13	14	15	16	17	18	19
S	i	e	g	r	i	d	\0		

20	21	22	23	24	25	26	27	28	29
G	u	d	r	u	n	\0			

Bei Feldern, denen Zeichenketten zugewiesen werden sollen, findet die Initialisierung in der gleichen Weise statt wie bei Feldern anderer Datentypen:

```
    char strings[3][10] = {"Otto", "Siegrid", "Gudrun"};
```

Und zur Information, nur, damit Sie es wissen: Wir können es auch so machen wie bei mehrdimensionalen Feldern (schließlich ist `strings` ein mehrdimensionales Feld). Allerdings dürfen wir hier nicht vergessen, die Endekennung explizit anzugeben und die Elemente auf die volle Länge zu füllen:

```
1   char strings[3][10] = {
2       'O', 't', 't', 'o', '\0', '\0', '\0', '\0', '\0', '\0',
3       'S', 'i', 'e', 'g', 'r', 'i', 'd', '\0', '\0', '\0',
4       'G', 'u', 'd', 'r', 'u', 'n', '\0', '\0', '\0', '\0'};
```

Oder mit weiteren Klammern:

```
1   char strings[3][10] = {
2       {'O', 't', 't', 'o', '\0', '\0', '\0', '\0', '\0', '\0'},
3       {'S', 'i', 'e', 'g', 'r', 'i', 'd', '\0', '\0', '\0'},
4       {'G', 'u', 'd', 'r', 'u', 'n', '\0', '\0', '\0', '\0'}};
```

Die einfachste und beste Variante, mehrdimensionale Felder aus Zeichenketten zu füllen, ist aber immer noch diese:

```
char strings[3][10] = { "Otto", "Siegrid", "Gudrun" }
```

An dieser Stelle werden wir das Thema nicht weiter behandeln, denn was wir bis jetzt kennengelernt haben, reicht aus, um mit Zeichenketten zu arbeiten. Es wird auf diese Thematik noch intensiver eingegangen, wenn wir uns im Kapitel 9 »Zeiger und Speicher« mit Zeigern beschäftigen.

5.3.6 Die Informationsdatei »string.h«

Weil es sich in C bei einer Zeichenkette nicht um einen vordefinierten Datentypen handelt, sondern um ein Feld, können wir auch nicht die normalen Operatoren (wie die Zuweisung oder die Addition) auf Zeichenketten anwenden, um eine Zeichenkette in eine andere zu kopieren oder zwei Zeichenketten miteinander zu vergleichen oder zu verketten. Um diese Operationen zu unterstützen, gibt es eine Vielzahl von Funktionen, die in der Datei »string.h« deklariert sind. Wir wollen uns hier nicht alle Funktionen ansehen, zum einen, weil es sehr viele sind, zum anderen, weil wir sie hier nicht alle brauchen. Die meisten dieser weiterführenden Funktionen werden Sie verstehen und einsetzen können, wenn Sie sich die Beschreibungen dazu in der Onlinehilfe oder den Handbüchern ansehen. Hier beschäftigen wir uns mit den wichtigsten und am häufigsten verwendeten Funktionen und denen, die nicht ganz so verständlich sind, dass man sie allein aus der Beschreibung in den Handbüchern versteht.

Die wohl am häufigsten verwendete Funktion ist die Funktion strcpy() (**string copy**). Sie wird anstelle des Zuweisungsoperators verwendet und kopiert den Inhalt des zweiten Arguments in das erste Argument:

```
strcpy(destination_string, source_string);
```

Zurückgeliefert wird ein Zeiger auf char, die Anfangsadresse von destination_string. Diese Funktion ist unumgänglich, wenn man eine Zeichenkette in eine andere kopieren will, denn eine Zuweisung in der Art

```
ziel_string = quell_string;
```

weist nur die Adresse von source_string an den Zeiger destination_string.

Das erste Argument von strcpy() muss also immer ein char-Feld sein, und es muss groß genug sein, die zu kopierende Zeichenkette aufnehmen zu können. Das zweite Argument kann auch ein Literal sein:

```
strcpy(destination_string, "Eine Zeichenkette");
```

Wenn wir die Funktion strncpy() verwenden, dann können wir festlegen, wie viele Buchstaben der Quellzeichenkette höchstens kopiert werden dürfen. Diese Anzahl wird über ein drittes Argument an strncpy() übergeben. Angenommen, destination_string ist ein Feld aus fünf Elementen, dann können dort also vier Zeichen und die abschließende Null untergebracht werden. Die Anweisung

```
strncpy(destination_string, "Eine Zeichenkette", 4);
```

kopiert nur die Buchstaben »Eine« in `destination_string`. Weil in diesem Fall kein abschließendes Nullzeichen kopiert wird, muss es noch explizit angehängt werden:

```
destination_string[4] = 0;

/* oder: */
destination_string[4] = '\0';
```

Sollte die Quellzeichenkette kürzer sein als die angegebene Anzahl zu kopierender Zeichen, wird `destination_string` entsprechend mit binären Nullen aufgefüllt. Nach der Anweisung

```
strncpy(ziel_string, "Auto", 10);
```

befindet sich in `destination_string` der Inhalt »Auto\0\0\0\0\0\0«.

Zwei ebenfalls sehr wichtige Funktionen sind `strcat()` (**string concatenation**) sowie `strncat()`. Sie ersetzen den Additionsoperator, der in vielen Programmiersprachen für die Verkettung zweier Zeichenketten verwendet wird. `strcat()` hängt das zweite Argument an das erste an, überschreibt also nicht den alten Inhalt der Zielzeichenkette. Das Zielfeld muss groß genug sein, um beide Zeichenketten aufnehmen zu können:

```
strcat(destination_string, "Autohaus");
```

Nach den Anweisungen

```
strcpy(ziel_string, "Ich habe ein ");
strcat(ziel_string, "Autohaus");
```

befindet sich in `destination_string` der Inhalt »Ich habe ein Autohaus«. Mit `strncat()` können wir wieder bestimmen, wie viele Zeichen höchstens an `destination_string` angehängt werden sollen. Nach diesen Anweisungen

```
strcpy(ziel_string, "Ich habe ein ");
strncat(ziel_string, "Autohaus", 4);
```

befindet sich in `destination_string` der Inhalt »Ich habe ein Auto«. Die abschließende Null wird von `strncat()` immer richtig gesetzt, sodass wir uns darum nicht selbst kümmern müssen. Auch hier wird ein Zeiger auf `destination_string` zurückgeliefert.

Eine interessante Funktion ist auch `strrev()` (**string reverse**). Sie kehrt den Inhalt einer Zeichenkette um, sodass die ersten Buchstaben die letzten sind und umgekehrt. Aus der Zeichenkette »OTTO« wird also »OTTO«.

Doch im Ernst, aus der Zeichenkette »Autohaus« macht `strrev()` die Zeichenkette »suahotuA« (klingt irgendwie nach Südsee). `strrev()` erwartet auch nur ein einziges Argument, sodass die Quell- und Zieladressen identisch sind. Es wird auch wieder ein Zeiger auf die Zeichenkette zurückgeliefert. `strrev()` entspricht allerdings nicht dem ANSI-Standard[4], ebenso, wie die Funktionen `strupr()` (**string upper**) und `strlwr()`

---

[4] Wenn etwas nicht dem ANSI-Standard entspricht, heißt es, dass eine hier vorgestellte Funktion eventuell nicht für jeden Compiler verfügbar ist oder einfach einen anderen Namen trägt.

(string lower), die eine Zeichenkette in Groß- oder Kleinbuchstaben konvertieren. Auch diese zwei Funktionen erwarten nur ein einziges Argument und liefern den Zeiger darauf zurück. Aus der Zeichenkette »Autohaus« macht `strupr()` »AUTOHAUS«, und `strlwr()` macht daraus »autohaus«.

Es ist oft nützlich, die Inhalte zweier Zeichenketten zu vergleichen. Dazu dient die Funktion `strcmp()` (string compare). Diese Funktion liefert einen Integerwert zurück. Es werden zwei Argumente übergeben, und zwar die beiden zu vergleichenden Zeichenketten. Sehen wir uns die folgenden Anweisungen an:

```
1    char string1[10] = "Marion";
2    char string2[10] = "Werner";
3
4    if( strcmp(string1, string2) == 0 )
5        puts("string1 und string2 sind identisch");
6
7    if( strcmp(string1, string2) > 0 )
8        puts("string1 ist groesser als string2");
9
10   if( strcmp(string1, string2) < 0 )
11       puts("string1 ist kleiner als string2");
```

Es würde der Satz »string1 ist kleiner als string2« ausgegeben werden, weil »Marion« alphabetisch vor »Werner« kommt. In diesem Falle liefert `strcmp()` einen Wert kleiner als Null. Wenn die Zeichenketten identisch sind, dann wird Null geliefert. Und wenn das zweite Argument alphabetisch vor dem ersten steht, dann wird ein Wert größer als Null geliefert. Dabei findet nur ein Vergleich der Reihenfolge der Zeichen in der ASCII-Tabelle statt. Zum Glück ist diese Tabelle so angeordnet, dass die ersten Buchstaben des Alphabets auch zuerst in der Tabelle stehen. Dadurch haben sie eine kleinere Nummer als die letzten Buchstaben, weshalb ein »A« auch »kleiner« ist als ein »B«. Laut ASCII-Tabelle ist aber ein »a« größer als ein »B«. Das liegt daran, dass zuerst die großen und dann die kleinen Buchstaben in der Tabelle stehen. Ein Vergleich von »marion« und »Werner« würde ergeben, dass »Werner« kleiner als »marion« ist, weil »W« in der ASCII-Tabelle eben vor dem »m« erscheint.

Um das zu vermeiden gibt es die Funktion `stricmp()`, welche die Groß-/Kleinschreibung nicht beachtet. Bei einem Vergleich mit `stricmp()` würde »marion« auch kleiner als »Werner« sein. Diese Funktion gehört aber ebenfalls nicht zum ANSI-Standard und muss daher nicht von jedem Compiler unterstützt werden.

Wenn man möchte, dass nur die ersten oder der erste Buchstabe der zwei Zeichenketten miteinander verglichen werden, dann kann man dazu die Funktionen `strncmp()` oder `strnicmp()` verwenden. Auch diese Funktionen erwarten ein drittes Argument, das angibt, wie viele Zeichen miteinander verglichen werden sollen. Im Gegensatz zu `strncmp()` unterscheidet `strnicmp()` nicht zwischen Groß- und Kleinschreibung. In der Anweisung

```
strncmp("Marion", "Werner", 1);
```

werden nur die Buchstaben »M« und »W« miteinander verglichen. `strnicmp()` gehört ebenfalls nicht zum ANSI-Standard.

Wir können ebenso feststellen, ob eine Zeichenkette in einer anderen Zeichenkette enthalten ist. Das machen wir mit der Funktion `strstr()`. Sehen wir uns wieder einige Programmzeilen dazu an:

```
1    char satz[40] = "Mein Auto ist ein altes Auto.";
2    char *ptr;
3    ptr = strstr(satz, "Auto");
4    puts(ptr);
```

`strstr()` sucht in dem Satz nach dem Teil »Auto«. Zurückgeliefert wird ein Zeiger auf die Speicheradresse, an der das erste Mal das Wort »Auto« auftaucht. Dieser Zeiger wird an `puts()` übergeben, sodass auf dem Bildschirm der Satz »Auto ist ein altes Auto.« ausgegeben wird. Wir können den Zeiger `ptr` nun verwenden, um nach weiteren Vorkommen von »Auto« zu suchen. Wir dürfen aber nicht einfach `ptr` an `strstr()` übergeben, denn dann würde derselbe Satz ein zweites Mal ausgedruckt werden, weil »Auto« ja gleich das erste Wort in `ptr` ist. Wir nehmen uns also ein Hilfsfeld und kopieren die gefundene Zeichenkette dort hinein[5]. Dann müssen wir den ersten Buchstaben so verändern, dass sich der gesuchte Begriff von diesem unterscheidet:

```
1    strcpy(hilf, ptr);
2    hilf[0] = 'X';
3    ptr = strstr(hilf, "Auto");
4    puts(ptr);
```

Nun wird das zweite Vorkommen von »Auto« ausgedruckt, also »Auto«. Wenn wir dieses wiederholen, dann findet `strstr()` das Wort »Auto« nicht mehr, eben weil es nicht mehr in dem Satz, der in `hilf` enthalten ist, vorkommt. In einem solchen Falle wird der Wert `NULL`[6] geliefert. Eine Suchschleife, die zählt, wie oft der Suchbegriff im Satz enthalten ist, könnte also so aussehen:

```
1    #include <stdio.h>
2    #include <string.h>
3
4    char satz[80];
5    char such[80];
6    char gefunden[80];
7
8    int main( void )
9    {
10       char *ptr;
11       int i = 0;
```

---

[5] Natürlich gibt es auch eine wesentlich elegantere Methode, bei der wir kein Hilfsfeld benötigen. Aber dazu müssen wir uns mit Zeigerarithmetik auskennen, und so weit sind wir an dieser Stelle noch nicht.

[6] Bei `NULL` handelt es sich um eine benannte Konstante, die einen Zeiger repräsentiert, der den Wert Null enthält. Ein Zeiger, der die Adresse Null hat, ist ein Zeiger, der auf nichts zeigt, also ungültig ist. Anstelle der benannten Konstanten `NULL` kann auch der Integer 0 verwendet werden.

```
12
13        puts("\nGeben Sie einen Satz ein:");
14        gets(satz);
15
16        puts("Nach welchem Satzteil soll gesucht werden?");
17        gets(such);
18
19        ptr = strstr(satz, such);
20
21        while( ptr != NULL )
22        {
23           ++i;
24
25           strcpy(gefunden, ptr);
26
27           gefunden[0] = gefunden[0] != 'X' ? 'X' : 'Y';
28
29           ptr = strstr(gefunden, such);
30        }
31
32        printf("\nDer Satzteil\n%s\nkommt %i mal im Satz\n%s\nvor.\n",
33              such, i, satz);
34
35        getchar();
36        return 0;
37    }
```

Dieses Programm erzeugte bei mir folgende Ausgabe:

```
Geben Sie einen Satz ein:
Mein Auto ist ein altes Auto.
Nach welchem Satzteil soll gesucht werden?
Auto

Der Satzteil
Auto
kommt 2 mal im Satz
Mein Auto ist ein altes Auto.
vor.
```

Wir können über strstr() natürlich auch ein einzelnes Zeichen suchen, zum Beispiel so:

```
strstr(satz, "A");
```

Doch dafür können wir auch die Funktion strchr() verwenden. Sie arbeitet genauso wie strstr() und liefert auch die gleichen Ergebnisse. Der Unterschied ist nur, dass das zweite Argument keine Zeichenkette, sondern ein einzelnes Zeichen ist:

```
strchr(satz, 'A');
```

Die Länge einer Zeichenkette lässt sich ganz einfach über die Funktion strlen() (**string length**) ermitteln. Sie liefert uns die Anzahl der vorhandenen Zeichen zurück.

Dabei gelten alle Arten von Leerzeichen auch als Zeichen. Die abschließende Null wird aber nicht mitgezählt. Bei einer Zeichenkette mit dem Inhalt »Der Tankwart«, liefert `strlen()` als Rückgabe den Integerwert 12.

Ein besonderes Augenmerk verdient auch die Funktion `strtok()` (**string token**). Ein Token[7] ist ein Satzteil, ähnlich, wie wir ihn mit `strstr()` gesucht haben. So ein Token wird durch bestimmte Zeichen von einem anderen Token getrennt. Nehmen wir wieder den Satz »Mein Auto ist ein altes Auto.«. Es liegt an uns, was ein Token ist. Angenommen, ein Token ist ein einzelnes Wort, dann besteht der Satz aus sechs Tokens, die durch Leerzeichen und Punkt voneinander getrennt sind. Der Punkt deshalb, weil es sich dabei um ein Satzzeichen handelt, das nicht zu einem Wort gehört. Wir übergeben der Funktion `strtok()` als erstes Argument den Satz, der nach Tokens abgesucht werden soll. Das zweite Argument ist eine Zeichenkette, in der die Zeichen enthalten sind, durch welche die Tokens voneinander getrennt sind. Wir wollen, dass das Leerzeichen und der Punkt die Trennzeichen sind, und rufen daher `strtok()` folgendermaßen auf (wir dürfen als erstes Argument keine konstante Zeichenkette übergeben, weil `strtok()` den Inhalt der Zeichenkette verändert):

```
char string[30] = "Mein Auto ist ein altes Auto.";
strtok(string, ". ");
```

Nun wird das erste Argument danach abgesucht, ob eines der im zweiten Argument enthaltenen Zeichen darin vorkommt. Das erste, was nun gefunden wird, ist das Leerzeichen hinter »Mein«. Und dieses Wort ist auch das erste Token, das von `strtok()` zurückgeliefert wird.

Dieses können wir zum Beispiel auf dem Bildschirm ausgeben:

```
puts(strtok(string, ". "));
```

Wenn wir jetzt in der soeben verwendeten Zeichenkette weitersuchen wollen, dann übergeben wir von nun an als erstes Argument den Wert `NULL`. Damit sucht `strtok()` nun hinter der ersten Leerstelle weiter. Die folgende Zeile gibt also das Wort »Auto« auf dem Bildschirm aus:

```
puts(strtok(NULL, ". "));
```

Wir wollen jetzt das nächste Token finden, doch entschließen wir uns dazu, nun nicht mehr die Leerstelle, sondern nur noch den Punkt als Trennzeichen zu betrachten. Damit in der bisherigen Zeichenkette weitergesucht wird, übergeben wir als erstes Argument wieder `NULL`, und als zweites diesmal nur den Punkt:

```
puts(strtok(NULL, "."));
```

---

[7] Ich muss gestehen, dass mir für dieses Wort keine rechte Übersetzung einfällt. Alle Übersetzungen, die ich kenne, z. B. Merkmal, Kurzzeichen, Spielmarke, Anzeichen u. a., geben nicht das wieder, was die Funktion `strtok()` darunter zu verstehen scheint.

Eventuell interpretiere ich aber auch den Namen der Funktion falsch, in der Weise, dass mit Token nicht das gemeint ist, was die Funktion liefert, sondern das, was sie als Argument entgegennimmt.

Nun wird der Satz »ist ein altes Auto« ausgegeben, weil die Leerstelle nicht mehr als Trennzeichen dient. Wenn keines der in der zweiten Zeichenkette angegebenen Trennzeichen mehr gefunden werden kann, also kein Token mehr vorhanden ist, wird der Wert `NULL` geliefert.

5.4 Strukturen

Eine Struktur kann man mit einem Feld vergleichen, in dem mehrere Elemente hintereinander im Speicher angeordnet sind. Allerdings gibt es dabei doch einige Unterschiede. In einem Feld kann man nur gleichartige Daten ablegen, wie z. B. in einem `int`-Feld nur Integerzahlen gespeichert werden können. In einer Struktur hingegen kann man jeden beliebigen Datentyp in jeder beliebigen Reihenfolge unterbringen. Bei einer Struktur nennt man die Einzelteile auch nicht Elemente, sondern *Komponenten*. Diese Komponenten werden nicht über einen Index angesprochen, sondern über den *Komponentennamen*. Wie das im Einzelnen aussieht, sehen wir uns auf den folgenden Seiten an.

Wozu aber sollte man eine Struktur verwenden wollen? Nun, Strukturen dienen dazu, Variablen, die rein intuitiv zusammengehören, auch zusammenzufassen, wie z. B. der Name, die Straße und der Wohnort einer Person. Dieses möchte man gerne als ein einziges Objekt behandeln. Daher gibt es auch die Möglichkeit, diese Teile innerhalb eines Programms zu einer Einheit zu verbinden. Manche Programmierer sagen dazu auch: »Eine Struktur ist ein Modell für ein Element der Wirklichkeit«.

5.4.1 Definieren eines neuen Datentyps

Nehmen wir an, wir wollen den Namen und das Gehalt eines Mitarbeiters in einem Programm verwenden. Wir haben zehn Mitarbeiter, und für jeden brauchen wir je eine Variable für den Namen und für das Gehalt. Mit dem Wissen, das wir bis jetzt haben, würden wir es so machen:

```
1    char   name[10][30];
2    float  gehalt[10];
```

Mit einer Struktur fangen wir das nun anders an:

```
1    struct mitarbeiter
3    {
4        char   name[30];
5        float  gehalt;
6    };
```

Das Schlüsselwort `struct` gehört zu jeder Strukturdefinition. Darauf folgt der Name der Struktur (*Strukturmustername*). Diese Struktur heißt jetzt `mitarbeiter`. Das bedeutet für uns, wir haben den Datentypen `mitarbeiter` geschaffen. In den geschweiften Blockklammern stehen die Strukturkomponenten. Neben der Initialisierung von Feldern und der Definition von `enum`-Konstanten ist dieses hier die dritte Ausnahme, bei der hinter die schließende Blockklammer ein Semikolon gehört.

Von diesem Datentypen können wir jetzt eine Variable anlegen. Vor den Namen des Datentyps gehört in ANSI-C das Schlüsselwort `struct`. Wenn wir `struct` vergessen, dann erkennt der C-Compiler nicht, dass es sich hier um einen `struct`-Datentyp handelt:

```
struct mitarbeiter arbeiter;
```

Wir haben eine Variable mit dem Namen `arbeiter` definiert, die den Datentyp `mitarbeiter` hat. Wir können auf diese Weise auch ein Feld für unsere zehn Mitarbeiter anlegen:

```
struct mitarbeiter arbeiter[10];
```

Im ersten Fall wurde ein Speicherplatz von 34 Byte reserviert (dreißig für `name` und vier für `gehalt`), im zweiten Fall das 10-fache, also 340 Byte. Man kann die Variable auch direkt bei der Definition angeben (dann fallen Variablen- und Strukturdefinition zusammen). Die definierte Variable gehört zwischen die schließende Blockklammer und das Semikolon. Hier definieren wir gleich wieder ein Feld:

```
1  struct mitarbeiter
2  {
3      char  name[30];
4      float gehalt;
5  } arbeiter[10];
```

Dadurch entfällt im Programm die Zeile:

```
struct mitarbeiter arbeiter[10];
```

Wenn wir nun noch zwei Hilfsarbeiter einstellen, können wir im Programm auch nachträglich noch das Feld dafür anlegen:

```
struct mitarbeiter hilfsarbeiter[2];
```

Es ist ebenfalls möglich, eine Struktur ohne Namen zu definieren, und stattdessen nur die Variable mit anzulegen:

```
1  struct
2  {
3      char  name[30];
4      float gehalt;
5  } arbeiter[10];
```

Da es für diese Struktur keinen Namen gibt, können auch keine weiteren Variablen dieses Datentyps definiert werden. Unter welchem Strukturmusternamen wollten wir den Datentyp auch ansprechen? Wenn wir also noch ein Feld für die Hilfsarbeiter bräuchten, bliebe uns in so einem Fall nur die Angabe in der Definition der Struktur:

```
1  struct
2  {
3      char  name[30];
4      float gehalt;
5  } arbeiter[10], hilfsarbeiter[2];
```

Diese Fälle sind selten. In der Regel wird man nur die Definition der Struktur vornehmen und die Variablen, die man braucht, dann später definieren. Ich wollte Ihnen hiermit nur die verschiedenen Möglichkeiten zeigen. Wenn Sie dieses alles nicht auf Anhieb behalten, machen Sie sich darüber keine Gedanken. Die Erfahrung kommt mit der Praxis.

5.4.2 Der Zugriff auf Strukturkomponenten

Wie man in der Praxis Strukturen und Strukturvariablen definiert und auf die Komponenten einer Struktur zugreift, sehen wir uns im Quelltext 5.2 an. Dazu nehmen wir eine Struktur, die drei gleich lange Zeichenketten enthält: je eine für Vor- und Nachnamen, eine für Straße und Hausnummer und eine für die Postleitzahl und den Ort. Diese Struktur soll den Bezeichner pers_data tragen.

Quelltext 5.2: struktur.c

```
1     /*
2        File: struktur.c
3        Working with structures.
4     */
5
6     #include <stdio.h>
7     #include <string.h>
8
9
10    struct pers_data
11    {
12       char name[30];
13       char street[30];
14       char city[30];
15    };
16
17
18    int main( void )
19    {
20 A)    struct pers_data data;
21
22 B)    strcpy(data.name, "Manfred Mustermann");
23       strcpy(data.street, "Musterweg 12");
24       strcpy(data.city, "1234 Musterstadt");
25
26       printf("\x1b[2J");
27       printf("\x1b[1;1H");
28
29 C)    printf("\n%s\n%s\n%s\n", data.name, data.street, data.city);
30
31       getchar();
32       return 0;
33    }
```

Erklärungen

A Hier legen wir eine einzelne Variable mit dem Datentyp `struct pers_data` an. Diese Variable heißt `data`.

B Den einzelnen Strukturkomponenten werden jetzt Inhalte zugewiesen. Denken Sie bitte daran, in C geht das bei Zeichenketten nur über `strcpy()`. Bei einem Feld würde anhand von `daten[index]` auf ein Element zugegriffen, hier aber nehmen wir den Komponentennamen. Dieser wird durch den Punkt (*Strukturzugriffsoperator*) vom Variablennamen getrennt. Dieses ist aus einem ganz einfachen Grund nötig: Wir können mehrere Variablen mit diesem Datentyp anlegen. Damit das Programm weiß, von welchem Objekt eine bestimmte Komponente angesprochen werden soll, brauchen wir den Variablennamen und die anzusprechende Komponente.

C Die Daten werden auf dem Schirm ausgegeben. Auch hier geben wir hinter dem Variablenbezeichner den Punkt mit dem Komponentennamen an.

Das ist eigentlich schon alles, was wir beim Zugriff auf Strukturkomponenten beachten müssen, wenigstens in diesen einfachen Fällen. Bei Feldern sieht der Zugriff wie folgt aus:

```
1   struct pers_data
2   {
3       char name[30];
4       char street[30];
5       char city[30];
6   };
7
8   int main( void )
9   {
10      struct pers_data data[10];
11
12      strcpy(data[1].name, "Manfred Mustermann");
13      strcpy(data[1].street, "Musterweg 12");
14      strcpy(data[1].city, "1234 Musterstadt");
15
16      printf("%s\n%s\n%s\n", data[1].name, data[1].street, data[1].city);
17
18      getchar();
19      return 0;
20  }
```

Hier wird nur dem Feldelement mit dem Index 1 etwas zugewiesen und wieder ausgegeben.

Der Vollständigkeit halber will ich noch den Hinweis geben, dass es auch möglich ist, den Datentyp wie in der einfachen Variablendefinition nur einmal anzugeben, wenn die Elemente vom gleichen Typ sind:

```
1   struct pers_data
2   {
3       char name[30], street[30], city[30];
4       int  year, month, day;
5   };
```

Das ist allerdings nicht so übersichtlich und sollte daher vermieden werden.

5.4.3 Zeiger auf Strukturen

Wir können nun auch einen Zeiger definieren, der die Anfangsadresse unserer Struktur `pers_data` aufnehmen kann. Er wird genauso definiert wie jeder andere Zeiger auch, nämlich mit dem Dereferenzierungsoperator:

```
struct pers_data *pdata;   /* Zeiger auf struct pers_daten */
struct pers_data  data;    /* Variable der Struktur pers_daten */
```

In diesem Zeiger befindet sich nach folgender Zuweisung

```
pdata = &data;
```

die Anfangsadresse der ersten Strukturkomponente, hier also die Speicherstelle, an der sich das Zeichen `name[0]` befindet. Die Frage ist nun, wie auf eine Strukturkomponente zugegriffen wird, wenn es sich um einen Zeiger handelt. Man könnte meinen, dass der richtige Weg so aussieht,

```
puts(*pdata.name);
```

doch müssen wir hier die Reihenfolge beachten, in der die Operatoren verarbeitet werden. Der Punktoperator hat eine höhere Priorität als der Sternoperator, was zur Folge hat, dass erst auf die Komponente `name` zugegriffen wird und diese danach dereferenziert wird. Genauso wie bei mathematischen Formeln müssen wir hier klammern, um die Verarbeitungsreihenfolge zu ändern:

```
puts((*pdata).name);
```

Nun wird zuerst der Zeiger `pdata` dereferenziert, und danach erst auf `name` zugegriffen. Weil Programmierer faule Leute sind, wurde ein neuer Operator eingeführt, der die Schreibweise vereinfacht. Er besteht aus den Zeichen »-« und »>«. Wie man in einem Programm auf Strukturinhalte über einen Zeiger zugreift, sehen wir uns an, indem wir das Programm aus Quelltext 5.2 ein wenig verändern, und zwar so, dass jetzt über einen Zeiger darauf zugegriffen wird:

```
1   struct pers_data
2   {
3       char name[30];
4       char street[30];
5       char city[30];
6   };
```

```
7
8      struct pers_data data;
9
10     int main( void )
11     {
12  A)   struct pers_data *pdata = &data;
13
14  B)   strcpy(pdata->name, "Manfred Mustermann");
15       strcpy(pdata->street, "Musterweg 12");
16       strcpy(pdata->city, "1234 Musterstadt");
17
18  C)   printf("%s\n%s\n%s\n",
19           (*pdata).name, (*pdata).street, (*pdata).city);
20
21       getchar();
22       return 0;
23     }
```

Erklärungen

A Dem Zeiger `pdata` weisen wir die Adresse der globalen Variablen `data` zu.

B Jetzt wird auf eine Strukturkomponente zugegriffen, nämlich über den Strukturzugriffsoperator für Zeiger. Über die Dereferenzierung müssen wir uns keine Gedanken mehr machen.

C Hier sehen wir die Variante ohne den vereinfachenden Operator.

5.4.4 Initialisieren von Strukturen

Auch Strukturen lassen sich bei der Definition eines Objekts initialisieren. Dabei muss man nur auf die Reihenfolge der Initialisierungswerte achten, welche der Reihenfolge der Komponenten entsprechen muss. Nehmen wir folgenden Fall:

```
1      struct daten
2      {
3         int   i;
4         char  s[20];
5         float f;
6      };
7
8      int main( void );
9      {
10        struct daten d = {5, "Text", 2.5};
11        ...
12     };
```

Hier wird der Komponente `d.i` der Wert 5 übergeben, `d.s` wird mit »Text« initialisiert und `d.f` erhält den Inhalt 2.5.

5.4.5 Geschachtelte Strukturen

Eine Struktur kann sich selbst nicht als Komponente enthalten. Falsch wäre also:

```
1   struct pers_data
2   {
3      char name[30];
4      char street[30];
5      char city[30];
6      struct pers_data more;   /* Fehler */
7   };
```

Dahingegen ist es erlaubt, eine andere Struktur zu nehmen:

```
1   struct date
2   {
3      int day;
4      int month;
5      int year;
6   };
7
8   struct pers_data
9   {
10     char name[30];
11     char street[30];
12     char city[30];
13     struct date born;
14  };
```

Wenn wir jetzt auf den Tag des Geburtsdatums zugreifen wollen, brauchen wir für jede zusätzliche Komponente einen weiteren Strukturzugriffsoperator:

```
date.born.day = 10;
```

Genauso ist es bei den anderen Datumsangaben. Im Folgenden sehen Sie einen Ausschnitt des Programms »schacht.c«. Den vollständigen Quelltext finden Sie wieder auf der CD zum Buch:

```
1   struct pers_data data;
2
3   printf("Geben Sie Ihr Geburtsjahr ein: ");
4   scanf("%i", &data.born.year);
5
6   ...
7
8   printf("\n\nIhr Geburtsdatum lautet: %02i.%02i.%02i\n",
9       data.born.day, data.born.month, data.born.year);
```

5.5 Unionen

5.5.1 Im Vergleich zur Struktur

Rein äußerlich sieht eine Union genauso aus wie eine Struktur. Der erste Unterschied ist augenscheinlich nur der, dass anstelle des Worts `struct` das Wort `union` verwendet wird. Hier erst mal eine Struktur, die drei Komponenten enthält, und zwar jeweils eine des Typen `char`, `short` und `long`:

```
1   struct werte
2   {
3       char   ch;
4       short  izahl;
5       long   fzahl;
6   };
```

Nun werden wir eine Union definieren, welche dieselben Komponenten enthält:

```
1   union werte
2   {
3       char   ch;
4       short  szahl;
5       long   lzahl;
6   };
```

Der Zugriff auf die Strukturkomponenten erfolgt so:

```
1   struct werte zahl;
2   zahl.ch    = 10;
3   zahl.szahl = 200;
4   zahl.lzahl = 10500;
```

und der Zugriff auf die Komponenten einer Union so:

```
1   union werte zahl;
2   zahl.ch    = 10;
3   zahl.szahl = 200;
4   zahl.lzahl = 10500;
```

Bei der Definition von Variablen muss hier ebenfalls anstelle des Worts `struct` das Wort `union` angegeben werden. Wo liegt aber der tatsächliche Unterschied zwischen diesen beiden Datentypen? Man hat sich ja sicherlich nicht aus lauter Lust und Laune zwei Namen für die gleiche Sache ausgedacht.

Sehen wir uns zunächst wieder den Hauptspeicher an, in dem der Platz für die Strukturvariable reserviert ist:

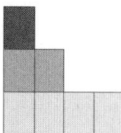

Jedes Kästchen stellt ein einzelnes Byte dar. Die erste Zeile ist das Byte, das für die char-Komponente reserviert ist, die zweite Zeile enthält die beiden Bytes der short-Komponente und die letzte Zeile die Bytes der long-Komponente. Natürlich liegen diese sieben Bytes bei einer Struktur hintereinander im Speicher:

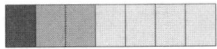

Im 1. Byte legt die Komponente ch ihren Inhalt ab, in den folgenden 2 Bytes die Komponente szahl und in den letzten 4 Bytes schließlich befindet sich der Inhalt von lzahl. Es werden also 7 Byte Speicherplatz reserviert.

Bei einer Union ist der Speicher anders organisiert. Hier liegen die Bytes der einzelnen Komponenten nicht hintereinander im Speicher, sondern tatsächlich *übereinander*. Sie beginnen allesamt an derselben Adresse:

Es werden also insgesamt nur 4 Byte im Speicher reserviert. Das hat zur Folge, dass sich zu einer bestimmten Zeit immer nur ein einziger Wert in dieser Union aufhalten kann, nämlich entweder ein char, oder ein short oder ein long. Nehmen wir noch einmal folgende Zuweisungen:

```
zahl.ch 'A';
```

Nun befindet sich im 1. Byte der Inhalt A. Die Inhalte der anderen Bytes sind undefiniert. Wir können jetzt diesen Inhalt einer anderen char-Variablen zuweisen:

```
char_variable = zahl.ch;
```

Als Nächstes weisen wir der Komponenten lzahl einen Wert zu:

```
zahl.lzahl = 11500;
```

Nun wird der gesamte Speicherplatz, also alle 4 Bytes, verwendet. Das bedeutet, dass der ursprüngliche Inhalt des 1. Bytes, also das »A«, überschrieben wird, weshalb die Anweisung

```
char_variable = zahl.ch;
```

mit hoher Wahrscheinlichkeit ein unerwartetes Ergebnis liefert. Weil wir zuletzt der Komponenten lzahl einen Wert zugewiesen haben, ist das Auslesen eines Werts sinnvoll, wenn wir den Inhalt der Union auch wieder über lzahl herausholen:

```
long_variable = zahl.lzahl;
```

Wenn wir jetzt der Komponenten szahl etwas zuweisen,

```
zahl.szahl = 200;
```

dann werden die ersten 2 Bytes verwendet, also die ersten 2 Bytes von lzahl überschrieben.

Welchen Sinn hat das Ganze? Nun, es gibt tatsächlich sinnvolle Anwendungsmöglichkeiten, von denen wir uns einige näher ansehen werden.

5.5.2 Sparen von Speicherplatz

Eine Anwendungsmöglichkeit von Unionen ist, Speicherplatz einzusparen. Die folgenden Definitionen sollen das deutlich machen:

```
1   struct gehalt_typ
2   {
3       double basisgehalt;
4       double gehalt_13;
5       double provision;
6   };
7
8   enum zeit_typ { woche, monat };
9
10  struct lohn_typ
11  {
12      double      basislohn;
13      enum zeit_typ zeitraum;
14      double      urlaubsgeld;
15      double      weihnachtsgeld;
16  };
17
18  struct mitarbeiter_typ
19  {
20      int             mitarbeiter_id;
21      struct gehalt_typ gehalt;
22      struct lohn_typ   lohn;
23  };
```

Es gibt zwei Arten von Mitarbeitern in der Firma, Angestellte und Arbeiter. Angestellte erhalten einmal monatlich ein Basisgehalt und ein 13. Gehalt für Weihnachten und Urlaub. Außerdem können Angestellte bei Vertragsvermittlungen eine Provision erhalten. Für die Angestellten benötigen wir in der Struktur mitarbeiter_typ also die Komponenten gehalt und provisionssatz.

Arbeiter hingegen bekommen einen Lohn, der monatlich oder wöchentlich ausgezahlt werden kann. Sie erhalten auch kein 13. Gehalt, sondern ein bestimmtes Urlaubs- und Weihnachtsgeld.

Unter einer 32-Bit-Umgebung verbraucht eine Variable von mitarbeiter_typ bereits 56 Byte. Da ein Mitarbeiter aber entweder ein Arbeiter oder ein Angestellter ist, aber niemals beides gleichzeitig, schleppen wir immer Daten mit uns herum, die wir gar nicht brauchen. Für einen Angestellten sind die Komponenten mitarbeiter_id und gehalt von Bedeutung, für einen Arbeiter die Komponenten mitarbeiter_id und lohn.

Wenn wir eine Union verwenden, dann reduzieren wir den benötigten Speicherplatz auf 36 Byte:

```
1   struct mitarbeiter_typ
2   {
3       int mitarbeiter_id;
4       int ist_arbeiter;
5       union
6       {
7           struct gehalt_typ gehalt;
8           struct lohn_typ   lohn;
9       } zahlung;
10  };
```

Die Komponente ist_arbeiter sagt uns, ob wir gerade die Daten eines Arbeiters oder eines Angestellten verwenden:

```
1   struct mitarbeiter_typ ma;
2
3   ...
4
5   if( ma.ist_arbeiter )
6       printf("Lohn: %1.2\n", ma.zahlung.lohn.basislohn);
7   else
8       printf("Gehalt: %1.2\n", ma.zahlung.gehalt.basisgehalt);
```

Wir könnten nochmals 4 Byte sparen, wenn wir festlegen, dass Arbeiter eine Mitarbeiter-ID bekommen, die größer als 999 ist, weil wir dann die Komponente ist_mitarbeiter nicht mehr benötigen würden:

```
1   struct mitarbeiter_typ
2   {
3       int mitarbeiter_id;
4       union
5       {
6           struct gehalt_typ gehalt;
7           struct lohn_typ   lohn;
8       } zahlung;
9   };
10
11  struct mitarbeiter_typ ma;
12
13  ...
14
15  if( ma.mitarbeiter_id > 999 )
16      printf("Lohn: %1.2\n", ma.zahlung.lohn.basislohn);
17  else
18      printf("Gehalt: %1.2\n", ma.zahlung.gehalt.basisgehalt);
```

Bei den heutigen Rechnerleistungen und Speicherkapazitäten ist die Ersparnis von Speicherplatz nicht mehr so ein großes Thema. Aber wenn Sie sich vorstellen, dass Sie die Daten von 1000 oder mehr Mitarbeitern über eine Telefonleitung versenden müssen, dann spielt es sehr wohl noch eine Rolle, ob Sie 56000 oder 32000 Byte über die Leitung schicken.

5.5.3 Unbestimmte Datentypen

Es kann vorkommen, dass eine Funktion Daten verarbeiten muss, deren Typ sie noch nicht kennt. Aus diesem Grund kann man den Typ auch nicht vorher definieren und kann einen varianten Typ verwenden. Dieser kann Daten jedes beliebigen Typs aufnehmen. Damit die Funktion ermitteln kann, welcher Typ darin gespeichert ist, muss ein Kennzeichen mitgeliefert werden.

Schreiben wir also einen Typ, der wahlweise eine ganze Zahl, eine Fließkommazahl oder eine Zeichenkette aufnehmen kann:

```
1    enum vartype { int_type, float_type, string_type };
2
3    struct variante
4    {
5        enum vartype type;
6        union
7        {
8            long       i;
9            float      f;
10           const char *s;   /* Zeiger auf konstante Zeichenkette! */
11       } value;
12   };
```

Dann machen wir folgendes:

```
1    struct variante var;
2
3    var.type    = int_type;
4    var.value.i = 5;
5    meine_funktion(var);
6
7    var.type    = string_type;
8    var.value.s = "Hallo";     /* Adresse von "Hallo" in svalue speichern. */
9    meine_funktion(var);
10
11   var.type    = float_type;
12   var.value.f = 5.26;
13   meine_funktion(var);
```

Innerhalb der Funktion meine_funktion() könnte dann diese Alternative auftauchen:

```
1    switch( var.type )
2    {
3        case int_type:
4            printf("%li", var.value.i);
5            break;
```

```
 6
 7        case float_type:
 8            printf("%f", var.value.f);
 9            break;
10
11        case string_type:
12            printf("%s", var.value.s);
13    }
```

Weshalb wir hier eine Union innerhalb von `struct variante` verwenden? Nun, vergleichen Sie doch mal die nächsten zwei Definitionen:

```
1    struct variante
2    {
3        enum vartype type;
4        long        i;
5        float       f;
6        const char  *s;
7    };
```

```
 1    struct variante
 2    {
 3        enum vartype type;
 4        union
 5        {
 6            long        i;
 7            float       f;
 8            const char  *s;
 9        } value;
10    };
```

Beide Varianten wären möglich, aber ohne die Union schicken wir jedes Mal 16 Byte durch den Speicher (wir gehen jetzt davon aus, dass ein Zeiger 4 Byte groß ist), mit einer Union nur die Hälfte, nämlich acht.

Auf diese Art von Typdefinitionen werden Sie noch häufig treffen.

5.5.4 Einfacher Zugriff auf bestimmte Bytes

Man kann eine Union dazu verwenden, Variablen im Speicher so zu überlagern, dass ein Zugriff auf bestimme Elemente einer Variablen einfacher möglich ist. Nehmen wir als Beispiel einen Punkt im dreidimensionalen Raum. Ein solcher Punkt wird anhand von drei Angaben beschrieben, den Koordinaten X, Y und Z:

```
1    struct point3
2    {
3        int x;
4        int y;
5        int z;
6    };
7
```

```
8    struct point3 point;
9
10   ...
11
12   point.x = 1;  /* X-Koordinate setzen. */
13   point.y = 5;  /* Y-Koordinate setzen. */
14   point.z = 2;  /* Z-Koordinate setzen. */
```

Manche Algorithmen lassen sich aber besser implementieren, wenn man auf die einzelnen Koordinaten über einen Index zugreifen kann:

```
1    int point[3];
2
3    ...
4
5    point[0] = 1;  /* X-Koordinate setzen. */
6    point[1] = 5;  /* Y-Koordinate setzen. */
7    point[2] = 2;  /* Z-Koordinate setzen. */
```

Wir können beide Möglichkeiten zur Verfügung stellen, indem wir eine Union verwenden:

```
1    union point3
2    {
3        struct
4        {
5            int x;
6            int y;
7            int z;
8        } p;
9
10       int pnt[3];
11   };
12
13   union point3 point;
14
15   ...
16
17   point.p.x = 1;  /* X-Koordinate setzen. */
18   point.p.y = 5;  /* Y-Koordinate setzen. */
19   point.p.z = 2;  /* Z-Koordinate setzen. */
20
21   int x = point.pnt[0];  /* X-Koordinate lesen. */
22   int y = point.pnt[1];  /* Y-Koordinate lesen. */
23   int z = point.pnt[2];  /* Z-Koordinate lesen. */
```

In diesem Fall wird, wenn Sie point.p.x setzen, auch automatisch point.pnt[0] gesetzt, weil beide Elemente den gleichen Speicherplatz verwenden – genauso, wie eine Zuweisung an point.pnt[1] automatisch den Wert von point.p.y setzt.

Wenn Sie das noch nicht richtig verstehen, dann malen Sie sich wieder ein paar Kästchen aufs Papier und tragen in jedes Kästchen ein, welcher Wert dort hineingelegt wird. Die Komponenten x, y und z liegen hintereinander im Speicher, genauso wie die drei Elemente des Felds pnt. Und da pnt und p an derselben Adresse beginnen, verwendet z. B. z denselben Speicherplatz wie pnt[2];

In einer Union wie der soeben vorgestellten point3, gibt es keine Probleme bei der Aufteilung des Speichers und dem Zugriff auf bestimmte Speicherplätze. Anders sieht es schon hier aus:

```
1   union multibyte
2   {
3       short bytes;
4       struct
5       {
6           char high;
7           char low;
8       } byte;
9   };
```

Weshalb es hiermit Probleme geben kann, das werden Sie verstehen, wenn Sie wissen, was wir überhaupt mit dieser Definition vorhaben. Und das erfahren Sie im folgenden Exkurs:

5.5.5 Exkurs: Zahlen im Speicher

Stellen Sie sich 2 Bytes im Speicher vor. Wir definieren nun eine Variable vom Typ unsigned short. Die Variable ist 2 Byte groß. Wenn Sie sich an das Kapitel »Exkurs: Die Bits, die Bytes und die Zahlensysteme« erinnern, wissen Sie noch, was in diesen Bytes enthalten ist, wenn wir unserer Variablen den Wert 10 zuweisen:

0	0	0	0	0	0	0	0	0	0	0	0	1	0	1	0

Jedes Byte enthält acht Bit. Die Variable benötigt 2 Byte und bildet den Wert 10 wie oben dargestellt im Speicher ab. Ein Byte kann eine Zahl bis 255 aufnehmen, und da wir einen Platz von 2 Byte haben, vergrößert sich der aufnehmbare Wert bis auf 65535. Die Zahlen 256 bis 259 würden so abgebildet werden:

256	0	0	0	0	0	0	0	1	0	0	0	0	0	0	0	0
257	0	0	0	0	0	0	0	1	0	0	0	0	0	0	0	1
258	0	0	0	0	0	0	0	1	0	0	0	0	0	0	1	0
259	0	0	0	0	0	0	0	1	0	0	0	0	0	0	1	1

Zur Erinnerung: Genauso, wie bei den Bits wird auch bei den Bytes von höherwertig und niederwertig gesprochen. Je weiter rechts ein Bit in einem Byte steht, desto niederwertiger ist es, je weiter links es steht, desto höherwertiger. Das ist genauso wie mit den Stellen im Dezimalsystem. Da in den obigen Beispielen die linken Bytes die höherwertigen Bits enthalten, sind sie auch die höherwertigen Bytes. Das jeweils rechte Byte enthält die niederwertigen Bits und ist daher auch selbst niederwertig.

Doch jetzt kommen wir wieder zu unserer weiter oben definierten Union:

```
1   union multibyte
2   {
3       short bytes;
4       struct
5       {
6           char high;
7           char low;
8       } byte;
9   };
```

Die Struktur `byte` beginnt an derselben Adresse wie die Komponente `bytes`. Wir sehen uns an, welche Bytes von welcher Komponente benutzt werden (ich adressiere die Bytes hier mit 0 und 1):

Adresse 0	Adresse 1
bytes.high	bytes.low

Und jetzt erkennen wir auch, was wir mit dieser Union erreichen wollen: Wir wollen auf das höher- und das niederwertige Byte explizit zugreifen können. Wenn wir also Folgendes tun,

```
union multibyte mb;
mb.bytes = 10;
```

dann sollte `mb.byte.high` uns Null (weil dort kein Bit gesetzt ist) und `mb.byte.low` 10 liefern (vgl. die obige Darstellung der zwei Bytes mit dem Inhalt 10). Prüfen Sie das mit den folgenden Zeilen nach:

```
1   union multibyte mb;
2   mb.bytes = 10;
3
4   printf("bytes: %i\r\nhigh:   %i\r\nlow:    %i\r\n",
5       mb.bytes, mb.byte.high, mb.byte.low);
```

Je nachdem, auf was für einem Rechner Sie arbeiten, werden Sie sehen, dass es stimmt, was ich sage, oder Sie werden sehr überrascht sein und bemerken, dass da etwas nicht stimmen kann. Und ich gehe mal davon aus, dass die meisten von Ihnen überrascht sein werden. Die Bildschirmausgabe sagt uns nämlich:

```
bytes: 10
high:  10
low:   0
```

Weshalb liefert `low` 10 und `high` 0 und nicht umgekehrt, wie wir es angenommen haben? Das liegt am verwendeten Prozessormodell. Ein Prozessor muss seine Bytes ja irgendwie im Speicher organisieren, und da gibt es mehrere Varianten, von denen zwei für uns wichtig sind:

1. Das *Big Endian Model* (frei übersetzt: Modell große Byteordnung)
2. Das *Little Endian Model* (frei übersetzt: Modell kleine Byteordnung)

Im Big Endian Model wird das höherwertige Byte an der kleineren Adresse gespeichert, also so, wie wir uns das eigentlich immer vorstellen, weil das höherwertige Byte links ist und die kleinere Adresse eben auch.

Adresse 0	Adresse 1
0 0 0 0 0 0 0 0	0 0 0 0 1 0 1 0

Diese Art, Daten zu speichern, verwenden z. B. Motorola-Chips. Da ein gewöhnlicher PC aber mit Intel-Prozessoren (oder einem Chip, der sich so verhält) ausgestattet ist und Intel das Little Endian Model verwendet, bei dem das höherwertige Byte auch an der höheren Adresse gespeichert wird, sieht der Speicherinhalt nun tatsächlich so aus:

Adresse 0	Adresse 1
0 0 0 0 1 0 1 0	0 0 0 0 0 0 0 0

Und das ist der Grund, weshalb wir das seltsame Ergebnis hatten. Wenn wir in der Struktur `byte` die Komponenten `high` und `low` vertauschen, dann ist das Ergebnis korrekt, weil `low` und `high` auf den richtigen Bytes liegen:

```
1    union multibyte
2    {
3        short bytes;
4        struct
5        {
6            char low;
7            char high;
8        } byte;
9    };
```

0	1
bytes.low	bytes.high

Wenn wir uns also auf solche Abenteuer einlassen, den Speicher direkt abzubilden, sollten wir nie vergessen, danach zu fragen, was für ein Prozessor in der Maschine steckt.

Wenn wir Bitmaskierungen vornehmen, wie zum Beispiel

```
int x = 10;
int y = x | 256;   /* Ergibt 266. */
```

	0	0	0	0	0	0	0	0	0	0	0	0	1	0	1	0
OR	0	0	0	0	0	0	0	1	0	0	0	0	0	0	0	0
=	0	0	0	0	0	0	0	1	0	0	0	0	1	0	1	0

dann müssen wir uns um die Darstellung im Speicher keine Gedanken machen. Das funktioniert in jedem Modell so, wie wir es erwarten (dafür sorgt der Compiler).

5.6 Bitfelder

Wir haben uns eben ausgiebig mit einzelnen Bits und deren Lage im Speicher beschäftigt. Und auch damit, wie wir Speicherplatz sparen können. Eine weitere Möglichkeit, Speicher zu sparen, bieten die Bitfelder. Nehmen wir an, wir hätten folgende Daten zu speichern:

Tag (1 – 31)

Monat (1 – 12)

Jahr (0 – 9999)

Stunde (0 – 23)

Minute (0 – 59)

Sekunde (0 – 59)

Eine entsprechende Struktur könnte demnach so aussehen:

```
1   struct time_type
2   {
3       unsigned short year;
4       unsigned char  month;
5       unsigned char  day;
6       unsigned char  hour;
7       unsigned char  minute;
8       unsigned char  second;
9   };
```

Wir verwenden die kleinstmöglichen Datentypen, die einen geforderten Wert gerade noch aufnehmen können. Dennoch belegt eine Variable dieser Struktur immer noch 7 Byte. Obwohl `char` bereits nur 1 Byte klein ist, befinden sich darin doch einige Bits, die niemals genutzt werden. Der Monat kann Werte von 1 bis 12 aufnehmen, und um diese im Dualsystem (also auf Bits) abzubilden, brauchen wir lediglich 4 Stellen (4 Bits).

Die anderen 4 Bits des Bytes brauchen wir nie. Nun sehen wir uns Folgendes an:

```
1   struct time_type
2   {
3       unsigned year   : 14;
4       unsigned month  : 4;
5       unsigned day    : 5;
6       unsigned hour   : 5;
7       unsigned minute : 6;
8       unsigned second : 6;
9   };
```

Wir geben hinter dem Komponentenbezeichner, getrennt durch einen Doppelpunkt, die Anzahl der Bits an, die wir tatsächlich benötigen. Jetzt benötigt eine Variable dieser Struktur nur noch 5 Byte. Wir haben auf diese Weise also 2 Byte gewonnen.

Wenn Sie mal nachrechnen, bemerken Sie, dass wir insgesamt 36 Bits definiert haben. Da der Compiler aber nicht halbe Bytes an Variablen vergeben kann, fügt er so viele Bits hinzu, bis die nächste Bytegrenze erreicht ist. Und die nächste Grenze wäre bei 40 Bits (das sind 5 Bytes). Es sind also immer noch 4 Bits übrig, die uns für andere Zwecke zur Verfügung stehen, ohne dass dafür mehr Speicher benötigt würde. Ein Beispiel:

```
1    struct time_type
2    {
3        unsigned year   : 14;
4        unsigned month  : 4;
5        unsigned day    : 5;
6        unsigned hour   : 5;
7        unsigned minute : 6;
8        unsigned second : 6;
9        unsigned is_dst : 1;
10   };
```

In `is_dst` (für *daylight savings time*) können wir speichern, ob gerade Sommerzeit ist. Da es sich hierbei um ein schlichtes »Ja« oder »Nein« handelt, benötigen wir auch nur ein einziges Bit.

> Wenn wir Bitfelder mit nur einem Bit definieren, müssen wir darauf achten, dass der zugrunde liegende Datentyp ein `unsigned` ist, weil sonst in dem einen Bit nichts anderes als das Vorzeichen gespeichert würde. Und das ergibt keinen sinnvollen Wert. Überhaupt sind als Datentypen für solche Bitfelder ausschließlich `(signed) int` und `unsigned (int)` erlaubt.

5.7 Pseudo-Datentypen über `typedef`

5.7.1 Strukturen oder Unionen über `typedef`

Strukturen kann man auch über das Schlüsselwort `typedef` definieren. Die übliche Form dabei ist die, dass man den Strukturnamen erst hinter die Blockklammern setzt:

```
1    typedef struct
2    {
3        char name[30];
4        char street[30];
5        char city[30];
6    } pers_data;
```

Das ist keine Variablendefinition und es wird auch kein Speicherplatz reserviert. `pers_data` ist ein *Strukturname*.

Die Variablendefinition erfolgt so, wie wir es kennen, nur, dass jetzt das Schlüsselwort `struct` entfallen kann:

```
    pers_data data;
```

Welchen Vorteil hat die Definition mit `typedef`? Ganz einfach, das Schlüsselwort `struct` ist nun wirklich überflüssig. Wenn wir `typedef` verwenden, brauchen wir uns überhaupt keine Gedanken mehr darüber zu machen, ob `pers_data` auch als Struktur erkannt wird. Dazu sehen wir uns folgendes Programm an, das nur eine kleine Änderung gegenüber dem Quelltext 5.2 erfahren hat. Die entsprechenden Teile sind fett gedruckt:

```
1    typedef struct
2    {
3        char name[30];
4        char street[30];
5        char city[30];
6    } pers_data;
7
8    int main( void )
9    {
10       pers_data data;
11
12       strcpy(data.name, "Manfred Mustermann");
13       ...
14   }
```

5.7.2 Synonyme für vorhandene Datentypen

Im Kern hat `typedef` eine ganz andere Aufgabe als die soeben vorgestellte. `typedef` ermöglicht nämlich, für einen vorhandenen Datentyp eine andere Bezeichnung einzuführen, also ein Synonym.

```
typedef unsigned short word;
```

`word` ist jetzt ein gültiges, dem Compiler bekanntes Synonym für `unsigned short`. Aber Achtung, es wird kein neuer Datentyp eingeführt, sondern lediglich ein anderer Bezeichner. Das erklärt das Wörtchen »Pseudo« in der Überschrift dieses Unterkapitels.

Probieren wir diese Erkenntnis gleich an einem Programm aus. Wir entwickeln die Synonyme `word` und `byte` und legen Variablen damit an.

```
1   typedef unsigned short word;
2   typedef unsigned char  byte;
3
4   int main( void )
5   {
6      word zahl;
7      byte zeichen;
8
9      printf("Geben Sie eine Integerzahl ein: ");
10     scanf("%i", &zahl);
11     getchar();
12
13     printf("\nGeben Sie ein einzelnes Zeichen ein: ");
14     zeichen = getchar();
15     getchar();
16
17     printf("\nIhre Eingaben: %u, %c.\n", zahl, zeichen);
18
19     getchar();
20     return 0;
21  }
```

Um das Ganze auf die Spitze zu treiben, werden wir für eine Struktur, die nicht mit `typedef` definiert wurde, ein Synonym entwickeln, das es uns erlaubt, einen kürzeren Namen zu verwenden und auf das Wort `struct` zu verzichten. Wir verwenden wieder das Programm aus Quelltext 5.2 und erweitern es nur um eine einzige Anweisung. Die Änderungen sind wieder fett gedruckt:

```
1   #include <stdio.h>
2   #include <string.h>
3
4   struct pers_data
```

```
5     {
6         char name[30];
7         char street[30];
8         char city[30];
9     };
10
11    typedef struct pers_data persdat;
12
13    int main( void )
14    {
15        persdat data;
16
17        strcpy(data.name, "Manfred Mustermann");
18        strcpy(data.street, "Musterweg 12");
19        strcpy(data.city, "1234 Musterstadt");
20
21        printf("\x1b[2J");
22        printf("\x1b[1;1H");
23
24        printf("%s\n%s\n%s\n", data.name, data.street, data.city);
25
26        getchar();
27        return 0;
28    }
```

Sie sehen, wir haben viele Möglichkeiten. Und vielleicht haben Sie es schon bemerkt, im Kapitel 5.7.1 habe ich nur das Wort *Strukturname*, nicht *Strukturmustername* verwendet. In Wirklichkeit ist die im besagten Kapitel definierte Struktur pers_data eine Struktur ohne Strukturmusternamen. Das bedeutet, es kann auch keine Variable über den Strukturmusternamen definiert werden – eben weil es ihn nicht gibt. Eine entsprechende Variable kann nur über das Synonym angelegt werden. Deshalb ist auch Folgendes möglich:

```
1     typedef struct p_data
2     {
3         char name[30];
4         char street[30];
5         char city[30];
6     } pers_data;
```

Wir haben eine Struktur mit dem Strukturmusternamen p_data definiert, die man auch über das Synonym pers_data erreicht. Daher bewirken die nächsten Definitionen das Gleiche:

```
struct p_data   data1;
pers_data       data2;
```

Das alles kann jetzt sehr verwirren, und Sie müssen auch nicht versuchen, alles vollständig zu begreifen. Wenn Sie es schon verstanden haben, dann ist es gut, ansonsten empfehle ich, was mir am besten hilft: Das Begriffene vertiefen und immer wieder mal nachschlagen, wenn man etwas anderes versuchen will. Ich kann auch an dieser Stelle nur noch einmal betonen: Übung und Erfahrung kommen mit der Praxis.

6 Funktionen

Wir sind endlich so weit, uns der strukturellen Gliederung eines Programms zu nähern. Strukturierte Programme werden möglich, indem man ein Programm in viele kleine Einzelteile zerlegt. Die dafür nötigen Werkzeuge sind die Prozeduren und die Funktionen. Bevor wir richtig loslegen, beschäftigen wir uns noch kurz mit einigen Begriffen, die nicht immer ganz klar sind.

6.1 Begriffe bei der Arbeit

6.1.1 Prozedur und Funktion

Wenn Sie Pascal- oder Modula-Programmierer sind, dann haben Sie mit dem Begriff Prozedur sicher keine Schwierigkeiten. Sie wissen, was das ist und Sie kennen auch den kleinen, aber entscheidenden Unterschied zu einer Funktion. Auch in den moderneren Basic-Dialekten werden Prozeduren verwendet. Sie werden dort aber als Sub bezeichnet, also als Unterprogramm.

Eine Prozedur ist also ein Programmteil, der eine bestimmte Programmaufgabe kapselt und diese ausführt, wenn er aktiviert wird. Dieses könnte das Löschen des Bildschirms sein, z. B. clrscr(), denn in der Tat handelt es sich dabei um eine Prozedur im eigentlichen Sinn.

Eine Funktion ist beinahe dasselbe wie eine Prozedur. Nur liefert eine Funktion noch ein Ergebnis, wie es bei getch() der Fall ist. Dieser gelieferte Wert kann dann einer Variablen zugewiesen werden. Funktionen können also durchaus in Ausdrücken vorkommen, wie die folgende Programmzeile zeigt, wenn wir annehmen, pi() sei eine Funktion, die uns die Zahl Π liefert.

```
umfang = durchmesser * pi();
```

Anders als eine Funktion darf eine Prozedur nicht in einem Ausdruck vorkommen. Denn eine Prozedur liefert keinen Wert zurück, mit dem gerechnet oder der weiterverarbeitet werden könnte. Der Begriff der Prozedur ist also ganz klar definiert.

Diese Trennung von Prozedur und Funktion findet in C nicht so offensichtlich statt. Das liegt daran, dass es in C keine Prozeduren im eigentlichen Sinn gibt, sondern nur Funktionen. Ich weiß nicht aus welchem Grund, aber irgendwie haben sich die Entwickler dieser Sprache dazu entschieden, dass jedes Unterprogramm ein Ergebnis liefert. Weil das Liefern eines Ergebnisses aber selbst in C nicht immer einen Sinn hat, hat man das Wörtchen void eingeführt. Wenn dieses anstelle des Datentyps vor dem Funktionsbezeichner steht, bedeutet das, dass diese Funktion nichts liefern wird.

Obwohl es sich dabei praktisch doch um eine Prozedur handelt, ist man beim Begriff Funktion geblieben. Es ist eben eine Funktion, die `void`, also nichts, liefert.

Wir wollen uns in diesem Buch dem allgemeinen Gebrauch anschließen und nennen alle Unterprogramme *Funktionen* – auch, wenn nichts geliefert werden soll. Der Begriff Prozedur kommt demnach nur in der Überschrift dieses Kapitels vor und hat keine weitere Bedeutung für die Arbeit mit Unterprogrammen.

6.1.2 Definition und Deklaration

Auch bei diesen zwei Begriffen wollen wir einen kleinen Augenblick verweilen, da sie manchmal für Verwirrung sorgen – besonders, wenn man etwas ältere Literatur zur C-Programmierung in die Hände bekommt.

Bei der Programmierung wird im englischen Sprachgebrauch meist nur das Wort *declaration* verwendet, obwohl damit häufig unterschiedliche Vorgänge gemeint sind. Vielleicht rührt die Uneinigkeit beim Gebrauch von Deklaration und Definition daher, dass bei Übersetzungen aus dem Englischen mitunter nicht darauf geachtet wurde, in welchem Zusammenhang das Wort *declaration* stand. Erst mit Einführung der Sprache C++ wurde eine Unterscheidung zwischen diesen Begriffen konsequent eingeführt. Während Deklaration und Definition in anderen Sprachen weiterhin fleißig vermischt werden, findet in C und C++ eine konkrete Trennung statt, weil es von Bedeutung ist, ob etwas *deklariert* oder *definiert* wird – zumindest für den Compiler. Als Programmierer muss man sich erst an diese Wortklauberei gewöhnen, wenn man von einer anderen Sprache auf C oder C++ umsteigt.

Fangen wir mit der Erklärung dazu bei den Datentypen an. Ein Datentyp wird *definiert*, wenn seine Bedeutung und Funktion, der Speicherbedarf sowie die auf ihn anwendbaren Operationen festgelegt, also definiert werden. Am Beispiel einer Struktur kann man es gut nachvollziehen, oder anhand des Schlüsselwortes `typedef`.

Wenn ein Datentyp *deklariert* wird, dann wird nichts anderes getan, als dem Compiler bekannt gemacht, dass es einen Datentyp mit diesem entsprechenden Namen gibt. Eine solche Deklaration haben wir noch nicht verwendet, aber bei einer Struktur sähe sie so aus:

```
struct TYP;    /* Deklaration! */

struct TYP     /* Definition! */
{
    ...
};
```

Funktionen *deklariert* man, wenn man dem Compiler mitteilt, dass es diese Funktion gibt. Dazu verwendet man nur den Funktionskopf (wir gehen in den nächsten Abschnitten darauf ein). Man *definiert* sie, wenn man festlegt, was diese Funktion für eine Aufgabe hat – wenn man den Funktionsrumpf schreibt, der sich zwischen den Blockklammern befindet. Bisher haben wir in unseren Programmen nur die Funktion `main()` definiert.

Bleiben noch die Variablen, also die Objekte, die mit einem bestimmten Datentyp definiert werden. Variablen können, wie Datentypen und Funktionen, ebenfalls *deklariert* werden. Das ist dann der Fall, wenn dem Compiler bekannt gemacht wird, dass es eine Variable dieses Namens gibt und kein weiterer Speicherplatz reserviert wird. Wird Speicherplatz reserviert, dann wird die Variable *definiert*. Wenn wir also in einem Programm schreiben,

```
int a;
int b = 1;
int c = b;
```

dann handelt es sich in allen drei Fällen um eine *Definition*. Allerdings fällt diese Definition in den allermeisten Fällen mit der Deklaration zusammen, weil wir eine Variable meist vor deren Verwendung definieren und ein explizites Deklarieren damit entfallen kann. So eine explizite Deklaration sähe für die obigen Variablen folgendermaßen aus:

```
extern int a;
extern int b;
extern int c;
```

Darauf stoßen wir aber nur, wenn wir mit Modulen arbeiten, wie wir es im Kapitel »Modularisierung« tun werden. Dort lernen Sie dann auch den Sinn und Zweck solcher Deklarationen kennen.

6.2 Grundlagen der C-Funktionen

6.2.1 Der allgemeine Aufbau einer Funktion

Eine Funktion sieht abstrahiert so aus:

```
Funktionskopf
{
    Funktionsrumpf
}
```

Der *Funktionskopf* besteht aus dem Datentypen, den die Funktion liefern soll, dem Funktionsnamen und den Parametern, welche die Inhalte der Argumente aufnehmen, die an die Funktion übergeben werden sollen:

```
Datentyp Name( Parameterliste )
```

Das sind die wichtigsten Punkte. Lässt man den Datentyp weg, wird als Rückgabe automatisch `int` angenommen.

Der *Funktionsrumpf* (auch *Funktionskörper*) befindet sich innerhalb der Blockklammern und besteht aus den verschiedensten Anweisungen (wie wir es bislang bei `main()` gemacht haben).

Insgesamt ergibt sich dieses Bild:

```
Datentyp Name( Parameterliste )
{
   Variablendefinitionen;
   Anweisungen;
   return Ergebnis;
}
```

Sollen keine Argumente übergeben werden (wie es bei `clrscr()` der Fall ist), können die Klammern hinter dem Namen leer bleiben. Bei ANSI-C ist es aber besser, wenn man in so einem Fall in die Klammern das Wort `void` einträgt, wie wir es bei `main()` gemacht haben. Dieses teilt dem Compiler ausdrücklich mit, dass keine Argumente an die Funktion übergeben werden dürfen. Wenn Sie es dennoch tun, wird der Compiler eine Fehlermeldung ausgeben.

Nun ist es an der Zeit, noch zwei weitere Begriffe zu untersuchen: *Argument* und *Parameter*. Ein Parameter ist die Variable, die im Funktionskopf, also in der Parameterliste, deklariert wird. Ein Argument ist der Wert, der an eine Funktion übergeben wird. Dabei ist es in der Regel egal, ob es sich dabei um eine Konstante, eine Variable oder das Ergebnis einer anderen Funktion handelt. In der folgenden Programmzeile wird das Ergebnis von `getch()` an die Funktion `cprintf()` als zweites Argument übergeben. Das erste Argument ist eine konstante Zeichenkette:

```
cprintf("%c", getch());
```

6.2.2 Definieren einer Funktion in C

Es ist üblich, eine Funktion erst zu deklarieren und dann zu definieren, da die meisten Funktionen in eigene Dateien (sogenannte Module) ausgelagert werden. Beispiele dafür sind alle Funktionen, die wir in den bisherigen Programmen benutzt haben (`getch()`, `strlen()`, `toupper()` u. a.). Die Deklarationen und die Definitionen finden in unterschiedlichen Dateien statt. Wir beginnen gleich mit der hauptsächlichen Arbeit, der Definition.

Dazu müssen wir wissen, was unsere Funktion leisten soll. Sie soll (wir wollen klein anfangen) zwei Zahlen addieren und das Ergebnis liefern. Nun braucht aber jedes Kind auch einen Namen, und unsere Additionsfunktion kann man recht passend `summe` taufen. Eine weitere Überlegung ist, welchen Zahlenbereich das Ergebnis abdecken muss, also welchen Datentyp sie liefern soll. Bleiben wir beim einfachsten, dem Typ `int`. Vorerst übergeben wir an die Funktion noch nichts, setzen statt der Parameter also das Wort `void` ein. Damit hätten wir den Kopf:

```
int summe( void )
```

Aber das Wichtigste fehlt noch, nämlich der Rumpf. In ihm findet die eigentliche Verarbeitung statt. Es sollen zwei Zahlen addiert werden. Nehmen wir die Zahlen 3 und 4. Nun brauchen wir in der Funktion eine Variable, die das Ergebnis aufnimmt, bevor wir es liefern. Nennen wir sie gleich `ergebnis`. Gemacht wird alles so, wie wir es in der Funktion `main()` kennengelernt haben:

```
1   int summe( void )
2   {
3      int ergebnis;
4      ergebnis = 3 + 4;
5   }
```

Aber wir haben da noch etwas Wichtiges vergessen, denn so können wir unsere Funktion nicht benutzen. Wir müssen ja das Ergebnis auch *liefern*. Das machen wir über `return`:

```
1   int summe( void )
2   {
3      int ergebnis;
4      ergebnis = 3 + 4;
5      return ergebnis;
6   }
```

Wenn diese Funktion aufgerufen wird, wird die Variable `ergebnis` definiert, dieser Variablen das Resultat aus der Addition von 3 und 4 zugewiesen, der Inhalt von `ergebnis` an der aufrufenden Funktion bereitgestellt (durch `return`) und schließlich die Funktion verlassen und die Variable `ergebnis` aus dem Speicher entfernt.

Es ist sehr wichtig zu wissen, dass die Funktion mit dem Schlüsselwort `return` verlassen wird und nicht mit der schließenden Blockklammer. Nur wenn `return` fehlt, wird die Funktion an ihrem tatsächlichen Ende verlassen.

Dies bringt uns den Vorteil, das man mehrere `return`-Anweisungen in eine Funktion schreiben kann. Zum Beispiel in einem solchen Fall:

```
1   if( i > 10 )
2      return 1;
3   else
4      return 0;
```

Das wird jetzt einigen die von ihren Lehrern eingebläut bekamen, was strukturierte Programmierung ist, erschrecken. Strukturierte Programmierung hat zwei besondere Kennzeichen. Das eine Kennzeichen ist kein `goto`, das andere Kennzeichen ist, dass ein Unterprogramm exakt *einen* Eingang und *einen* Ausgang hat. Manche bestehen darauf, dass es nur eine `return`-Anweisung in einer Funktion geben darf, weil sie meinen, wenn mehrere `return`-Anweisungen vorhanden sind, dann hätte die Funktion mehrere Ausgänge. Diese Ansicht teile ich nicht und das aus einem einfachen Grund: Egal, an welcher Stelle sich ein `return` in einer Funktion befindet und egal, wie viele es sind, die Funktion kehrt immer an eine definierte Stelle zurück, nämlich dorthin, wo sie aufgerufen wurde. Es gibt Möglichkeiten, das explizit über einen sogenannten *long jump*, also einem langen Sprung zu ändern, aber damit würde man wirklich gegen die Regeln der strukturierten Programmierung verstoßen.

Und wenn Sie noch immer glauben, Ihrem Lehrer gegenüber nicht klar machen zu können, dass mehrere return-Anweisungen durchaus sinnvoll sind, dann sagen Sie ihm, dass es wissenschaftliche Erhebungen darüber gibt. Diese belegen, dass eine Funktion in vielen Fällen schneller und vor allem besser verstanden wird, wenn mehrere return-Anweisungen anstelle von komplexen Bedingungen und daraus resultierenden tiefen Verschachtelungen verwendet werden. Das können Sie in [McConnel93] nachlesen.

6.2.3 Die Parameterliste im Funktionskopf

Langsam ist es an der Zeit, diese Funktion in einem Programm zu testen. Allerdings ist nicht berauschend, dass nur die Zahlen 3 und 4 addiert werden, wo es doch den Grundsatz gibt, dass eine Funktion nach Möglichkeit universell einsetzbar sein soll. Ändern wir diese Funktion also so, dass alle beliebigen Zahlen vom Typen int addiert werden können. Und hier kommen die *Parameter* ins Spiel: Wir müssen beim Aufruf der Funktion die beiden zu addierenden Zahlen als *Argumente* angeben und die Funktion braucht zusätzlich zwei Variablen, welche diese Argumente aufnehmen. Diese Variablen werden als *Parameter* bezeichnet, da sie im Funktionskopf definiert werden:

```
1   int summe( int zahl_1, int zahl_2 )
2   {
3       int ergebnis;
4       ergebnis = zahl_1 + zahl_2;
5       return ergebnis;
6   }
```

Für jeden Parameter muss ein Datentyp angegeben werden – wie bei einer normalen Variablendefinition, nur mit dem Unterschied, dass jeder einzelne Parameter eine explizite Typangabe benötigt. Getrennt werden die Parameter durch Komma.

Jetzt ist es endlich so weit, ein Programm, mit dem wir die obige Funktion testen. Den vollständigen Quelltext finden Sie auf der CD zum Buch unter dem Namen »sum_func.c«:

```
1    int summe( int zahl_1, int zahl_2 )
2    {
3        ... wie oben
4    }
5
6
7    int main( void )
8    {
9        int sum;
10  A)   sum = summe(3,4);
```

```
11        printf("\n\n3 + 4 = %i\n", sum);
12        getchar();
13        return 0;
14    }
```

Erklärungen

A Hier wird unsere Funktion mit den Argumenten 3 und 4 aufgerufen. Achten Sie darauf, dass die Argumente in der Reihenfolge angegeben werden, wie die Parameter im Funktionskopf es vorschreiben. Das erste Argument wird dem ersten Parameter übergeben, das zweite dem zweiten und so weiter. Im Fall dieser Funktion ist es unerheblich, doch stellen Sie sich vor, anstelle einer Addition handelt es sich um eine Subtraktion. Dann ist es von entscheidender Bedeutung, welches Argument von welchem abgezogen wird.

Nun haben wir unsere erste Funktion definiert, allerdings mit sehr viel unnötigem Beiwerk. Sie kann enorm verkleinert werden, wenn man das Ergebnis direkt über `return` weitergibt:

```
int summe( int zahl_1, int zahl_2 )
{
    return zahl_1 + zahl_2;
}
```

Und auch die Funktion `main()` wird kürzer, wenn wir Folgendes machen:

```
int main( void )
{
    printf("\n\n3 + 4 = %i\n", summe(3, 4));
    getchar();
    return 0;
}
```

6.2.4 Deklarieren einer Funktion in C

Und nun schreiben Sie bitte das folgende Programm so, wie es dasteht:

```
1     #include <stdio.h>
2
3     int main( void )
4     {
5         printf("\n\n3 + 4 = %i\n", summe(3, 4));
6         getchar();
7         return 0;
8     }
9
10    int summe( int zahl_1, int zahl_2 )
11    {
12        return zahl_1 + zahl_2;
13    }
```

Das sollten Sie jetzt übersetzen. Dabei kann Verschiedenes passieren, abhängig vom Compiler. Arbeiten Sie mit einem C-Compiler, dann erhalten Sie eine Warnung darüber, dass Sie eine Funktion aufrufen, die nicht bekannt ist. Das Programm wird trotzdem laufen und funktionieren, weil ein ANSI-C-Compiler annimmt, dass es eine Funktion, die aufgerufen wird, auch tatsächlich gibt. Einen Fehler erhalten Sie vom Linker nur, wenn die aufgerufene Funktion tatsächlich nicht definiert ist, was im obigen Programm ja nicht passiert, weil sich `summe()` unter `main()` befindet. Sollten Sie dieses Programm mit einen C++-Compiler übersetzen[1], dann erhalten Sie prompt eine Fehlermeldung. Denn wo es in ANSI-C noch gestattet ist, eine unbekannte Funktion aufzurufen, wird das in C++ nicht mehr erlaubt.

Um die Warnung des C-Compilers sollte man sich aber dennoch kümmern. Denn dass sie ausgegeben wird, hat einen guten Grund. Es kann sich ja schließlich um einen Tippfehler handeln oder eine Funktion wird einfach mit falschen Argumenten aufgerufen, was unter Umständen fatale Folgen haben kann. Diese Warnung wird ausgeschaltet, indem man die aufzurufende Funktion *deklariert*. Hier spricht man auch von einer *Vorwärtsdeklaration*. Dann weiß der Compiler, dass es tatsächlich eine Funktion gibt, die so heißt.

Die kürzeste Variante ist der Funktionskopf mit den Datentypen – die übergeben werden sollen – und einem abschließenden Semikolon:

```
int summe( int, int );
```

In der Regel wird man jedoch den gesamten Kopf benutzen und mit einem Semikolon abschließen. Nun sieht unser Programm so aus:

```
1   #include <stdio.h>
2
3   int summe( int zahl_1, int zahl_2 );    /* <-- Deklaration von summe() */
4
5   int main( void )
6   {
7      printf("\n\n3 + 4 = %i\n", summe(3, 4));
8      getchar();
9      return 0;
10  }
11
12  int summe( int zahl_1, int zahl_2 )     /* <-- Definition von summe(). */
13  {
14     return zahl_1 + zahl_2;
15  }
```

Diese Vorwärtsdeklaration nennt man auch *Prototyp einer Funktion*. So eine Deklaration muss im Programm vor dem ersten Aufruf der Funktion erscheinen.

Nun können Sie die berechtigte Frage stellen, wofür wir das brauchen. Die Antwort ist einfach: Hier brauchen wir es nicht, denn wir können unsere Funktionen, die wir

---

[1] Das geschieht automatisch, wenn Sie die Dateierweiterung in ».cpp« ändern.

schreiben, so im Programm aufstellen, dass eine Vorwärtsdeklaration nicht mehr nötig ist. Jede Funktion ist dann vor ihrem ersten Aufruf bereits definiert.

Wichtig werden solche Funktionsdeklarationen aber im Zusammenhang mit der Modularisierung eines Programms. Dann nämlich befinden sich die Deklarationen in den Informationsdateien, die in ein Programm eingebunden werden, während sich die Definitionen in ganz anderen Dateien befinden, die bereits übersetzt sind und lediglich vom Linker in unser Programm eingebunden werden müssen.

6.2.5 Funktionen ohne Rückgaben

Wir erstellen jetzt eine Funktion, die kein Ergebnis liefert. Dafür nehmen wir am besten gleich etwas Praktisches, das Sie vielleicht noch häufiger einsetzen werden: Eine Funktion, die einen Rahmen erzeugt, der uns zeigt, wo sich auf dem Bildschirm ein Fenster befindet.

Leider gibt es dabei ein Problem. Wir müssen die Schreibmarke positionieren können, und das können wir zur Zeit nur, wenn wir nicht mit Windows NT oder desssen Nachfolgern arbeiten (es sei denn, wir haben einen Borland-Compiler). Mit unserem jetzigen Wissensstand kennen wir zwei Wege, um die Schreibmarke zu positionieren:

1. Über die Funktionen aus »conio.h« (nur bei Borland in ausreichender Weise verfügbar).
2. Über die ANSI-Escape-Sequenzen (funktioniert nicht unter Windows NT oder Nachfolgern).

Es gibt aber auch unter Windows NT die Möglichkeit, die Position der Schreibmarke zu ändern, und die werden wir uns in diesem Kapitel noch ansehen. Also schreiben wir insgesamt 4 Varianten des Programms:

1. »boxtest.c«: Verwendet »conio.h« und ist nur mit Borland-Compilern übersetzbar. Der Vorteil dieser Bibliothek ist, dass wir Fenster setzen können, die einen Ausgabebereich einschränken. Das hat zur Folge, dass Texte nicht über diesen Bereich hinaus geschrieben werden können. Ansonsten könnte man etwas überschreiben, was sich neben dem Fenster befindet.
2. »boxtest1.c«: Diese Variante verwendet ANSI-Escape-Sequenzen. Sie kann unter Linux verwendet werden und auch unter DOS, wenn Sie ein 16-Bit-DOS-Programm erzeugen[2] und die ANSI-Treiber geladen haben.
3. »boxtestc.c«: Verwendet die Datei »curses.h« und ist nur unter Unix- und Linux-Systemen einsetzbar.
4. »boxtestw.c«: Dieses Programm verwendet die Möglichkeiten von Windows NT, um die Schreibmarke zu verschieben. Es funktioniert unter jedem 32-Bit-Windows, also auch unter Windows 95 und 98. Allerdings muss das Programm dann auch von einem 32-Bit-Compiler übersetzt werden.

---

[2] Mit der Open Watcom-Entwicklungsumgebung ist das problemlos möglich.

Variante 1: »boxtest.c«

Wie erwähnt, ist dieses Programm nur für die Programmierer praktisch nachvollziehbar, die mit Borland-Compilern arbeiten, weil wir dafür ausschließlich Funktionen aus der Datei »conio.h« verwenden, die leider von anderen Compilerherstellern nicht implementiert werden. Trotzdem sollten Sie die Beispiele wenigstens im Kopf nachvollziehen, weil es einige neue Dinge gibt, die Sie dabei lernen können.

Jetzt kommen wir endlich zum eigentlichen Thema: Wir wollen einen Rahmen zeichnen. Zunächst sehen wir uns eine neue Funktion an, die einen Bereich für Textausgaben setzt. Es ist die Funktion window(), die in »conio.h« deklariert ist. Die Argumente, die von window() erwartet werden, sind die vier Seiten des Ausgabefensters. Wenn dieses Fenster gesetzt ist, finden alle Textausgaben nur noch in diesem Bereich statt, und auch die Anweisung clrscr() löscht nur innerhalb dieses Fensters. Ein Fenster bleibt so lange aktiv, bis mit einem wiederholten Aufruf von window() neue Koordinaten eingegeben werden. Standardmäßig wird das aktive Fenster beim Programmstart auf den gesamten Bildschirm gesetzt. Wollen wir dieses Fenster auf die linke Hälfte des Bildschirms reduzieren, rufen wir window() wie folgt auf, wenn wir davon ausgehen, dass der Bildschirm 80 Zeichen breit und 25 Zeilen hoch ist:

```
window(1, 1, 40, 25);
```

Hier die Bedeutung der Argumente in der Reihenfolge ihres Auftauchens:

1:X-Koordinate für die linke Seite (die Zählung beginnt bei 1)

1:Y-Koordinate für oben (die Zählung beginnt bei 1)

40:X-Koordinate für die rechte Begrenzung

25:Untere Y-Koordinate

Durch diese Anweisung kann nur noch in der linken Bildschirmhälfte Text ausgegeben werden, und auch clrscr() löscht jetzt nur noch diesen Bereich. Wollen wir den ganzen Bildschirm löschen, müssen wir zuvor window() mit den entsprechenden Koordinaten aufrufen:

```
window(1, 1, 80, 25);
```

Wie bereits gesagt, gehen wir davon aus, dass der Textbildschirm 80 Spalten und 25 Zeilen hat. Sollte das bei Ihnen anders sein, passen Sie die Koordinaten beim Aufruf von window() und später auch beim Aufruf der Funktion, die wir jetzt schreiben, entsprechend an.

6.2 Grundlagen der C-Funktionen

Auf die Ausgabefunktionen der Datei »stdio.h« hat ein über window() gesetztes Fenster keine Auswirkung. Verwenden Sie für die Ein- und Ausgaben daher nur die Funktionen aus »conio.h«, wenn Sie window() verwenden.

Alle Koordinaten bei Ausgabebefehlen im Textmodus beziehen sich auf das mit window() gesetzte Fenster. Sie sind relativ. Wenn sich die linke obere Ecke dieses Fensters auf den Bildschirmkoordinaten 10;5 befindet, dann setzt die Anweisung gotoxy(1, 1) die Schreibmarke auf die Bildschirmkoordinaten 10;5, was den Fensterkoordinaten 1;1 entspricht.

Dagegen sind alle Argumente in der window()-Anweisung absolute Koordinaten, also nicht von einem zuvor gesetzten Fenster abhängig.

Und nun zu unserer Funktion:

Quelltext 6.1: box() aus boxtest.c

```
1   A) void box( int x1, int y1, int x2, int y2 )
2      {
3   B)    int x, y;
4
5   C)    window(1, 1, 80, 25);
6
7   D)    gotoxy(x1, y1); putch(218);
8         gotoxy(x2, y1); putch(191);
9         gotoxy(x1, y2); putch(192);
10        gotoxy(x2, y2); putch(217);
11
12  E)    gotoxy(x1 + 1, y1);
13        for( x = x1 + 1; x < x2; x++ )
14           putch(196);
15
16  F)    gotoxy(x1 + 1, y2);
17        for( x = x1 + 1; x < x2; x++ )
18           putch(196);
19
20  G)    for( x = x1; x <= x2; x += x2 - x1 )
21  H)       for( y = y1 + 1; y < y2; y++ )
22           {
23              gotoxy(x, y);
24              putch(179);
25           }
26
27  I)    window(x1 + 1, y1 + 1, x2 - 1, y2 - 1);
28        clrscr();
29  J) }
```

Erklärungen

A Wir nennen unsere Funktion `box()` und geben keinen Wert zurück (`void`). Daher befindet sich auch keine `return`-Anweisung in der Funktion. Die Parameter stehen für die Koordinaten, die das Fenster mit dem Rahmen erhalten soll. Dabei halten wir uns an die Reihenfolge, die auch bei `window()` benutzt wird. Und auch hier liegt die obere linke Ecke auf der Position 1;1.

B Für die richtig positionierte Ausgabe benötigen wir diese Zähler.

C Für den Fall, dass ein vorheriges Fenster gesetzt war, setzen wir den gesamten Bildschirm als aktives Fenster, damit der Rahmen dahin kommt, wo er hingehört.

D Wie ich im Kapitel »Variablen, die einzelne Zeichen speichern« bereits sagte, stehen die ASCII-Codes, die größer als 127 sind, für grafische Zeichen zur Verfügung. Einige von diesen Zeichen verwenden wir für unseren Rahmen.

E Als Erstes setzen wir die vier Eckpunkte. Die Zahlen stellen den ASCII-Code des zu setzenden Zeichens dar. `putch()` ist das Pendant zu `getch()`. Es gibt ein einzelnes Zeichen auf dem Bildschirm aus.

F Wir peilen die Stelle rechts neben der oberen linken Ecke an und drucken so viele waagerechte Striche, wie wir brauchen, um die oberen Ecken miteinander zu verbinden.

G Das Gleiche machen wir für die untere Seite des Rahmens.

H Hier wird mit Hilfe zweier geschachtelter `for`-Schleifen erst die linke und dann die rechte Seite mit senkrechten Strichen gefüllt, damit der Rahmen rundum geschlossen ist.

I Das Fenster wird in den Rahmen gesetzt, sonst würde `clrscr()` den Rahmen wieder löschen.

J Wie Sie sehen, ist eine `return`-Anweisung, über die wir sonst das Ergebnis an die aufrufende Funktion liefern, nicht nötig. Wir können die Funktion aber trotzdem über `return` verlassen, nur muss die Anweisung dann allein stehen, darf eben nicht die Angabe eines Werts enthalten.

Um zu sehen, ob die Funktion auch wirklich funktioniert, basteln wir uns jetzt das Programm, das diese Funktion testet:

Quelltext 6.2: boxtest.c

```
1    /*
2    File: boxtest.c
3    A function that draws a frame into the screen.
4    */
5
6    #include <conio.h>
7
8
9    void box( int x1, int y1, int x2, int y2 )
```

```
10    {
11        ...
12    }
13
14
15    int main( void )
16    {
17        int i;
18
19        clrscr();
20
21 A)     for( i = 1; i < 25; i++ )
22        {
23            gotoxy(i, i);
24            cputs("****************************************");
25        }
26
27 B)     box(10, 10, 60, 20);
28
29 C)     cputs("Eine Textausgabe in unserem Rahmen!");
30
31        getch();
32
33        window(1, 1, 80, 25);
34        clrscr();
35
36        return 0;
37    }
```

Erklärungen

A Damit wir mal sehen, wie das mit dem Fenster und der window()-Anweisung reell aussieht, bemalen wir den Bildschirm mit Sternen.

B Unsere Funktion wird aufgerufen. Die linke obere Ecke des Rahmens soll die Bildschirmkoordinaten 10;10 erhalten, die rechte untere Ecke 60;20.

C Nun geben wir einen Text im neuen Fenster aus, um zu sehen, ob er sich auch tatsächlich innerhalb des von uns gezeichneten Rahmens befindet.

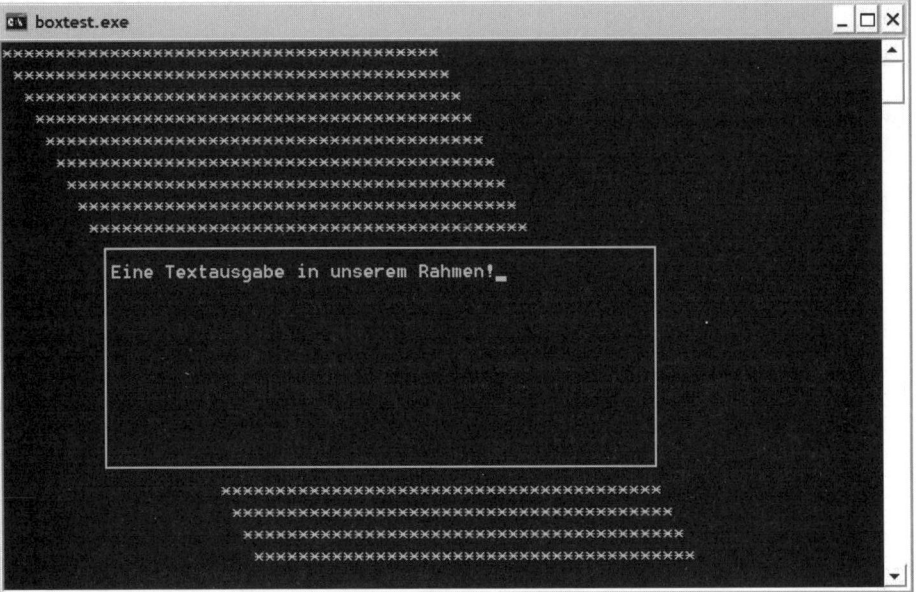

Abbildung 6.1: Ergebnis von »boxtest.c«

Das Ergebnis dieser Bemühungen sehen Sie in Abbildung 6.1. Es ist möglich, dass bei Ihnen einige der Zeichen im Rahmen nicht wie eine Linie oder wie Eckpunkte einer Linie aussehen. Dann haben Sie eine Codepage installiert, in der diese Sonderzeichen anderen ASCII-Codes zugeordnet sind. Da es zu viele Kodierungstabellen gibt, kann ich Ihnen hier nicht sagen, wo die Sonderzeichen genau liegen. Dazu müssen Sie die Bücher zu Ihrem Betriebssystem durcharbeiten. Unter den Stichworten »ASCII«, »Codepage« oder »Ländereinstellungen« sollten Sie etwas finden. Die von mir für diese Programme verwendete Ländereinstellung ist »Deutsch für Deutschland«, und die verwendete Codepage ist 850.

Variante 2: »boxtestl.c«

Dieses Programm können Sie zwar mit allen Compilern übersetzten, aber die verwendeten ANSI-Escape-Sequenzen werden unter Windows NT und seinen Nachfolgern nicht dargestellt.

Anders als in der oben beschriebenen Variante 1 haben wir hier keine Möglichkeit, ein Ausgabefenster zu setzen. Wir dürfen den Bildschirm also, nachdem wir den Rahmen gezeichnet haben, nicht einfach mit einer Sequenz löschen. Daher ist der implementierte Algorithmus ein anderer als im Quelltext 6.1. Sehen wir uns die Funktion an:

Quelltext 6.3: box() aus boxtestl.c

```
1   A) void box( int x1, int y1, int x2, int y2 )
2      {
3   B)     int w = x2 - x1 + 1;
4          int h = y2 - y1 + 1;
```

```
5          int ix;
6          int iy;
7
8    C)    gotoxy(x1, y1);
9
10   D)    putchar('+');
11
12   E)    for( ix = 0; ix < w - 2; ++ix )
13             putchar('-');
14
15   F)    putchar('+');
16
17   G)    gotoxy(x1, y1 + h - 1);
18
19         putchar('+');
20
21         for( ix = 0; ix < w - 2; ++ix )
22             putchar('-');
23
24         putchar('+');
25
26   H)    for( iy = y1 + 1; iy < y1 + h - 1; ++iy )
27         {
28   I)        gotoxy(x1, iy);
29
30   J)        putchar('|');
31
32   K)        for( ix = 0; ix < w - 2; ++ix )
33                 putchar(' ');
34
35   L)        putchar('|');
36         }
37   M) }
```

Erklärungen

A Wir nennen unsere Funktion box() und geben keinen Wert zurück (void). Daher befindet sich auch keine return-Anweisung in der Funktion. Die Parameter stehen für die Koordinaten, die das Fenster mit dem Rahmen erhalten soll. Dabei gilt:

x1: X-Koordinate für die linke Seite (die Zählung beginnt bei 1)

y1: Y-Koordinate für oben (die Zählung beginnt bei 1)

x2: X-Koordinate für die rechte Begrenzung

y2: Y-Koordinate für die untere Begrenzung

B Wir errechnen uns hier die Breite und die Höhe, weil es sich damit leichter arbeiten lässt. ix und iy sind lediglich Zähler für die späteren Schleifen.

C Bei `gotoxy()` handelt es sich nicht um die Funktion aus »conio.h«, sondern um eine, die wir gleich noch selbst entwickeln werden. Hier setzen wir die Schreibmarke auf die obere linke Ecke des zu zeichnenden Rahmens.

D Wir stellen die Ecken anhand des Pluszeichens dar. Anders als die Variante 1 unseres Programms soll dieses universell einsetzbar sein, also unter DOS, Windows und Linux laufen können. Unter Linux aber werden die ASCII-Zeichen, die größer als 127 sind, nicht dargestellt. Deshalb verwenden wir normale Zeichen.

E Hier zeichnen wir in einer Schleife die horizontale Linie zwischen den oberen Eckpunkten so lange, bis die Schreibmarke auf der Position der rechten Ecke steht.

F Nun zeichnen wir die obere rechte Ecke.

G Hier setzen wir die Schreibmarke auf die untere linke Ecke und wiederholen das Zeichnen der Linie.

H Wenn die untere Linie fertiggestellt ist, füllen wir in dieser Schleife alles das aus, was zwischen der oberen und der unteren Linie liegt.

I Wir setzen die Schreibmarke auf die Position, an der die linke Seitenlinie gezeichnet werden soll.

J Für die Seitenlinie nehmen wir das Zeichen, das uns sonst als *Oder*-Operator dient.

K Der Bereich, der zwischen den Seitenlinien liegt, wird mit Leerzeichen gefüllt. Damit löschen wir den Bereich des Bildschirms, der zwischen den Seitenlinien liegt.

L Und zu guter Letzt zeichnen wir noch die rechte Seitenlinie.

M Wie Sie sehen, ist eine `return`-Anweisung, über die wir sonst den Rückgabewert an die aufrufende Funktion liefern, nicht nötig. Wir können die Funktion aber trotzdem über `return` verlassen, nur muss die Anweisung dann allein stehen, darf eben nicht die Angabe eines Werts enthalten.

Wir sehen uns jetzt das komplette Programm an, weil die zwei weiteren Funktionen, die das Programm enthält, nur jeweils eine Zeile lang sind:

Quelltext 6.4: boxtestl.c

```
1    /*
2    File: boxtest1.c
3    A function that draws a frame into the screen.
4    */
5
6    #include <stdio.h>
7
8
9    A) void clrscr( void )
10   {
11       printf("\x1b[2J\x1b[1;1H");
12   }
13
```

```
14
15   B) void gotoxy( int x, int y )
16      {
17          printf("\x1b[%i;%iH", y, x);
18      }
19
20
21      void box( int x1, int y1, int x2, int y2 )
22      {
23   C)     ...
24      }
25
26
27      int main( void )
28      {
29          int i;
30
31   D)     clrscr();
32
33   E)     for( i = 1; i < 25; i++ )
34          {
35              gotoxy(i, i);
36              printf("****************************************");
37          }
38
39   F)     box(10, 10, 60, 20);
40
41   G)     gotoxy(11, 11);
42          printf("Eine Textausgabe in unserem Rahmen!");
43
44          getchar();
45          clrscr();
46
47          return 0;
48      }
```

Erklärungen

A Wir haben hier eine Funktion, die uns nichts liefert (wieder der Typ `void`) und die auch keine Argumente entgegennimmt. Sie löscht den Bildschirm über eine ANSI-Escape-Sequenz.

B Auch hier wieder eine Funktion, die nichts liefert. Sie setzt die Schreibmarke über eine ANSI-Escape-Sequenz auf die angegebene Position.

C Um ein wenig Platz zu sparen, verzichte ich hier auf den Quelltext. An dieser Stelle brauchen Sie nur den Funktionskörper von `box()` aus Quelltext 6.3 einzusetzen.

D Wir rufen hier unsere die Funktion `clrscr()` auf, die den Bildschirm löscht.

E Damit wir sehen, wie das mit dem Fenster reell aussieht, bemalen wir den Bildschirm mit Sternen.

F Unsere Funktion `box()` wird aufgerufen. Die linke obere Ecke des Rahmens soll die Bildschirmkoordinaten 10;10 erhalten, die rechte untere Ecke 60;20.

G Nun geben wir einen Text im neuen Fenster aus. Anders als in »boxtest.c« müssen wir die Schreibmarke hier noch mal explizit in das Fenster setzen, weil wir keinen eingeschränkten Ausgabebereich einrichten können. Wenn die Zeichenkette hier zu lang ist, dann wird sie auch nicht, wie in »boxtest.c«, am Fensterrand umbrochen, sondern sie schreibt darüber hinaus.

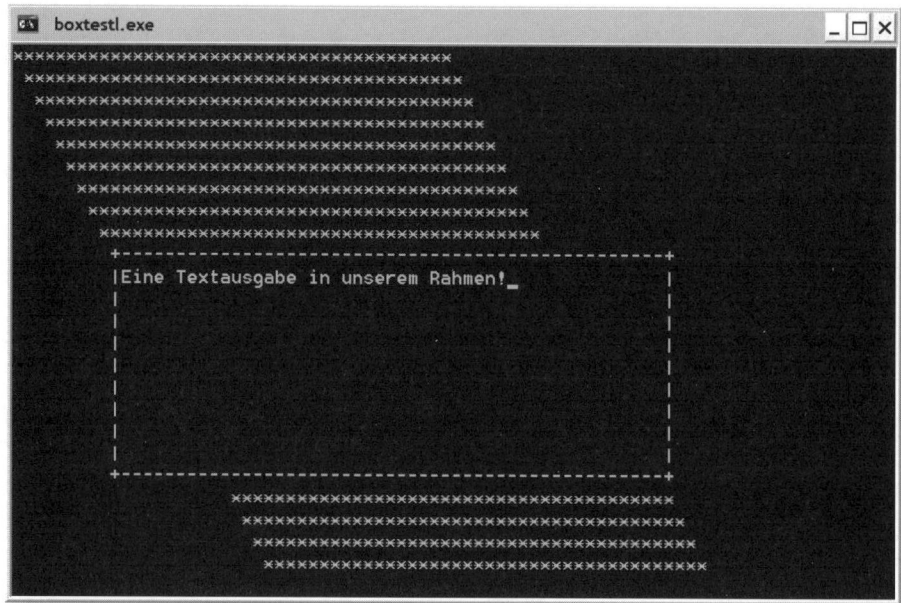

Abbildung 6.2: Ergebnis von »boxtest1.c«

Das Ergebnis von »bostext1.c« sehen Sie in Abbildung 6.2. Es sieht im Vergleich zu dem Ergebnis aus Abbildung 6.1 nicht gerade gut aus. Nun, es gibt auch unter Unix und Linux die Möglichkeit, ordentliche Linien in die Konsole zu zeichnen. Dafür benötigen wir eine Bibliothek, die sich `curses` nennt (unter Linux auch häufig `ncurses`). Die Informationsdatei, die wir dafür einbinden müssen, ist »curses.h«. Sehen wir es uns an:

Variante 3: »boxtestc.c«

Die Textfunktionen aus »curses.h« ist leider nicht so einfach zu verwenden wie die aus »conio.h«. Ich will Ihnen hier aber trotzdem eine kurze Einführung in diese Bibliothek geben und einige Funktionen daraus vorstellen. Weitere Hilfe zu der Bibliothek oder einzelnen Funktionen finden Sie auch in den Manualseiten (obwohl ich zugeben muss, dass einiges davon sehr schlecht zu verstehen ist).

Im Quelltext 6.5 sehen Sie das Programm, das die Bibliothek ncurses verwendet. Sie müssen »curses.h« über #include einbinden und den Compiler wie folgt aufrufen, um die Bibliothek einzubinden (sehen Sie dazu auch im Anhang A im jeweiligen Abschnitt »Bibliotheken einbinden« nach):

```
gcc -lncurses boxtest.c -o boxtest
```

Quelltext 6.5: boxtestc.c

```
1     /*
2     File: boxtestc.c
3     A function that draws a frame into the screen.
4     */
5
6     #include <curses.h>
7
8
9     int main( void )
10    {
11        int     i;
12  A)    WINDOW* win;
13
14  B)    initscr();
15
16        for( i = 0; i < 24; i++ )
17        {
18  C)        move(i, i);
19  D)        addstr("****************************************");
20        }
21
22  E)    refresh();
23
24  F)    win = newwin(10, 50, 9, 9);
25  G)    box(win, 0, 0);
26
27  H)    wmove(win, 1, 1);
28  I)    waddstr(win, "Eine Textausgabe in unserem Rahmen!");
29  J)    wrefresh(win);
30
31  K)    wgetch(win);
32
33  L)    delwin(win);
34  M)    endwin();
35
36        return 0;
37    }
```

Erklärungen

A Diesen Zeiger brauchen wir, um ein Fenster zu erzeugen, in das der Text ausgegeben werden soll. Das Fenster benötigen wir, um zu verhindern, das der Hintergrund überschrieben wird. Der Typ `WINDOW` ist in »curses.h« definiert.

B Die Funktion `initscr()` muss aufgerufen werden, um die Funktionen, die wir verwenden, zu initialisieren. `initscr()` darf *nie* vergessen werden.

Über diese Funktion wird auch ein sogenannter *standard screen* erzeugt. Dabei handelt es sich um ein Fenster, das den gesamten Bildschirmbereich umschließt. Alle Aus- und Eingaben gehen, sofern nicht explizit ein anderes Fenster angegeben wird, über dieses Standardfenster.

C Mit `move()` setzen wir die Schreibmarke im Standardfenster auf die angegebene Position. Die Koordinaten sind null-basiert, das heißt, dass die erste Zeile die Zeile null ist. Wenn das Fenster 24 Zeilen enthält, dann ist die letzte Zeile die Zeile 23.

Es ist auch zu beachten, das das erste Argument die Zeile und das zweite die Spalte angibt (bisher hatten wir immer die Reihenfolge Spalte, Zeile).

D Mit `addstr()` geben wir die angegebene Zeichenkette im Standardfenster aus. Das erste Zeichen befindet sich dabei an der Position, an der sich die Schreibmarke gerade befindet. Diese wird automatisch weitergesetzt.

E Nach jeder Ausgabe müssen wir `refresh()` aufrufen, damit die Ausgabe auch zu sehen ist. Ansonsten bleibt der Bildschirm leer.

F Hier erzeugen wir ein neues Fenster. Die Reihenfolge der Argumente ist folgende:

1. Anzahl der Zeilen
2. Anzahl der Spalten
3. Obere Zeile (null-basiert)
4. Linke Spalte (null-basiert)

G Die Funktion `box()` zeichnet einen Rahmen um das Fenster, das als erstes Argument angegeben werden muss. Wie Sie erkennen, befindet sich in »curses.h« bereits eine Funktion, die einen Rahmen zeichnet, sodass wir hier keine eigene benötigen.

Die beiden folgenden Argumente geben die Linienarten an, die für den Rahmen verwendet werden sollen. Wenn hier null übergeben wird, werden Standardwerte verwendet.

H Die Funktion `wmove()` setzt die Schreibmarke innerhalb des angegebenen Fensters, das als erstes Argument übergeben werden muss. Danach folgen die Zeile und die Spalte innerhalb des Fensters, ebenfalls wieder null-basiert.

I Die Funktion `waddstr()` ist identisch mit `addstr()`, nur, dass die Ausgabe jetzt im angegebenen Fenster erfolgt.

J Hier wird das angegebene Fenster über `wrefresh()` angezeigt. An dieser Stelle könnte man auf den Aufruf von `wrefresh()` verzichten, weil wir in der nächsten Zeile `wgetch()` aufrufen. Die Eingabefunktionen aus »curses.h« rufen automatisch ein `refresh()` für das jeweilige Fenster auf, sodass das `wrefresh()` in dieser Zeile auch entfallen kann.

K `wgetch()` ist das Pendant zu `getchar()`. Es liest ein einzelnes Zeichen von der Tastatur. Die Eingabe wird in dem Fenster ausgegeben, das als Argument an `wgetch()` übergeben wurde. Es gibt auch die Funktion `getch()`, die aber für das Standardfenster gilt.

L Das Fenster, das wir in Zeile 24 erzeugt haben, müssen wir wieder zerstören, wenn wir es nicht mehr benötigen. Das geschieht über die Funktion `delwin()`. Wenn wir das vergessen, belegt das Fenster weiterhin Speicher, der dann für andere Aufgaben fehlen könnte.

M Bevor wir das Programm verlassen, *müssen* wir `endwin()` aufrufen. Vergessen Sie das nie, denn sonst können Sie nach dem Ende Ihres Programms die Konsole nicht mehr gebrauchen.

Wie Sie sehen, ist es nicht ganz einfach, mit »curses.h« zu arbeiten. Der Funktionsumfang ist beachtlich, aber es gibt einige Dinge, die nicht gut gelöst sind und Probleme bereiten:

- Im Kapitel 6.3.1 werden wir uns ansehen, wie Parameter in C behandelt werden. Es geht darum, wie man die Inhalte von Parametern ändern kann. Dafür gibt es gewisse Konventionen, an die sich jeder Entwickler halten sollte, besonders, wenn man Bibliotheken schreibt, die andere verwenden sollten. In »curses.h« werden diese Konventionen mal beachtet, mal nicht. So weiß man nicht genau, welche Funktion Zeiger bzw. Referenzen erwartet und welche Funktion nicht. Es ist hier ein heilloses Durcheinander, bei dem man sich ohne die Manualseiten kaum zurechtfindet.

- Es gibt Namenskonventionen für den Aufbau und den Abbau von Objekten, Ressourcen und anderen Dingen. So ist z. B. das Gegenstück zu `Create` immer `Destroy` und das zu `Init` ist `Done`. Auch würde man zu `Start` so etwas wie `End` oder `Stop` erwarten.

    In »curses.h« heißt die Initialisierungsfunktion `initscr()`, die Funktion, die sich um das Aufräumen kümmert, aber nicht etwa `donescr()`, sondern `endwin()`, wobei selbst die Wortteile `scr` und `win` nicht identisch sind.

    Auch hier kommen Sie nicht ohne die Manualseiten aus, in denen Sie ständig nachsehen müssen, mit welcher Funktion ein Vorgang wieder rückgängig gemacht wird. Einzig positiv ist hier die Vergabe der Bezeichner für `newwin()` und `delwin()`, weil das Gegenstück zu `New` eben `Delete` ist und beides sich namentlich auf ein Fenster bezieht (`win`).

- Zu dem oben Genannten kommt noch, dass die Arbeit mit »curses.h« überhaupt recht kompliziert ist. Wenn Sie sich eingehender mit dieser Bibliothek beschäftigen, werden Sie meine Behauptung bestätigt finden[3].

Aber um dieses Thema nicht ganz so negativ zu beenden, muss ich noch einmal betonen, dass der Funktionsumfang recht beachtlich ist und man mit dieser Bibliothek sehr viel auf die Beine stellen kann – die notwendige Erfahrung vorausgesetzt.

Eine Abbildung dieser Programmvariante spare ich hier, denn das Ergebnis gleicht dem aus Abbildung 6.1.

Variante 4: »boxtestw.c«

Kommen wir jetzt zu unserer vierten und letzten Variante, eine Schreibmarke zu setzen, zu den Funktionen für die Windows-Konsole. Die Datei »boxtestw.c« kann nur für eine 32-Bit-Windows-Umgebung übersetzt und verwendet werden. Wir beginnen wieder mit der Funktion box(), die Sie im Quelltext 6.6 finden.

Quelltext 6.6: box() aus boxtestw.c

```
1   A) void box( int x1, int y1, int x2, int y2 )
2      {
3   B)     int w = x2 - x1 + 1;
4          int h = y2 - y1 + 1;
5          int ix;
6          int iy;
7
8   C)     gotoxy(x1, y1);
9
10  D)     putchar(218);
11
12  E)     for( ix = 0; ix < w - 2; ++ix )
13             putchar(196);
14
15  F)     putchar(191);
16
17  G)     gotoxy(x1, y1 + h - 1);
18
19         putchar(192);
20
21         for( ix = 0; ix < w - 2; ++ix )
22             putchar(196);
23
24         putchar(217);
25
26  H)     for( iy = y1 + 1; iy < y1 + h - 1; ++iy )
```

---

[3] Wenn Sie nur versuchen, farbigen Text auszugeben, müssen Sie die Farben, die Sie verwenden wollen, erst einmal in einer Tabelle zusammenstellen und initialisieren. Ein Programmieranfänger ist damit überfordert, zumal man aus den Informationen der Manual- und Infoseiten kaum schlauer wird.

```
27          {
28   I)     gotoxy(x1, iy);
29
30          putchar(179);
31
32   J)     for( ix = 0; ix < w - 2; ++ix )
33              putchar(' ');
34
35   K)     putchar(179);
36          }
37   L) }
```

Erklärungen

A Wir nennen unsere Funktion box() und geben keinen Wert zurück (void). Daher befindet sich auch keine return-Anweisung in der Funktion. Die Parameter stehen für die Koordinaten, die das Fenster mit dem Rahmen erhalten soll. Dabei gilt:

x1: X-Koordinate für die linke Seite (die Zählung beginnt bei 1)

y1: Y-Koordinate für oben (die Zählung beginnt bei 1)

x2: X-Koordinate für die rechte Begrenzung

y2: Y-Koordinate für die untere Begrenzung

B Wir errechnen uns hier die Breite und die Höhe, weil es sich damit leichter arbeiten lässt. ix und iy sind lediglich Zähler für die späteren Schleifen.

C Bei gotoxy() handelt es sich nicht um die Funktion aus »conio.h«, sondern um eine, die wir gleich noch selbst entwickeln werden. Hier setzen wir die Schreibmarke auf die obere linke Ecke des zu zeichnenden Rahmens.

D Wie ich im Kapitel »Variablen, die einzelne Zeichen speichern« bereits sagte, stehen die ASCII-Codes, die größer als 127 sind, für grafische Zeichen zur Verfügung. Einige von diesen Zeichen verwenden wir für unseren Rahmen. Die Zahlen in dieser und den folgenden putchar()-Anweisungen stellen den ASCII-Code des zu setzenden Zeichens dar.

E Hier zeichnen wir in einer Schleife die horizontale Linie zwischen den oberen Eckpunkten so lange, bis die Schreibmarke auf der Position der rechten Ecke steht.

F Nun zeichnen wir die obere rechte Ecke.

G Hier setzen wir die Schreibmarke auf die untere linke Ecke und wiederholen das Zeichnen der Linie.

H Wenn die untere Linie fertiggestellt ist, füllen wir in dieser Schleife alles das aus, was zwischen der oberen und der unteren Linie liegt.

I Wir setzen die Schreibmarke auf die Position, an der die linke Seitenlinie gezeichnet werden soll.

J Der Bereich, der zwischen den Seitenlinien liegt, wird mit Leerzeichen gefüllt. Damit löschen wir den Bereich des Bildschirms, der zwischen den Seitenlinien liegt.

K Zu guter Letzt zeichnen wir noch die rechte Seitenlinie.

L Eine `return`-Anweisung, über die wir sonst den Rückgabewert an die aufrufende Funktion liefern, ist nicht nötig. Wir können die Funktion trotzdem über `return` verlassen, nur muss die Anweisung dann allein stehen, darf eben keine Wertangabe enthalten.

Wir sehen uns gleich das ganze Programm an, weil die zwei weiteren Funktionen, die das Programm enthält, nur wenige Zeilen lang sind:

Quelltext 6.7: boxtestw.c

```
1     /*
2     File: boxtestw.c
3     A function that draws a frame into the screen.
4     */
5
6     #include <stdio.h>
7     #include <stdlib.h>
8     #include <windows.h>
9
10
11  A) void clrscr( void )
12     {
13  B)     system("cls");
14     }
15
16
17  C) void gotoxy( int x, int y )
18     {
19         COORD pos;
20
21         pos.X = x - 1;
22         pos.Y = y - 1;
23
24  D)     SetConsoleCursorPosition(GetStdHandle(STD_OUTPUT_HANDLE), pos);
25     }
26
27
28     void box( int x1, int y1, int x2, int y2 )
29     {
30  E)     ...
31     }
32
33
34     int main( void )
35     {
36         int i;
```

```
37
38   F)     clrscr();
39
40   G)     for( i = 1; i < 25; i++ )
41          {
42              gotoxy(i, i);
43              printf("****************************************");
44          }
45
46   H)     box(10, 10, 60, 20);
47
48   I)     gotoxy(11, 11);
49          printf("Eine Textausgabe in unserem Rahmen!");
50
51          getchar();
52          clrscr();
53
54          return 0;
55      }
```

Erklärungen

A Wir haben hier eine Funktion, die uns nichts liefert (wieder der Typ void) und die auch keine Argumente entgegennimmt. Sie löscht den Bildschirm über einen Befehl, der speziell zur Windows-Konsole gehört.

B Die Funktion system() gehört zum ANSI-Standard. Um diese verwenden zu können, muss die Datei »stdlib.h« über #include eingebunden werden. system() ruft einen Betriebssystembefehl auf. Im obigen Beispiel ist es der Befehl CLS, der den Bildschirm in einem Konsolenfenster unter Windows löscht.

Unter Linux und Unix würden man system("clear") schreiben können, um das Terminalfenster zu löschen. Es können auch Programme über diese Funktion gestartet werden. So ruft der Befehl system("notepad.exe abc.txt") den Windows-Editor *Notepad* auf und öffnet auch gleich die Datei »abc.txt«.

C Auch hier wieder eine Funktion, die nichts liefert. Sie setzt die Schreibmarke über eine Windows-eigene Konsolenfunktion an die angegebenen Koordinaten.

D Die Funktion SetConsoleCursorPosition() setzt die Schreibmarke in einer Win32-Konsole.

Diese Funktion erwartet ein sogenanntes *Handle*, eine Art Griff, über welches das Konsolenfenster identifiziert werden kann und in welches die Schreibmarke gesetzt werden soll. Dieses Handle erhalten wir über die Funktion GetStdHandle(). Wenn wir hier die benannte Konstante STD_OUTPUT_HANDLE angeben, erhalten wir das Handle, mit dem unser Konsolenfenster identifiziert werden kann.

Das zweite Argument, das wir an SetConsoleCursorPosition() übergeben, gibt schließlich die Position an, auf die unsere Schreibmarke gesetzt werden soll. Die

Position ist null-basiert. Das heißt, dass die linke obere Ecke die Koordinate 0;0 hat. Daher wird von den an `gotoxy()` übergebenen Koordinaten jeweils der Wert 1 abgezogen, weil `gotoxy()` die Zählung bei 1 beginnt.

Damit Sie die Funktionen für die Konsole nutzen zu können, muss die Datei »windows.h« über `#include` eingebunden werden.

E Um ein wenig Platz zu sparen, verzichte ich hier auf den Quelltext. An dieser Stelle brauchen Sie nur den Funktionskörper von `box()` aus Quelltext 6.6 einsetzen.

F Wir rufen hier die Funktion `clrscr()` auf, die den Bildschirm löscht.

G Um zu sehen, wie das mit dem Fenster reell aussieht, bemalen wir den Bildschirm mit Sternen.

H Die Funktion `box()` wird aufgerufen. Die linke obere Ecke des Rahmens soll die Bildschirmkoordinaten 10;10 erhalten, die rechte untere Ecke 60;20.

I Wir geben einen Text im neuen Fenster aus. Anders als in »boxtest.c« müssen wir die Schreibmarke hier noch einmal explizit in das Fenster setzen, weil wir keinen eingeschränkten Ausgabebereich einrichten können. Wenn die Zeichenkette hier zu lang ist, dann wird sie nicht, wie in »boxtest.c«, am Fensterrand umbrochen, sondern darüber hinaus geschrieben.

Das Ergebnis ist wieder dasselbe wie in Abbildung 6.1.

6.3 Zeiger, Parameter und Rückgaben

Wir kommen wieder zum Thema Zeiger, das gerade im Zusammenhang mit Funktionen eine große Rolle spielt. Sehen wir uns an, wie Parameter in einem C-Programm behandelt und wie Zeiger von einer Funktion entgegengenommen werden. Dann werfen wir abschließend noch einen Blick auf die möglichen Ergebnisse von Funktionen.

6.3.1 Wie werden Parameter in C behandelt?

Um dieses zu untersuchen, schreiben wir uns eine Funktion, die einen Wert so oft mit sich selbst multiplizieren soll, wie wir es angeben. Wir brauchen also zwei Parameter: einen für den zu multiplizierenden Wert und einen für die Anzahl der durchzuführenden Multiplikationen. Die mathematische Schreibweise dafür sieht so aus: m^n (m hoch n). Daher nennen wir die Funktion `hoch`. Der Prototyp sieht so aus (negative Exponenten wollen wir hier nicht verarbeiten):

```
void hoch( long m, unsigned n );
```

Es soll eine Zahl (Datentyp `long`) übergeben werden, die n-mal mit sich selbst multipliziert wird. Den Rückgabewert können wir weglassen, wenn wir den Parameter m selbst verändern und das Ergebnis dort ablegen.

Die vollständige Implementierung zeigt, wie der Funktionsrumpf aussehen könnte (an dieser Stelle mache ich Sie schon darauf aufmerksam, dass wir von dieser Funktion kein Ergebnis erhalten, was aber weniger am Funktionsrumpf liegt, wie wir nachher sehen werden):

```
1     void hoch( long m, unsigned n )
2     {
3  A)     if( n == 0 )
4            m = 1;
5        else
6        {
7  B)       long     b = m;
8           unsigned i;
9
10 C)       for( i = 2; i <= n; i++ )
11            m *= b;
12       }
13    }
```

Erklärungen

A Wenn n null ist, setzen wir m auf 1, weil die mathematische Regel »$m^0 = 1$« lautet.

B Hier sehen Sie, dass Variablen nicht unbedingt am Funktionsanfang definiert werden müssen. Wichtig ist, dass sie am Anfang eines Blocks definiert werden.

C Wenn n nicht null ist, kommen wir in diese Schleife und multiplizieren m n-mal mit sich selbst. Da wir den Schleifenzähler i mit 2 initialisieren, wird in dem Fall, dass n gleich 1 ist, keine Multiplikation durchgeführt. Die mathematische Regel dafür lautet »$m^1 = m$«.

Der Aufruf der Funktion ergibt sich dann wie folgt:

```
1     int main( void )
2     {
3        long z;
4        int  e;
5
6        printf("Geben Sie eine Zahl ein: ");
7        scanf("%li", &z);
8
9        printf("Geben Sie den Exponenten ein: ");
10       scanf("%i", &e);
11       getchar();
12
13       hoch(z, e);
14
```

```
15          printf("\nDas Ergebnis: %li\n", z);
16
17          getchar();
18          return 0;
19      }
```

Und wenn wir dieses Programm laufen lassen, sehen wir, dass der Inhalt von z in der Zeile 13 gar nicht von der Funktion hoch() verändert wird. Was ist passiert? Die Ursache ist darin zu suchen, dass der Inhalt von z bei der Übergabe des Arguments an die Funktion nur in den Parameter m kopiert wird. Der Parameter m wird zwar entsprechend verändert, doch das berührt z überhaupt nicht, da es sich um einen ganz anderen Speicherplatz handelt. Wir können das aber ganz einfach mit Hilfe eines Zeigers ändern. Wir werden also die Adresse von z an hoch() übergeben, um den Inhalt von z in der Funktion hoch zu verändern (vgl. Kapitel 5.1). Unsere Funktion sieht dann so aus:

```
1   A) void hoch( long *m, unsigned n )
2      {
3          if( n == 0 )
4   B)         *m = 1;
5          else
6          {
7   B)         long     b = *m;
8              unsigned i;
9
10             for( i = 2; i <= n; i++ )
11  B)             *m *= b;
12         }
13     }
```

Erklärungen

A Wir definieren den Parameter m so, dass es sich dabei um einen Zeiger auf long handelt. m kann nun also die Adresse einer long int-Variablen aufnehmen.

B Auf den Inhalt der in m befindlichen Adresse greifen wir mit dem *Dereferenzierungsoperator* zu und verwenden m ansonsten so wie vorher auch.

Zur Erinnerung: Wenn wir den Inhalt einer bestimmten Adresse (der Adresse, die im Zeiger gespeichert ist) bearbeiten wollen, brauchen wir den Dereferenzierungsoperator.

Wenn wir aber eine Adresse an die Funktion übergeben wollen, so machen wir das mit dem *Referenzoperator*. Also beim Aufruf unserer Funktion:

```
hoch(&z, e);
```

6.3 Zeiger, Parameter und Rückgaben

Zur Erinnerung sei auch Folgendes nochmals gesagt:

> Wenn wir die Adresse einer Variablen an einen Zeiger übergeben wollen, benötigen wir den Referenzoperator.

Spätestens jetzt sollte uns klar sein, warum wir beim Aufruf von `scanf()` diesen Operator vor die Variable stellen müssen. Wenn wir eine Zahl einlesen, dann muss ja der Inhalt unserer Variablen auf den eingelesenen Wert geändert werden können.

Unser Programm im Quelltext 6.8 ist nun daran angepasst und arbeitet korrekt.

Quelltext 6.8: hoch.c

```
1   /*
2   File: hoch.c
3   Diese Funktion berechnet die Potenz zweier Zahlen.
4   */
5
6   #include <stdio.h>
7
8
9   void hoch( long *m, unsigned n )
10  {
11      ...
12  }
13
14
15  int main( void )
16  {
17      ...
18
19      hoch(&z, e);
20
21      ...
22  }
```

Mit diesen Erkenntnissen haben wir eine der größten Hürden in der Programmierung mit C genommen.

6.3.2 Strukturen als Parameter

Genauso, wie man als Parameter Basisdatentypen verwenden kann, lassen sich auch Strukturen übergeben. Dazu nehmen wir ein einfaches Beispiel: Das Programm »struktur.c« aus dem Quelltext 5.2 soll dahingehend geändert werden, dass die Ausgabe in einer eigenen Funktion stattfindet. Dazu wird das Objekt `data` an die Funktionen übergeben:

```
1   struct pers_data
2   {
3       char name[30];
```

```
4          char street[30];
5          char city[30];
6      };
7
8
9      void printdata( struct pers_data pers )
10     {
11         printf("\x1b[2J");
12         printf("%s\n%s\n%s\n", pers.name, pers.street, pers.city);
13     }
14
15
16     int main( void )
17     {
18         struct pers_data data;
19
20         strcpy(data.name, "Manfred Mustermann");
21         strcpy(data.street, "Musterweg 12");
22         strcpy(data.city, "1234 Musterstadt");
23
24         printdata(data);
25
26         getchar();
27         return 0;
28     }
```

Eine Erklärung ist wohl nicht mehr nötig. Wichtig ist hierbei nur, dass die Definition der Struktur erfolgt, bevor irgendeine Funktion sie verwendet, da der Datentyp sonst nicht in diesen Funktionen bekannt ist.

Im obigen Beispiel wurden die Daten der Strukturvariablen in den Parameter kopiert, genauso, wie wenn wir auf diese Weise einfache Datentypen als Argumente übergeben. Dieses nennt man *call by value*, weil ein Wert übergeben wird, nämlich der Inhalt einer Variablen oder einfach nur eine Konstante. Bei großen Strukturen kann dieses unter Umständen sehr lange dauern. Bei hoch komplexen und geschachtelten Strukturen kann es sogar zu Schwierigkeiten kommen. Daher werden Strukturvariablen auch grundsätzlich als Zeiger definiert, wenn man sie als Parameter verwendet. Dann werden nur noch die wenigen Bytes, in denen sich die Anfangsadresse der Struktur befindet, kopiert. Dieses nennt man *call by reference*, weil eben eine Referenz zum Argument hergestellt wird. In der Praxis sieht es bei Strukturen so aus:

```
1   A) void printdata( const struct pers_data *pers )
2      {
3          printf("\x1b[2J");
4          printf("%s\n%s\n%s\n", pers->name, pers->street, pers->city);
5      }
6
7      int main( void )
8      {
9          ...
```

```
10
11        printdata(&data);
12
13        ...
14   }
```

Erklärungen

A Wir definieren hier einen Zeiger auf konstante Daten (vgl. Kapitel 5.3.3). Das verhindert, dass die Funktion die Daten, die wir übergeben, verändern kann. Und da wir keine Änderung der Daten wollen, sondern diese lediglich ausgegeben werden, ist eine Definition mit `const` das Beste, was wir in so einem Fall machen können und auch machen sollten.

Das, was sich gegenüber dem vorhergehenden Programm geändert hat, ist fett hervorgehoben. Ich glaube, dass Sie mit dem Rest keine Probleme mehr haben, und wenn doch, dann empfehle ich noch einmal das Kapitel 5.4.3.

Wann ist es sinnvoll, die Parameter als Zeiger zu definieren? Im Grunde ist diese Frage leicht zu beantworten, denn in vielen Fällen muss man sie sich nicht stellen. Auf alle Fälle wird man als Parameter einen Zeiger wählen, wenn der Inhalt des Arguments verändert werden soll. Anders kann man es in C ja nicht machen. Wenn der Inhalt nicht verändert werden soll, dann kann man sich zur Richtlinie machen, dass man alles, was kein Basisdatentyp und größer als 4 Byte ist, per Referenz übergibt. Der Parameter sollte dann immer als ein Zeiger auf konstante Daten definiert werden.

6.3.3 Übergabe von Feldern an Funktionen

Wie wir inzwischen wissen, steht der nackte Name eines Feldes für die Startadresse, also für die Adresse des ersten Feldelements im Speicher. Wie wir auch wissen, kann man diese Adresse einem Zeiger zuweisen und mit diesem Zeiger so arbeiten, wie mit dem Feld. Dieses macht man sich zunutze, um Zeichenketten und andere Felder als Argumente an eine Funktion zu übergeben, wie im Quelltext 6.9 zu sehen ist.

Quelltext 6.9: feldpara.c

```
1    /*
2       File: feldpara.c
3       Initializing and printing of an array.
4    */
5
6    #include <stdio.h>
7
8
9  A) void init_array( int *array )
10   {
11      int i;
12
13      for( i = 0; i < 10; ++i )
```

```
14              array[i] = 10 + i;
15       }
16
17
18    B) void print_array( const int *array )
19       {
20           int i;
21
22           printf("\n");
23           for( i = 0; i < 10; ++i )
24               printf("%i\n", array[i]);
25       }
26
27
28    int main( void )
29    {
30        int a[10];
31
32    C)   init_array(a);
33         print_array(a);
34
35         getchar();
36         return 0;
37    }
```

Erklärungen

A Die Funktion `init_array()` soll die Feldelemente mit Werten füllen.

B `print_array()` soll die Inhalte der Elemente auf dem Bildschirm ausdrucken. Weil wir die Elemente nicht verändern wollen, definieren wir diesen Parameter mit `const`.

C Hier werden nur die Funktionen aufgerufen und das Feld als Argument übergeben.

Wenn Zeichenketten übergeben werden sollen, dann ist der Parameter nichts anderes als ein Zeiger auf char. So sehen auch die Funktionen strcpy(), strcmp() usw. aus.

Wir werden uns jetzt einem Programm zuwenden, in dem neben der Übergabe einfacher Zeichenketten auch ein Feld aus Zeichenketten übergeben wird, also ein zweidimensionales Feld aus char-Elementen. Hier gilt es nämlich einiges zu beachten.

Das folgende Programm soll eine Reihe von unterschiedlichen Zeichenketten in alphabetischer Reihenfolge sortieren. Gehen wir aber wieder Schritt für Schritt vor und beginnen mit der Funktion, die die Inhalte zweier Zeichenketten vertauschen soll:

```
1    A) void strswap( char str1[], char *str2 )
2       {
3    B)     char save[256];
4
5              strcpy(save, str1);
```

```
6        strcpy(str1, str2);
7        strcpy(str2, save);
8    }
```

Erklärungen

A Wir nennen diese Funktion `strswap()`, Sie soll keinen Wert zurückliefern. Es werden die beiden Zeichenketten, deren Inhalte vertauscht werden sollen, übergeben, also beide Male ein eindimensionales Feld. Dafür richten wir als Parameter zwei Zeiger ein, die wir übrigens auf unterschiedliche Weise definieren können. Zu Demonstrationszwecken sind beide Möglichkeiten realisiert.

B Wir brauchen ein Hilfsfeld, das wir hier definieren. Es könnte durchaus mehr als 256 Elemente umfassen, doch gehe ich jetzt davon aus, dass wir keine Zeichenketten übergeben, die mehr als 255 Zeichen enthalten.

Damit allein können wir noch nicht sortieren. Nehmen wir uns zuerst die Hauptfunktion vor, damit wir uns darüber klar werden, welchen Datentyp wir eigentlich sortieren wollen:

```
1        int main( void )
2        {
3            int  i;
4    A)      char names[6][41] = {
5                "Helga", "Baerbel", "Holger",
6                "Werner", "Winnie", "Bodo" };
7
8    B)      strsort(names, 6);
9
10   C)      for( i = 0; i < 6; ++i )
11              printf("%s\n", names[i]);
12
13           getchar();
14           return 0;
15       }
```

Erklärungen

A Wir nehmen ein Feld, das 6 Zeichenketten mit maximaler Länge von je 40 Zeichen aufnehmen kann. Dieses Feld wird gleich initialisiert, damit wir uns den Umweg über `strcpy()` sparen.

B Die Funktion, welche die Namen sortieren soll, heißt `strsort()`. Es werden zwei Argumente übergeben: Erst das Feld, das die Namen enthält, dann die Menge der Namen, die sortiert werden sollen.

C Zur Kontrolle lassen wir uns die sortierten Namen ausgeben.

Nun, wo wir wissen, wie der zu sortierende Datentyp aussieht, der als Argument übergeben wird, schreiben wir unsere Funktion strsort():

```
1   A) void strsort( char strings[][41], int count )
2      {
3   B)    int i, ii;
4
5   C)    for( i = 0; i < count - 1; ++i )
6            for( ii = i + 1; ii < count; ++ii )
7   D)          if( stricmp(strings[i], strings[ii]) > 0 )
8                   strswap(strings[i], strings[ii]);
9      }
```

Erklärungen

A Wir müssen der Funktion mitteilen, dass ein zweidimensionales Feld übergeben werden soll. Wenn wir es mit der Übergabe eines eindimensionalen Feldes in strswap() vergleichen, sehen wir, dass nun zwei Klammerpaare statt einem gefordert werden. Im zweiten Klammerpaar muss die Größe der zweiten Dimension angegeben werden. Aus diesem Grunde können wir hier auch keine Sterne in der Definition verwenden.

B Diese zwei Variablen brauchen wir als Zähler.

C Hier kommt die Mengenangabe zum Zug. Wenn wir anstelle von unseren 6 Namen ein Feld mit 20 Namen sortieren wollten, bräuchten wir nur noch die 20 als zweites Argument übergeben und ersparen uns das Ändern der Funktion selbst.

Die äußere Schleife läuft jedes Element einmal durch und vergleicht es mit jedem anderen folgenden Element. Diese folgenden Elemente werden in der inneren Schleife abgezählt. Wenn Sie Verständnisprobleme mit dieser Sortierung haben sollten, dann vollziehen Sie den Ablauf am besten auf einem Blatt Papier nach. Es handelt sich hierbei um den sogenannten Bubblesort-Algorithmus, den einfachsten, den es gibt – allerdings ist er auch der langsamste, wenn es um gänzlich unsortierte Felder geht.

D Wenn strings[i] alphabetisch hinter strings[ii] steht, wird getauscht. Hier übergeben wir nur eine Dimension des zweidimensionalen Feldes strings[][], nämlich die Anfangsadresse des i-ten Elements der ersten Dimension. Und diese Adresse wird ja von strswap() erwartet. Die Funktion stricmp() wurde bereits im Kapitel 5.3.6 besprochen. Wenn Ihr Compiler stricmp() nicht kennt, ändern Sie diese Zeile in strcmp().

Damit hätten wir unser Programm fertiggestellt. Wir brauchen jetzt nur die Einzelteile zusammenzufügen und das Ganze zu übersetzen. Denken Sie daran, dass Sie für die Funktionen strcpy() und stricmp() die Datei »string.h« über #include einbinden müssen.

So einfach, wie es im obigen Programm aussieht, ist es leider nicht immer. Durch die Parameterdefinition von char strings[][41] können wir tatsächlich nur Felder übergeben, deren zweite Dimensionen eine Größe von 41 `char`-Elementen haben. Bei allen anderen Ausdehnungen funktioniert es nicht. Das Problem verteilt sich auf mehrere Ebenen, nämlich auf die Definition des Feldes `names` in `main()` und die Definition des Parameters `strings`. Beides muss sich in einer gewissen Weise entsprechen, und je nachdem, wie das Feld `names` definiert und initialisiert wird, muss sich auch die Parameterdefinition ändern. Würde `names` so

```
char *names[] = { "Helga", "Baerbel", "Holger", "Werner", "Winnie", "Bodo" };
```

definiert werden, dann könnte auch die Parameterdefinition anders aussehen:

```
void strsort( char *strings[], int count )

/* oder: */
void strsort( char **strings, int count )
```

Das sieht jetzt noch etwas ungewöhnlich für Sie aus. Aber damit erreichen wir, dass tatsächlich Felder beliebiger Größe und Ausdehnung übergeben werden können. Nur für unser Sortierbeispiel geht es nicht. Es würde versuchen, die Inhalte zweier Konstanten zu vertauschen, denn bei `names` handelt es sich jetzt nicht mehr um ein Feld, dessen zweite Dimension aus 41 `char`-Elementen, sondern nur wieder aus Zeigern auf `char` besteht. Und diese Zeiger zeigen auf konstante Zeichenketten.

Wenn wir gelernt haben, Speicherplatz während des Programmlaufs zu reservieren (Kapitel 9), dann sind wir in der Lage, eine Funktion zu verwenden, die als Argument ein beliebiges zweidimensionales `char`-Feld erwartet und dieses sortiert. Für das zu sortierende Feld muss dann nur auf andere Weise der Speicher reserviert werden.

Eine Erklärung zu den Parametern `*strings[]` und `**strings` möchte ich Ihnen noch geben. Es handelt sich hierbei um Zeiger auf Zeiger auf `char`. Wir wissen aus Kapitel 5.1, dass Zeiger auch nichts anderes als Variablen sind. Und über den Referenzoperator können wir die Adresse einer Variablen holen. Dabei muss der Zeiger, in dem wir die Adresse speichern wollen, vom gleichen Typ sein, wie die Variable, deren Adresse wir speichern wollen:

```
char  ch  = 0;
char* pch = &ch;
```

Da ein Zeiger auf `char` eben vom Typ Zeiger auf `char` ist, muss, wenn wir die Adresse dieses Zeigers (dieser Variablen) speichern wollen, der Zieltyp ein Zeiger auf Zeiger auf `char` sein:

```
char   ch   = 0;
char   *pch  = &ch;
char   **ppch = &pch;
```

Und in einem Feld aus Zeichenketten besteht das Feld eben aus dem Typ `char*` (das ist Zeiger auf `char`). Und da es sich um ein Feld handelt, ist der Feldbezeichner selbst eben auch wieder ein Zeiger. Daher müssen wir den Parameter als einen Zeiger auf Zeiger auf `char` definieren, eben `*strings[]` oder `**strings`.

6.3.4 Ellipsen

Wenn Sie diesen Begriff im Zusammenhang mit Funktionen noch nicht gehört haben, werden Sie sicherlich an eine grafische Figur denken. Aber eine Ellipse ist auch etwas anderes, nämlich eine Folge von drei Punkten. Man verwendet dieses syntaktische Symbol häufig in der Literatur, etwa wenn ein Satz vom Leser selbst vervollständigt oder weitergeführt werden soll: »Wenn Sie das nicht tun ...« könnte mit »... dann gibt es eine Katastrophe!« beendet werden. Die drei Punkte drücken also aus, dass noch etwas folgen kann oder folgen wird.

Wir haben in C auch die Möglichkeit, dem Compiler zu sagen, dass eine Parameterliste noch nicht abgeschlossen ist und weitere Parameter folgen können. So ist es möglich, Funktionen zu schreiben, die eine beliebige Anzahl von Parametern aufnehmen können, wie wir das bereits bei den Funktionen `printf()` und `scanf()` kennengelernt haben.

Wir können also eine Funktion schreiben, die eine beliebige Menge von Zahlen addiert. Die Deklaration einer solchen Funktion sähe dann so aus:

```
int addints( size_t count, ... );
```

Natürlich müssen wir der Funktion mitteilen, wie viele Zahlen wir addieren wollen. Das teilen wir über den ersten Parameter mit. Dann können wir diese Funktion mit beliebig vielen Zahlen (hier müssen alle vom Typ `int` oder `unsigned int` sein) aufrufen:

```
int result1 = addints(4, 55, 3, 7, 655);
int result2 = addints(2, result1, 55);
int result3 = addints(7, intfield[0], intfield[2], 5, 5, 66, result2, 8);
```

Wir können auch eine Funktion schreiben, die Werte von Typ `double` addiert:

```
double addfloats( size_t count, ... );
```

Diese würde dann so aufgerufen werden:

```
double result1 = addfloats(4, 55.0, 3.22, 7.0, 655.75);
```

Auch hier müssen wir darauf achten, dass alle Argumente (außer dem ersten) vom Typ `float` oder `double` sind. Weshalb das so sein muss, werden Sie verstehen, wenn wir uns die Implementierung der Funktionen ansehen:

```
1    int addints( size_t count, ... )
2    {
3        int     rslt = 0;
4  A)    va_list aptr;
5
6  B)    va_start(aptr, count);
7
8        while( count++ > 0 )
9  C)        rslt += va_arg(aptr, int);
10
```

```
11  D)      va_end(aptr);
12
13          return rslt;
14      }
```

Erklärungen

A Um auf die übergebenen Argumente zugreifen zu können, benötigen wir eine lokale Variable vom Typ `va_list`. Es handelt sich hierbei um einen über `typedef` definierten Typ. Was für ein Datentyp sich dahinter tatsächlich verbirgt, ist nicht definiert und wird vom Compilerhersteller entschieden.

B Wir können uns die Argumente als eine Liste von Werten vorstellen. Mit der Anweisung `va_start()` wird die Variable `aptr` auf das erste Element in dieser Liste gesetzt. Als zweites Argument müssen wir den letzten angegebenen Parameter übergeben. Das ist immer der Parameter, der direkt vor der Ellipse in der Parameterliste erscheint.

C Solange der Zähler `count` nicht null ist, rufen wir das aktuelle Argument ab und addieren es zum bisherigen Ergebnis. Die Anweisung `va_arg()` liefert uns das Argument, auf das `aptr` gerade zeigt. Wir müssen an `va_arg()` als zweites Argument den Datentyp angeben, den `va_arg()` uns liefern soll. Wie gesagt, wir können uns die übergebenen Argumente als eine Liste von Werten vorstellen. Die Anweisung `va_start()` setzt `aptr` auf das erste Element in dieser Liste. `va_arg()` liefert uns dieses Element und setzt `aptr` auf das nächste Listenelement, sodass ein folgender Aufruf von `va_arg()` uns den Inhalt des folgenden Elements liefert (bevor `aptr` wieder auf das darauf folgende Element gesetzt wird).

D Mit `va_end()` beenden wir alles. Wir dürfen niemals vergessen, `va_end()` aufzurufen, bevor wie die Funktion wieder verlassen.

Jetzt können Sie erkennen, weshalb an `addints()` nur Argumente des Typs `int` oder `unsigned int` übergeben werden dürfen. Wir wissen innerhalb dieser Funktion nämlich nicht, von welchem Typ ein bestimmtes Argument ist und müssen uns darauf verlassen, dass der Aufruf nur mit korrekten Argumenten erfolgt. Wir wissen, dass verschiedene Datentypen eine unterschiedliche Größe haben. `va_arg()` muss wissen, wie viele Bytes es auslesen muss, um einen Wert zu liefern. Und `va_arg()` muss wissen, wo das nächste Element in der Argumentliste liegt, also um wie viele Bytes `aptr` verschoben werden muss, um auf das folgende Listenelement zu zeigen. Die Funktionen `printf()` und `scanf()` erkennen den Typ eines Arguments an dem in der Formatangabe enthaltenen Formatkennzeichner. Diese Möglichkeit haben `addints()` und `addfloats()` nicht.

Einen kleinen Spielraum haben wir allerdings noch, wenn wir die Argumente übergeben:

> Wenn wir als Argument einen Wert vom Typ char angeben, wird niemals nur ein einziges Byte übergeben, sondern immer ein Wert vom Typ int.
> Auch ein Wert vom Typ short wird in 32-Bit-Programmen zu einem int erweitert.
> Geben wir einen Wert vom Typ float an, wird dieser zu einem double erweitert.

Und ansonsten können wir sicherheitshalber immer den Typ ändern:

```
1    float fvar = 12.5F;
2    long  lvar = 455L;
3
4    int result = addints(2, (int)fvar, (int)lvar);
```

Abschließend zeige ich die Implementierung von addfloats(), wo ich die Änderungen gegenüber addints() wieder fett hervorgehoben habe:

```
1    double addfloats( size_t count, ... )
2    {
3        double  rslt = 0;
4        va_list aptr;
5
6        va_start(aptr, count);
7
8        while( count++ > 0 )
9            rslt += va_arg(aptr, double);
10
11       va_end(aptr);
12
13       return rslt;
14   }
```

Damit Sie nicht verzweifeln, wenn Sie versuchen, ein Programm zu schreiben, das diese beiden Funktionen implementiert, muss ich Ihnen noch sagen, welche Informationsdatei Sie einbinden müssen, um va_start(), va_arg() usw. nutzen zu können. Im Allgemeinen benötigten Sie die Datei »stdarg.h«. Einige Unix-Systeme erwarten die Datei »varargs.h«. Hier müssen Sie eventuell probieren. Wenn die eine Datei nicht gefunden werden kann oder die Makros in der gefundenen Datei nicht vorhanden sind, versuchen Sie es mal mit der anderen.

6.3.5 Sinnvolle Rückgaben

Natürlich können Strukturen auch über `return` zurückgeliefert werden. Wir sehen es uns an, indem wir das Programm aus dem Kapitel 6.3.2 um eine Eingabefunktion erweitern:

```
1     void printdata( const struct pers_data *pers )
2     {
3         printf("\x1b[2J");
4         printf("%s\n%s\n%s\n", pers->name, pers->street, pers->city);
5     }
6
7
8  A) struct pers_data getdata( void )
9     {
10        struct pers_data pers;
11
12        printf("\x1b[2J");
13
14        puts("Geben Sie Vor- und Nachname ein:");
15        gets(pers.name);
16
17        puts("Geben Sie Strasse und Hausnummer ein:");
18        gets(pers.street);
19
20        puts("Geben Sie Postleitzahl und Ort ein:");
21        gets(pers.city);
22
23 B)       return pers;
24    }
25
26
27    int main( void )
28    {
29 C)       struct pers_data data = getdata();
30        printdata(&data);
31        getchar();
32        return 0;
33    }
```

Erklärungen

A Diese Funktion liefert einen Wert des Typs `struct pers_data` zurück.

B Die Rückgabe erfolgt einfach, indem wir die zurückzugebende Variable angeben, also wie gehabt.

C Der Inhalt der Strukturvariablen `pers` aus der Funktion `getdata()` wird in die Variable `data` kopiert.

Nun stellt sich auch hier die Frage, wann es sinnvoll ist, eine ganze Struktur über `return` zurückzugeben. Das ist tatsächlich nicht die feine Art – und es dauert auch länger, als es nötig ist. In diesem Falle ist es sinnvoll, der Funktion `getdata()` einfach einen Parameter zu verpassen, und zwar einen Zeiger auf die Struktur `pers_data`. Dann wird an `getdata()` nur noch die Referenz auf `data` übergeben. Auch hier kann man sich zur Richtlinie machen, letzteren Weg zu wählen, wenn das Objekt, um das es geht, größer als 4 Byte ist[4].

Eine andere Möglichkeit wäre, einfach eine Adresse zurückzugeben:

```
return &pers;
```

Doch wird das in diesem Beispiel fatale Folgen haben, denn die Variable `pers` wird nach Verlassen der Funktion wieder aus dem Speicher entfernt, an der gelieferten Adresse befindet sich dann nichts mehr. Es gibt Fälle, in denen es tatsächlich sinnvoll ist, Zeiger zurückzuliefern, doch können wir uns mit diesem Thema erst beschäftigen, wenn wir wissen, wie man den Speicher dynamisch verwaltet. Das erfahren wir erst im Kapitel »Zeiger und Speicher«.

> Niemals Zeiger auf eine Variable zurückliefern, wenn diese Variable lokal zur Funktion ist.

Wir sehen uns aber trotzdem an, wie man überhaupt Funktionen schreibt, die einen Zeiger liefern können. Wir werden dieses an einem kleinen Beispiel nachvollziehen:

Wir wollen eine Zeichenkette an eine Funktion übergeben. Diese Funktion wandelt alle kleinen Buchstaben in Großbuchstaben um. Es gibt in vielen Bibliotheken bereits eine solche Funktion, doch diese entsprechen nicht dem ANSI-Standard. Also schreiben wir unsere eigene – damit wir eine haben, wenn wir sie brauchen und damit Sie sehen, wie das gemacht wird. Dazu müssen wir uns Gedanken machen, welcher Datentyp denn zurückgeliefert werden soll. Hier ist es der Typ `char`. Schreiben wir es erst einmal ordentlich hin:

```
char
```

Nun soll aber keine Variable, sondern ein Zeiger darauf zurückgeliefert werden. Also setzen wir den Stern dazu:

```
char*
```

Und nun kommt der Name der Funktion mit der Parameterliste. Der Aufruf soll so stattfinden, dass wir nur die Zeichenkette an die Funktion übergeben. Die Funktion soll `strupper()` heißen:

```
char* strupper( char *s )
```

---

[4] Bei Programmen, die für eine 64-Bit-Architektur übersetzt werden sollen, stellen 8 Byte einen sinnvollen Grenzwert dar.

Wir haben es fast geschafft, aber etwas Wichtiges fehlt noch: Es muss auch ein Zeiger mit return geliefert werden, nämlich ein Zeiger auf den Typ char. Insgesamt hat strupper() nun folgendes Aussehen:

```
1   char* strupper( char *s )
2   {
3       for( int i = 0; s[i] != 0; ++i )
4           s[i] = toupper(s[i]);
5       return s;
6   }
```

Weil s ein Zeiger ist, können wir ihn einfach über return zurückgeben. Die großen Buchstaben stehen jetzt alle in dem Speicherbereich, auf den s zeigt. Wir können strupper() demnach also so aufrufen:

```
    strupper(str);
```

Die Umwandlung in Großbuchstaben erfolgt *in place*, wie man dazu sagt; es wird also das Argument selbst verändert. Daher darf der Parameter im Kopf von strupper() auch nicht const char* sein.

Vielleicht fragen Sie sich, warum es sinnvoll ist, den Zeiger auf s wieder zurückzuliefern, wenn die Zeichenkette sowieso geändert wird. Das ist recht einfach, denken Sie an die Funktion cgets() oder an gets(), wo wir einen Zeiger auf eine Zeichenkette übergeben, der ebenfalls *in place* geändert wird. Genauso machen wir es hier. Wenn wir es nicht täten, dann müssten wir im folgenden Fall immer zwei Anweisungen schreiben,

```
1   char str[256] = "c:\\tc\\datei.cpp";
2   strupper(str);
3   puts(str);
```

wo wir nur eine bräuchten, wenn wir den Zeiger str gleich mit der Funktion strupper() zurückgeben:

```
1   char str[256] = "c:\\tc\\datei.cpp";
2   puts(strupper(str));
```

Im Übrigen liefern fast alle Funktionen der Datei »string.h«, die eine Zeichenkette als Argument erwarten, das Argument auch wieder zurück.

Wir werden im weiteren Verlauf des Buchs noch viele Funktionen schreiben, die einen Zeiger liefern, sodass es noch ausgiebig geübt werden kann.

6.4 Die Funktion main()

6.4.1 Grundlagen

Vielleicht haben Sie sich schon die Frage gestellt, wie Kommandozeilenargumente in einem C-Programm übergeben werden. Kommandozeilenargumente sind die Optionen, die man hinter einem Programmnamen angeben kann, um ein Programm gleich mit einer bestimmten Datei zu laden (etwa bei einem Editor), oder um das Programm zu einer bestimmten Verhaltensweise zu bewegen (z. B. bei einem Kommandozeilencompiler).

Diese Argumente werden beim Programmstart an die Funktion main() übergeben, und zwar immer in der Reihenfolge

1. Anzahl der Argumente,

2. die Argumente selbst und

3. die Einträge der Umgebungstabelle (nicht von jedem Compiler unterstützt).

Die Umgebungstabelle beinhaltet die Umgebungsvariablen des Betriebssystems, die z. B. unter DOS in der Datei »autoexec.bat« definiert werden können. Zu solchen Umgebungsvariablen gehört die Variable PATH.

Wie Sie die Parameter in main() benennen, bleibt am Ende Ihnen selbst überlassen, doch es ist allgemein üblich, die Parameter argc (**argument count**), argv (**argument values**) und env (**environment**) zu nennen. Wir werden uns in diesem Buch ebenfalls danach richten.

Sehen wir uns den Funktionskopf von main() an, wenn alle drei Parameter verwendet werden:

```
int main( int argc, char *argv[], char *env[] )
```

argc ist ein einfacher Integerwert. Komplizierter sind da schon argv und env. Wir hatten diese Art, einen Parameter zu definieren, bereits im Kapitel 6.3.3 kennengelernt. Es handelt sich hier um Felder aus Zeichenketten. Aus dieser Erklärung wird bereits klar, dass es sich bei jedem Argument um eine Zeichenkette handelt, auch wenn der Anwender Zahlen als Argumente eingibt. Nehmen wir an, die Kommandozeile sieht wie folgt aus, wobei »PROG« das Programm ist, das gestartet werden soll:

```
PROG daten.dat 20 32 "Richard Wagner"
```

Jedes Leerzeichen trennt ein Argument von dem anderen. Soll ein Argument selbst Leerzeichen enthalten, muss dieses in Anführungszeichen eingeschlossen werden, wie hier der Name »Richard Wagner«. Danach befindet sich im Parameter argc der Wert 5 (weil der Programmname als Argument mitgezählt wird), und die Zeichenketten enthalten folgende Inhalte, wenn sich das Programm im Verzeichnis »PROGDIR« des Laufwerks »C:« befindet:

```
argv[0] = "C:\PROGDIR\PROG.EXE"
argv[1] = "daten.dat"
argv[2] = "20"
argv[3] = "32"
argv[4] = "Richard Wagner"
argv[5] = NULL
```

Der letzte Feldelement zeigt immer auf die Adresse NULL. Es sollte also niemals versucht werden, dessen Inhalt auf dem Bildschirm auszugeben. Der Programmname befindet sich immer im ersten Feldelement und wird in aller Regel um das Laufwerk, den vollständigen Pfad und die Erweiterung erweitert (unter DOS immer in Großbuchstaben).

Das Feld env ist in der gleichen Weise aufgebaut, also mit dem letzten Elementwert von Null. Wie wir damit in einem Programm arbeiten können, sehen wir uns an einem konkreten Beispiel an:

```
1      int main( int argc, char *argv[], char *env[] )
2      {
3          int i;
4
5          puts("Die Kommandozeile:");
6   A)     for( i = 0; i < argc; ++i )
7              puts(argv[i]);
8
9          puts("\nDie Umgebungsvariablen:");
10  B)     for( i = 0; env[i] != NULL; ++i )
11             puts(env[i]);
12
13         getchar();
14         return 0;
15     }
```

Erklärungen

A In einer Schleife geben wir die Inhalte der Argumente auf dem Bildschirm aus. Hierbei hilft uns der Wert von argc, den man gut dafür gebrauchen kann.

B Bei den Umgebungseinträgen hilft uns keine mitgelieferte Größe, weshalb wir den Eintrag direkt nach dem Wert NULL abfragen müssen. Genauso könnten wir theoretisch auch die Zeichenkette aus argv ausgeben.

Auf einem der Testrechner erzeugte das Programm mit obiger Kommandozeile folgende Ausgabe (die ausführbare Datei lag im Verzeichnis »C:\PROJEKTE\BIN«):

```
Die Kommandozeile:
C:\PROJEKTE\BIN\PROG.EXE
daten.dat
20
32
Richard Wagner

Die Umgebungsvariablen:
COMSPEC=C:\COMMAND.COM
OS=NWDOS
VER=7
PATH=C:\BC4\BIN;C:\NWDOS;C:\WINDOWS;C:\NWCLIENT;C:\TASM\BIN;C:\TC\BIN
PROMPT=$P$G
NWDOSCFG=C:\NWDOS
TEMP=C:\NWDOS\TMP
FBP_USER=Andreas Ganzer
windir=C:\WINDOWS
```

Es ist auch möglich, den Parameter env wegzulassen, wenn man dessen Inhalt nicht benötigt:

```
int main( int argc, char *argv[] )
```

Wenn Sie aber nur einen Eintrag aus der Umgebungstabelle brauchen, dann müssen Sie auch die anderen Parameter angeben:

```
int main( , , char *env[] )   /* Fehler !!! */
```

Sollte wirklich mal ein Eintrag aus dieser Tabelle benötigt werden – zum Beispiel, wenn man eine temporäre Arbeitsdatei erzeugen möchte, die in dem Verzeichnis erstellt werden soll, auf das die Umgebungsvariable TEMP zeigt, dann können Sie diesen Eintrag auch auf andere Weise in Erfahrung bringen, wie im Quelltext 6.10 zu sehen ist.

Quelltext 6.10: umgebung.c

```
 1      /*
 2      File: umgebung.c
 3      Reading environment variables.
 4      */
 5
 6      #include <stdio.h>
 7      #include <stdlib.h>
 8      #include <string.h>
 9
10
11      int main( void )
12      {
13  A)      char comspec[255] = "COMSPEC=";
14  B)      if( getenv("COMSPEC") != NULL )
15  C)          strcat(comspec, getenv("COMSPEC"));
16
17          printf("\x1b[2J");
18          printf("\x1b[1;1H");
19
20  D)      puts("Der \"PATH\"-Eintrag:");
21          if( getenv("PATH") != NULL )
22  E)          puts(getenv("PATH"));
23
24          puts("Der \"TEMP\"-Eintrag:");
25          if( getenv("TEMP") != NULL )
26              puts(getenv("TEMP"));
27
28          puts("Der \"COMSPEC\"-Eintrag:");
29          if( getenv("COMSPEC") != NULL )
30              puts(getenv("COMSPEC"));
31
32          puts("Der \"windir\"-Eintrag:");
33          if( getenv("windir") != NULL )
34              puts(getenv("windir"));
```

```
35
36          puts("Der \"007\"-Eintrag:");
37          if( getenv("007") != NULL )
38              puts(getenv("007"));
39
40          puts("Der \"path\"-Eintrag:");
41          if( getenv("path") != NULL )
42              puts(getenv("path"));
43
44   F)     printf("Rueckgabe von \"getenv(\"path\")\": %p\n", getenv("path"));
45
46   G)     putenv("COMSPEC=");
47          puts("Der \"COMSPEC\"-Eintrag nach \"putenv(\"COMSPEC=\")\":");
48          if( getenv("COMSPEC") != NULL )
49   H)         puts(getenv("COMSPEC"));
50
51   I)     putenv(comspec);
52          printf("Der \"COMSPEC\"-Eintrag nach \"putenv(\"%s\")\":\n", comspec);
53          if( getenv("COMSPEC") != NULL )
54              puts(getenv("COMSPEC"));
55
56          getchar();
57          return 0;
58   }
```

Erklärungen

A Wir wollen den COMSPEC-Eintrag[5] verändern und speichern das Original in dieser Variablen, die mit dem Inhalt COMSPEC= initialisiert wird.

B Die Funktion getenv() ist in »stdlib.h« deklariert und liefert den Eintrag der als Zeichenkette übergebenen Umgebungsvariablen zurück. Da getenv() einen Null-Zeiger liefern kann, falls die angegebene Umgebungsvariable nicht vorhanden ist, dürfen wir das Ergebnis nicht blindlings verarbeiten, sondern müssen den Zeiger zuvor prüfen. Wir vergleichen ihn daher mit NULL.

C Zurückgeliefert wird ein Zeiger auf char, der auf die Adresse zeigt, an der sich der Inhalt der angegebenen Umgebungsvariable befindet. In diesem Inhalt ist der Name der Umgebungsvariable selbst nicht enthalten, also anders, als bei dem env-Argument der Funktion main(). Aus diesem Grund haben wir COMSPEC mit dem Variablennamen und dem Zuweisungszeichen initialisiert. Jetzt wird die von getenv() gelieferte Zeichenkette an die Zeichenkette COMSPEC= angehängt.

D Hier geben wir die Inhalte einiger Umgebungsvariablen über getenv() aus.

---

[5] Unter Linux heißen die Umgebungsvariablen häufig anders (abgesehen von PATH). Daher sollten Sie für ihr Programm unter Linux ein paar andere Variablen wählen.

E Unter DOS und Linux muss das Argument für `getenv()` in der Groß-/Kleinschreibung der gesuchten Variablen entsprechen. In Windows 2000 z. B. ist das nicht mehr der Fall. Wir werden daher einige Namen von Umgebungsvariablen in unterschiedlichen Schreibweisen angeben.

F Damit Sie sehen, dass es sich wirklich um den Wert `NULL` handelt, der von `getenv()` im Fehlerfall geliefert wird, geben wir das Ergebnis als Adresse aus. Wie gesagt, das Ergebnis `NULL` wird nicht in allen Umgebungen geliefert.

G `putenv()` ändert den Inhalt der angegebenen Umgebungsvariablen. Diese Funktion entspricht nicht dem ANSI-Standard – es könnte sein, dass Ihr Compiler sie nicht kennt. Das Argument, das wir übergeben, muss als Erstes den Namen der zu ändernden Umgebungsvariablen enthalten, gefolgt vom Gleichheitszeichen[6].

Wenn eine Umgebungsvariable angegeben wird, die in der Tabelle nicht vorhanden ist, wird sie einfach hinzugefügt, also erzeugt.

Befindet sich hinter dem Zuweisungszeichen kein Eintrag, wird die entsprechende Variable gelöscht, was wir in dieser Zeile auch machen.

`putenv()` ist ebenfalls in »stdlib.h« deklariert, gehört aber nicht zum ANSI-Standard. Es kann also auch hier sein, dass Ihr Compiler diese Funktion nicht kennt.

Wenn ein Eintrag über `putenv()` erzeugt, gelöscht oder verändert wird, gilt das nur für die Zeit, während der das jeweilige Programm läuft. Nach dem Ende des Programms sind wieder die Werte gültig, die vor dem Programmstart Gültigkeit hatten. Man ist also nicht gezwungen, die Originale zwischenzuspeichern.

H Ob die Variable wirklich gelöscht wurde, überprüfen wir, indem wir eine Ausgabe versuchen. Wenn Sie auf dem Bildschirm keinen Zeilenvorschub sehen, gibt es auch die Umgebungsvariable `COMSPEC` nicht mehr.

I Wir restaurieren die `COMSPEC`-Variable wieder, indem wir den in den ersten 3 Programmzeilen gesicherten Inhalt an `putenv()` übergeben.

Dieses Programm erzeugte auf dem Testrechner folgendes Ergebnis:

```
Der 'PATH'-Eintrag:
C:\BC4\BIN;C:\NWDOS;C:\WINDOWS;C:\NWCLIENT;C:\TASM\BIN;C:\TC\BIN
Der 'TEMP'-Eintrag:
C:\NWDOS\TMP
Der 'COMSPEC'-Eintrag:
C:\COMMAND.COM
Der 'windir'-Eintrag:
C:\WINDOWS
Der '007'-Eintrag:
Der 'path'-Eintrag:
```

---

[6] In den Onlinehilfen einiger Borland-Compiler finden Sie dazu den Hinweis: »Das Gleichheitszeichen (=) darf nicht im Argument enthalten sein«. Das ist vermutlich ein Tippfehler, und soll wohl »Das Gleichheitszeichen (=) muss im Argument enthalten sein« heißen. Anders funktioniert es nämlich nicht, denn sonst wird die gesamte übergebene Zeichenkette als Variablenname betrachtet.

```
Rueckgabe von 'getenv("path")': 0
Der 'COMSPEC'-Eintrag nach 'putenv("COMSPEC=")':
Der 'COMSPEC'-Eintrag nach 'putenv("COMSPEC=C:\COMMAND.COM")':
C:\COMMAND.COM
```

Zusammenfassend kann man sagen: Wenn Sie nur den Inhalt einer Umgebungsvariablen wünschen, sollten Sie mit `getenv()` arbeiten, weil Sie dann nicht, wie beim Parameter `env`, den Variablennamen vom Inhalt trennen müssen. Wollen Sie aber die gesamte Zeichenkette, also inklusive dem Namen der Variablen und dem Gleichheitszeichen, oder wollen Sie einfach nur wissen, wie viele Variablen definiert sind, dann arbeiten Sie besser mit dem Parameter `env`.

6.4.2 Ein praktisches Beispiel

Wir wollen die Erläuterungen zur Funktion `main()` damit abschließen, indem wir uns ein kleines Programm schreiben, das berechnet, wie viel Benzin unser Auto verbraucht hat. Dazu geben wir über die Kommandozeile die seit dem letzten Auftanken gefahrene Anzahl der Kilometer und die Menge Benzin ein, die wir gerade getankt haben, an. Das Programm überprüft diese Angaben und errechnet den Verbrauch auf 100 km.

Sehen wir als Erstes an, was die Funktion `main()` macht:

Quelltext 6.11: main() aus benzin.c

```
1   int main( int argc, char* argv[] )
2   {
3       double km;
4       double lt;
5
6       get_values(argc, argv, &km, &lt);
7
8       printf("Gefahrene Kilometer: %8.3f\n", km);
9       printf("Getankte Liter:      %8.3f\n", lt);
10      printf("Verbrauch auf 100km: %8.3f\n", 100 * lt / km);
11
12      return 0;
13  }
```

Viel ist es nicht. `main()` ruft die Funktion `get_values()` auf, gibt zur Überprüfung die Werte aus der Kommandozeile aus, errechnet den Verbrauch und gibt schließlich auch diesen aus.

Bei der Funktion `get_values()` handelt es sich um eine Funktion, die wir noch schreiben müssen. Wir übergeben dieser Funktion die Kommandozeile sowie die Adressen zweier Variablen. `get_values()` soll die Kommandozeile überprüfen und die gewünschten Werte in die Variablen `km` (für die gefahrenen Kilometer) und `lt` (für die getankten Liter) eintragen:

Quelltext 6.12: get_values() aus benzin.c

```
1     void get_values( int argc, char* argv[], double* km, double* lt )
2     {
3  A)   if( argc != 3 )
4         cmdln_error();
5
6  B)   *km = atof(argv[1]);
7       *lt = atof(argv[2]);
8
9  C)   if( *km <= 0 || *lt <= 0 )
10        cmdln_error();
11    }
```

Erklärungen

A Wir prüfen hier, ob insgesamt 3 Kommandozeilenargumente vorhanden sind (der Programmname und die Werte für die gefahrenen Kilometer sowie die getankten Liter). Wenn es keine 3 Argumente sind, rufen wir cmdln_error() auf, eine Funktion, die wir uns ebenfalls noch schreiben müssen. »cmdln« ist hier die Abkürzung für *command line*, der englische Begriff für die Kommandozeile.

B Die Kommandozeile für dieses Programm soll »benzin <km> <lt>« lauten, wobei <km> für die gefahrenen Kilometer steht und <lt> für die getankten Liter. Daher muss sich in argv[1] die Anzahl der gefahrenen Kilometer befinden und in argv[2] die getankten Liter.

Wir benutzen die Funktion atof(), um eine Zeichenkette in eine Fließkommazahl umzuwandeln. Damit diese Funktion vom Compiler erkannt wird, müssen Sie entweder die Datei »stdlib.h« oder die Datei »math.h« über #include einbinden.

Beachten Sie an dieser Stelle, dass es sich bei km und lt um Zeiger handelt, wir diese also dereferenzieren müssen, wenn wir deren Inhalt verändern wollen.

C Zuletzt wird noch geprüft, ob die gefundenen Werte größer als null sind. Wenn nicht, rufen wir auch hier wieder cmdln_error() auf.

Sehen wir uns nun die Funktion cmdln_error() an:

Quelltext 6.13: cmdln_error() aus benzin.c

```
1     void cmdln_error( void )
2     {
3       printf(
4         "Verwendung: benzin <km> <lt>\n"
5         "  <km>: Anzahl gefahrener Kilometer > 0, optional mit Dezimalpunkt\n"
6         "  <lt>: Verbrauchte Liter > 0, optional mit Dezimalpunkt\n");
7
8       exit(1);
9     }
```

Auch hier gibt es nicht viel zu sagen. Es wird die Information ausgegeben, wie das Programm zu verwenden ist, und danach die Funktion exit() aufgerufen. Diese Funktion beendet das Programm mit sofortiger Wirkung und gibt den als Argument angegebenen Wert an das Betriebssystem zurück.

Zusammenstellen können Sie die obigen Funktionen selbstständig. Falls es doch nicht klappt, befindet sich der komplette Quelltext auf der CD zum Buch unter dem Namen »benzin.c«. Sie können es übersetzen und über die Kommandozeile aufrufen.

Wenn Sie in einer Entwicklungsumgebung arbeiten, sollten Sie es ebenfalls über die Kommandozeile aufrufen, damit Sie die Argumente übergeben können. Oder Sie richten sich das Projekt so ein, dass Sie die Argumente beim Start des Programms aus der Entwicklungsumgebung heraus mit übergeben (lesen Sie dazu im Anhang A.2 im Abschnitt »Argumente an das Programm übergeben« für die jeweilige Entwicklungsumgebung nach). Allerdings ist das eine umständliche Methode, um das Programm mit verschiedenen Werten zu testen.

6.5 Sichtbarkeit und Gültigkeit

Wenn wir Variablen innerhalb einer Funktion definieren, dann sind diese nur innerhalb dieser Funktion bekannt. Das heißt, sie sind *lokal zur Funktion*. Verdeutlichen wir das an einem Programm, das wir im folgenden Abschnitt erstellen wollen.

6.5.1 Die Problematik im Beispiel

Wir lesen eine unbestimmte Menge von Zahlen ein. Dabei wird jede Eingabe gezählt. Geben wir eine Null ein, wird die Eingabe beendet, und die Zahlen werden der Reihe nach ausgegeben. Damit wir die richtige Menge ausgeben (nicht zu viel oder zu wenig), nehmen wir uns einen Zähler zu Hilfe. Beginnen wir mit der Funktion main():

```
1       int main( void )
2       {
3   A)      int numbers[10], count;
4
5           clrscr();
6
7   B)      input();
8   C)      output();
9
10          return 0;
11      }
```

Erklärungen

A Wir definieren ein Feld, das 10 Zahlen aufnehmen kann und eine Variable, die wir als Zähler gebrauchen.

B Die Eingabe findet in einer eigenen Funktion statt.

C Nach der Eingabe wird eine Funktion zur Ausgabe aufgerufen.

Als Nächstes sehen wir uns die Funktion `input()` an:

Quelltext 6.14: input() aus global.c

```
1       void input( void )
2       {
3   A)      box(1, 1, 80, 3);
4           cputs("Es koennen maximal 10 Zahlen eingegeben werden!");
5   B)      box(1, 4, 80, 24);
6
7   C)      count = -1;
8   D)      do
9           {
10  E)          count++;
11
12              gotoxy(1, 10);
13  F)          cprintf("Geben Sie die %i. Zahl ein: ", count + 1);
14  G)          cscanf("%i", &numbers[count]);
15  H)          getch();
16
17              clrscr();
18          }
19  I)      while( (numbers[count] != 0) && (count < 9) );
20      }
```

Erklärungen

A Um das Ganze ein wenig ansprechender zu gestalten, rufen wir die Funktion `box()` auf, die wir natürlich in das Programm aufnehmen müssen. Hier legen wir den Bereich am oberen Bildschirmrand für den folgenden Hinweis fest.

B Unterhalb der Überschrift findet die eigentliche Arbeit statt. Diesen Eingaberahmen können wir nicht bis in die 25. Zeile lassen, da es bei der Ausgabe der Ecke unten rechts sonst einen Zeilenvorschub gäbe (probieren Sie es ruhig aus), und das würde das schöne Bild zerstören.

C Den Zähler setzen wir auf -1, da er in der folgenden Schleife gleich wieder inkrementiert wird. Das erste Feldelement wird ja über den Index 0 angesprochen.

D Die Abfrage nach einer Zahl findet am besten in einer Schleife statt, da dieses die einzige Möglichkeit ist, eine vorher unbekannte Menge von Daten einzulesen.

E Bei jedem Schleifendurchlauf wird zunächst der Zähler um 1 erhöht.

F Es würde etwas seltsam anmuten, wenn bei der ersten Eingabeaufforderung stünde: »Geben Sie die 0. Zahl ein:«. Daher geben wir einen Wert um 1 größer als den Zähler aus.

G Nun wird in das jeweilige Element des Feldes `zahl[]` der eingegebene Wert kopiert. Denken Sie dabei an den Referenzoperator. Der Compiler gibt keinen Laut, wenn Sie es vergessen.

H Diese Anweisung dient nur dazu, den Tastaturpuffer vollständig zu entleeren.

I Die Durchlaufbedingung für die Schleife lautet: »Wenn die eingegebene Zahl nicht Null *und* der Zähler kleiner als 9 ist ...«. Die Eingabe soll ja beendet werden, wenn wir eine Null eingeben. Geben wir keine Null ein, müssen wir verhindern, dass ein Feldelement angesprochen wird, welches es nicht gibt. Das letzte Element hat den Index 9, deshalb wird die Schleife verlassen, wenn der Zähler den Wert 9 erreicht hat.

Und als Letztes kommen wir zur Ausgabe-Funktion (zu `box()` brauchen wir nichts mehr zu sagen, Sie können sich diese Funktion aus dem Programm »box_test.c« (Quelltext 6.1) kopieren):

Quelltext 6.15: output() aus global.c

```
1   void output( void )
2   {
3       int i;
4
5   A)  box(1, 1, 80, 3);
6       cputs("Ihre eingegebenen Zahlen:");
7       box(1, 4, 80, 24);
8
9   B)  for( i = 0; i < count; i++ )
10          cprintf("Die %i. Zahl: %i\n\r", i + 1, numbers[i]);
11
12  C)  if( count == 9 )
13          cprintf("Die %i. Zahl: %i\n\r", i + 1, numbers[i]);
14
15  D)  cputs("\n\rZum Beenden eine Taste druecken.\n\r");
16      getch();
17  }
```

Erklärungen

A Auch hierbei gönnen wir uns etwas Schönes und gestalten die Ausgabe ein wenig ansprechend.

B In einer Zählschleife können wir die Ausgabe am besten bewältigen. Hierbei leistet uns der Zähler `count` gute Dienste, denn in ihm ist ja noch die Menge der eingegebenen Zahlen gespeichert. Dabei müssen wir nur darauf achten, dass die letzte eingegebene Zahl (die Null) nicht mit ausgegeben wird. Daher brechen wir ab, wenn `i` gleich `count` ist.

C Haben wir alle zehn Zahlen eingegeben, dann würde mit der obigen Methode die zehnte Zahl niemals ausgegeben werden. Daher fragen wir, ob `count` den Wert 9 hat. Ist das der Fall, wird auch die letzte Zahl ausgegeben. Dabei können wir gerne i benutzen, denn i wurde ja in diesem Fall vor dem Verlassen der Schleife auf 9 erhöht.

D Damit wir uns die Ausgabe in aller Ruhe ansehen können, halten wir das Programm an, bis eine Taste gedrückt wurde.

Nun stellen wir die einzelnen Teile zu einem Programm zusammen:

```
1    void box( int x1, int y1, int x2, int y2 )
2    {
3        ...
4    }
5
6
7    void input( void )
8    {
9        ...
10   }
11
12
13   void output( void )
14   {
15       ...
16   }
17
18
19   int main( void )
20   {
21       ...
22   }
```

Und wenn wir es übersetzen, kommt die Ernüchterung, der Compiler meldet gleich mehrere Fehler: Die Variablen numbers[] und count sind in input() und output() unbekannt.

Woran liegt das? Wie bereits gesagt, sind Variablen nur in dem Programmteil bekannt (man sagt auch sichtbar), in dem sie definiert werden – in diesem Fall nur in main(). Das können wir ändern, wenn wir diese Variablen außerhalb einer Funktion definieren. Die beste Position ist meistens am Anfang des Programms. Damit machen wir sie überall sichtbar. Sie erhalten eine globale Gültigkeit. In der Praxis sieht es aus wie im Quelltext 6.16.

Quelltext 6.16: global.c

```
1    /*
2        File: global.c
3        Using global variables.
4    */
5
6    #include <conio.h>
```

```
 7
 8
 9    A) int numbers[10], count;
10
11
12       void box( int x1, int y1, int x2, int y2 )
13       {
14          ...
15       }
16
17
18       void eingabe( void )
19       {
20          ...
21       }
22
23
24       void ausgabe( void )
25       {
26          ...
27       }
28
29
30       int main( void )
31       {
32    B)     clrscr();
33
34          eingabe();
35          ausgabe();
36
37          return 0;
38       }
```

Erklärungen

A Die Definition der Variablen findet am Anfang des Quelltextes außerhalb jeder Funktion statt.

B Dafür erübrigt sich die Definition an dieser Stelle.

Das gleiche Programm liegt auch in einer Version für Compiler vor, die »conio.h« nicht oder nicht ausreichend unterstützen. Der Dateiname auf der CD lautet »std_glob.c«. Dort sehen Sie auch, wie umständlich es ohne die Funktionen aus »conio.h« ist, ein ordentliches Erscheinungsbild zu bewerkstelligen. Die Version für Windows NT/2000/XP heißt »win_glob.c«. Weil die Variante mit »curses.h« wieder etwas komplizierter ist und auch einige neue Aspekte darin enthalten sind, habe ich diese im Quelltext 6.17 noch einmal aufgeführt.

Quelltext 6.17: crs_glob.c

```
1       /*
2       File: global.c
3       Using global variables.
4       */
5
6       #include <curses.h>
7
8
9       int     numbers[10];
10      int     count;
11 A)   WINDOW* wtitlefrm;
12      WINDOW* wtitle;
13      WINDOW* wiofrm;
14      WINDOW* wio;
15
16
17      void input( void )
18      {
19          char buffer[64];
20
21 B)       waddstr(wtitle, "Es koennen maximal 10 Zahlen eingegeben werden!");
22          wrefresh(wtitle);
23
24          count = -1;
25          do
26          {
27              count++;
28
29 C)           sprintf(buffer, "Geben Sie die %i. Zahl ein: ", count + 1);
30 D)           mvwaddstr(wio, 9, 0, buffer);
31
32 E)           wgetnstr(wio, buffer, 9);
33              sscanf(buffer, "%i", &numbers[count]);
34
35              werase(wio);
36          }
37          while( (numbers[count] != 0) && (count < 9) );
38      }
39
40
41      void output( void )
42      {
43          char buffer[64];
44          int  i;
45
46 F)       werase(wtitle);
47          waddstr(wtitle, "Ihre eingegebenen Zahlen:");
48          wrefresh(wtitle);
```

```
49
50          for( i = 0; i < count; i++ )
51          {
52   G)         sprintf(buffer, "Die %i. Zahl: %i\n", i + 1, numbers[i]);
53              waddstr(wio, buffer);
54          }
55
56          if( count == 9 )
57          {
58              sprintf(buffer, "Die %i. Zahl: %i\n", i + 1, numbers[i]);
59              waddstr(wio, buffer);
60          }
61
62          waddstr(wio, "\nZum Beenden eine Taste druecken.\n");
63          wgetch(wio);
64      }
65
66
67      int main( void )
68      {
69          initscr();
70
71   H)     wtitlefrm = newwin(3, COLS, 0, 0);
72          wtitle    = newwin(1, COLS - 2, 1, 1);
73          wiofrm    = newwin(LINES - 3, COLS, 3, 0);
74          wio       = newwin(LINES - 5, COLS - 2, 4, 1);
75
76
77          box(wtitlefrm, 0, 0);
78          box(wiofrm, 0, 0);
79
80          wrefresh(wtitlefrm);
81          wrefresh(wiofrm);
82
83          input();
84          output();
85
86          delwin(wio);
87          delwin(wiofrm);
88          delwin(wtitle);
89          delwin(wtitlefrm);
90
91          endwin();
92
93          return 0;
94      }
```

Erklärungen

A Dieses Mal arbeiten wir mit vier Fenstern, zwei für die zu zeichnenden Rahmen (`wtitlefrm` für den Rahmen des Titels und `wiofrm` für den Rahmen um den Ein- und Ausgabebereich), eines für die Ausgabe des Titels (`wtitle`) und eines für die anderen Aus- und Eingaben (`wio`).

Wir verwenden neben den Rahmenfenstern die zwei zusätzlichen Fenster, damit wir die gezeichneten Rahmen nicht überschreiben. Dazu setzen wir innerhalb der Rahmenfenster je ein weiteres Fenster ein, das genau den Bereich einnimmt, der innerhalb des jeweiligen Rahmens liegt (vgl. Zeilen 71 bis 74).

B Hier geben wir im Fenster für die Titelausgabe den Titel aus und machen diesen durch den folgenden Aufruf von `refresh()` sichtbar.

C Wir schreiben die Eingabeaufforderung mittels `sscanf()` erst in einen Puffer, bevor wir sie ausgeben. Weshalb, erfahren Sie weiter unten im Anschluss an diese Erklärungen.

D Die Funktion `mvwaddstr()` ist neu. Sie steht für *move window add string*. Das erste Argument ist wieder das Fenster, in das die Ausgabe erfolgen soll. Als Nächstes folgt die Position, angegeben durch die Zeile, gefolgt von der Spalte, beide wieder nullbasiert und relativ zum angegebenen Fenster. Als Letztes folgt die auszugebende Zeichenkette.

Durch diese Funktion ersparen wir uns einen vorherigen Aufruf von `wmove()`, um die Schreibmarke zu positionieren.

Es gibt auch die Funktion `mvaddstr()`, die dasselbe für das Standardfenster erledigt.

E Die eingegebene Zeichenkette lesen wir über `wgetnstr()` in einen Puffer und füllen `numbers` über `sscanf()`.

`wgetnstr()` funktioniert wie die Funktion `gets()`, mit dem Unterschied, dass als letztes Argument die Anzahl der Zeichen, die höchstens eingegeben werden dürfen, angegeben wird. Die Variante für das Standardfenster heißt `getstr()`.

F Bevor wir den neuen Titel ausgeben, muss der alte gelöscht werden. Danach befindet sich die Schreibmarke in der linken oberen Ecke des Fensters.

G Hier formatieren wir wieder die Zeichenkette und geben sie über `waddstr()` aus. Die Steuerzeichen (hier `"\n"`), werden genauso ausgegeben wie bei den Funktionen aus »stdio.h«.

H Wir erzeugen die vier Fenster. Damit wir uns tatsächlich innerhalb des Bildschirms aufhalten und nicht rechts oder unten darüber hinausragen, holen wir uns die Anzahl der verfügbaren Spalten (`COLS`) und Zeilen (`LINES`).

Bei `COLS` und `LINES` handelt es sich um Variablen, die durch den Aufruf von `initscr()` gesetzt werden.

Die Aus- und Eingabe scheint im Quelltext 6.17 etwas kompliziert. Es geht aber auch einfacher. Ich habe diesen Weg gewählt, weil Sie die verwendeten Funktionen grundsätzlich bereits kennen, nämlich alle die Varianten, die in den Standardbildschirm schreiben. Daneben wollte ich Ihnen die Varianten vorstellen, die in ein bestimmtes Fenster schreiben und den Text vor der Ausgabe auch gleich automatisch positionieren.

Daneben gibt es auch in »curses.h« Funktionen für eine formatierte Aus- und Eingabe. Diese sind `printw()` und `scanw()` für das Standardfenster. Diese Funktionen arbeiten wie die Entsprechungen aus »stdio.h«. Parallel dazu gibt es dann auch die Funktionen, die in ein bestimmtes Fenster hineinschreiben und mit einem »w« beginnen. Und die entsprechenden Funktionen, die die Eingabemarke gleich auf eine bestimmte Position setzen und mit den Buchstaben »mv« beginnen, sind ebenfalls vorhanden.

Nach diesem Exkurs in die Welt von »curses.h« kommen wir wieder zum eigentlichen Thema zurück, zu den globalen Variablen, die für alle Funktionen sichtbar am Anfang des Quelltextes deklariert oder definiert werden:

Es taucht vielleicht die Frage auf, warum Variablen nicht grundsätzlich global definiert werden. In manchen Fällen ist dies sinnvoll, und bequem ist es allemal. Doch sollte man an eines denken, definieren wir lokale Variablen (also innerhalb einer Funktion), dann wird für diese Variablen erst dann Speicherplatz reserviert, wenn die Funktion aufgerufen wird. Beim Verlassen dieser Funktion wird der Speicherplatz wieder freigegeben, die Variablen werden gelöscht.

Jede *globale* Variable aber lebt über die gesamte Programmlaufzeit. Der Speicher wird beim Programmstart reserviert und erst dann wieder freigegeben, wenn das Programm beendet wird. Haben wir sehr viele solcher Variablen, dann wird der Arbeitsspeicher des Rechners entsprechend gefüllt sein. Das kann unter Umständen bewirken, dass nicht mehr genug Speicher für die anderen Aufgaben des Programms bleibt. Dazu kommen noch die sogenannten *Seiteneffekte*. Das bedeutet, dass eine Variable in einer Funktion verändert wird, wo sie gar nicht verändert werden sollte, weil dadurch Ergebnisse im weiteren Verlauf des Programms verfälscht oder sogar völlig unbrauchbar werden können.

> Globale Variablen sollten nur da verwendet werden, wo es wirklich nötig ist und nicht anders geht.

6.5.2 Lokale und globale Definitionen

Das Grundprinzip der lokalen und globalen Variablen dürfte nun eigentlich verstanden worden sein. In diesem Abschnitt gehen wir trotzdem noch ein wenig tiefer darauf ein und untersuchen die Gültigkeit (Sichtbarkeit) der Variablen in verschiedenen Anweisungsblöcken innerhalb einer Funktion.

Anweisungsblöcke kommen am häufigsten in den Schleifen vor, aber es ist kein Problem, sie auch sonst zu nutzen. Diese Blöcke können beliebig tief verschachtelt werden, gleichgültig, ob es sinnvoll ist oder nicht. Die Hauptsache ist, dass es zu jeder öffnenden Klammer auch eine schließende gibt.

Variable können dann irgendwo im Programm (aber gleich hinter einem Blockbeginn) definiert werden, sind dann allerdings auch nur im jeweiligen Block bekannt. Dazu sehen wir uns ein Programm an, an dessen Ergebnis man gut erkennen kann, welche Variable wo erkannt wird:

Quelltext 6.18: lokal.c

```
1      /*
2      File: lokal.c
3      Using local variables.
4      */
5
6      #include <stdio.h>
7
8
9      int main( void )
10     {
11  A)     int a = 1;
12         int b = 2;
13
14         printf("\x1b[2J");
15
16  B)     {
17             int a = 33;
18  C)         printf("Innen ist a: %i und b: %i\n", a, b);
19         }
20
21  D)     printf("Aussen ist a: %i und b: %i\n", a, b);
22
23         getchar();
24         return 0;
25     }
```

Erklärungen

A Innerhalb von main() definieren wir zwei Variablen mit Namen a und b, die mit den Werten 1 und 2 initialisiert werden.

B In main() wird ein weiterer Anweisungsblock erstellt, und auch in diesem Block wird eine Variable a definiert, aber mit 33 initialisiert.

C Wir greifen auf die Variablen zu und sehen (am Ausdruck auf dem Monitor), dass sich in a der Wert 33 befindet. Es wurde also auf die im inneren Block definierte Variable zugegriffen. Die äußere wird von der inneren *verdeckt*, sodass darauf nicht mehr zugegriffen werden kann.

D Damit wir sehen, dass bei der Ausgabe im inneren Block wirklich eine andere Variable angesprochen und nicht bloß der Wert der äußeren verändert wurde, geben wir hier im äußeren Block auch noch einmal die Werte von a und b aus.

6.6 Speicherklassen

Durch die Speicherklassen kann man festlegen, wie weit Funktionen oder Variablen in einem Programm sichtbar sind, und wie sie behandelt werden. Eine Speicherklasse wird gleich an den Anfang einer Funktion oder Variablen geschrieben:

```
Speicherklasse void box( int x1, int y1, int x2, int y2 )
Speicherklasse int zahl;
```

Anstelle des Worts Speicherklasse befindet sich dann eines der Wörter static, extern, auto, volatile, oder register.

6.6.1 Speicherklassen für Funktionen

Die Speicherklasse static verhindert, dass eine Funktion außerhalb des Moduls, in dem sie definiert wird, sichtbar ist. Zu dem Begriff *Modul* kommen wir später noch. Erst einmal müsste die Erklärung reichen, dass Programme in C meist aus mehreren Dateien zusammengebunden werden. Dabei wird jede Datei als ein Modul bezeichnet.

Wenn eine Funktion die Speicherklasse static besitzt, bedeutet es, dass eine andere Funktion mit dem gleichen Namen in einem anderen Modul definiert werden kann, ohne dass es zu Problemen mit doppelten Funktionsnamen kommt. Das liegt daran, dass statische Funktionen eben *lokal zum Modul* sind.

Daneben gibt es für Funktionen die Speicherklasse extern. Diese bedeutet *programmglobal*, also von jedem anderen Modul aus sichtbar. Dieses ist die Voreinstellung, braucht daher also nicht jedes Mal geschrieben zu werden.

6.6.2 Speicherklassen für Variablen

Ist eine Variable innerhalb einer Funktion als static definiert, dann wird sie beim Verlassen dieser Funktion *nicht gelöscht* und behält den in ihr gespeicherten Wert solange bei, bis er in dieser Funktion geändert wird[7]. Globale Variablen erhalten automatisch die Speicherklasse static.

Die Voreinstellung für lokale Variablen ist auto. Globale Variablen dürfen nicht mit dieser Speicherklasse definiert werden. Da dieses die Voreinstellung für die lokalen Variablen ist, wird dieses Wort auch sehr selten verwendet. auto heißt im Prinzip, dass die Variable bei der Definition erzeugt und beim Verlassen der Funktion gelöscht wird.

---

[7] Für Pascal-Programmierer: Dieses entspricht der Definition einer Variablen unter CONST innerhalb einer Funktion.

extern bei Variablen bedeutet, dass sich der Bezeichner auf eine Variable bezieht, die in einem anderen Modul definiert wurde. Es wird also keine neue Variable definiert, sondern eine bereits definierte Variable wird *deklariert*. Diese Variable darf dann auch nicht innerhalb einer Funktion definiert sein.

Die Speicherklasse register hat eine besondere Bedeutung. Normalerweise werden globale Variablen im *Datensegment* abgelegt und lokale im *Stacksegment*. register kann man auf jede Variable anwenden, die lokal zu einer Funktion definiert wird. Die Lebensdauer wird dadurch nicht erhöht (sie bleibt also auto), doch wird diese Variable vielleicht in den Prozessorregistern anstatt im Stacksegment abgelegt[8]. Das erhöht die Arbeitsgeschwindigkeit unter Umständen spürbar.

Ich sagte soeben mit Absicht »vielleicht«, denn register ist nur ein *Vorschlag* an den Compiler. Variablen werden nur dann in Registern abgelegt, wenn welche zur Verfügung stehen und nicht anderweitig gebraucht werden. Der Vorteil, wenn Variablen sich in Registern befinden, liegt darin, dass der Zugriff darauf schneller erfolgen kann. Das ist bei zeitkritischen Routinen von Bedeutung. Ein Versuch mit register lohnt sich in solchen Fällen immer. Wird die Variable nicht in Registern abgelegt, so müssen wir uns mit einer normalen Hauptspeichervariablen zufriedengeben. Schaden tut diese Speicherklasse jedenfalls nicht.

Allerdings gibt es bei register-Variablen auch einen Nachteil: Der Referenzoperator darf auf diese Variablen nicht angewendet werden, da Register keine Adressen im eigentlichen Sinne besitzen. Auf die Zeigertechnik muss mit diesen Variablen also verzichtet werden. Das klingt auf den ersten Blick nicht so schlimm. Aber auf Felder und Zeichenketten lässt sich register nicht anwenden, denn hier wird ausschließlich mit Zeigern gearbeitet.

Das Gegenstück zu register ist volatile. Diese Speicherklasse *verhindert*, dass Variablen in Registern abgelegt werden.

6.7 Eingaben von der Tastatur lesen

Für den Abschluss dieses Kapitels habe ich mir ein kleines Bonbon aufgehoben: Wir schreiben eine Funktion, die Eingaben von der Tastatur entgegennimmt, ohne dass der Anwender das Programm zum Absturz bringen kann, weil wir es ihm nicht ermöglichen werden, zu viele Zeichen einzugeben.

---

[8] Register sind die Speicherplätze, die innerhalb eines Prozessors für Daten zur Verfügung stehen, während sich alle Segmente im Hauptspeicher befinden. Wenn der Prozessor einen Befehl ausführt, in dem Daten verarbeitet werden, müssen diese Daten erst vom Hauptspeicher in die Register geladen (= kopiert) werden. Dieser Schritt entfällt, wenn der Compiler es so einrichtet, dass die Daten nicht erst in den Hauptspeicher geschrieben werden, sondern sofort in die Register.

6.7.1 Formulierung der Anforderungen

Zunächst haben wir einige Forderungen an unsere Funktion, die wir schriftlich niederlegen sollten:

1. Die Funktion soll getstr() heißen.
2. Die Funktion muss von jedem Compiler übersetzt und auf jede Umgebung ohne Aufwand portiert werden können.
3. Die Funktion darf nicht über die Grenzen des Eingabepuffers hinweg schreiben.
4. Die Funktion muss Zeichenketten mit, aber auf Wunsch auch ohne Leerzeichen entgegennehmen können.
5. Die Funktion muss Zahlen mit, aber auf Wunsch auch ohne Vorzeichen einlesen können.
6. Die Funktion muss Zahlen mit, aber auf Wunsch auch ohne Komma einlesen können.
7. Es muss möglich sein, anhand der Rückgabewerte einen aufgetretenen Fehler (z. B. Buchstaben statt Zahlen) zu erkennen und zu lokalisieren.
8. Die Funktion soll immer alle eingegebenen Zeichen aus dem Eingabepuffer holen, damit wir nicht ein explizites getchar() benötigen, um den Zeilenvorschub oder weitere zurückgelassene Zeichen auszulesen.

Zunächst überlegen wir uns, wie die Funktion verwendet werden soll. Zwei mögliche Varianten sind:

```
char input[5];    /* Der Puffer, der die Eingabe aufnimmt. */
getstr(input);
puts(getstr(input));
```

Wir sehen hier schon, dass wir die Eingabe auch zurückliefern müssen, damit wir das Resultat direkt an eine andere Funktion übergeben können. Überlegen wir uns aber, ob die Argumente, die wir an getstr() übergeben, ausreichend sind. Wenn wir uns vor Augen halten, dass getstr() keine Ahnung davon hat, wir groß der Puffer ist, den wir für die Aufnahme der Eingabe übergeben, müssen wir zumindest dieses Argument mit angeben:

```
getstr(input, 5);
/* oder: */
getstr(input, sizeof(input));
```

Damit können wir die Eingabe begrenzen, denn jetzt kennt getstr() die Größe unseres Puffers. Es können also 4 Zeichen und das abschließende Nullzeichen im Puffer gespeichert werden.

Sehen wir uns noch mal die Liste mit den Forderungen an: Punkt 3 wäre erfüllt, doch was ist mit den Punkten 4 bis 6? So wie es aussieht, müssen wir bekannt geben, was getstr() für Zeichen lesen darf. Sie soll einmal Zeichenketten lesen, die keine

Leerzeichen enthalten, ein andermal soll sie Zeichenketten mit Leerzeichen lesen können. Sie soll auch Zahlen lesen, die nur Ziffern enthalten, aber auch Zahlen mit Vorzeichen und/oder einem Komma.

Die einfachste Variante, dieses zu implementieren, ist, die Zeichen, die gelesen werden dürfen, der Funktion mitzuteilen:

```
getstr(input, 5, "0123456789+-");
```

Jetzt kann `getstr()` erkennen, dass nur die Ziffern 0 bis 9 gelesen werden dürfen sowie die zwei Vorzeichen. Das ermöglicht uns, nur positive und negative Zahlen ohne Komma einzugeben. Anhand eines solchen Zeichensatzes können wir die Punkte 4 bis 6 aus unserem Forderungskatalog erfüllen.

Und nun zu Punkt 7: Anhand der Rückgabe soll uns ein Fehler mitgeteilt werden. Wir können in einem solchen Fall einfach NULL liefern, aber dann dürfen wir den Rückgabewert nicht ungefragt an `puts()` übergeben. Diese Lösung steht also nicht zur Debatte, zumal wir ja auch feststellen wollen, um welche Art Fehler es sich handelt (wurde ein ungültiges Zeichen eingegeben oder wurden zu viele Zeichen eingegeben?). Hierfür schlage ich folgende Lösung vor:

```
1    struct gs_state
2    {
3        size_t read;    /* Anzahl der eingelesenen Zeichen. */
4        char   last;    /* Das letzte eingelesene Zeichen. */
5    };
6
7    char            input[5];
8    struct gs_state state;
```

Und der Aufruf:

```
getstr(input, 5, "0123456789", &state);
```

Oder, wenn uns der Fehlerstatus nicht interessiert:

```
getstr(input, 5, "0123456789", NULL);
```

Anhand der zwei Komponenten in der Struktur `gs_state` können wir einen Fehler ermitteln und lokalisieren. Ein paar Beispiele sollen es Ihnen zeigen. Wir gehen davon aus, dass nur die Ziffern 0 bis 9 eingegeben werden dürfen, der Eingabepuffer 5 Zeichen aufnehmen kann (4 Ziffern und die abschließende Null) und wir jede Eingabe mit [Eingabe] abschließen:

Eingabe: 123
read: 3
last: '\n'

Hier ist kein Fehler aufgetreten, denn es wurden 3 Zeichen gelesen, und das letzte gelesene Zeichen ist der Zeilenvorschub.

Eingabe: 56789
read: 4
last: '9'

Da `getstr()` maximal 4 Ziffern einlesen darf, kann in `read` auch kein höherer Wert stehen. Aber das letzte Zeichen ist kein Zeilenvorschub, sondern die Ziffer 9. Daran sehen wir, dass die Eingabe zu lang war.

Eingabe: 123H4
read: 3
last: 'H'

Das letzte eingelesene Zeichen ist wieder kein Zeilenvorschub, sondern ein »H«. Das heißt, dass ein ungültiges Zeichen eingegeben wurde. Wir können auch sagen, dass das ungültige Zeichen das vierte Zeichen in der Eingabe ist, da wir 3 Zeichen fehlerfrei einlesen konnten.

Wir wissen jetzt, wie der Funktionskopf aussehen muss und was die Funktion zu leisten hat. Die Punkte 2 und 8 aus dem Forderungskatalog können wir erst erfüllen, wenn der Funktionsrumpf implementiert wird. Wir müssen für den Punkt 2 nur darauf achten, dass wir ausschließlich die Eingabefunktionen verwenden, die im ANSI-Standard definiert sind. Punkt 8 erfüllen wir, indem wir sicherstellen, dass auch wirklich alle Zeichen aus der Eingabe ausgelesen werden.

6.7.2 Die Eingabefunktion

Sehen wir uns einen ersten Entwurf an, in dem der Funktionsrumpf nur aus einem *Pseudocode* besteht. Ein Pseudocode ist nichts anderes als eine Implementierung in menschlicher Sprache anstelle einer Programmiersprache. Der Pseudocode hat den Vorteil, dass er den in einer konkreten Programmiersprache zu implementierenden Quelltext gleich kommentiert, wie weiter unten im Quelltext 6.19 zu sehen ist.

```
1   char* getstr( char* dst, size_t n, const char* chs, struct gs_state* s )
2   {
3
4       * Prüfe die übergebenen Argumente.
5
6       * Lies die Zeichen, bis '\n' gefunden oder n-1 Zeichen erreicht
7       * werden oder ein ungültiges Zeichen verwendet wird.
8
9
10      * Lösche den Eingabepuffer.
11
12      return dst;
13  }
```

Wie Sie erkennen, erwarten wir als erstes Argument einen Zeiger auf `char`. Genau diesen liefern wir am Ende über `return` zurück. Der zweite Parameter ist vom Typ `size_t`. Dieser Typ ist ein über `typedef` definiertes Synonym für einen `unsigned int` und wird in der Regel immer dann verwendet, wenn man eine positive ganzzahlige Größe benötigt. Er ist bereits in den Standardbibliotheken definiert, sodass wir das nicht selber machen müssen. Beim dritten Parameter handelt es sich um einen Zeiger auf ein konstantes `char`. Damit versichern wir, dass der Inhalt dieser Zeichenkette innerhalb von `getstr()` nicht verändert wird. Der letzte Parameter ist ein Zeiger auf die Struktur `gs_state`. Da wir deren Inhalt verändern müssen, sind diese Daten auch nicht mit `const` deklariert.

Innerhalb der Funktion müssen wir also zunächst prüfen, ob uns gültige Argumente übergeben wurden. So darf `dst` kein Nullzeiger sein, und auch n muss einen Wert größer als Null enthalten, da wir sonst noch nicht mal Platz für das abschließende Nullzeichen hätten.

Dann lesen wir in einer Schleife ein Zeichen nach dem anderen von der Tastatur (das kann man sehr gut mit `getchar()` erledigen), und zwar so lange, bis entweder der Zeilenvorschub, die höchstzulässige Menge an Zeichen oder ein ungültiges Zeichen gelesen wurden.

Schließlich füllen wir die Statusinformationen, wenn der Aufrufer das wünscht und keinen Nullzeiger übergeben hat, und leeren am Ende noch den Eingabepuffer, um auch wirklich alle noch verbliebenen Zeichen herauszuholen.

Wir können bereits anhand des Pseudocodes erkennen, ob die Funktion logisch das Richtige tut. Wenn wir das für gut befinden, brauchen wir nur noch den Pseudocode in Kommentare verwandeln und darum herum die Anweisungen in der Programmiersprache schreiben. Das Ergebnis ist ein gut kommentierter Quelltext. Wenn es sich als notwendig erweist, kann man die Kommentare noch etwas anpassen.

Sein Programm zu kommentieren, ist wesentlich einfacher, als die Kommentare hinterher in den Quelltext zu schreiben. Eine Ausnahme mögen dabei Funktionen bilden, die nur wenige Zeilen enthalten. Aber alles, was etwas größer ist, sollte in der beschriebenen Weise erst kommentiert und dann implementiert werden.

Sehen wir uns nun die Funktion `getstr()` in ihrer implementierten Form an:

Quelltext 6.19: getstr() aus eingabe.c, Version 1.0.0

```
1      char* getstr( char* dst, size_t n, const char* chs, struct gs_state* s )
2      {
3          char   c;
4          size_t i = 0;
5
6          /*
7           * Prüfe die gegebenen Argumente:
8           */
9   A)     assert(dst != NULL && n != 0);
10
11         if( dst == NULL || n == 0 )
12             return NULL;
13
14         /*
15          * Lies die Zeichen, bis '\n' gefunden wird oder n-1 Zeichen erreicht
16          * sind oder ein ungültiges Zeichen erreicht wird:
17          */
18
```

```
19  B)      for( ;; )
20          {
21  C)          c = getchar();
22
23              if( c == '\n' ||
24  D)              (chs != NULL && strchr(chs, c) == NULL) ||
25                  i == n - 1 )
26              {
27  E)              break;
28              }
29
30  F)          dst[i++] = c;
31          }
32
33  G)      dst[i] = 0;
34
35  H)      if( s != NULL )
36          {
37              s->read = i;
38              s->last = c;
39          }
40
41          /*
42           * Lösche den Eingabepuffer
43           */
44  I)      while( c != '\n' )
45              c = getchar();
46
47          return dst;
48      }
```

Erklärungen

A Bei `assert()` handelt es sich um ein Makro. Was das ist, sehen wir genauer im Kapitel 7.1.3. Hier reicht es erst einmal, zu wissen, dass ein Makro wie eine Funktion aufgerufen wird. Dieses Makro überprüft den angegebenen Ausdruck auf einen Wahrheitswert. Wenn dieser Wert Null, also *Falsch*, ergibt, wird das Programm sofort mit einer darauf hinweisenden Fehlermeldung beendet. Hier überprüfen wir, ob die angegebenen Argumente korrekt sind. Wie weiter oben bereits erwähnt, darf `dst` kein Nullzeiger sein und `n` darf auch nicht Null enthalten. Wenn beide Bedingungen erfüllt sind, macht `assert()` gar nichts, und das Programm arbeitet mit der nächsten Programmzeile weiter.

Man kann dieses Makro über den Präprozessor ausschalten, indem über den Präprozessor die Konstante `NDEBUG` definiert wird. Wie das funktioniert und was es mit der sogenannten *bedingten Übersetzung* auf sich hat, sehen wir uns im Kapitel 7.3.2 genauer an. Durch das Symbol `NDEBUG` jedenfalls wird der Aufruf von `assert()` aus dem fertigen Programm entfernt, sodass keine Überprüfung mehr stattfindet und das Programm bei falschen Argumenten nicht mehr beendet wird. Daher prüfen wir in der folgenden Zeile erneut und liefern NULL zurück, wenn die Argumente nicht stimmen.

Sie fragen sich sicherlich, wozu wir assert() denn überhaupt verwenden? Das kann ich erklären: Wenn ein Programm geschrieben wird, enthält es meistens noch Fehler. Um diese Fehler zu finden, wird das Programm mit sogenannten Debugging-Informationen erzeugt, die bei der Fehlersuche helfen. Da ein Programm, wenn es fertig ist, sich bei Fehlern nicht einfach beenden, sondern in einer anderen, für den Anwender angemesseneren Weise reagieren soll, fügt man das Makro assert() in den Quelltext ein. Es sorgt bei einem Programm mit Debugging-Informationen dafür, dass ein Fehler einfacher und schneller bemerkt wird. Im fertigen Programm, das dann später an den Anwender ausgeliefert wird, entfernt man assert() durch die Definition von NDEBUG, weil man es jetzt nicht mehr braucht. Man kann es dann jederzeit wieder aktivieren, indem man das Programm ohne das Symbol NDEBUG übersetzt.

Um assert() verwenden zu können, muss die Datei »assert.h« über #include in den Quelltext eingebunden werden.

B Das Einlesen der Zeichen geschieht in einer Endlosschleife, die wir hier definieren. Diese Schleife wird über das break in der Zeile 26 wieder verlassen.

C Wir nutzen getchar(), um ein einzelnes Zeichen von der Tastatur zu lesen. Solange nicht [Eingabe] gedrückt wurde, wartet getchar() auf die Eingabetaste. Erst dann beginnt es, durch das mehrmalige Durchlaufen der Schleife, nacheinander jedes Zeichen auszulesen.

D Hier gibt es eine kleine Spezialität: Wenn das Argument für den dritten Parameter NULL ist, dann wird nicht mehr geprüft, ob ein Zeichen im erlaubten Zeichensatz enthalten ist. Das ermöglicht es uns, für den Zeichensatz einfach NULL anzugeben, wenn wir wollen, dass alle Zeichen eingegeben werden können.

E Wenn die Bedingungen für einen Leseabbruch erfüllt sind, wird die Schleife über break verlassen.

F Wurde die Schleife nicht über die Zeile 26 verlassen, landen wir hier. Hier schreiben wir das Zeichen an die aktuelle Stelle in den Puffer und erhöhen dabei gleich den Zähler.

G Es wurde bis jetzt noch keine abschließende Null geschrieben. Wir schreiben sie hier. Dadurch, das der Zähler i innerhalb der Schleife beim Einfügen eines gelesenen Zeichens erhöht wurde, fügen wir die Null an der richtigen Stelle, nämlich an das Ende der eingegebenen Zeichen, ein.

H Wir füllen die Statusinformationen aus, wenn uns ein gültiger Zeiger darauf mitgegeben wurde. In c befindet sich noch das zuletzt ausgelesene Zeichen und i enthält die Anzahl der geschriebenen Zeichen.

I Da es sein kann, dass in der Schleife nicht alle Zeichen ausgelesen wurden, müssen wir sicherstellen, dass dieses jetzt noch geschieht. Der Eingabepuffer ist leer, wenn der Zeilenvorschub eingelesen wurde.

Sie sehen auch, dass sich die Kommentare gegenüber dem ersten Entwurf etwas verändert haben. Das war hier nötig, weil ohne den passenden Kommentar nicht gleich ersichtlich wäre, weshalb die Implementierung an einer bestimmten Stelle so aussieht, wie sie jetzt aussieht.

Ich möchte Ihnen noch ein Programm dazu zeigen, das getstr() aufruft. Es stört mich nämlich noch, dass die Angabe eines Zeichensatzes so umständlich ist. Sie müssen sich nur mal vorstellen, es sollen alle Buchstaben (große und kleine) des Alphabets erlaubt sein und noch die Ziffern 0 bis 9. Das heißt, wir müssen diese Buchstaben und Ziffern in die Zeichenkette eintragen. Es wäre mir angenehmer, wenn die Angabe in der Art »a-zA-Z0-9« erfolgen könnte. Und da ich ein Entwickler bin, drängt es mich auch, eine Funktion zu entwickeln, die eine solche Zeichenkette interpretiert und daraus einen Zeichensatz formt, der an getstr() übergeben werden kann.

6.7.3 Erzeugen von Zeichensätzen

Vielleicht sollten Sie erst selbst versuchen, so eine Funktion zu schreiben, um sie dann hinterher mit der von mir entwickelten Version zu vergleichen. Stellen wir dazu also wieder einige Anforderungen zusammen:

1. Der Funktionskopf muss die folgende Form haben:

    ```
    char* makeset( char* set, size_t n, const char* mask )
    ```

    set ist der Puffer, in den das Ergebnis geschrieben wird. Bei n handelt es sich um die Größe des Puffers. Diese muss das abschließende Nullzeichen berücksichtigen. An mask wird die zu interpretierende Zeichenkette übergeben.

2. Wenn der Puffer set zu klein ist (ermittelbar durch n), um die generierte Zeichenkette aufzunehmen, liefert die Funktion NULL. Im Erfolgsfall liefert sie einen Zeiger auf den Puffer set.

3. Die Zeichen in mask müssen eins zu eins nach set übertragen werden. Das Minuszeichen ist eine Ausnahme. Dieses wird nur in den Puffer übertragen, wenn es das erste oder das letzte Zeichen in mask ist. Ansonsten wird die Reihe von Zeichen in den Puffer übertragen, die durch die Zeichen, die rechts und links des Minuszeichens stehen, angegeben sind. Wenn das linke Zeichen größer oder gleich dem rechten ist, wird ebenfalls nur das Minuszeichen anstelle einer kumulierten Zeichenfolge in den Puffer geschrieben.

Ein paar Beispiele dazu:

- »a-z«: Es werden die kleingeschrieben Buchstaben des Alphabets von »a« bis »z« in den Puffer geschrieben.
- »0-9-«: Es werden die Ziffern 0 bis 9 und das Minuszeichen in den Puffer geschrieben.
- »-,0-9«: Es werden das Minuszeichen, das Komma und die Ziffern 0 bis 9 in den Puffer geschrieben.
- »0-0«: Es werden nur die Ziffer 0 und das Minuszeichen in den Puffer geschrieben.
- »9-0«: Es werden nur die Ziffern 9 und 0 und das Minuszeichen in den Puffer geschrieben.

So, nun kennen wir die Anforderungen. Im Quelltext 6.20 befindet sich die Funktion, wie sie von mir implementiert wurde. Sehen Sie sich diese nach Möglichkeit erst an, wenn Sie eine eigene Lösung entwickelt haben.

Quelltext 6.20: makeset() aus eingabe.c, Version 1.0.0

```
1       char* makeset( char* set, size_t n, const char* mask )
2       {
3           size_t m;
4           size_t s;
5
6
7   A)      assert(set != NULL && n != 0 && mask != NULL);
8
9           if( set == NULL || n == 0 || mask == NULL )
10              return NULL;
11
12  B)      for( m = 0, s = 0; mask[m] != 0; ++m )
13          {
14
15  C)          if( mask[m] == '-' && m > 0 &&
16                  mask[m + 1] != 0 && mask[m - 1] < mask[m + 1] )
17              {
18                  char c;
19
20  D)              ++m;
21
22  E)              for( c = mask[m - 2] + 1; c < mask[m]; ++c )
23                  {
24                      set[s++] = c;
25
26
```

```
27   F)           if( s >= n )
28                   return NULL;
29           }
30       }
31
32
33   G)    set[s++] = mask[m];
34
35
36   F)        if( s >= n )
37                return NULL;
38       }
39
40
41       set[s] = 0;
42
43       return set;
44   }
```

Erklärungen

A Hier müssen alle Argumente geprüft werden. Das geschieht wieder über das Makro `assert()`.

B Der Kommaoperator ist im realen Einsatz. Wir nutzen ihn hier in der `for`-Schleife, um mehrere Initialisierungen durchzuführen. Ein Semikolon dürfen wir an dieser Stelle aus offensichtlichen Gründen nicht benutzen. Anstatt den Kommaoperator zu verwenden, hätten wir auch schreiben können: »m = s = 0«. Das hätte die gleiche Wirkung gehabt, weil auch so beide Variablen mit demselben Wert initialisiert werden.

C Hier wird geprüft, ob das aktuell zu verarbeitende Zeichen das Minuszeichen ist und wenn ja, ob dieses das erste oder letzte Zeichen in `mask` ist und ob das linke Zeichen kleiner ist als das rechte.

D `m` indiziert jetzt das Minuszeichen und muss inkrementiert werden, um das folgende Zeichen zu indizieren.

E Diese Schleife kumuliert die Werte, die links und rechts des Minuszeichens gefunden wurden, zu einer lückenlosen Folge von Zeichen und trägt diese in `set` ein.

Da `m` jetzt das auf das Minuszeichen folgende Zeichen indiziert, müssen wir, um das links des Minuszeichens stehende Zeichen zu erhalten, 2 von `m` abziehen. Da das linke Zeichen aber bereits im vorhergehenden Schleifendurchgang geschrieben wurde, dürfen wir es nicht wieder schreiben, sondern erhöhen es um den Wert 1 (das ist das alphabetisch folgende Zeichen), was das seltsame Konstrukt »mask[m - 2] + 1« ergibt. Die Schleife muss solange durchlaufen werden, wie das aktuell zu schreibende Zeichen alphabetisch kleiner ist als das Zeichen rechts vom Minuszeichen. Das rechte Zeichen selbst wird später noch geschrieben.

F Wenn s an dieser Stelle größer oder gleich n ist, dann ist der Puffer, in den die Zeichen geschrieben werden sollen, zu klein, und es wird der Wert NULL zurückgeliefert.

G Hier schreiben wir das aktuell zu verarbeitende Zeichen in den Puffer und erhöhen dabei den Index s.

6.7.4 Eine abschließende Probe

Im Quelltext 6.21 sehen Sie nun das Programm, das Sie auch auf der Buch-CD finden. Es wird in der Funktion main() so lange eine Schleife durchlaufen, bis eine leere Zeichenkette eingegeben wird.

Quelltext 6.21: eingabe.c, Version 1.0.0

```
1   /*
2   File:    eingabe.c
3   Version 1.0.0
4
5   Copyright (c) 2006 by Andreas Ganzer. All rights reserved.
6
7
8
9   Version notes:
10        1.0.0: Created.
11  */
12
13  #include <stdio.h>
14  #include <assert.h>
15  #include <string.h>
16
17
18  struct gs_state
19  {
20      size_t  read;
21      char    last;
22  };
23
24
25  char* getstr( char* dst, size_t n, const char* chs, struct gs_state* s )
26  {
27      ... Hier die Implementierung aus Quelltext 6.19.
28  }
29
30
31  char* makeset( char* set, size_t n, const char* mask )
32  {
```

```
33          ... Hier die Implementierung aus Quelltext 6.20.
34      }
35
36
37      int main( void )
38      {
39          char valids[13];
40
41          if( !makeset(valids, sizeof(valids) / sizeof(valids[0]), "0-9+-") )
42          {
43              puts("Fehler beim Erzeugen des Zeichensatzes!");
44              getchar();
45              return 1;
46          }
47
48          for( ;; )
49          {
50              char            input[5];
51              struct gs_state state;
52
53              printf("Eine Zahl eingeben: ");
54              getstr(input, sizeof(input) / sizeof(input[0]), valids, &state);
55
56              if( strlen(input) == 0 )
57                  break;
58
59              printf("Eingegebene Zahl:    %s, "
60                  "gelesene Ziffern: %u, letztes gelesenes Zeichen: %c\n",
61                  input, state.read, state.last);
62          }
63
64          return 0;
65      }
```

7 Der Präprozessor

Der Präprozessor hat mit dem Compiler selbst eigentlich nichts zu tun. Er ist diesem vorgeschaltet, und das bedeutet, dass der Quelltext vor der Übersetzung vom Präprozessor bearbeitet wird. Der macht nichts anderes, als den Quelltext so aufzubereiten, dass er vom Compiler verstanden werden kann. Sonst würden Sie eine Fehlermeldung nach der anderen erhalten (zumindest in den meisten Fällen).

Die Möglichkeiten, die wir haben, um die Arbeit des Präprozessors zu beeinflussen, sehen wir uns in diesem Kapitel an. Alle Anweisungen an den Präprozessor werden mit einem Nummernzeichen (#) eingeleitet, auf das die Anweisung folgt (wie bei `#include`). Dieses Zeichen muss das erste in der Zeile sein, sonst wird es vom Präprozessor nicht erkannt.

Und noch etwas scheint mir sehr wichtig zu sein:

> Eine Präprozessoranweisung darf nicht mit einem Semikolon abgeschlossen werden.

7.1 Makros und Konstanten

Das Einzige, was wir bisher an Befehlen für den Präprozessor kennengelernt haben, ist die Anweisung `#include`. Im Kapitel 3.4 hatte ich schon erwähnt, dass es eine weitere Möglichkeit gibt, um in C Konstanten zu definieren. Und diese sehen wir uns jetzt genauer an.

7.1.1 Die Anweisungen `#define` und `#undef`

Das Wörtchen `const` in einer Variablendefinition bewirkt in ANSI-C, dass die Variable zur Konstante erklärt wird. Sie darf also nicht mit einem neuen Wert beschrieben werden. Diese Konstante wird wie eine Variable im Speicher abgelegt, was viel Speicher in Anspruch nehmen kann. Eine andere Möglichkeit, Konstanten zu definieren, bietet der Präprozessor über die Anweisung `#define`:

```
#define MWSt 0.16
```

Damit haben wir eine Konstante definiert. Nach dem Wort `define` folgt der Bezeichner der Konstanten, den wir im Programm verwenden wollen, daraufhin dann die eigentliche Konstante selbst. Hier ist es »0.16«. Der Präprozessor nimmt nun, bevor der Quelltext dem Compiler übergeben wird, lediglich Textersetzungen vor.

Wenn wir in einem Programm die Zeile haben:

```
double steuer = preis * MWSt;
```

dann macht der Präprozessor daraus

```
steuer = preis * 0.16;
```

Und dies ist schließlich das, was der Compiler übersetzen wird. Spätestens jetzt wird klar, weshalb hinter einer Präprozessoranweisung kein Semikolon stehen soll. Denn würden wir das tun, würde es auch in den Quelltext eingefügt. Bei einer Zuweisung wie der obigen macht das nichts, weil es dann als leere Anweisung behandelt wird. Doch stellen Sie sich vor, wir tauschen die zwei Operanden in der Multiplikation

```
steuer = MWSt * preis;
```

Daraus wird dann

```
steuer = 0.16; * preis;
```

was unweigerlich zu einer Fehlermeldung führt.

> Hinter eine #define-Anweisung gehört grundsätzlich kein Semikolon, da dieses als zur definierten Konstanten gehörig interpretiert und bei Quelltextersetzungen ebenfalls in den Quelltext eingefügt wird.

Mann kann über #define mehr als nur eine einzelne Zahl definieren. Es sind auch komplexe Ausdrücke möglich:

```
#define MWSt 16.0 / 100.0
```

Aus der Zeile

```
double steuer = preis * MWSt;
```

macht der Präprozessor nun

```
steuer = preis * 16.0 / 100.0;
```

> Alles, was sich in derselben Zeile hinter dem über #define definierten Bezeichner befindet, wird für eine Textersetzung verwendet.

Man kann einen Ausdruck auch über mehrere Zeilen verteilen, wenn er sehr lang wird. Die Zeilen muss man dann mit einem »\« verbinden, wobei darauf zu achten ist, dass das »\« das letzte Zeichen in der Zeile ist:

```
1    #define MWSt 16.0 / \
2         100.0
```

Aber Ausdrücke haben auch ihre Tücken, wie wir im nächsten Beispiel sehen können:

```
#define PI_PLUS_10 3.14 + 10.0
```

Wenn wir jetzt eine Anweisung wie diese hier schreiben

```
double result = 15 * PI_PLUS_10;
```

dann wollen wir damit sicher erreichen, dass 15 * (3.14 + 10.0) gerechnet wird. Aber der Präprozessor macht daraus:

```
double result = 15 * 3.14 + 10.0;
```

Und damit rechnen wir (15 * 3.14) + 10.0. Daher sollten wir bei komplexeren Definitionen immer klammern:

```
#define PI_PLUS_10 (3.14 + 10.0)
```

Nun wird dem Compiler auch das übergeben, was wir vorhatten:

```
double result = 15 * (3.14 + 10.0);
```

Ich erwähne das, weil dieses Problem bei Compilerkonstanten nicht vorkommt. Wenn wir folgende Konstante definieren:

```
const double PI_PLUS_10 = 3.14 + 10.0;
```

dann berechnet der Compiler das Ergebnis bereits, bevor die Konstante verwendet wird. Daher wird der Compiler, wenn er auf die Zeile

```
double result = 15 * PI_PLUS_10;
```

trifft, daraus »15 * 13.14« machen.

Wie angenehm solche Konstanten sind, merkt man dann, wenn sich solche globalen Werte wie die Mehrwertsteuer ändern und das Programm dieser Änderung angepasst werden muss. Wenn die Mehrwertsteuer von 16 % auf 19 % steigt, muss unser Programm daraufhin geändert werden. Nun müssten wir, wenn wir keine benannte Konstante verwendet hätten, das ganze Programm durchsuchen, um die einzelnen Werte von 16 auf 19 zu ändern. Da dieser Wert an die fünfzig- oder gar hundertmal vorkommen kann, können Sie sich vorstellen, was eine solche Suche an Zeit und Nerven kostet. Außerdem ist die Gefahr, eine Stelle zu übersehen, nicht gerade klein. Bei der Variante mit der benannten Konstanten brauchen wir nur eine einzige Zeile im Programm zu verändern; den Rest übernimmt der Präprozessor:

```
#define MWSt 0.19
```

Es gibt auch die Möglichkeit, einmal über `#define` definierte Konstanten wieder für ungültig zu erklären. Dazu dient `#undef`:

```
#undef MWSt
```

Von der Programmzeile an, in der diese Anweisung auftaucht, ist die Konstante `MWSt` nicht mehr definiert. Man kann Sie aber jederzeit neu definieren, auch mit einem anderen Wert:

```
#define MWSt 0.10
```

Der Vorteil der über `#define` definierten Konstanten liegt klar auf der Hand: Der Compiler reserviert dafür nicht extra Speicherplatz wie bei den konstanten Variablen.

Einen Nachteil hat das aber auch: Es findet *immer* eine Textersetzung statt, wenn der Präprozessor auf das Wörtchen MWSt trifft – auch dann, wenn das einmal nicht erwünscht ist, weil wir vielleicht eine Variable so genannt haben. Dann würde dem Compiler eine Variable mit Namen 0.16 übergeben, was mit Sicherheit zu einem Fehler führt. Und diesen Fehler finden Sie nicht so schnell, denn der Quelltext, den Sie vor sich sehen, enthält ja keinerlei Textersetzungen. Dieses Problem ist offensichtlich leicht zu vermeiden, indem man den Bezeichner MWSt einfach nicht für Funktionsnamen, Variablen oder andere Dinge verwendet. Doch sind solche Konstanten meistens in Informationsdateien definiert, und die Probleme fangen an, wenn Sie nicht genau darüber im Bilde sind, welche #define-Anweisungen sich in diesen Dateien befinden. Gerade wenn Sie Programme für Windows schreiben, werden Sie damit zu tun bekommen, denn was über »windows.h« alles an Konstanten definiert wird, kann sich kein Normalsterblicher merken. Sie stehen dann sehr schnell vor dem Problem, dass Sie sich die Fehlermeldungen des Compilers nicht erklären können.

7.1.2 Nützliche Präprozessorkonstanten

Im Zusammenhang mit der Anweisung printf("\x1b[2J") haben wir ANSI-Escape-Sequenzen kurz angesprochen. »ANSI« heißen diese Sequenzen wegen der Organisation, die diese Sequenzen standardisiert hat (*American National Standards Institute*), »Escape«, weil sie mit dem Escape-Zeichen (ASCII-Nummer 27) eingeleitet werden, und »Sequenz«, weil die einzelnen Steuerzeichen hintereinander (sequenziell) durch ein Semikolon getrennt in so einer Anweisung auftauchen können und abgearbeitet werden. Wenn der Treiber »ansi.sys« nicht installiert ist, zeigen diese Sequenzen keine Wirkung. Die vollständige Schreibweise ist (ESC steht für das ASCII-Zeichen 27): »ESC[Sequenz«. Mir ist zwar klar, dass sich ANSI-Escape-Sequenzen nicht unter Windows nutzen lassen, aber Sie sollten das Folgende dennoch aufmerksam durcharbeiten.

Damit Sie sich ein bisschen besser an die ANSI-Escape-Sequenzen gewöhnen, gibt es ein kleines Programm dazu:

```
1    #include <stdio.h>
2
3    int main( void )
4    {
5        printf("\x1b[2J");           /* Bildschirm löschen.                    */
6        printf("\x1b[1;1H");         /* Schreibmarke setzten.                  */
7        printf("\x1b[1;33m");        /* Gelbe Textfarbe.                       */
8        printf("Ein gelber Text.\n");
9        printf("\x1b[0m");           /* Alle Attribute auf Original zurücksetzen. */
10       printf("Wieder normaler Text.\n");
11       getchar();
12       return 0;
13   }
```

Wie Sie sicher bemerken, ist es recht umständlich, solche Escape-Sequenzen einzugeben oder sich diese gar zu merken. Hier ist es sinnvoll, dafür Zeichenkettenkonstanten zu definieren, die anstelle der Sequenzen angegeben werden. Literale Zeichenketten werden auch bei der #define-Anweisung in Anführungszeichen gesetzt:

```
#define ANSI_BLACK          "\x1b[30m"
#define ANSI_RED            "\x1b[31m"
#define ANSI_GREEN          "\x1b[32m"
#define ANSI_BROWN          "\x1b[33m"
#define ANSI_BLUE           "\x1b[34m"
#define ANSI_MAGENTA        "\x1b[35m"
#define ANSI_CYAN           "\x1b[36m"
#define ANSI_LIGHTGRAY      "\x1b[37m"
#define ANSI_DARKGRAY       "\x1b[1;30m"
#define ANSI_LIGHTRED       "\x1b[1;31m"
#define ANSI_LIGHTGREEN     "\x1b[1;32m"
#define ANSI_YELLOW         "\x1b[1;33m"
#define ANSI_LIGHTBLUE      "\x1b[1;34m"
#define ANSI_LIGHTMAGENTA   "\x1b[1;35m"
#define ANSI_LIGHTCYAN      "\x1b[1;36m"
#define ANSI_WHITE          "\x1b[1;37m"
```

Bei diesen Konstanten handelt es sich um diejenigen, die die Textfarbe definieren. Wir nennen die Farben einfach bei ihren Namen und setzen das Präfix ANSI_ davor, damit es nicht zu Namenskonflikten mit anderen Konstanten kommt. Für die Hintergrundfarbe gibt es nicht so viele Möglichkeiten:

```
#define ANSI_GRND_BLACK     "\x1b[40m"
#define ANSI_GRND_RED       "\x1b[41m"
#define ANSI_GRND_GREEN     "\x1b[42m"
#define ANSI_GRND_BROWN     "\x1b[43m"
#define ANSI_GRND_BLUE      "\x1b[44m"
#define ANSI_GRND_MAGENTA   "\x1b[45m"
#define ANSI_GRND_CYAN      "\x1b[46m"
#define ANSI_GRND_GRAY      "\x1b[47m"
```

Das liegt daran, dass die hellen Hintergrundfarben normalerweise nicht die Farbe des Hintergrunds setzen, sondern den Text blinken lassen. Daher bieten die ANSI-Escape-Sequenzen auch spezielle Sequenzen, welche die Textfarbe setzen und gleichzeitig den Text zum Blinken bringen:

```
#define ANSI_BLNK_BLACK      "\x1b[5;30m"
#define ANSI_BLNK_RED        "\x1b[5;31m"
#define ANSI_BLNK_GREEN      "\x1b[5;32m"
#define ANSI_BLNK_BROWN      "\x1b[5;33m"
#define ANSI_BLNK_BLUE       "\x1b[5;34m"
#define ANSI_BLNK_MAGENTA    "\x1b[5;35m"
#define ANSI_BLNK_CYAN       "\x1b[5;36m"
#define ANSI_BLNK_LIGHTGRAY  "\x1b[5;37m"
#define ANSI_BLNK_DARKGRAY   "\x1b[5;1;30m"
#define ANSI_BLNK_LIGHTRED   "\x1b[5;1;31m"
#define ANSI_BLNK_LIGHTGREEN "\x1b[5;1;32m"
#define ANSI_BLNK_YELLOW     "\x1b[5;1;33m"
```

```
#define ANSI_BLNK_LIGHTBLUE      "\x1b[5;1;34m"
#define ANSI_BLNK_LIGHTMAGENTA   "\x1b[5;1;35m"
#define ANSI_BLNK_LIGHTCYAN      "\x1b[5;1;36m"
#define ANSI_BLNK_WHITE          "\x1b[5;1;37m"
```

Dann gibt es noch eine weitere Sequenz, die dafür sorgt, dass die Standardfarben, die beim Start eines Programms eingestellt waren, wieder restauriert werden:

```
#define ANSI_DEFAULTCOLORS       "\x1b[0m"
```

So, das war eine ganze Menge. Ich denke, es ist an der Zeit, ein Programm zu entwickeln, das uns zeigt, wie diese Konstanten eingesetzt werden. Das Ergebnis befindet sich im Quelltext 7.1.

Quelltext 7.1: aseqtest.c

```
1    /*
2    File: aseqtest.c
3    Gebrauch der ANSI-Escape-Sequenzen.
4    */
5
6    #include <stdio.h>
7
8
9    #define ANSI_BLACK              "\x1b[30m"
10   ... hier alle obigen Definitionen.
11   #define ANSI_DEFAULTCOLORS      "\x1b[0m"
12
13
14   int main( void )
15   {
16       printf("\x1b[2J");
17       printf("\x1b[1;1H");
18
19       puts("Normaler Text!");
20
21  A)   printf(ANSI_LIGHTGREEN);
22       printf(ANSI_GRND_GRAY);
23       puts("Gruener Text auf grauem Grund!");
24
25       printf(ANSI_GRND_BLUE);
26       printf(ANSI_WHITE);
27       puts("Weisser Text auf blauem Grund!");
28
29  B)   printf(ANSI_YELLOW);
30       puts("Gelber Text auf blauem Grund!");
31
32       printf(ANSI_GRND_BROWN);
33       printf(ANSI_WHITE);
34       puts("Weisser Text auf braunem Grund!");
35
```

```
36        printf(ANSI_BLNK_BLACK);
37        puts("Blinkender schwarzer Text auf braunem Grund!");
38
39        printf(ANSI_DEFAULTCOLORS);
40        puts("Und wieder normaler Text!");
41
42        getchar();
43        return 0;
44    }
```

Erklärungen

A Die Farben für den Text und den Hintergrund müssen separat angegeben werden. Wir übergeben die Konstante einfach an `printf()`. `puts()` können wir hier nicht nehmen, weil `puts()` immer einen Zeilenvorschub anhängt.

B Wenn wir nur die Textfarbe ändern, bleibt die zuletzt gesetzte Farbe für den Hintergrund erhalten. Das Gleiche gilt umgekehrt, wenn wir nur die Hintergrundfarbe setzen; dann bleibt auch die zuletzt eingestellte Textfarbe erhalten.

Je nachdem, auf welchem System Ihr Programm läuft, können die Ergebnisse etwas unterschiedlich aussehen. Wenn Sie ein 16-Bit-DOS-Programm übersetzt haben und dieses unter Windows ausführen, dann blinkt der Text nicht. Um es blinken zu sehen, müssen Sie das Fenster in den Vollbildmodus schalten (mit [Alt]+[Eingabe]). Wenn Sie den Quelltext als Konsolenanwendung für 32-Bit-Windows übersetzen, dann sehen Sie leider gar nichts von dem Vergnügen, weil ANSI-Escape-Sequenzen von Windows NT/2000/XP nicht unterstützt werden.

Nun wäre es schön, wenn wir auch die Position der Schreibmarke setzen könnten, wie es mit `gotoxy()` aus »conio.h« funktioniert. Ich kann Ihnen sagen, dass auch das funktioniert, aber nicht mit der Art von Konstanten, wie wir sie soeben definiert haben. Wir sehen uns dazu eine andere Lösung an, sogenannte Makros, die ebenfalls über den Präprozessor definiert werden können.

7.1.3 Makros

Wir sind beim jetzigen Stand der Dinge noch immer gezwungen, die Anweisung `printf()` zu benutzen, wenn wir eine ANSI-Escape-Sequenz verwenden wollen. Ich denke, es ist an der Zeit, das zu ändern, am besten mit Makros. Es bleibt aber noch zu klären, was ein Makro überhaupt ist.

Der offensichtlichste Unterschied zwischen Konstanten und Makros ist der, dass Makros Argumente entgegennehmen können. Sie zeichnen sich dadurch aus, dass sie (wie eine Funktion) hinter dem Bezeichner ein Klammerpaar haben. Sehen wir uns das an einem einfachen Makro an, das nur den Bildschirm löschen soll. Dieses wird wie eine Konstante über die `#define`-Anweisung definiert:

```
#define ansi_cls()   printf("\x1b[2J\x1b[1;1H")
```

Wie Sie sehen, setzen wir diesmal auch den Cursor gleich an die richtige Stelle. Wenn im Programm folgende Zeile auftaucht:

```
ansi_cls();
```

macht der Präprozessor daraus:

```
printf("\x1b[2J\x1b[1;1H");
```

Der Text wird genauso ersetzt wie bei einer Konstanten. Weil sich der Funktionsaufrufoperator, wie die Klammern wirklich heißen, in der Makrodefinition befindet, gehören diese Klammern auch zum Makro und müssen daher bei jedem Aufruf von `ansi_cls()` mit angegeben werden.

> Zwischen dem Namen des Makros und der öffnenden Klammer darf sich *kein* Leerzeichen befinden. Ansonsten gehört die öffnende Klammer nicht zum Makro, sondern zu dem zu schreibenden Text.

Wie ich schon erwähnte, bieten Makros den Vorteil, dass sie Argumente entgegennehmen können. Nehmen wir als Beispiel die Farbeinstellungen. Damit man sofort sehen kann, dass keine Ausgabe erfolgen soll (das ist ja das, woran man zuerst denkt, wenn man `printf()` sieht), sondern nur die Farbeinstellung verändert wird, könnte man so ein Makro mit `ansi_color()` bezeichnen. Das Argument, das übergeben werden soll, ist die Farbe. Die Makrodefinition sieht also so aus:

```
#define ansi_color( c ) printf(c)
```

Aufgerufen wird es:

```
ansi_color("\x1b[31m")
```

oder mit unseren vordefinierten Konstanten:

```
ansi_color(ANSI_YELLOW);
```

In beiden Fällen macht der Präprozessor daraus:

```
printf("\x1b[31m");
```

So, und jetzt das Makro, das uns den Cursor an eine bestimmte Position setzen soll:

```
#define ansi_locate( x, y )   printf("\x1b[%i;%iH", y, x)
```

Sie können nun damit ein Programm selbstständig zusammenstellen. Auf der CD zum Buch finden Sie den Quelltext »mak_test.c«, der alles soeben Gelernte veranschaulicht. Sie erkennen auch, dass verschachtelte Makros, wie bei `ansi_color(ANSI_YELLOW)`, vom Präprozessor korrekt aufgelöst werden.

7.2 Funktionen oder Makros?

7.2.1 Gefahren eines Makros

Bleiben wir noch ein wenig bei den Makros mit Parametern. Wir erstellen eines, das uns das Quadrat einer Zahl liefern soll. Die Definition ist einfach:

```
#define quadrat(x) x * x
```

Der Präprozessor macht aus der Zeile

```
zahl = quadrat(4);
```

die Anweisung

```
zahl = 4 * 4;
```

Im Folgenden sehen Sie ein Programm, in dem neben diesem Makro auch eine Funktion definiert ist, die genau das Gleiche leistet.

```
1   #define quadrat( x )   x * x
2
3   long quad( long x )
4   {
5       return x * x;
6   }
7
8   int main( void )
9   {
10      long zahl1, zahl2;
11
12      zahl1 = quadrat(4);
13      zahl2 = quad(4);
14
15      printf("Makro: %2li, Funktion: %2li\n", zahl1, zahl2);
16
17      zahl1 = quadrat(2 + 2);
18      zahl2 = quad(2 + 2);
19
20      printf("Makro: %2li, Funktion: %2li\n", zahl1, zahl2);
21
22      getchar();
23      return 0;
24  }
```

Über das Ergebnis könnte man ins Staunen kommen. Wenn wir als Argument »2 + 2« angeben, dann liefert das Makro einen falschen Wert. Haben wir da einen Fehler gemacht? Überlegen wir uns, was da geschieht:

Der Text `quadrat(4)` wird durch »4 * 4« ersetzt. Jedes x im Makro steht ja für das Argument, also die 4. Nun ist das Argument aber »2 + 2«; auch hier wird für jedes x ein »2 + 2« eingesetzt.

Und das Ergebnis lautet:

```
zahl = 2 + 2 * 2 + 2;
```

Nun brauchen wir uns nicht mehr wundern, warum wir hier den Wert 8 erhalten. Wir können solche Dinge umgehen, indem wir das Makro derart definieren, dass jeder Ausdruck geklammert wird (besser ein Klammerpaar mehr als eines zu wenig):

```
#define quadrat(x) ((x) * (x))
```

Das ist die einzige Änderung, die Sie an obigem Programm vornehmen müssen. Nach der Ersetzung des Textes sieht die Sache dann ganz anders aus:

```
zahl = ((2 + 2) * (2 + 2));
```

Sie finden das fertige Programm unter dem Namen »`mak_func.c`« auf der CD zum Buch.

Ebenso einfach wie Makros mit einem einzigen Parameter kann man welche mit mehreren definieren:

```
#define summe(x, y) ((x) + (y))
```

Eine Typprüfung wird dabei allerdings nicht vorgenommen. Es werden lediglich die zwei übergebenen Werte an die Stelle der Parameter gesetzt. Aus dem Aufruf

```
zahl = summe(var_1, 5);
```

wird die Zeile

```
zahl = ((var_1) + (5));
```

Wir könnten ohne Weiteres schreiben:

```
string = summe(1, "Text.");
```

Das Makro selbst stört sich überhaupt nicht daran. Nur der Compiler wird sich beschweren, wenn er den vom Präprozessor veränderten Text vorgesetzt bekommt. Makros übergehen also schlicht und ergreifend die Typprüfung, die bei Funktionsargumenten stattfindet.

> Bei der Verwendung von Makros findet keinerlei Typprüfung der Argumente statt. Die Argumente, die innerhalb des Makros verwendet werden, sollten immer geklammert werden, um auch komplexere Ausdrücke an das Makro übergeben zu können.

7.2.2 Vorteile eines Makros

Die Frage, die sich einem aufdrängen mag, ist die, ob man nicht lieber gleich eine Funktion anstelle des Makros nimmt, da diese ja etwas sicherer im Umgang mit mathematischen Berechnungen ist. Im Prinzip ist dagegen auch nichts einzuwenden, doch haben Makros den Funktionen etwas voraus: Sie arbeiten schneller! Woran das liegt? Ganz einfach, Makros werden direkt in den Quelltext geschrieben, da, wo man sie aufruft.

Bei Funktionen sieht das anders aus. Die werden im Programm angesprungen. Die Rücksprungadresse muss gespeichert werden (damit nachher an der richtigen Programmstelle fortgefahren werden kann), die Parameter werden auf den Stapel[1] gelegt, das Ergebnis wird gespeichert, die Parameter werden wieder vom Stapel geholt, der Rücksprung erfolgt und die Rücksprungadresse wird gelöscht.

Sie sehen, es ist ein enormer Aufwand. Bei den Rechnergeschwindigkeiten von heute spielt es zwar kaum noch eine Rolle. Doch bei zeitkritischen Routinen, wie sie besonders bei der Grafikprogrammierung auftreten, kann es sich schon wohltuend bemerkbar machen, wenn man Makros verwendet.

Da ein Makro bei jedem Aufruf in den Text eingefügt wird, wird der Code natürlich größer. Man sollte also daran denken, die Makros möglichst kurz zu halten. Die Beispiele, die wir bisher geschrieben haben, eignen sich hervorragend als Makros, da die Ausführung schnell ist und der Code sich noch nicht einmal vergrößert. Mit entsprechenden Funktionen würden wir da nicht so gut fahren.

7.3 Arbeiten mit mehreren Dateien

Man kann ein Programm schreiben, das aus nur einer Datei besteht. Diese enthält dann sämtliche Funktionen, Variablen und andere Deklarationen und Definitionen, ohne dass wir irgend etwas mit `#include` einbinden müssten.

Praktisch ist das durchaus realisierbar, doch müssten dann die elementaren Ein- und Ausgabefunktionen im Compiler integriert sein (wie es bei Basic der Fall ist) oder man müsste sich mit der Programmierung so gut auskennen, dass man sie sich selber schreiben kann. Schwierig wird es dann jedes Mal, wenn Sie ein neues Projekt beginnen und dann überlegen müssen, ob es sich lohnt, eine Funktion neu zu erstellen oder die Funktion in einem der anderen Programme zu suchen und in das neue zu kopieren.

Hier hilft das Zerlegen der Quellprogramme in einzelne Dateien (Module). Sie brauchen nur noch darauf zu achten, dass gleichartige Funktionen in einer Datei stehen, deren Name nach Möglichkeit über deren Inhalt Auskunft gibt. Zum Beispiel sind die mathematischen Funktionen in der Datei »`math.h`« deklariert, die Funktionen zur Bearbeitung von Zeichenketten in »`string.h`« usw.

Nun werden diese Dateien noch mit `#include` eingebunden. Namenskonflikte werden auch vermieden, weil man Funktionen, die nur in einem bestimmten Modul benötigt werden, mit der Speicherklasse `static` nach außen abschirmen kann. Für eine Arbeitsgruppe ist gerade das eine wunderbare Sache. Und auch wenn man allein programmiert, macht sich eine einfache `#include`-Anweisung wohltuend bemerkbar.

---

[1] Das Stacksegment im Hauptspeicher, dort also, wo auch lokale Variablen ihre Inhalte speichern.

Das weitaus Wichtigste an der Modultechnik ist die Tatsache, dass dadurch überhaupt erst richtig große Programme möglich werden, da jedes Modul für sich übersetzt und dadurch der Arbeitsspeicher eines PC entlastet wird. Zudem kann auch während des Programmlaufs Arbeitsspeicher gespart werden, da erst das Zerlegen in einzelne Module die Überlagerungstechnik (*Overlay*) ermöglicht. Overlays sind Module, die erst in den Arbeitsspeicher geladen werden, wenn eine Funktion daraus aufgerufen wird. Dort bleiben sie so lange, bis sie von einem anderen Overlay-Modul ersetzt werden. Daher auch der Name. Nach diesem Prinzip wird unter Windows auch mit DLLs (Dynamic Link Libraries) gearbeitet und unter Linux mit dynamischen Bibliotheken (Dateierweiterung ».so«).

Mit der Zerlegung eines Programms in überlagerungsfähige Module befassen wir uns hier nicht, weil es bereits eine Verwaltung erfordert, wie sie erst im nächsten Kapitel besprochen werden soll. Hier sehen wir uns nur die Grundlagen dazu an, nämlich die speziellen Aufgaben des Präprozessors, der bei der Modularisierung in C eine wichtige Rolle spielt.

7.3.1 Ein erstes Pseudomodul

Nicht ohne Absicht verwende ich in dieser Überschrift das Wort Pseudomodul, denn um ein echtes Modul im Sinne von C handelt es sich hierbei noch nicht. Dennoch bleiben wir beim Begriff Modul, weil es einer Modularisierung des Quelltextes schon sehr nahe kommt. Wir werden jetzt Schritt für Schritt eine Datei erstellen, die einen Quelltext enthält, der von anderen C-Dateien über `#include` eingebunden und verwendet werden kann.

Zunächst sollten Sie sich die Datei »`mak_test.c`« von der Buch-CD kopieren und unter einem anderen Namen speichern (ich nenne sie hier »`inc_test.c`«).

Dann erstellen Sie, wenn Ihnen eine Entwicklungsumgebung zur Verfügung steht, ein neues Projekt und fügen »`inc_test.c`« dort ein. Im Anschluss erzeugen Sie eine neue Datei und speichern diese unter dem Namen »`ansisys.h`« in einem separaten »include«-Verzeichnis oder in dem Verzeichnis, in dem sich auch die Datei »`inc_test.c`« befindet.

Wenn Sie soweit sind, entfernen Sie alle Makrodefinitionen, die sich noch in »`inc_test.c`« befinden, und kopieren diese in die Datei »`ansisys.h`«. Wo es notwendig ist, ändern Sie auch die Kommentare in »`inc_test.c`« und fügen welche in »`ansisys.h`« ein. Weil wir in »`ansisys.h`« eine Funktion verwenden, die in »`stdio.h`« deklariert ist, binden wir »`stdio.h`« auch über `#include` in »`ansisys.h`« ein.

Wir sind eigentlich schon fertig, aber etwas Entscheidendes fehlt noch: Wir können das Programm nicht starten, weil uns der Compiler meldet, dass einige Funktionen nicht definiert sind und er mit Bezeichnern wie `ANSI_LIGHTGREEN` gar nichts anzufangen weiß. Und das ist auch ganz klar, denn `ansi_cls()` usw. sind ja nicht mehr in »`inc_test.c`« vorhanden. Diese Definitionen befinden sich nun in »`ansisys.h`«, und daher können (und müssen) wir diese Datei in »`inc_test.c`« über `#include` einbinden.

Die zwei Dateien sollten jetzt so aussehen, wie in Quelltext 7.2 und Quelltext 7.3 dargestellt.

Quelltext 7.2: inc_test.c

```
1   /*
2   File: inc_test.c
3   Tests the including of ansisys.h.
4   */
5
6   #include <stdio.h>
7   #include "ansisys.h"
8
9
10  int main( void )
11  {
12      ansi_cls();
13      ... keine Änderungen.
14      return 0;
15  }
```

Die #include-Anweisung sieht etwas anders aus, als wir es gewohnt sind. Sonst schreiben wir <Dateiname>, und hier steht jetzt "Dateiname". Sie können in beiden Fällen auch Pfade zu den Dateinamen hinzufügen, also z. B. »../../include/header.h«.

Was bedeuten nun aber die Anführungszeichen in der #include-Anweisung? Die unterschiedlichen Schreibweisen legen lediglich fest, in welchen Verzeichnissen und in welcher Reihenfolge nach Dateiname gesucht werden soll. Schreiben wir die einzubindende Datei in Anführungszeichen, dann wird zuerst im aktuellen Verzeichnis gesucht. Ist eine relative Pfadangabe vorhanden, wird dieser Pfad als relativ zum aktuellen Verzeichnis interpretiert. Wenn die Datei dort nicht gefunden werden kann, wird in den Verzeichnissen gesucht, die als Suchverzeichnisse in den Projektoptionen angegeben sind.

Schreiben wir den Dateinamen in spitze Klammern, dann wird zuerst in den in den Projektoptionen angegebenen Suchverzeichnissen gesucht. Relative Pfadangaben in den spitzen Klammern werden dann auch als relativ zu diesen Suchverzeichnissen interpretiert. Wenn die angegebene Datei nicht gefunden wird, sucht der Präprozessor im aktuellen Verzeichnis[2].

Bei allen Compilern und Entwicklungsumgebungen ist das aktuelle Verzeichnis üblicherweise das Verzeichnis, in dem sich die gerade übersetzte Quelldatei befindet.

---

[2] Darauf kann man sich aber nicht verlassen. Manche Compiler sind rigoros und suchen ausschließlich im aktuellen Verzeichnis, wenn der Dateiname in Ausführungzeichen eingeschlossen ist, und ausschließlich in den über die Optionen angegebenen Suchverzeichnissen, wenn der Dateiname in spitzen Klammern angegeben wird. Wieder andere Compiler (darunter auch der gcc) suchen noch nicht mal vom aktuellen Verzeichnis aus, wenn man dieses nicht explizit angibt – ganz gleich, ob Klammern oder Anführungszeichen angegeben werden.

Nur bei den Entwicklungsumgebungen von Borland ist das anders. Dort ist das aktuelle Verzeichnis immer das Verzeichnis, in dem sich die Projektdatei befindet.

Wie Sie Suchverzeichnisse für die einzubindenden Dateien angeben, ist im Anhang A beschrieben.

Quelltext 7.3: ansisys.h, Version 1.0.0

```
1   /*
2       File:    ansisys.h
3       Version: 1.0.0
4
5       Copyright (c) 2006 by Andreas Ganzer. All rights reserved.
6
7       Konstanten und Makros für den leichteren Gebrauch der ANSI-Escape-Sequenzen.
8
9       Die Bedeutung der Präfixe:
10          ANSI: Verhindert Konflikte mit Namen anderer Bibliotheken.
11          GRND: Indentifiziert die Hintergrundfarbe.
12          BLNK: Indentifiziert die blinkende Farbe.
13
14      Version notes:
15          1.0.0: Created.
16  */
17
18  #include <stdio.h>
19
20
21  #define ANSI_BLACK            "\x1b[30m"
22  ... alle Definitionen.
23  #define ansi_locate( x, y )   printf("\x1b[%i;%iH", y, x)
```

Wie Sie im Quelltext 7.3 sicher bemerkt haben, habe ich die Standardkommentare am Dateianfang etwas erweitert. Sie enthalten eine Beschreibung, anhand derer man sich über den Zweck und den Inhalt der Datei einen Überblick verschaffen kann. Und es befinden sich jetzt auch Versionsinformationen in den Kommentaren. Diese dienen dazu, einen Überblick über vorgenommene Änderungen zu behalten. Wie Sie später sehen werden, ist das ganz nützlich, denn Sie können mir eines glauben: Sie werden nicht für jede Änderung den Namen der Datei ändern wollen (oder können).

Wie Sie die Versionierung gestalten, bleibt Ihnen überlassen. Ich gebe Ihnen hier ein Beispiel. Wir haben eine Versionsnummer, die aus drei Teilen besteht. Ich nenne sie mal *Hauptversion*, *Nebenversion* und *Release*. Anhand der Datei »ansisys.h« will ich das näher erläutern:

1. *Hauptversion*: Wird erhöht, wenn sich Änderungen ergeben, mit denen Programme, welche die Datei benutzen, ohne Anpassungen nicht mehr umgehen können. Dazu gehört z. B. das Entfernen von Deklarationen oder Definitionen (ansi_color() wird entfernt).

2. *Nebenversion:* Wird erhöht, wenn neue Deklarationen oder Definitionen hinzukommen (etwa, wenn ein Makro mit dem Namen `clear_window()` hinzugefügt wird).

3. *Release:* Wird erhöht, wenn Fehler behoben oder Algorithmen geändert werden, sich aber an der Schnittstelle[3] nichts ändert.

Sie sollten sich ein solches Schema zu eigen machen und dann auch konsequent die Kommentare zu Änderungen in der Datei weiterführen. Sie werden dies später sehr zu schätzen wissen.

Doch nun kommen wir wieder zurück zu unserem Projekt: Der Inhalt der Datei »ansisys.h« wird in jedem Fall durch die `#include`-Anweisung in »inc_test.c« vom Präprozessor in den Quelltext von »inc_test.c« geschrieben, bevor »inc_test.c« an den Compiler übergeben wird. Das Ergebnis ist dasselbe, als würden wir die Datei selbst anstelle von `#include` in das Programm schreiben.

> Der Präprozessor ersetzt die Anweisungen »`#include <Dateiname>`« und »`#include "Dateiname"`« durch den Inhalt der Datei *Dateiname* – mehr nicht.

Wenn Sie sich mal ansehen, welche Datei wie oft eingebunden wird, werden Sie Folgendes feststellen: Da wir »stdio.h« in »inc_test.c« einbinden und dann auch noch »ansisys.h« einbinden, die ja ebenfalls »stdio.h« einbindet, dann binden wir »stdio.h« zweimal ein. Ist das korrekt?

Das ist korrekt. Man kann Dateien anscheinend mehrmals in einen Quelltext einbinden. Doch müssen wir die einzubindende Datei darauf vorbereiten, ansonsten würde der Compiler eine Meldung nach der anderen ausspucken, weil viele Konstanten und Makros mehrmals definiert werden. Das wollen wir uns mal näher ansehen.

7.3.2 Bedingtes Übersetzen

Mehrmaliges Einlesen einer Datei kann man dadurch unterbinden, dass man eine Bedingung setzt. Diese Bedingung wird mit der Präprozessoranweisung `#if` abgefragt. Trifft die Bedingung nicht zu, wird der Text, der zwischen den Wörtern `#if` und `#endif` steht, nicht in den für den Compiler aufbereiteten Text eingebunden. Daher nennt man dieses *bedingte Übersetzung*.

Die Abfrage einer Bedingung wird bei der Verwendung von `#if` mit einem zweiten Schlüsselwort ermöglicht: `defined`.

---

[3] Als *Schnittstelle* bezeichnet man unterschiedliche Dinge. Bei einer Funktion handelt es sich bei der Schnittstelle um den Funktionskopf (dort ist angegeben, welche Argumente erwartet werden und was die Funktion liefert). Bei einer Informationsdatei ist damit die Gesamtheit der Funktionen, Definitionen und Deklarationen gemeint (inklusive der Schnittstellen jeder Funktion und jedes Makros).

```
1    #if defined( BEZEICHNER )
2        ...
3    #endif
```

Das heißt in die Umgangssprache übersetzt: Wenn das Wort BEZEICHNER definiert wurde, dann gebe auch den folgenden Text (dargestellt durch die drei Punkte) an den Compiler weiter. Ist BEZEICHNER nicht definiert, überspringen den Text bis zur Anweisung #endif. BEZEICHNER ist dabei ein beliebiger Bezeichner. Sie müssen nur darauf achten, dass er eindeutig ist und nicht denen aus anderen Informationsdateien oder den Bezeichnern von definierten Makros oder Konstanten gleicht. Die Klammern um BEZEICHNER müssen auch nicht sein, sie sind optional.

Wie definiert man so einen Bezeichner? Ganz einfach mit #define:

```
#define BEZEICHNER
```

Wenn es um das Einbinden einer Informationsdatei geht, wird die Bedingung in der Regel aber anders abgefragt. Dafür benutzt man den Operator »!« (*NOT* = logisches *Nicht*; es ist derselbe Operator, der bereits in Tabelle 4.1 beschrieben ist):

```
1    #if !defined( BEZEICHNER )
2        ...
3    #endif
```

Das heißt: Wenn BEZEICHNER nicht definiert ist, dann soll der folgende Text eingebunden werden. Und damit der Text nicht ein zweites Mal eingebunden wird, muss man BEZEICHNER beim ersten Einbinden definieren. Dann wird die Bedingung hinter #if bei allen weiteren Fragen *Falsch* ergeben:

```
1    #if !defined( BEZEICHNER )
2    #define BEZEICHNER
3        ...
4    #endif
```

Unsere Datei »ansisys.h« erhält jetzt das Aussehen aus Quelltext 7.4 (Änderungen sind wieder fett gedruckt, und an den drei Punkten befinden sich die ganzen Definitionen):

Quelltext 7.4: ansisys.h, Version 1.0.1

```
1    /*
2     File:    ansisys.h
3     Version: 1.0.1
4
5     Copyright (c) 2006 by Andreas Ganzer. All rights reserved.
6
7     Konstanten und Makros für den leichtere Benutzung der ANSI-Escape-Sequenzen.
8
9     Die Bedeutung der Prefixes:
10       ANSI: Verhindert Konflikte mit den Namen anderer Bibliotheken.
11       GRND: Indentifiziert die Hintergrundfarben.
12       BLNK: Indentifiziert die blinkenden Farbem.
```

7.3 Arbeiten mit mehreren Dateien

```
13
14    Version notes:
15        1.0.0: Erste Fassung.
16        1.0.1: Direktiven für bedingtes Übersetzten hinzufügen.
17    */
18
19    #if !defined( __ANSISYS_H )
20    #define __ANSISYS_H
21
22    #include <stdio.h>
23
24
25    ... alle Definitionen.
26
27
28    #endif /* __ANSISYS_H */
```

Für »`#if !defined ...`« gibt es auch eine kürzere Schreibweise: »`#ifndef ...`« (= *if not defined*). Das sieht dann so aus:

```
1    #ifndef __ANSISYS_H
2    #define __ANSISYS_H
3        ...
4    #endif
```

Die volle Schreibweise ermöglicht, im Gegensatz zu der Kurzform, das Verbinden mehrerer Bedingungen durch logisches *Und* und *Oder*:

```
#if defined( BEZEICHNER_1 ) && !defined( BEZEICHNER_2 )
```

Nur wenn `BEZEICHNER_1` definiert und `BEZEICHNER_2` nicht definiert ist, wird der folgende Text übersetzt.

Es gibt dann noch die Möglichkeit, entweder das eine oder das andere einzubinden:

```
1    #ifndef BEZEICHNER
2        ...
3    #else
4        ...
5    #endif
```

Die Handhabung entspricht der »`if(...)...; else...;`«-Anweisung, die wir bereits kennen.

Einen `switch`-Block kann man nicht aufbauen, doch man kann die `#if`-Abfragen schachteln. Da dieses unter Umständen unübersichtlich wird, steht einem eine besondere Anweisung zur Verfügung: `#elif`. Das ist die Abkürzung für *else if*:

```
1    #ifdef BEZEICHNER_1
2        ...
3    #elif defined BEZEICHNER_2
4        ...
5    #elif defined BEZEICHNER_3
```

```
6       ...
7       #else
8       ...
9       #endif
```

Trifft `BEZEICHNER_1` zu, wird Zeile 2 ausgeführt. Alle anderen Zweige werden übersprungen. Trifft die Bedingung in Zeile 1 nicht zu, wird geprüft, ob `BEZEICHNER_2` definiert ist. Wenn ja, wird Zeile 4 ausgeführt und der Rest übersprungen, wenn nicht, geht es so weiter, bis zur Anweisung `#else`. `#else` ist optional und muss nicht verwendet werden. Sollte `#else` fehlen und keine Bedingung zutreffen, dann wird auch gar nichts übersetzt.

Und zu guter Letzt kann man auf `defined` verzichten, wenn man nicht danach fragen will, ob etwas überhaupt definiert ist, sondern man kann auch komplexere Ausdrücke verwenden:

```
1       #if DEBUG > 1
2       ...
3       #elif DEBUG == 1
4       ...
5       #else
6       ...
7       #endif
```

`DEBUG` muss dabei eine über `#define` definierte Konstante sein. Wie Sie solche Symbole (wie `DEBUG` oder `NDEBUG`) nicht im Quelltext über `#define` definieren, sondern über den Compiler erzeugen, finden Sie im Anhang A im jeweiligen Abschnitt »Präprozessorsymbole definieren«.

7.4 Systemunabhängige Programme

Wie Sie inzwischen sicher bemerkt haben, ist es nicht immer ganz leicht, Programme zu schreiben, die auf jedem System laufen. Wir mussten manche Programme gleich mehrfach implementieren, um unter DOS, Windows und Linux das gleiche Erscheinungsbild zu haben. Selbst für eine so einfache Sache wie das Löschen des Bildschirms benötigen wir die bedingte Übersetzung, um unter verschiedenen Systemen auch unterschiedlich agieren zu können.

Doch das Löschen des Bildschirms, die Darstellung von Farben oder die Positionierung der Schreibmarke sind nicht die einzigen Probleme, mit denen ein Entwickler zu kämpfen hat, wenn er ein Programm für unterschiedliche Umgebungen schreiben will oder muss. Denn selbst die Dinge, die man für standardisiert und unverrückbar hält, sind nicht immer so unveränderlich, wie es den Anschein hat. Dass der Datentyp `int` in seiner Größe variiert, ist bekannt. Man kann darauf reagieren, indem man, wenn es auf eine bestimmte Größe ankommt, den Typen `long int` oder `short int` verwendet. Aber ich habe auch hier bereits erlebt, dass manche Compiler einem `short int` nicht eine Größe von 2, sondern 4 Byte geben, wohingegen ein `long int` nicht 4, sondern 8 Byte groß ist. Wieder andere Compiler (und das sind zum Glück die meisten) lassen short und long bei einer Größe von 2 bzw. 4 Byte und führen, um einen 8 Byte großen Integer zur Verfügung zu stellen, einen neuen Typen ein, der dann entweder long long int oder __int64 genannt wird.

Weitere Schwierigkeiten können auftauchen, wenn man auf einzelne Bytes innerhalb eines größeren Datentypen zugreifen will, weil man dann auch die Byteanordnung des Prozessors berücksichtigen muss (vgl. Kapitel 5.5.5). Es gibt noch mehr Hürden, die man nehmen muss, aber ich will es an dieser Stelle bei der obigen Aufstellung belassen. Vielmehr soll uns hier interessieren, wie man solchen Problemen vom Grundsatz her entgegentreten kann. Denn mit den bisher gewonnenen Erkenntnissen können wir uns langsam an die Arbeit machen, für die Systemunabhängigkeit unserer späteren Programme zu sorgen, sodass wir uns innerhalb der eigentlichen Programmtexte nicht mehr um unterschiedliche System kümmern müssen[4].

7.4.1 Compiler und Umgebungen erkennen

Wenn wir Programme entwickeln, die auf unterschiedlichen Umgebungen einsetzbar sein sollen, dann müssen wir innerhalb unseres Quelltextes herausfinden können, welcher Compiler das Programm gerade übersetzt und für welche Umgebung es übersetzt wird.

Das scheint auf den ersten Blick etwas Unmögliches zu sein, aber nur auf den ersten Blick. Beim genaueren Hinsehen ist es gar nicht so schwer, denn solche Informationen liefert uns der Compiler tatsächlich mit. Und zwar über die Präprozessorsymbole. So definiert jeder C-Compiler von Borland die Konstante __BORLANDC__, welche die Versionsnummer des Compilers enthält. Bei Microsoft-Compilern heißt diese Konstante _MSC_VER. Und je nach dem, für welche Umgebung das Programm gerade übersetzt wird, gibt es weitere Konstanten, die uns die entsprechende Umgebung bekannt geben. Als Beispiele seien hier die Konstanten _Windows (für Windows ganz allgemein), _WIN32 (für 32-Bit-Windows) und __linux__ (für Linux) genannt. Verwenden können wir diese Konstanten in der folgenden Art (die Funktion system() wurde in der Erklärung zum Quelltext 6.7 beschrieben):

```
1    #if defined(__BORLANDC__)
2        clrscr();           /* Mit Borland-Compilern nutzen wir "conio.h". */
3    #elif defined(__linux__)
4        ansi_cls();         /* Unter Linux nutzen wir die ANSI Escape-Sequenzen. */
5    #else
6        system("cls");      /* Bei allen anderen verwenden wir den Systemaufruf. */
7    #endif
```

Zugegeben, dieses Konstrukt mit den ganzen Bedingungen sieht nicht gerade einladend aus, aber es ist die einzige Möglichkeit, die wir haben. Es wird allerdings weniger kompliziert, wenn wir solche Konstruktionen nicht an jeder benötigten Stelle in unsere

---

[4] Ganz werden wir es nie schaffen, ein zugrunde liegendes System außer Acht zu lassen, denn es gibt immer wieder Fälle, in denen man im Programm eine Quelltextstelle mehrfach implementieren muss. Aber man kann das auf ein Minimum zu reduzieren versuchen.

Programme aufnehmen, sondern sie einmalig als Makro in einer Informationsdatei definieren. Das könnte so aussehen:

```
1    #if defined(__BORLANDC__)
2    #  define ClearScreen() clrscr()
3    #elif defined(__linux__)
4    #  define ClearScreen() ansi_cls()
5    #else
6    #  define ClearScreen() system("cls");
7    #endif
```

In unseren Programmen rufen wir nur noch das Makro `ClearScreen()` auf.

Nun ist es leider nicht so, dass die Bezeichner für die Konstanten, welche die Umgebung kennzeichnen, standardisiert wären. Nein, auch hier kocht wieder jeder Compiler sein eigenes Süppchen. So identifiziert Borland eine 32-Bit-Windows-Umgebung anhand des Bezeichners __WIN32__ und Microsoft anhand des Bezeichners _WIN32, um nur diese zwei zu nennen. Der Bezeichner _WIN32 wurde auch von allen anderen mir bekannten Compilern übernommen – selbst von den Borland-Compilern, aber hier erst ab der Version 5.5.

Um möglichst viele Compiler zu unterstützen, schreiben wir jetzt eine Datei, in der diese Bezeichner vereinheitlicht werden, sodass uns unter jedem Compiler die gleichen Bezeichner für die entsprechenden Umgebungen zur Verfügung stehen. In Quelltext 7.5 sehen Sie das Resultat meiner Bemühungen. Erschrecken Sie nicht, weil die Datei so lang ist, denn das meiste davon sind nur Kommentare. Diese Kommentare sollten Sie unbedingt genau lesen. Zu einigen nicht so einfach nachvollziehenden Symbolen werden im Anschluss noch ein paar Erklärungen folgen.

Quelltext 7.5: compat.h, Version 1.0.0

```
1    /*
2       File:     compat.h
3       Version:  1.0.0
4
5       Copyright (c) 2006 by Andreas Ganzer. All rights reserved.
6
7       Version notes:
8          1.0.0: Created.
9    */
10   /**\file
11      Grundlegende Makros-Definitiaren, die die Plattform und die Features anzeigen.
12   */
13
14   #ifndef __COMPAT_H
15   #define __COMPAT_H
16
17
18   /**\def __LINUX__
19      Für die Kompatibilität verschiedener Compiler.\n
20      Zeigt an, dass der Quelltext übersetzt wurde, um unter Linux zu laufen.\n
```

```
21     Wird definiert, wenn zumindest eins der Symbole symbols \a __linux__ or \a
22     linux vom Compiler definiert wird.
23     */
24     #if (defined(__linux__) || defined(linux)) && !defined(__LINUX__)
25     #   define __LINUX__
26     #endif
27
28
29     /**\def __UNIX__
30     Für die Kompatibilität zwischen verschiedenen Compilern.\n
31     Zeigt an, dass der Quelltext kompiliert wurde, um unter Unix zu laufen.\n
32     Wird definiert, wenn zumindest eins der Symbole \a __unix__ or \a unix
33     vom Compiler definiert wird.
34     */
35     #if (defined(__unix__) || defined(unix)) && !defined(__UNIX__)
36     #   define __UNIX__
37     #endif
38
39
40     /**\def __WIN32__
41     For compatibility between several compilers.\n
42     Indicates, that the source code is compiled to running under 32 bit Windows.\n
43     Will be defined if at least one of the symbols \a WINNT, \a _WIN32 or
44     \a __NT__ is defined by the compiler.
45     */
46     #if (defined(__NT__) || defined(WINNT) || defined(_WIN32)) && \
47         !defined(__WIN32__)
48     #   define __WIN32__
49     #endif
50
51
52     /**\def __BOR_DPMI__
53     Indicates, that the source code is compiled to running in Borlands DPMI mode.\n
54     Will be defined if at least one of the symbols \a __DPMI16__ or \a __DPMI32__
55     is defined by the compiler.
56     */
57     #if (defined(__DPMI32__) || defined(__DPMI16__)) && defined(__BORLANDC__) \
58         && !defined(__BOR_DPMI__)
59     #   define __BOR_DPMI__
60     #endif
61
62
63     /**\def __WC_DPMI__
64     Indicates, that the source code is compiled to running in Watcoms DPMI mode.\n
65     Will be defined if at least one of the symbols \a __FLAT__ or \a __DOS__
66     is defined by the compiler.
67     */
68     #if defined(__DOS__) && defined(__FLAT__) && defined(__WATCOMC__) && \
69         !defined(__WC_DPMI__)
70     #   define __WC_DPMI__
```

```
 71    #endif
 72
 73
 74    /**\def __DPMI__
 75    Indicates, that the source code is compiled to running in DPMI mode.\n
 76    Will be defined if at least one of the symbols #__WC_DPMI__ or #__BOR_DPMI__ is
 77    defined.
 78    */
 79    #if (defined(__BOR_DPMI__) || defined(__WC_DPMI__)) && !defined(__DPMI__)
 80    #   define __DPMI__
 81    #endif
 82
 83
 84    /**\def __WINDOWS__
 85    For compatibility between several compilers.\n
 86    Indicates, that the source code is compiled to running under Windows.\n
 87    Will be defined if at least one of the symbols \a _Windows, \a _WINDOWS or
 88    #__WIN32__ is defined but not #__DPMI__ is defined.
 89    */
 90    #if (defined(_Windows) || defined(_WINDOWS) || defined(__WIN32__)) \
 91        && !defined(__DPMI__) && !defined(__WINDOWS__)
 92    #   define __WINDOWS__
 93    #endif
 94
 95
 96    /**\def __FLAT__
 97    For compatibility between several compilers.\n
 98    Indicates, that the source code is compiled to running in a flat memory model.\n
 99    Will be defined if at least one of the symbols #__WIN32__, #__LINUX__ or
100    #__UNIX__ is defined.
101    */
102    #if (defined(__WIN32__) || defined(__LINUX__) || defined(__UNIX__)) && \
103        !defined(__FLAT__)
104    #   define __FLAT__
105    #endif
106
107
108    /**\def __CONSOLE__
109    For compatibility between several compilers.\n
110    Indicates, that the resulting application is a Win32 console program with
111    no graphical user interface.\n
112    Will be defined if \a #_CONSOLE is defined.
113    */
114    #if defined(_CONSOLE) && !defined(__CONSOLE__)
115    #   define __CONSOLE__
116    #endif
117
118
119    /**\def __WIN16__
120    Indicates, that the source code is compiled to running under 16 bit Windows with
```

```
121      a graphical user interface.\n
122      Will be defined if \a _Windows is defined but not \a #__WIN32__ is defined.
123      */
124      #if defined(__WINDOWS__) && !defined(__WIN32__) && !defined(__WIN16__)
125      #   define __WIN16__
126      #endif
127
128
129      /**\def __REAL__
130      Indicates, that the source code is compiled to running in DOS real mode.\n
131      Will be defined if none of the symbols \a __TINY__, \a __SMALL__,
132      \a __MEDIUM__, \a __COMPACT__, \a __LARGE__ or \a __HUGE__ is defined but
133      not #__WINDOWS__ is defined.
134      */
135      #if (defined(__TINY__) || defined(__SMALL__) || defined(__MEDIUM__) \
136         || defined(__COMPACT__) || defined(__LARGE__) || defined(__HUGE__)) \
137         && !defined(__WINDOWS__) && !defined(__REAL__)
138      #   define __REAL__
139      #endif
140
141
142      /**\def __BORLANDC__
143      * Is defined to handle __TURBOC__ and __BORLANDC__ symbols the same way.\n
144      * Borland C compilers define both symbols, __TURBOC__ and __BORLANDC__.
145      * Turbo C compilers define __TURBOC__ only. To avoid too much long
146      * conditions, __BORLANDC__ is defined here as __TURBOC__ if __TURBOC__
147      * is defined but not __BORLANDC__.
148      */
149      #if defined(__TURBOC__) && !defined(__BORLANDC__)
150      #   define __BORLANDC__ __TURBOC__
151      #endif
152
153
154      /**\def EXTINT_AVAIL
155      Is defined for compilers that supports 64 bit integer types.\n
156      If the symbol \a NO_EXTINT is defined in the compiler options, \a EXTINT_AVAIL
157      will never be defined by this header. This is useful for checking the
158      syntax or runtime logic without 64 bit integers by compilers that supports
159      64 bit integer types.
160      */
161      #if !defined(NO_EXTINT) \
162         && (!defined(__BORLANDC__) || ((__BORLANDC__ >= 0x500))) \
163         && (!defined(_MSC_VER) || (_MSC_VER >= 1200))
164      #   define EXTINT_AVAIL
165      #endif
166
167
168      #endif /* __COMPAT_H */
```

Das Symbol `_CONSOLE` wird von den Microsoft-Compilern[5] und das Symbol `__CONSOLE__` von den Borland-Compilern definiert, wenn es sich um eine 32-Bit-Konsolenanwendung unter Windows (nur Text, keine Grafik) handelt. Wir definieren das Symbol `__CONSOLE__`, wenn `_CONSOLE` definiert ist. Wenn wir also in einem Quelltext herausfinden wollen, ob das Programm als Windows-Konsolenanwendung übersetzt wird, greifen wir auf das Symbol `__CONSOLE__` zurück.

Auf das Symbol `__FLAT__` greifen wir zurück, wenn wir herausfinden wollen, ob ein sogenanntes *flaches Speichermodell* vorliegt. Das ist bei allen 32-Bit-Programmen der Fall.

Das Symbol `__REAL__` zeigt uns, dass der Compiler ein Programm für den sogenannten Real Mode übersetzt. Das sind immer 16-Bit-DOS-Programme. Durch das Symbol `__DPMI__` können wir erkennen, ob ein Programm für den geschützten Modus unter DOS übersetzt wird. Die Symbole `__DPMI16__` und `__DPMI32__` werden vom Borland-Compiler für die entsprechende Umgebung erzeugt und die Symbole `__386__` und `__DOS__` vom Watcom-Compiler. Da die DPMI-Modi der beiden Compiler völlig inkompatibel sind, definieren wir auch die Symbole `__BOR_DPMI__` und `__WC_DPMI__`.

Alle anderen Symbole zeigen uns, für welche Plattform (Windows, Linux usw.) das Programm gerade übersetzt wird. Compiler, die Windows-Programme erzeugen können, definieren eines der Symbole `__WINDOWS__`, `_Windows` oder `_WINDOWS` usw. Damit wir mit nur einem einzigen Symbol arbeiten müssen, definieren wir `__WINDOWS__`, wenn eines der anderen Symbole definiert ist. Ob wir dabei das Programm für 16- oder für 32-Bit übersetzen, können wir am Symbol `__WIN32__` oder `__WIN16__` erkennen.

Das Symbol `EXTINT_AVAIL` wird definiert, wenn der Compiler, der das Programm übersetzt, die großen Integertypen (8 Byte) unterstützt.

Man könnte jedes Symbol, das wir verwenden wollen, auch explizit über die Compileroptionen angeben. Das wäre allerdings ziemlich umständlich. Mit der Datei »compat.h« benötigen wir explizite Definitionen nur noch in seltenen Fällen.

Jeder Compiler definiert auch ein Symbol, anhand dessen man diesen Compiler erkennt. Dieses Symbol enthält fast immer die Versionsnummer des Compilers. So definiert Turbo C das Symbol `__TURBOC__`, Borland C das Symbol `__BORLANDC__`, Microsoft C das Symbol `_MSC_VER`, der Watcom-Compiler das Symbol `__WATCOMC__` und die gcc-Compiler das Symbol `__GNUC__`.

Wenn wir mal auf einen Compiler stoßen, der ein bestimmtes Feature nicht unterstützt, können wir die Datei »compat.h« erweitern, damit dieser Compiler erkannt und das entsprechende Symbol (z. B. `EXTINT_AVAIL`) nicht definiert wird.

---

[5] In der Entwicklungsumgebung wird dieses Symbol automatisch in die Projektoptionen eingetragen. Der Kommandozeilencompiler definiert es allerdings nicht. Dort muss es explizit definiert werden.

An folgendem Beispiel kann man das erkennen, wenn wir annehmen, dass der Compiler das Symbol _NEW_COMP_VER definiert und keine großen Integertypen unterstützt:

```
#if !defined(NO_EXTINT) \
    && !defined(_NEW_COMP_VER) \
    && (!defined(__BORLANDC__) || (__BORLANDC__ >= 0x500)) \
    && (!defined(_MSC_VER) || (_MSC_VER >= 1200))
#  define EXTINT_AVAIL
#endif
```

Oder wenn der neue Compiler den erweiterten Typ erst ab der Versionsnummer 21 unterstützt:

```
#if !defined(NO_EXTINT) \
    && (!defined(_NEW_COMP_VER) || (_NEW_COMP_VER >= 21)) \
    && (!defined(__BORLANDC__) || (__BORLANDC__ >= 0x500)) \
    && (!defined(_MSC_VER) || (_MSC_VER >= 1200))
#  define EXTINT_AVAIL
#endif
```

Sollten Sie jetzt noch nicht alle Definitionen und deren Verwendung verstehen, lassen Sie sich keine grauen Haare wachsen. Wir werden später noch an einigen Beispielen sehen, wie wir damit arbeiten.

Symbole, wie wir sie über #define erzeugen, können auch über die Compileroptionen erzeugt werden. In der Datei »compat.h« gehen wir davon aus, dass, wenn wir ein Programm für eine Win32-Konsole erzeugen, der Compiler entweder das Symbol _CONSOLE oder das Symbol __CONSOLE__ definiert. Wenn wir feststellen, dass der Compiler diese Definition nicht liefert oder wir einfach nur auf Nummer sichergehen wollen, können wir den Compiler auch über dessen Optionen dazu veranlassen, ein entsprechendes Symbol zu definieren. Wie bereits erwähnt, ist für jeden Compiler und jede Umgebung im Abschnitt »Präprozessorsymbole definieren« im Anhang A beschrieben, wie Symbole über den Compiler erzeugt werden.

Am Quelltext 7.5 sehen Sie auch, wie wir in Zukunft Moduldateien kommentieren werden. Am Dateianfang befinden sich Kommentare zur Version und eine Beschreibung über den Inhalt und den Zweck der Datei. Es wird auch jedes definierte Symbol kommentiert, genauso, wie wir später jede Variable, jede Typdefinition und jede Funktion kommentieren werden[6].

Hier habe ich das Format verwendet, das vom Dokumentationswerkzeug Doxygen gelesen werden kann. Bei Doxygen handelt es sich um ein Programm, das Dateien nach solchen Kommentaren durchsucht und daraus Hilfedateien und Dokumentationen generiert. Doxygen befindet sich mitsamt seiner Dokumentation auf der Buch-CD. Ich

---

[6] Ich werde die Kommentare nicht immer in den abgedruckten Quelltexten anzeigen, aber in den Dateien auf der Buch-CD sind sie vorhanden.

habe mich für dieses Werkzeug entschieden, weil es für Windows und für Linux zu haben sowie kostenlos und sehr leistungsfähig ist.

Wenn Sie persönlich später ein anderes Dokumentationswerkzeug vorziehen (oder sich selbst eines schreiben wollen), dann steht es ihnen natürlich frei, ob Sie meine Kommentare übernehmen oder nicht. Aber eines sollten Sie in jedem Fall immer tun: kommentieren. Ich gebe Ihnen mit diesem Buch und den beiliegenden Quelltexten dafür viele Beispiele.

7.4.2 Gleiche Datentypen für jeden Compiler

Wie wir inzwischen wissen, entstehen eventuell auch Probleme mit den unterschiedlichen Größen der Datentypen, wenn ein Programm für verschiedene Umgebungen übersetzt werden soll. Wir sollten uns daher neue Bezeichner definieren, die unabhängig von dem zugrunde liegenden Compiler immer die gleiche Größe haben. Sehen wir uns dazu den Quelltext 7.6 an. Die Kommentare sind hier aus Platzgründen nicht enthalten, aber in der Datei auf der Buch-CD vorhanden.

Quelltext 7.6: types.h, Version 1.0.0

```
1    /*
2       File:    types.h
3       Version: 1.0.0
4
5       Copyright (c) 2006 by Andreas Ganzer. All rights reserved.
6
7       Version notes:
8          1.0.0: Created.
9    */
10   /**\file
11      Spezielle Definiton Systemabhängiger Typen.
12   */
13
14   #ifndef __TYPES_H
15   #define __TYPES_H
16
17   #ifndef __COMPAT_H
18   #  include "compat.h"
19   #endif
20
21
22 A) typedef enum { false, true } bool;
23
24
25   typedef   long double            extended;
26
27 B) typedef   unsigned int          uint;
28   typedef   unsigned char         uint8;
```

```
29      typedef   unsigned  short          uint16;
30      typedef   unsigned  long           uint32;
31
32      typedef   signed    char           int8;
33      typedef   signed    short          int16;
34      typedef   signed    long           int32;
35
36      #ifdef EXTINT_AVAIL
37      #if defined(_MSC_VER) || defined(__BORLANDC__)
38   C) typedef   unsigned  __int64        uint64;
39   C) typedef   signed    __int64        int64;
40      #else
41   C) typedef   unsigned  long long int  uint64;
42   C) typedef   signed    long long int  int64;
43      #endif
44      #endif
45
46
47      #endif /* __TYPES_H */
```

Erklärungen

A Wir definieren hier den Typen `bool`, der die beiden Werte `true` und `false` annehmen kann.

Bei einer Definition wie »`int set = 1`«, kann man nicht sofort sehen, welche Werte `set` aufnehmen kann oder soll, ja, man kann nicht wirklich erkennen, was der Name `set` bedeutet. Handelt es sich um eine Menge von Werten, die hier einzeln oder in Kombination miteinander gespeichert werden können oder bedeutet `set` einfach nur *gesetzt*?

Wenn wir schreiben »`bool set = true`«, dann ist klar, dass es sich hier lediglich um einen Wahrheitswert handelt. Für solche Fälle sollten wir in Zukunft immer den Typ `bool` verwenden.

B Sollten Sie beim Übersetzen eines Programms, das diese Datei einbindet, unter Linux Probleme haben, weil in dieser Zeile Fehlermeldungen auftauchen, dann machen Sie daraus Folgendes:

```
1    #if defined(__LINUX__) && defined(__USE_MISC)
2         #include <stdlib.h>
3    #else
4         typedef  unsigned int            uint;
5    #endif
```

Der Typ uint wird nämlich bereits in einer Datei von Linux definiert, wenn das Symbol __USE_MISC vorhanden ist. Wenn wir uint hier ein zweites Mal definieren, wird der Compiler einen Fehler melden. Durch die obige Bedingung wird diese Definition nur ausgeführt, wenn wir nicht für Linux übersetzen oder das Symbol __USE_MISC nicht definiert ist.

Leider kann ich nicht sagen, unter welcher Linux-Variante in welcher Version der Typ uint in welcher Datei definiert ist. Aber die obige Bedingung sollte im Zweifel immer funktionieren.

C Auch diese Typen müssen wir bedingt übersetzen. Zum einen müssen wir fragen, ob der 64-Bit-Integer überhaupt unterstützt wird (EXTINT_AVAIL) und zum anderen müssen wir auf die Definitionsweise achten.

Bei den Typen int8, int16 usw. handelt es sich um Datentypen, auf deren Größe wir uns immer verlassen können. Wenn Sie an einen Compiler geraten, bei dem der Typ long nicht 32 Bit (4 Byte) groß ist, sondern 64 Bit, können Sie die Definition der Integertypen in der Art bedingt übersetzen, wie wir es bereits beim int64 gemacht haben, indem der Compiler identifiziert wird und entsprechend darauf reagiert. Ein Beispiel:

```
1    typedef     signed     char              int8;
2    typedef     unsigned   char              uint8;
3
4    typedef     signed     short             int16;
5    typedef     unsigned   short             uint16;
6
7    #ifdef _NEW_COMP_VER
8
9    typedef     signed     int               int32;
10   typedef     unsigned   int               uint32;
11
12   typedef     unsigned   long int          uint64;
13   typedef     signed     long int          int64;
14
15   #else   /* !_NEW_COMP_VER: */
16
17   typedef     signed     long              int32;
18   typedef     unsigned   long              uint32;
19
20   #ifdef EXTINT_AVAIL
21
22   #if defined(_MSC_VER) || defined(__BORLANDC__)
23   typedef     unsigned   __int64           uint64;
24   typedef     signed     __int64           int64;
25   #else
26   typedef     unsigned   long long int     uint64;
27   typedef     signed     long long int     int64;
```

```
28      #endif
29
30      #endif   /* EXTINT_AVAIL */
31
32      #endif   /* !_NEW_COMP_VER */
```

Auch hier müssen Sie sich jetzt nicht den Kopf zerbrechen, wenn sich Ihnen nicht sofort alles erschließt. Versuchen Sie zunächst, die obigen Definitionen im Geiste nachzuvollziehen, indem Sie sich die Präprozessoranweisungen genau ansehen und sich vorstellen, was passiert, wenn ein bestimmter Compiler eines der entsprechenden Symbole definiert.

Wenn es in späteren Programmen nicht auf die Größe des verwendeten Integertyps ankommt, sollten Sie einfach int oder unsigned verwenden (anstelle von unsigned auch uint, der nur der Bequemlichkeit halber definiert ist). In allen anderen Fällen, in denen Sie sichergehen wollen, dass ein Integer eine bestimmte Größe hat, sollten Sie die Definitionen aus »types.h« verwenden.

Im Quelltext 7.6 haben wir noch etwas Bemerkenswertes. Es sind die Zeilen 17, 18 und 19:

```
#ifndef __COMPAT_H
#  include "compat.h"
#endif
```

Wir binden »compat.h« nur dann ein, wenn diese Datei nicht bereits eingebunden wurde (in »compat.h« wird das Symbol __COMPAT_H definiert, wenn »compat.h« das erste Mal eingebunden wird). Wir wissen, dass das Symbol __COMPAT_H definiert wird, damit der in »compat.h« befindliche Quelltext nicht mehrmals verwendet wird. Ein mehrfaches Verwenden wird aber schon in »compat.h« selbst verhindert. So würde es gar nichts schaden, wenn wir »compat.h« in »types.h« ohne Bedingung einbinden. Weshalb also dann diese Bedingung in »types.h«?

Wenn der Präprozessor eine #include-Anweisung findet, sucht er nach der einzubindenden Datei. Unter Umständen kann das eine Weile dauern, wenn er mehrere Verzeichnisse zu durchsuchen hat. Wir können diese Zeit sparen, wenn wir schon vor dem Einbinden selbst feststellen, ob die entsprechende Datei schon vorher eingebunden wurde. Dieser Trick wird üblicherweise nur innerhalb von Informationsdateien verwendet. In den Moduldateien (den C-Dateien) hat man in der Regel einen besseren Überblick darüber, welche Dateien bereits von anderen Dateien eingebunden werden, sodass man das dort besser kontrollieren kann.

Zum Abschluss dieses Themas sehen wir uns noch das kleine Programm im Quelltext 7.7 an, das die Typen aus »types.h« verwendet. Es zeigt uns auch, wie wir eines der Symbole aus »compat.h« anwenden, um den Quelltext mit allen Compilern für alle Umgebungen übersetzen zu können.

Quelltext 7.7: xdatsize.c

```
 1     /*
 2     File: xdatsize.c
 3     Zeigt die Größen der Datentypen.
 4     */
 5
 6     #include <stdio.h>
 7     #include "types.h"
 8
 9
10     int     i;
11     uint    u;
12     int8    i8;
13     uint8   u8;
14     int16   i16;
15     uint16  u16;
16     int32   i32;
17     uint32  u32;
18     #ifdef EXTINT_AVAIL
19  A) int64   i64;
20  A) uint64  u64;
21     #endif
22
23
24     int main( void )
25     {
26         printf("int:    %i Byte\n", sizeof(int));
27         printf("uint:   %i Byte\n", sizeof(uint));
28         printf("int8:   %i Byte\n", sizeof(int8));
29         printf("uint8:  %i Byte\n", sizeof(uint8));
30         printf("int16:  %i Byte\n", sizeof(int16));
31         printf("uint16: %i Byte\n", sizeof(uint16));
32         printf("int32:  %i Byte\n", sizeof(int32));
33         printf("uint32: %i Byte\n", sizeof(uint32));
34     #   ifdef EXTINT_AVAIL
35  A)     printf("int64:  %i Byte\n", sizeof(int64));
36  A)     printf("uint64: %i Byte\n", sizeof(uint64));
37     #   endif
38
39         getchar();
40
41         return 0;
42     }
```

Erklärungen

A Diese vier Zeilen werden nur von Compilern übersetzt, die den 64-Bit-Integertyp unterstützen. Entsprechend sieht dann auch die Ausgabe aus.

Im Quelltext 7.7 sehen Sie auch, dass wir nur die Datei »types.h« einbinden, obwohl wir auf ein Symbol zugreifen, das in »compat.h« definiert ist (EXTINT_AVAIL). »compat.h« muss hier nicht explizit eingebunden werden, weil diese bereits von »types.h« eingebunden wird. Daher können wir alle Symbole aus »compat.h« nutzen.

Bei den Dateien »compat.h« und »types.h« handelt es sich um Dateien, die Sie immer wieder in Ihre Programme einbinden können. Daher sollten Sie sich diese in ein spezielles Verzeichnis legen, das dann bei jeder Übersetzung in den Compileroptionen als Suchverzeichnis angegeben werden muss. Oder Sie kopieren sich die Dateien für jedes neue Projekt in das entsprechende Projektverzeichnis (was am Ende aber umständlicher ist).

8 Modularisierung

Wir haben im letzten Kapitel das Einbinden von Dateien in den Quelltext behandelt. Doch will man wirklich einmal umfangreiche Programme schreiben, wird man mit dieser Methode nicht allzu weit kommen. Effektiver ist es, die verschiedenen Module getrennt zu übersetzen und erst danach zu einem großen Programm zusammenzufügen. Wenn wir nur mit `#include` arbeiten, so wird bereits alles vor dem Übersetzungsvorgang zu einer einzelnen Datei zusammengebunden. Das hat denselben Effekt, als hätten wir selbst gleich alles in diese eine Datei geschrieben. Wenn Dateien aber getrennt übersetzt werden, spricht man von *Übersetzungseinheiten* und von *Modulen*. Beim Übersetzen einer Datei wird eine Objektdatei erstellt, und wenn wir mehrere solcher Objektdateien haben, können diese dann mit dem Linker zu einer ausführbaren Datei zusammengebunden werden.

Tatsächlich ist es so, dass der Compiler niemals eine ausführbare Datei erzeugt, sondern ausschließlich Objektdateien. Je nachdem, mit welchem Kommandozeilencompiler Sie arbeiten, müssen Sie den Linker danach explizit aufrufen oder nicht. Bei den bisherigen Programmen, die im Grunde nur aus einer einzigen Übersetzungseinheit bestanden, bindet der Linker zu der entstandenen Objektdatei zusätzlichen Code hinzu, der es ermöglicht, das Programm zu starten. Erst dadurch wird es ausführbar.

Vielleicht haben Sie sich schon die Informationsdateien angesehen, die von den Compilerherstellern mitgeliefert werden, und dabei bemerkt, dass dort zwar die einzelnen Funktionen deklariert sind, die Definitionen allerdings fehlen. Diese liegen in einfachen C-Dateien und wurden vom Compilerhersteller bereits vorab übersetzt. Die aus den einzelnen Dateien entstandenen Objektdateien werden dann wieder zu größeren Paketen, den Bibliotheken, zusammengeschnürt und an uns, den Programmierer, zusammen mit dem Compiler ausgeliefert.

Wir werden uns in diesem Kapitel ansehen, wie wir ein Programm in mehrere Übersetzungseinheiten aufteilen können und wie sich die entstandenen Module zu Programmen zusammenfügen lassen.

8.1 Ein erstes Beispiel

Wir werden uns das Programm »eingabe.c« aus Quelltext 6.21 vornehmen und es auf zwei Dateien verteilen.

Wenn Sie mit einer Entwicklungsumgebung arbeiten, erzeugen Sie ein neues Projekt mit dem Namen »eingabe". Dieses Projekt soll die drei Dateien »eingabe.c«, »getstr.c« und »getstr.h« enthalten. Wie Sie diese Dateien erzeugen und in das Projekt aufnehmen, finden sie im Abschnitt »Einem Projekt Dateien hinzufügen«,

Anhang A.2 beschrieben. Wer auf der Kommandozeile arbeitet, erstellt zunächst einfach nur diese Dateien.

8.1.1 Das Hauptmodul

Die Datei »eingabe.c« sieht so aus wie im Quelltext 8.1 dargestellt.

Quelltext 8.1: eingabe.c, Version 2.0.0

```
1   /*
2   File:    eingabe.c
3   Version 2.0.0
4
5   Copyright (c) 2006 by Andreas Ganzer. All rights reserved.
6
7   Version notes:
8       1.0.0: Created.
9       2.0.0: Die Funktion getstr() und makeset() werden in "getstr.c" verlegt.
10              Die Definition von struct gs_state wird in "getstr.h" verlegt.
11
12  #include <stdio.h>
13  #include <string.h>
14  #include "getstr.h"
15
16
17  int main( void )
18  {
19      ...
20  }
```

An der Implementierung der Funktion `main()` hat sich nichts geändert. Es wurden aber die zwei Funktionen `getstr()` und `makeset()` sowie die Definition der Struktur `gs_state` entfernt. Auch die Anweisung `#include <assert.h>` ist nicht mehr vorhanden, da wir das Makro `assert()` in dieser Datei nicht benötigen. Stattdessen haben wir die Datei »getstr.h« über `#include` eingebunden.

8.1.2 Die Informationsdatei »getstr.h«

Kommen wir nun zur Datei »getstr.h«, die wir im Quelltext 8.2 finden.

Quelltext 8.2: getstr.h, Version 1.0.0

```
1   /*
2   File:    getstr.h
3   Version: 1.0.0
4
5   Copyright (c) 2006 by Andreas Ganzer. All rights reserved.
6
```

```
7      Version notes:
8         1.0.0: Created.
9      */
10
11     #ifndef __GETSTR_H
12  A) #define __GETSTR_H
13
14
15  B) #include <stddef.h>
16
17
18     struct gs_state
19     {
20        size_t read;
21        char   last;
22
23     };
24
25
26
27  C) char* getstr( char* dst, size_t n, const char* chs, struct gs_state* s );
28
29  C) char* makeset( char* set, size_t n, const char* mask );
30
31
32     #endif // __GETSTR_H
```

Erklärungen

A Hier verhindern wir wieder das mehrfache Einbinden der Datei, indem wir das Symbol __GETSTR_H definieren.

B Weil wir in der Strukturdefinition den Datentyp size_t verwenden, müssen wir die Datei »stddef.h« über #include einbinden, da size_t in dieser Datei definiert ist.

C Unterhalb der Strukturdefinition sehen wir jetzt die Prototypen der Funktionen getstr() und makeset(). Es handelt sich dabei nur um die Funktionsköpfe, die mit je einem Semikolon abgeschlossen werden. Sie sind fett gedruckt, damit Sie sie leichter erkennen können. Sie sehen an dieser Datei wieder Beispiele dafür, wie Dateien und Funktionen kommentiert werden sollten.

Weil »getstr.h« in »eingabe.c« über #include eingebunden wird, können wir »eingabe.c« übersetzen, ohne eine Fehlermeldung über nicht definierte Funktionen zu erhalten. »getstr.h« gibt dem Compiler die Information, dass es diese Funktionen gibt, welche Datentypen sie zurückliefern und welche Argumente sie erwarten. Auch wird der Compiler über den Datentyp gs_state informiert. Anhand der Definition in »getstr.h« können in jeder Datei, die »getstr.h« einbindet, Variablen vom Typ struct gs_state definiert werden.

Auf eines muss ich Sie an dieser Stelle noch aufmerksam machen: Schreiben Sie in eine Informationsdatei niemals so etwas:

```
1    struct gs_state
2    {
3        size_t read;
4        char   last;
5    } sate;
```

Denn hier handelt es sich um die Definition einer Variablen. Und Variablen werden nicht in Informationsdateien, sondern in Moduldateien definiert. Erlaubt sind die folgenden Konstruktionen, weil es sich dabei tatsächlich nur um Typdefinitionen und nicht um die Definition von Variablen handelt:

```
1    typedef struct gs_state
2    {
3        size_t read;
4        char   last;
5    } gsstate;
6
7    typedef struct
8    {
9        size_t read;
10       char   last;
11   } gs_state;
```

Wenn Ihnen das jetzt seltsam vorkommt, lesen Sie noch mal in den Kapiteln 5.4 und 5.7.1 nach.

8.1.3 Das Modul »getstr.c«

Wir haben gesehen, dass sich in der Datei »getstr.h« lediglich die Prototypen der Funktionen getstr() und makeset() befinden. Die Funktionsdefinitionen befinden sich in der Datei »getstr.c«, die Sie im Quelltext 8.3 finden. Die Funktionskörper habe ich hier des Platzes wegen nicht erneut angegeben. Sie haben sich gegenüber dem Quelltext 6.21 nicht geändert. Die Funktionen selbst (oder besser: ihre Schnittstellen) müssen hier nicht erneut kommentiert werden, weil das bereits in der Informationsdatei geschehen ist.

Quelltext 8.3: getstr.c, Version 1.0.0

```
1    /*
2        File:    getstr.c
3        Version: 1.0.0
4
5        Copyright (c) 2006 by Andreas Ganzer. All rights reserved.
6
7        Funktion für das Einlesen von Daten von der Tastatur.
8
9        Version notes:
10           1.0.0: Created.
```

```
11     */
12
13  A) #include "getstr.h"
14     #include <assert.h>
15     #include <string.h>
16     #include <stdio.h>
17
18
19     char* getstr( char* dst, size_t n, const char* chs, struct gs_state* s )
20     {
21        ...
22     }
23
24
25     char* makeset( char* set, size_t n, const char* mask )
26     {
27        ...
28     }
```

Erklärungen

A Da wir auch in dieser Datei die Definition von struct gs_state brauchen, müssen wir »getstr.h« auch hier einbinden. Ansonsten wäre es nicht nötig. Natürlich binden wir auch alle diejenigen Informationsdateien ein, aus denen wir weitere Informationen benötigen.

Wie Sie die zwei Moduldateien auf der Kommandozeile mit nur einem Aufruf des Compilers übersetzen, finden Sie im Abschnitt »Quelldateien übersetzen« im Anhang A.1.

8.1.4 Resümee

Wenn Sie jetzt das Programm erzeugen und starten, werden Sie sehen, dass es sich genauso verhält wie das Programm, das sich noch in einer einzigen Datei befunden hat. Wir haben lediglich den Quelltext auf mehrere Dateien verteilt, die unabhängig voneinander übersetzt werden können. Erst diese Art, ein Programm zu modularisieren, hat es ermöglicht, große Programme zu schreiben, weil dadurch Ressourcen und auch Zeit gespart werden. Wenn ein Modul geändert wird, dann wird nicht mehr das ganze Programm neu übersetzt, sondern nur das geänderte Modul. Für uns C-Entwickler ist aber noch eines zu bedenken:

> Wenn Sie mehrere Dateien in einem Projekt haben, dann darf sich nur in einer einzigen Datei die Funktion main() befinden.

8.2 Exkurs: make

In diesem Unterkapitel werden wir uns mit einem der wichtigsten Werkzeuge befassen, die einem Entwickler neben dem Compiler und dem Linker zur Verfügung stehen. Es handelt sich dabei um das Programm *make*, das aus einer oder mehreren Quelldateien vollautomatisch eine Anwendung oder eine Bibliothek erstellt. Dieses Werkzeug sollten Sie immer dann verwenden, wenn Sie nicht mit einer Entwicklungsumgebung arbeiten. In den Entwicklungsumgebungen ist dieses Tool integriert, sodass Sie von seiner Existenz in der Regel gar nichts bemerken. Wenn Sie mit einer solchen Umgebung arbeiten, können Sie dieses Unterkapitel vorerst überspringen und es später durcharbeiten. Wenn Sie auf der Kommandozeile arbeiten, kommen Sie um das, was im Folgenden beschrieben wird, nicht herum.

8.2.1 Was ist make?

Wir werden in diesem und in den folgenden Kapiteln Programme und Bibliotheken entwickeln, die aus mehr als nur einer C-Datei bestehen. Wie Sie vielleicht schon bei der Übersetzung der bisherigen Programme bemerkt haben, kann es sehr umständlich sein, immer wieder für jede zu übersetzende Datei und für jedes zu erstellende Programm die gewünschten Compileroptionen auf der Kommandozeile einzugeben. Letzten Endes ist das nicht nur umständlich, sondern auch fehlerträchtig, weil man leicht eine Option vergessen kann.

Eventuell haben Sie bereits Stapelverarbeitungsprogramme oder Scripts geschrieben, die Ihnen diese Arbeit erleichtern. Dagegen ist nichts zu sagen, aber ein Script (bzw. eine Stapelverarbeitungsdatei) hat einen großen Nachteil, wenn es darum geht, Programme oder Bibliotheken zu erzeugen, die aus vielen Modulen bestehen: Bei jeder neuen Übersetzung wird immer wieder jedes Modul neu übersetzt. Wenn ein Programm aus 20 Modulen besteht (was durchaus noch nicht viel ist) und Sie nur eines dieser Module ändern, werden alle 20 Module neu übersetzt, wenn Sie die Übersetzung des Programms über ein Script laufen lassen. Und das kann sehr lange dauern.

Aus dieser Erkenntnis ist das Programm make entstanden. Dieses Programm erwartet als Eingabe eine Datei, die einem Script sehr ähnlich ist. In dieser Datei sind die Module aufgeführt, die übersetzt werden sollen. Der Vorteil von make ist der, dass es vor der Übersetzung prüft, ob ein Programm oder eine Objektdatei veraltet ist. Nur wenn dies der Fall ist, wird die Datei neu übersetzt. Ob z. B. eine Objektdatei veraltet ist, kann make feststellen, indem es die Zeitstempel der C-Datei und der daraus resultierenden Objektdatei (sofern diese bereits vorhanden ist) vergleicht. Ist die C-Datei aktueller, dann muss die Objektdatei und dann auch das Programm aktualisiert erstellt werden.

Allerdings gibt es wieder ein paar Probleme, auf die ich noch eingehen muss. Es gibt leider keinen Standard für make. Das heißt, dass die Datei, mit der make gefüttert werden muss, recht unterschiedlich aussehen kann, je nachdem, von welchem Compilerhersteller make kommt. Es heißt noch nicht mal immer make. Microsoft nennt es `nmake`, bei MinGW heißt es *mingw32-make*.

Im Folgenden werde ich zwei Varianten von make beschreiben: Das Programm, das unter Linux zu finden ist und das Programm, das zusammen mit dem Borland-Compiler ausgeliefert wird. Wenn Sie mit dem Paket von MinGW arbeiten, können Sie alles für Linux gezeigte eins zu eins übernehmen (abgesehen von einigen Dateinamen, da eine ausführbare Datei unter Windows die Erweiterung ».exe« benötigt).

8.2.2 Ziele, Abhängigkeiten und Regeln

Die Datei, mit der make gefüttert wird, ist ein sogenanntes *Makefile* (halb-deutsch Make-Datei[1]). Dabei handelt es sich um eine Textdatei, die mit jedem Editor erstellt und bearbeitet werden kann. Diese Datei muss allerdings bestimmte Teile enthalten und einen bestimmten Aufbau haben.

Die zwei wichtigsten Teile sind *Ziele* und *Abhängigkeiten*. Ein Ziel definiert das, was aus einer Abhängigkeit entstehen soll. Ein solches Ziel ist z. B. eine Objektdatei. Die Objektdatei ist abhängig von einer C-Datei, sodass die C-Datei die Abhängigkeit darstellt. Ein Ziel muss immer linksbündig (also ohne vorstehende Leerzeichen) in einer Zeile innerhalb des Makefiles stehen. Das Ziel endet mit einem Doppelpunkt, gefolgt von den Abhängigkeiten. Um die Datei »eingabe.c« zu einer Objektdatei zu übersetzen, würde sich in einem Makefile mindestens die Zeile

```
eingabe.o: eingabe.c
```

befinden. Wenn wir das Programm »eingabe« aus dem Kapitel 8.1 übersetzen wollen, in dem es die zwei Module »eingabe.c« und »getstr.c« gibt, sieht das Makefile für Linux so aus:

```
1    eingabe: eingabe.o getstr.o
2    eingabe.o: eingabe.c
3    getstr.o: getstr.c
```

Dies bedeutet, dass das Programm »eingabe« von den Dateien »eingabe.o« und »getstr.o« abhängig ist. Für make heißt das, dass erst die Dateien »eingabe.o« und »getstr.o« erzeugt werden müssen, bevor »eingabe« erzeugt werden kann. Und die Dateien »eingabe.o« und »getstr.o« müssen vorher aus »eingabe.c« bzw. »getstr.c« erzeugt werden.

Wenn Sie unter Linux arbeiten, können Sie bereits mit den obigen Zeilen das Programm »eingabe« erzeugen. Allerdings werden dann lediglich Standardcompilereinstellungen verwendet. Sie haben daher die Möglichkeit, für ein bestimmtes oder auch für jedes Ziel eine Regel anzugeben, die besagt, *wie* das jeweilige Ziel erzeugt werden soll. Diese Regel muss sich in der Zeile direkt unterhalb des Ziels mit den Abhän-

---

[1] Ich werde im Folgenden nur noch den englischen Begriff Makefile verwenden, weil das die offizielle Bezeichnung ist. Es heißt (ich weiß nicht, weshalb) auch nicht *die* Makefile, sondern *das* Makefile.

gigkeiten befinden. Dabei müssen Sie darauf achten, dass Sie die Regel mit einem Tabulator[2] einrücken:

```
1    eingabe: eingabe.o getstr.o
2    eingabe.o: eingabe.c
3        gcc -c -Wall -g -o eingabe.c
4    getstr.o: getstr.c
5        gcc -c -Wall -g -o getstr.c
```

Diese Regeln besagen, dass für die Übersetzung der Dateien »eingabe.c« und »getstr.c« der Compiler *gcc* mit den angegebenen Optionen aufgerufen werden soll.

> Ziele und Abhängigkeiten müssen sich immer in einer Zeile befinden, sofern Abhängigkeiten vorhanden sind.
> Hinter einem Ziel muss sich immer ein Doppelpunkt befinden und die Ziele müssen linksbündig angegeben werden, also ohne vorhergehende Leerzeichen.
> Mehrere Abhängigkeiten hinter einem Ziel werden durch Leerzeichen voneinander getrennt.
> Regeln für die Erzeugung eines Ziels werden direkt unterhalb der Zeile angegeben, in der das Ziel definiert ist.
> Eine Regel muss immer mit einem Tabulatorzeichen eingerückt werden.

Wenn es viele Abhängigkeiten gibt, kann es schon passieren, dass einem die Zeile zu lang wird. In diesem Fall kann man einen Zeilenumbruch einfügen, muss aber die Zeile, die in der nächsten Zeile fortgesetzt werden soll, mit einem Rückwärtsstrich beenden:

```
1    eingabe: \
2        eingabe.o \
3        getstr.o
4    eingabe.o: eingabe.c
5    getstr.o: getstr.c
```

> Zeilen, die eine Fortsetzung der vorhergehenden Zeile sind, dürfen nicht mit einem Tabulator eingerückt werden. Wenn die Zeilen für die Lesbarkeit eingerückt werden sollen, können dafür aber beliebig viele Leerzeichen verwendet werden.

---

[2] Sie müssen wirklich das Tabulatorzeichen (die [Tab]-Taste) verwenden, keine Leerzeichen. Dafür können Sie, wenn Sie unter Windows 3.x oder DOS arbeiten, keinen Standardeditor verwenden, weil dieser die Tabulatorzeichen immer in Leerzeichen umwandelt.

8.2.3 make verwenden

Sie sollten sich jetzt ein neues, beliebiges Verzeichnis erstellen und die Dateien »eingabe.c«, »getstr.c« und »getstr.h«, die wir im Kapitel 8.1 entwickelt haben, dort hineinkopieren. Anschließend können Sie in demselben Verzeichnis eine neue Datei anlegen, die Sie »makefile« (ohne Dateierweiterung) nennen müssen. Unter Linux füllen Sie diese Datei mit den folgenden drei Zeilen:

```
1   eingabe: eingabe.o getstr.o
2   eingabe.o: eingabe.c
3   getstr.o: getstr.c
```

Wenn Sie das getan haben, geben Sie an der Eingabeaufforderung nur noch make ein und drücken [Eingabe] (Sie müssen sich mit der Eingabeaufforderung in dem Verzeichnis befinden, in dem sich das Makefile befindet). Sie werden erkennen, dass die Objektdateien »eingabe.o« und »getstr.o« ebenso erzeugt wurden, wie das Programm »eingabe«.

Das ist leider nur unter Linux so einfach. make von Borland benötigt für die Erzeugung der ausführbaren Datei eine Regel, wenn mehr als eine Objektdatei als Abhängigkeit angegeben ist:

```
1   eingabe.exe: eingabe.obj getstr.obj
2       bcc32 eingabe.obj getstr.obj
3   eingabe.obj: eingabe.c
4   getstr.obj: getstr.c
```

Wenn Sie make von Borland verwenden und ansonsten mit dem Compiler von Microsoft arbeiten, müssen Sie die Regel für jedes Ziel angeben, weil diese Version standardmäßig den Borland-Compiler aufruft:

```
1   eingabe.exe: eingabe.obj getstr.obj
2       link eingabe.obj getstr.obj
3   eingabe.obj: eingabe.c
4       cl /c eingabe.c
5   getstr.obj: getstr.c
6       cl /c getstr.c
```

Das make-Programm von MinGW arbeitet im Grunde genauso wie das von Linux, aber der von make standardmäßig verwendete Compiler heißt seltsamerweise nicht gcc, sondern cc. Und diesen gibt es nicht im Paket von MinGW, sodass Sie auch hier für jedes Ziel eine Regel angeben müssen:

```
1   eingabe.exe: eingabe.o getstr.o
2       gcc eingabe.o getstr.o -o eingabe.exe
3   eingabe.o: eingabe.c
4       gcc -c eingabe.c
5   getstr.o: getstr.c
6       gcc -c getstr.c
```

Ich sagte weiter oben, dass Sie das Makefile »makefile« nennen müssen. Nun, ein regelrechter Zwang besteht dazu nicht. make sucht nur standardmäßig im aktuellen Verzeichnis nach einer Datei, die »makefile« oder »Makefile« heißt. Das make von Borland sucht zusätzlich noch nach einer Datei namens »makefile.mak«. Erst, wenn keine dieser Varianten gefunden werden kann, beendet sich *make* mit einer Fehlermeldung.

Da es mitunter problematisch sein kann, ausschließlich den Dateinamen »makefile« zu verwenden, gibt es auch die Möglichkeit, das Makefile beliebig zu benennen. Wenn Sie sich auf der Buch-CD in dem zu diesem Kapitel gehörenden Verzeichnis umsehen, werden Sie feststellen, dass es dort in den Unterverzeichnissen der verschiedenen Compiler je eine Datei »eingabe.mak« gibt. Wenn Sie diese Datei für den make-Prozess verwenden wollen, dann muss make dieses explizit mitgeteilt werden. Das geschieht über die Option »-f« auf der Kommandozeile. So rufen Sie make unter Linux (Entsprechendes gilt für make von MinGW) auf:

```
make -f eingabe.mak
```

Bei Borlands make können Sie das Leerzeichen zwischen der Option und dem Dateinamen weglassen. Auch die Erweiterung ».mak« kann entfallen:

```
make -feingabe
```

Oder auch:

```
make -f eingabe
```

> Das Programm *make* muss immer von dem Verzeichnis aus aufgerufen werden, in dem sich das zu verwendende Makefile befindet. Dieses sollte immer das Verzeichnis sein, das als Projektverzeichnis gilt. Alle relativen Pfadangaben in einem Makefile oder einer #include-Anweisung (mit Anführungszeichen) in einer Quelldatei beziehen sich ebenfalls auf dieses Verzeichnis.

Sie können an make auch das zu erzeugende Ziel übergeben, wenn im Makefile mehrere Ziele angegeben sind, was üblicherweise ja der Fall ist. Um ausschließlich das Ziel »eingabe.o« zu erzeugen, geben Sie an der Kommandozeile

```
make eingabe.o
```

ein. Dieses gilt analog für make von Borland, wo das Ziel »eingabe.obj« heißen würde. Weil es sich bei einem Ziel nicht zwangsläufig um eine zu erzeugende Datei handeln muss und die Regeln sich auch nicht auf nur eine einzige Regel pro Ziel beschränken müssen, können wir make auch dazu verwenden, die erzeugten Ziele wieder zu löschen, um ein komplettes Neuerstellen zu erzwingen. In einem Makefile für Linux könnte das so aussehen (denken Sie daran, dass jede *Regel* mit einem *Tabulator* eingerückt werden muss):

```
1    eingabe: eingabe.o getstr.o
2    eingabe.o: eingabe.c
3    getstr.o: getstr.c
```

```
4    clean:
5        -rm -f *.o
6        -rm -f eingabe
```

Wenn Sie jetzt

```
make clean
```

eingeben, werden alle Objektdateien und die ausführbare Datei gelöscht. Rufen Sie make dann wieder ohne Argumente auf, werden diese Dateien erneut erzeugt. Sie müssen keine Angst haben, dass die Dateien gleich wieder automatisch gelöscht werden, weil sich am Ende das Ziel clean befindet. make erzeugt, wenn es ohne die Angabe eines Ziels aufgerufen wird, immer nur das erste Ziel samt dessen angegebenen Abhängigkeiten. Und weil clean weder direkt noch indirekt in der Abhängigkeitsliste enthalten ist, wird das Ziel clean auch nicht erzeugt.

Das Minuszeichen vor dem Befehl rm bewirkt, dass make einen Fehler beim Löschen der Dateien ignoriert. Wenn Sie das MinGW-Paket verwenden, steht Ihnen der Befehl rm ebenfalls zur Verfügung, alternativ können Sie auch den DOS-Befehl del verwenden, wie das Beispiel des Makefiles für Borland zeigt:

```
1    eingabe.exe: eingabe.obj getstr.obj
2        bcc32 eingabe.obj getstr.obj
3    eingabe.obj: eingabe.c
4    getstr.obj: getstr.c
5    clean:
6        -@del *.obj >nul
7        -@del eingabe.exe >nul
```

Wieder verhindert das Minuszeichen einen Abbruch bei einem Fehler. Da die Windows-Befehle sehr geschwätzig sind, können Sie die üblichen Ausgaben unterdrücken, wenn Sie die Ausgabe in die Datei nul umleiten. Das Zeichen »@« bewirkt, dass auch make keine Ausgabe über das erzeugt, was es gerade macht (sonst würden die Zeilen »del *.o >nul« und »del eingabe.exe >nul« auf dem Bildschirm erscheinen). Fehlermeldungen werden allerdings immer noch auf dem Bildschirm ausgegeben – etwa, wenn eine Datei nicht gelöscht werden kann, weil sie nicht vorhanden ist.

8.2.4 Erweiterte Abhängigkeiten

Sie sollten make noch einmal aufrufen, um das Programm »eingabe« zu erzeugen. Wenn Sie das schon vorher getan haben, müssten Sie jetzt eine Meldung darüber erhalten, dass nichts zu tun ist, weil die Ziele allesamt aktuell sind. Wenn Sie diese Meldung nicht erhalten, rufen Sie make noch einmal auf. Jetzt sollten Sie diese Meldung in jedem Fall erhalten[3].

Ändern Sie mal die Datei »eingabe.c« (geben Sie dazu einfach eine weitere Leerzeile ein) und speichern Sie die Änderung ab. Wenn Sie make nun aufrufen, können Sie

---

[3] Borlands make gibt keine Meldung aus, wenn es nichts zu tun gibt. Dass aber alles in Ordnung ist, sehen Sie daran, dass es keine Fehlermeldung gibt.

anhand der Ausgaben erkennen, dass nur die Datei »eingabe.c« neu übersetzt und danach das Programm aus den beiden Objektdateien neu erzeugt wird. Die Datei »getstr.c« wird nicht übersetzt, weil diese sich seit dem letzten Übersetzungsvorgang nicht geändert hat. Das heißt also, dass Sie eine oder mehrere Dateien Ihres Projekts ändern können, ohne dass Sie sich hinterher fragen müssen, welche Datei denn nun neu übersetzt werden muss. Denn wenn Sie viele Quelldateien haben, kann das Übersetzen ganz schön lange dauern.

Mit den Makefiles, die wir bis jetzt haben, funktioniert das automatische Übersetzen noch nicht ganz so. Damit Sie sehen, was ich meine, sollten Sie die Datei »getstr.h« ändern und abermals make ausführen. Es wird nichts übersetzt, weil alle angegebenen Abhängigkeiten aktuell sind. Das sollte aber nicht so sein. Denn wenn eine Informationsdatei geändert wird, sollten alle C-Dateien, die diese Informationsdatei verwenden, neu übersetzt werden.

Dazu können wir die Liste der Abhängigkeiten um beliebig viele Dateien erweitern. Beide C-Dateien binden »getstr.h« ein, sodass hinter beiden Zielen, die davon abhängen, die Datei »getstr.h« zusätzlich angegeben werden muss. Das Makefile für Linux sieht dann folgendermaßen aus:

```
1   eingabe: eingabe.o getstr.o
2   eingabe.o: eingabe.c getstr.h
3   getstr.o: getstr.c getstr.h
4   clean:
5       -rm -f *.o
6       -rm -f eingabe
```

Das Makefile für den Borland-Compiler lautet:

```
1   eingabe.exe: eingabe.obj getstr.obj
2       bcc32 eingabe.obj getstr.obj
3   eingabe.obj: eingabe.c getstr.h
4   getstr.obj: getstr.c getstr.h
5   clean:
6       -@del *.obj >nul
7       -@del eingabe.exe >nul
```

Für den Microsoft-Compiler muss es heißen (für das make von Borland):

```
1   eingabe.exe: eingabe.obj getstr.obj
2       link eingabe.obj getstr.obj
3   eingabe.obj: eingabe.c getstr.h
4       cl /c eingabe.c
5   getstr.obj: getstr.c getstr.h
6       cl /c getstr.c
7   clean:
8       -@del *.obj >nul
9       -@del eingabe.exe >nul
```

Das ist das Makefile für MinGW:

```
1    eingabe.exe: eingabe.o getstr.o
2        gcc eingabe.o getstr.o -o eingabe.exe
3    eingabe.o: eingabe.c getstr.h
4        gcc -c eingabe.c
5    getstr.o: getstr.c getstr.h
6        gcc -c getstr.c
7    clean:
8        -rm -f *.o
9        -rm -f eingabe.exe
```

Jetzt werden auch beide C-Dateien neu übersetzt, wenn sich die Datei »getstr.h« ändert.

Wenn Sie Borlands make zusammen mit dem Compiler von Borland verwenden, müssen Sie sich um die Abhängigkeiten, die durch die Informationsdateien entstehen, nicht kümmern, wenn Sie die Zeichenkette .autodepend in einer Zeile, die sich oberhalb des ersten angegebenen Ziels befindet, einfügen (der Punkt ist wichtig und gehört dazu):

```
1    .autodepend
2    eingabe.exe: eingabe.obj getstr.obj
3        bcc32 eingabe.obj getstr.obj
4    eingabe.obj: eingabe.c
5    getstr.obj: getstr.c
```

Das funktioniert, wie ich festgestellt habe, nur zusammen mit dem Compiler von Borland. Wenn Sie den Microsoft-Compiler verwenden, werden die Abhängigkeiten nicht automatisch erzeugt.

Der Compiler *gcc* (von MinGW und für Linux) unterstützt eine Option, die Ihnen alle Abhängigkeiten der angegebenen C-Dateien auf dem Bildschirm ausgibt. Es handelt sich hierbei um die Option »-MM«. Geben Sie auf der Kommandozeile die folgende Zeile ein,

```
gcc -MM eingabe.c getstr.c
```

dann erscheint auf dem Bildschirm die Ausgabe:

```
eingabe.o: eingabe.c getstr.h
getstr.o: getstr.c getstr.h
```

Wenn Sie das in eine Datei umleiten, können Sie diese Zeilen aus der entstandenen Datei in das Makefile kopieren. Die folgende Eingabe würde die Datei »ab.mak« erzeugen, in die dann anstelle des Bildschirms die Ausgabe erfolgt:

```
gcc -MM eingabe.c getstr.c >ab.mak
```

Für den Compiler von Microsoft ist mir eine solche Option nicht bekannt. Der Compiler von Borland benötigt sie nicht, weil dieser die Abhängigkeiten automatisch an *make* weitergibt, wenn in dem Makefile .autodepend angegeben ist.

8.2.5 Makros und Direktiven

Es ist möglich, in einem Makefile Makros zu definieren und diese in einem beliebigen anderen Teil des Makefiles zu verwenden. Makros haben wenig Ähnlichkeit mit den Präprozessormakros in C. Sie ähneln eher Variablen:

```
CFLAGS = -c -Wall -g
```

Diese Zeile definiert das Makro `CFLAGS` und setzt dessen Inhalt auf die rechts vom Zuweisungszeichen angegebene Zeichenkette. Alles, was sich hinter dem Zuweisungszeichen in derselben Zeile befindet, gehört zum Inhalt des Makros. So können wir, wenn wir mehrere Ziele haben, auf einfache Weise die Compileroptionen definieren und diese für alle Regeln ändern, in denen diese Optionen verwendet werden. Dazu müssen wir nur das Makro ändern.

Um auf den Inhalt eines Makros zuzugreifen, reicht es nicht, das Makro einfach nur anzugeben. Es muss in runden Klammern eingeschlossen sein, vor denen sich ein Dollarzeichen befindet. Für Linux sieht es so aus, wenn wir alle Warnungen einschalten und Debug-Informationen generieren wollen:

```
1   CFLAGS = -c -Wall -g
2
3   eingabe: eingabe.o getstr.o
4
5   eingabe.o: eingabe.c getstr.h
6       gcc $(CFLAGS) eingabe.c
7
8   getstr.o: getstr.c getstr.h
9       gcc $(CFLAGS) getstr.c
10
11  clean:
12      -rm -f *.o
13      -rm -f eingabe
```

make von Borland verhält sich analog. Nur benötigen wir hier andere Compileroptionen, um das Gleiche zu erreichen:

```
1   CFLAGS = -c -w -v
2
3   .autodepend
4
5   eingabe.exe: eingabe.obj getstr.obj
6       bcc32 eingabe.obj getstr.obj
7
8   eingabe.obj: eingabe.c
9       bcc32 $(CFLAGS) eingabe.c
10
11  getstr.obj: getstr.c
12      bcc32 $(CFLAGS) getstr.c
13
```

```
14    clean:
15        -@del *.obj >nul
16        -@del eingabe.exe >nul
```

Wir können die Makros nutzen, um z. B. zwei Konfigurationen bereitzustellen. Nach Wahl soll das Programm mit oder ohne Debug-Informationen erzeugt werden. Dazu können wir Direktiven verwenden, wie wir sie bereits aus der Arbeit mit dem Präprozessor kennen, nur dass für Linux und MinGW keine Nummernzeichen nötig sind:

```
1     ifdef RELEASE
2     CFLAGS = -c -Wall
3     else
4     CFLAGS = -c -Wall -g
5     endif
6
7     eingabe: eingabe.o getstr.o
8
9     eingabe.o: eingabe.c getstr.h
10        gcc $(CFLAGS) eingabe.c
11
12    getstr.o: getstr.c getstr.h
13        gcc $(CFLAGS) getstr.c
14
15    clean:
16        -rm -f *.o
17        -rm -f eingabe
```

Wenn das Symbol RELEASE definiert ist, werden die Dateien ohne Debug-Informationen übersetzt, ansonsten mit. Sie können make jetzt so aufrufen,

```
make RELEASE=1
```

um eine Release-Version des Programms zu erzeugen. Bei Borlands make funktioniert das genauso, nur muss vor den Direktiven ein Ausrufezeichen stehen:

```
1     !ifdef RELEASE
2     CFLAGS = -c -w
3     !else
4     CFLAGS = -c -w -v
5     !endif
6
7     .autodepend
8
9     eingabe.exe: eingabe.obj getstr.obj
10        bcc32 eingabe.obj getstr.obj
11
12    eingabe.obj: eingabe.c
13        bcc32 $(CFLAGS) eingabe.c
14
15    getstr.obj: getstr.c
16        bcc32 $(CFLAGS) getstr.c
17
```

```
18    clean:
19        -@del *.obj >nul
20        -@del eingabe.exe >nul
```

8.2.6 Implizite Regeln

Wie wir bereits erörtert haben, ist es nicht unbedingt notwendig, eine Regel anzugeben, wenn eine C-Datei übersetzt werden soll. Das liegt daran, dass make vordefinierte Regeln für bestimmte Ziele verwendet. Diese Regeln nennt man implizite Regeln, weil sie nicht explizit angegeben werden müssen (bisher haben wir immer explizite Regeln verwendet).

Wir haben die Möglichkeit, eigene implizite Regeln zu erstellen oder auch die bereits vorhandenen zu überschreiben. Eine implizite Regel wird immer in der Form »<Quelle><Ziel>:« angegeben. Bei <Quelle> und <Ziel> handelt es sich um Dateierweiterungen inklusive des Punkts, der eine Erweiterung vom Dateinamen trennt. Um eine implizite Regel für das Übersetzen einer C-Datei zu erstellen (in diesem Fall überschreiben wir damit auch die bereits vorhandene implizite Regel), geben wir zuerst die Erweiterung ».c« und dann die Erweiterung der zu erzeugenden Objektdatei an, also ».o« oder ».obj«:

```
.c.o:
```

Die Regel selbst wird wieder in die darunterliegende Zeile geschrieben, die, wie jede andere Regel auch, mit einem Tabulatorzeichen eingerückt werden muss. Zunächst das Beispiel für Linux:

```
.c.o:
    gcc $(CFLAGS) -o $@ $<
```

Wir sehen hier eine Besonderheit. Weil wir in der impliziten Regel keine konkreten Dateinamen für die C-Datei und die zu erzeugende Objektdatei angeben können (wir kennen diese Namen noch gar nicht), gibt es spezielle Makros, von denen einige in der Tabelle 8.1 aufgelistet sind.

Tabelle 8.1: Einige vordefinierte Makros in make unter Linux

Makro	Wirkung
$@	Wird zum Namen inklusive eines eventuellen Pfads der aktuellen Zieldatei expandiert.
$<	Wird zum Namen inklusive eines eventuellen Pfads der aktuellen Quelldatei expandiert.
$*	Wird zum Namen inklusive eines eventuellen Pfads der aktuellen Quelldatei expandiert, aber ohne die Dateierweiterung.

Aus der obigen Zeile macht make also, wenn das Ziel »eingabe.o« verarbeitet wird:

```
gcc $(CFLAGS) -o eingabe.o eingabe.c
```

Diese vordefinierten Makros können auch in expliziten Regeln verwendet werden.

Wir können jetzt das Makefile wieder kürzen, indem wir die expliziten Regeln für die Objektdateien entfernen:

```
1    ifdef RELEASE
2    CFLAGS = -c -Wall
3    else
4    CFLAGS = -c -Wall -g
5    endif
6
7    eingabe: eingabe.o getstr.o
8    eingabe.o: eingabe.c getstr.h
9    getstr.o: getstr.c getstr.h
10
11   clean:
12       -rm -f *.o
13       -rm -f eingabe
14
15   .c.o:
16       gcc $(CFLAGS) -o $@ $<
```

Unter Borland funktioniert es genauso:

```
1    !ifdef RELEASE
2    CFLAGS = -c -w
3    !else
4    CFLAGS = -c -w -v
5    !endif
6
7    .autodepend
8
9    eingabe.exe: eingabe.obj getstr.obj
10       bcc32 eingabe.obj getstr.obj
11
12   eingabe.obj: eingabe.c
13   getstr.obj: getstr.c
14
15   clean:
16       -@del *.obj >nul
17       -@del eingabe.exe >nul
18
19   .c.obj:
20       bcc32 $(CFLAGS) -o$@ $<
```

Die vordefinierten Makros in Borlands make sind um einiges umfangreicher und flexibler in ihrem Einsatz. Die Bedeutung der Makros unterscheidet sich allerdings, je nachdem, ob sie in impliziten oder in expliziten Regeln verwendet werden. Einige dieser Makros befinden sich in der Tabelle 8.2.

Tabelle 8.2: Einige vordefinierte Makros in *make* von Borland

Makro	Wirkung
$.	Wird in einer impliziten Regel zum Namen ohne Pfadangabe der aktuellen Quelldatei expandiert. Wird in einer expliziten Regel zum Namen ohne Pfadangabe der aktuellen Zieldatei expandiert.
$<	Wird in einer impliziten Regel zum Namen inklusive eines eventuellen Pfads der aktuellen Quelldatei expandiert. Wird in einer expliziten Regel zum Namen inklusive eines eventuellen Pfads der aktuellen Zieldatei expandiert.
$&	Wird in einer impliziten Regel zum Namen ohne Pfadangabe der aktuellen Quelldatei expandiert, aber ohne die Dateierweiterung. Wird in einer expliziten Regel zum Namen ohne Pfadangabe der aktuellen Zieldatei expandiert, aber ohne die Dateierweiterung.
$@	Wird in einer impliziten und einer expliziten Regel zum Namen inklusive eines eventuellen Pfads der aktuellen Zieldatei expandiert, aber ohne die Dateierweiterung.

Eine vollständige Liste der vordefinierten Makros von Borland finden Sie in der Onlinehilfe, die mit dem Compiler ausgeliefert wird. Dort müssen Sie im Inhaltsverzeichnis unter »MAKE.EXE / MAKE-Makros / Vordefinierte MAKE-Makros« nachsehen. Eine ebenfalls interessante Hilfeseite dazu finden Sie unter »MAKE.EXE / MAKE-Makros / Vordefinierte MAKE-Makros verändern«.

8.2.7 Verzeichnisse in einem Makefile

Die Dateien, die mit *make* übersetzt werden sollen, können sich auch in beliebigen Verzeichnissen befinden. Ebenso können die daraus entstehenden Programm- und Objektdateien in beliebigen Verzeichnissen erzeugt werden. Dabei ist lediglich zu beachten, dass das Verzeichnis immer in derselben Weise angegeben werden muss. Wenn wir annehmen, dass die Objektdateien im Verzeichnis ./BIN/OBJ abgelegt werden sollen, dann muss dieses Verzeichnis sowohl in der Liste der Abhängigkeiten als auch bei der Angabe des Ziels angegeben werden. Für Borlands *make* sieht es folgendermaßen, wenn die ausführbare Datei im Verzeichnis »./bin« erzeugt werden soll:

```
1    !ifdef RELEASE
2    CFLAGS = -c -w
3    !else
```

```
4      CFLAGS = -c -w -v
5      !endif
6
7      .autodepend
8
9      .\bin\eingabe.exe: .\bin\obj\eingabe.obj .\bin\obj\getstr.obj
10        bcc32 .\bin\obj\eingabe.obj .\bin\obj\getstr.obj
11
12     .\bin\obj\eingabe.obj: eingabe.c
13     .\bin\obj\getstr.obj: getstr.c
14
15     clean:
16        -@del *.obj >nul
17        -@del eingabe.exe >nul
18
19     .c.obj:
20        bcc32 $(CFLAGS) -o$@ $<
```

Bei Linux und MinGW gibt es da wieder ein kleines Problem. Wenn in den Zielen Pfadangaben enthalten sind, greifen die impliziten Regeln nicht mehr. In solchen Fällen müssen also wieder explizite Regeln verwendet werden:

```
1      ifdef RELEASE
2      CFLAGS = -c -Wall
3      else
4      CFLAGS = -c -Wall -g
5      endif
6
7      ./bin/eingabe: ./bin/obj/eingabe.o ./bin/obj/getstr.o
8         gcc -o ./bin/eingabe ./bin/obj/eingabe.o ./bin/obj/getstr.o
9
10     ./bin/obj/eingabe.o: eingabe.c getstr.h
11        gcc $(CFLAGS) -o $@ $<
12
13     ./bin/obj/getstr.o: getstr.c getstr.h
14        gcc $(CFLAGS) -o $@ $<
15
16     clean:
17        -rm -f *.o
18        -rm -f eingabe
```

Auf der Buch-CD befindet sich im Verzeichnis zu diesem Kapitel je ein Makefile in den verschiedenen Unterverzeichnissen der Compiler. Damit Sie jetzt aber nicht so lange suchen müssen, werde ich hier einmalig das Makefile für Linux im Quelltext 8.5 und das für Borland im Quelltext 8.4 anführen. Dort sehen Sie auch, wie Sie Kommentare verwenden können. Diese werden mit dem Zeichen »#« eingeleitet und gelten bis zum Zeilenende. Sie erkennen anhand dieser Makefiles auch, wie Sie die Pfade zu den Quelldateien angeben (auf der Buch-CD befinden sich die Quellen, je nach Compiler, ein oder zwei Verzeichnisse oberhalb des Verzeichnisses, in dem sich das jeweilige

Makefile befindet) und Sie sehen, welche Makros man für welchen Zweck definieren kann.

Quelltext 8.4: Makefile »eingabe.mak« (Borland)

```
1   ################################################################################
2   # Makros:
3   #
4
5   CC      = bcc32
6   LNK     = bcc32
7   INCPATH = -I..\..\include
8   LIBPATH = -L..\..\lib
9
10  TARGET  = eingabe.exe
11  TPATH   = .\bin
12  OPATH   = .\bin\obj
13
14
15  !ifdef RELEASE
16
17  CFLAGS  = -c -A- -WM -WC -y -w
18  LFLAGS  = -A- -WM -WC -y -w
19  CDEFS   = -DNDEBUG
20  EXTLIBS =
21
22  !else
23
24  CFLAGS  = -c -A- -WM -WC -v -y -w
25  LFLAGS  = -A- -v -WM -WC -y -w
26  CDEFS   = -D_DEBUG
27  EXTLIBS =
28
29  !endif
30
31
32  OBJECTS = $(OPATH)\eingabe.obj $(OPATH)\getstr.obj
33
34
35  .autodepend
36
37
38  ################################################################################
39  # Ziele:
40  #
41
42  all: dirs $(TPATH)\$(TARGET)
43
44
45  $(TPATH)\$(TARGET): $(OBJECTS)
```

```
46          $(LNK) $(LIBPATH) $(LFLAGS) -e$(TPATH)\$(TARGET) $(OBJECTS) $(EXTLIBS)
47
48      $(OPATH)\eingabe.obj: ..\eingabe.c
49      $(OPATH)\getstr.obj: ..\getstr.c
50
51
52      dirs:
53         -@if not exist $(TPATH) mkdir $(TPATH)   >nul
54         -@if not exist $(OPATH) mkdir $(OPATH)   >nul
55
56
57      clean:
58         -@del $(OBJECTS) $(TPATH)\$(TARGET) >nul
59
60
61      ################################################################################
62      # Regeln:
63      #
64
65      .c.obj:
66          $(CC) $(INCPATH) $(CFLAGS) $(CDEFS) -o$@ $<
```

Quelltext 8.5: Makefile »eingabe.mak« (Linux)

```
 1      ################################################################################
 2      # Makros:
 3      #
 4      CC      = gcc
 5      LNK     = gcc
 6      INCLUDE = -I../../../include -I./
 7      LIBPATH = -L../../../lib -L./
 8
 9      TARGET  = eingabe
10      TPATH   = ./bin
11      OPATH   = ./bin/obj
12
13
14      ifdef RELEASE
15
16      CFLAGS  = -O -Wall -Wno-switch -Wno-unknown-pragmas -c
17      CDEFS   = -DNDEBUG
18      EXTLIBS =
19
20      else
21
22      CFLAGS  = -g -Wall -Wno-switch -Wno-unknown-pragmas -c
23      CDEFS   = -D_DEBUG
24      EXTLIBS =
25
```

```
26    endif
27
28
29    OBJECTS = $(OPATH)/eingabe.o $(OPATH)/getstr.o
30
31
32    ##############################################################################
33    # Ziele:
34    #
35    all: dirs $(TPATH)/$(TARGET)
36
37
38    $(TPATH)/$(TARGET): $(OBJECTS)
39        $(LNK) $(LIBPATH) -o $(TPATH)/$(TARGET) $(OBJECTS) $(EXTLIBS)
40
41    $(OPATH)/eingabe.o: \
42      ../../eingabe.c \
43      ../../getstr.h
44        $(CC) $(INCLUDE) $(CFLAGS) $(CDEFS) -o $@ $<
45
46    $(OPATH)/getstr.o: \
47      ../../getstr.c \
48      ../../getstr.h
49        $(CC) $(INCLUDE) $(CFLAGS) $(CDEFS) -o $@ $<
50
51
52    dirs:
53        -mkdir -p $(TPATH) $(OPATH)
54
55
56    clean:
57        -rm -f $(OBJECTS) $(TPATH)/$(TARGET)
```

8.3 Lotto – ein größeres Projekt

Unser nächstes Projekt ist von einer bisher noch nicht da gewesenen Größenordnung. Dabei dürfen Sie die Überschrift aber nicht zu genau nehmen. Fragen Sie mal einen professionellen Entwickler, was er unter einem »größeren« Projekt versteht ... Dagegen wird unser Programm zum Winzling.

8.3.1 Die Anforderungen

Bevor wir beginnen, wollen wir uns überlegen, was das Programm leisten muss, wie es sich dem Benutzer zeigt und wie es verwendet werden soll. Dazu haben wir von unserem imaginären Kunden wieder eine Liste von Anforderungen erhalten:

1. Das Programm soll Tipps für das Ausfüllen des nächsten Lottoscheins geben.
2. Es muss dazu für jeden Tipp je 6 unterschiedliche Zahlen im Bereich von 1 bis 49 per Zufall heraussuchen.
3. Es sollen wahlweise 1 bis 6 Tipps erzeugt werden können.
4. Das Programm wird ausschließlich über die Kommandozeile gestartet werden.
5. Über die Kommandozeile kann angegeben werden, wie viele Tipps das Programm erzeugen und anzeigen soll.
6. Wenn über die Kommandozeile keine Angabe über die Anzahl der zu erzeugenden Tipps erfolgt, muss das Programm eine Eingabeaufforderung zeigen, damit der Anwender die Möglichkeit hat, hier die Anzahl einzugeben.
7. Das Programm muss Fehleingaben abfangen. Wenn über die Kommandozeile ein unzulässiger Wert angegeben wird, beendet sich das Programm mit einer entsprechenden Meldung, in der die zulässigen Werte dargestellt sind. Eine Fehleingabe an der Eingabeaufforderung führt nicht zum Abbruch des Programms. Die Eingabeaufforderung wird ein weiteres Mal angezeigt, damit eine korrekte Angabe möglich ist.
8. Das Programm muss unter Windows, DOS, Unix und Linux lauffähig sein.

Weitere Anforderungen gibt es zunächst nicht, für den Anfang ist das genug. Bevor wir beginnen, den Quelltext zu schreiben, sollten wir uns über etwas Gedanken machen, was man leicht übersehen kann, wenn man sich voller Enthusiasmus und Hingabe auf ein neues Projekt stürzt:

8.3.2 Die Verzeichnisstruktur

Die Dateien unseres Projekts müssen verwaltet werden, damit nicht alles in einem einzigen Verzeichnis zusammenliegt. Außerdem wollen wir dem Chaos vorbeugen, das entstehen kann, wenn wir das Programm später weiterentwickeln und eine neue Version erstellen sollten. Daher richten wir unterhalb des Projektverzeichnisses (das wir »lotto« nennen) zunächst ein Verzeichnis mit dem Namen »1.0« ein, welches die Versionsnummer unseres Programms darstellt[4]. Darunter liegen weitere Verzeichnisse:

- Ein Verzeichnis namens »doc«, in dem wir die Benutzerdokumentationen, wie z. B. ein Betriebshandbuch, ablegen.

---

[4] Die im Folgenden aufgebaute Verzeichnisstruktur müssen Sie nicht übernehmen, ebenso wenig die Namen der Verzeichnisse oder der Dateien. Die hier dargestellte Struktur soll Ihnen nur dabei helfen, einen Weg zu finden, Ihre Projekte zu verwalten.

- Ein Verzeichnis namens »hlp«, in dem wir die Dateien für die Onlinehilfe des Programms ablegen.

- Ein Verzeichnis namens »bin«, in dem die fertigen ausführbaren Programmdateien abgelegt werden.

- Ein Verzeichnis namens »dev«, in dem alles das abgelegt wird, was zur Entwicklung selbst gehört, wie die Quelltexte, die Quelltextdokumentationen und die Projektdateien.

Wie das Verzeichnis LOTTO jetzt aussieht, sehen Sie unten. Wenn wir die Version erhöhen wollen, weil das Programm erweitert werden soll, dann kopieren wir das komplette Verzeichnis »1.0« und nennen dieses »2.0«, sodass es danach unterhalb von »lotto« die Verzeichnisse »1.0« und »2.0« gibt. Das stellt sicher, das die Version »1.0« jederzeit wieder übersetzt und ausgeliefert werden kann.

```
lotto
    1.0
        bin
        dev
        doc
        hlp
```

Unterhalb von »dev« müssen noch weitere Verzeichnisse erzeugt werden:

- Das Verzeichnis »doc«, in dem wir die Dokumentation des Quelltextes ablegen.

- Das Verzeichnis »src«, in dem wir alle Quelldateien des Projekts ablegen.

- Und zusätzlich noch je ein Verzeichnis für jeden verwendeten Compiler bzw. jede verwendete Entwicklungsumgebung.

```
dev
    doc
    src
    bc4
    gcc
```

Angenommen, Sie verwenden die Umgebung Borland C++ 4.5, um Lotto für DOS zu erzeugen und den Compiler *gcc* für die Lotto-Programme, die für Linux und für Windows erzeugt werden sollen, dann müssen Sie noch die Verzeichnisse »bc4« und »gcc« anlegen, wie oben zu sehen ist.

```
dev
    doc
    src
        lotto
        general
    bc5
        lotto
    gcc
        linux
            lotto
        win32
            lotto
```

Auf der Buch-CD finden Sie die Verzeichnisse für die Compiler, mit denen ich in diesem Buch arbeite. Das sind Borland C++ 5.5 und *gcc*. Sie werden auf der Buch-CD noch eine weitere Aufteilung der Verzeichnisse finden, was rechts auszugsweise dargestellt ist. Unterhalb des Verzeichnisses »`src`« finden Sie die Verzeichnisse »`lotto`« und »`general`«. Ein Projekt kann durchaus aus mehreren Zielen bestehen. So können z. B. weitere ausführbare Dateien zu einem Projekt gehören oder einer Bibliothek. Diese Quelltexte sollten in separaten Verzeichnissen liegen. Das Verzeichnis »`general`« kann dann alle Dateien aufnehmen, die für jedes Ziel benötigt werden und für die der Aufwand einer eigenen Bibliothek nicht lohnt.

Unter den Verzeichnissen der verwendeten Compiler befindet sich je ein Verzeichnis für jede Plattform, für die das Programm entwickelt werden soll. Wenn der verwendete Compiler nur eine Plattform unterstützt, kann diese Aufteilung entfallen, wie am Beispiel des Verzeichnisses »`bc5`« zu sehen ist. Auch unter diesen Verzeichnissen befindet sich jeweils ein weiteres Verzeichnis für das jeweilige Ziel, das auf der Plattform erzeugt werden soll.

Auf der Buch-CD sind die Verzeichnisse in der gleichen Weise aufgebaut. Ob Sie diese Struktur übernehmen, bleibt Ihnen überlassen. Das Verzeichnis »`lotto/1.0/bin`«, in das die ausführbaren Dateien abgelegt werden sollen, nutze ich auf der CD allerdings nicht, sondern verwende stattdessen für jeden Compiler und jede Umgebung ein separates »`bin`«-Verzeichnis. Aus dem einfachen Grund, weil ich mit dem für dieses Buch verwendeten Compiler nicht nur eine einzige »`lotto.exe`« für Windows erzeuge. Die verschiedenen Ausgaben dieser Datei würden sich gegenseitig überschreiben, lägen sie in gleichen Verzeichnis.

Ich betone an dieser Stelle noch einmal, dass Sie diese Verzeichnisstruktur nicht übernehmen müssen. Aber Sie werden es sicher nicht bereuen, wenn Sie Ihre Projekte in einer solchen oder einer ähnlichen Struktur halten.

8.3.3 Die Module

Es gibt verschiedene Möglichkeiten, ein Programm zu entwickeln. Ich will hier nicht näher darauf eingehen, erläutere aber kurz zwei bekannte Vorgehensweisen:

1. *Top-Down:* Bei dieser Technik beginnt man an der obersten Stelle des Programms, also der Funktion `main()`. Man überlegt sich, was darin enthalten sein muss und wie sie das Programm koordiniert. Dann schreibt man nach und nach die Funktionen, die von `main()` aus aufgerufen werden. In diesen Funktionen finden weitere Aufrufe von Funktionen statt, die dann ebenfalls nach und nach entwickelt werden, bis das Programm fertig gestellt ist.

   Charakteristisch an dieser Methode ist, dass man sich erst spät um die Details kümmert und gleich zu Beginn auf einer globalen, abstrakten Ebene arbeiten kann, was bei manchen Projekten von Vorteil ist.

2. *Bottom-up:* Diese Technik beginnt mit den Details der Implementierung und stellt diese dann nach und nach zum kompletten Programm zusammen. Man arbeitet sich also von den vielen Kleinigkeiten bis zur Hauptfunktion hoch.

   Diese Methode wird häufig verwendet, wenn der komplette Entwurf bereits steht und die Details bekannt sind. Auch in einem Team, in dem ein Entwickler auf die Ergebnisse anderer Entwickler angewiesen ist, ist es von Vorteil, auf diese Weise zu arbeiten.

Keine der beiden Vorgehensweisen ist von vornherein besser. Welche Technik wir verwenden, hängt letztlich von den Vorgaben des Projekttyps und auch von unseren eigenen Vorlieben ab. Für unser Lotto-Projekt habe ich mich entschieden, die *Top-Down*-Methode zu wählen. Das heißt, wir beginnen mit der Funktion `main()` und erarbeiten dann die Details.

Das Hauptmodul

Im Quelltext 8.6 sehen Sie das Hauptmodul unserer Anwendung. Es befindet sich im Verzeichnis »src/lotto«. Ich habe fast alle Kommentare aus diesem und den folgenden Quelltexten entfernt, um die Listings nicht zu lang werden zu lassen. In den Dateien, die sich auf der Buch-CD befinden, sind alle Kommentare vorhanden.

Quelltext 8.6: lotto/main.c, Version 1.0.0

```
1    #include "lotto/cmdline.h"
2    #include "lotto/lottofun.h"
3    #include "lotto/lottoio.h"
4    #include "lotto/str.h"
5    #include <stdio.h>
6
7
8  A) int main( int argc, char* argv[] )
9     {
10 B)    int ntips = 0;
```

```
11
12  C)     if( argc > 1 )
13         {
14             ntips = tips_from_cmdln(argc, argv);
15
16  D)         if( ntips == -1 )
17             {
18  E)             printf(STR_CMDLNERROR);
19  F)             printf(STR_CMDLNSYNTAX);
20
21                 return 1;
22             }
23         }
24
25  G)     draw_bkgrnd();
26
27  H)     if( ntips == 0 )
28             ntips = query_ntips();
29
30  I)     create_tips(ntips);
31         sort_tips(ntips);
32         show_tips(ntips);
33
34         return 0;
35     }
```

Erklärungen

A Wir benötigen die Informationen aus der Kommandozeile, weshalb wir diese Parameter hier angeben müssen.

B In dieser Variablen wird die Menge der Tipps, die erzeugt werden sollen, gespeichert. Diese Information bekommen wir entweder über die Kommandozeile oder über eine Eingabeaufforderung.

C Wenn der Anwender uns die Anzahl der zu erzeugenden Tipps über die Kommandozeile bekanntgegeben hat, werten wir diese aus und extrahieren den gewünschten Wert. Das machen wir in einer separaten Funktion.

D Wenn `tips_from_cmdln()` den Wert -1 liefert, war die Kommandozeile nicht korrekt (ein ungültiger Wert als Argument angegeben). In diesem Fall beenden wir das Programm, nachdem wir eine entsprechende Fehlermeldung ausgegeben haben.

E Bei `STR_CMDLNERROR` und `STR_CMDLNSYNTAX` handelt es sich um Konstanten, die über den Präprozessor definiert wurden. Sie befinden sich in der Datei »lotto/str.h«.

F Sie sollten sich daran gewöhnen, Zeichenketten nicht mehr direkt in den Quelltext, sondern in eine separate Datei zu schreiben. Welchen Vorteil das hat, merken Sie, wenn Sie Ihr Programm einmal für eine andere Sprache (z. B. Englisch oder Französisch) übersetzen müssen. Wenn Sie alle Quelltexte nach Zeichenketten durchsuchen müssen, werden Sie verrückt. Haben Sie diese Zeichenketten aber ausgelagert, brauchen Sie nur diese eine Datei zu ändern, um alle Zeichenketten zu übersetzen.

G Hier zeichnen wir den Hintergrund des Programms. Eigentlich handelt es sich hierbei nur um das Löschen des Bildschirms, damit wir unsere Zahlen dann auch sauber präsentieren können.

H Wenn die Funktion `tips_from_cmdln()` nicht aufgerufen wurde, dann befindet sich in `ntips` noch der Wert Null. Wir müssen also eine Eingabeaufforderung anzeigen. Die Fehlerbehandlung und Sicherstellung, dass nur zulässige Werte eingegeben werden, findet wieder nicht hier, sondern innerhalb von `query_ntips()` statt.

I Zuletzt werden die gewünschte Menge Tipps erzeugt, die erzeugten Zahlen sortiert (das ist schon mehr, als in den Anforderungen aus Kapitel 8.3.1 gefordert wurde) und schließlich angezeigt.

Sie sehen, dass wir das Programm am Ende nicht mit `getchar()` anhalten. Da in den Anforderungen festgehalten ist, dass das Programm ausschließlich über die Kommandozeile gestartet wird, ist das Anhalten nicht nötig, weil sich das Kommandozeilenfenster nicht automatisch nach dem Ende des Programms schließt.

Anhand der Liste der über `#include` eingebundenen Dateien können Sie sich schon eine Vorstellung über die weiteren Module machen. So findet die Auswertung der Kommandozeile in dem Modul »cmdline.c« statt, das Erzeugen und Sortieren der Zahlen im Modul »lottofun.c« und alles das, was mit der Ein- und Ausgabe zu tun hat, befindet sich in »lottoio.c«. Sie sehen auch an der Pfadangabe, dass sich alle Module im Verzeichnis »src/lotto« befinden. Sie müssen dafür sorgen, dass der Präprozessor diese Dateien anhand der angegebenen Pfadangabe findet. Da wir in den `#include`-Anweisungen den Pfad »lotto« mit angeben, muss sich nur das Verzeichnis »scr« im Suchpfad befinden. Sie können Ihre Angaben mit den Projektoptionen und den Makefiles auf der Buch-CD vergleichen.

Die Kommandozeilenverarbeitung

Wenden wir uns dem Modul »cmdline.c« zu. Im Quelltext 8.7 finden Sie die Informationsdatei und im Quelltext 8.8 die Moduldatei.

Quelltext 8.7: lotto/cmdline.h, Version 1.0.0

```
1    #ifndef LOTTO_CMDLINE_H
2    #define LOTTO_CMDLINE_H
3
4
```

```
5      int tips_from_cmdln( int argc, char* argv[] );
6
7
8      #endif /* LOTTO_CMDLINE_H */
```

Quelltext 8.8: lotto/cmdline.c, Version 1.0.0

```
1       #include "lotto/cmdline.h"
2       #include "lotto/lottofun.h"
3       #include <stdlib.h>
4       #include <ctype.h>
5       #include <assert.h>
6
7
8       /************************************************************************
9         Definition lokaler Funktionen:
10      ************************************************************************/
11
12 A)   static int __is_valid_num( const char* num )
13      {
14         int i;
15
16         assert(num != NULL);
17
18 B)      for( i = 0; num[i] != '\0'; ++i )
19 C)         if( !isdigit(num[i]) )
20                return 0;
21
22         return 1;
23      }
24
25
26      /************************************************************************
27        Definition globaler Funktionen:
28      ************************************************************************/
29
30      int tips_from_cmdln( int argc, char* argv[] )
31      {
32         int ntips;
33
34         assert(argv != NULL);
35
36 D)      if( argc > 2 || !__is_valid_num(argv[1]) )
37            return -1;
38
```

```
39  E)      ntips = atoi(argv[1]);
40
41  F)      if( ntips < 1 || ntips > MAX_NUMTIPS )
42  G)          return -1;
43
44          return ntips;
45      }
```

Erklärungen

A Hier sehen wir eine Funktion, die mit dem Schlüsselwort `static` als *lokal* definiert ist. Diese Funktion kann nicht von einem anderen Modul aus aufgerufen werden. Die Funktion `__is_valid_num()` soll prüfen, ob sich in der übergebenen Zeichenkette ausschließlich Ziffern befinden. Wenn nicht, dann liefert sie 0 (*Falsch*), ansonsten 1 (*Wahr*).

Ich habe es mir zur Gewohnheit gemacht, Bezeichner für lokale Funktionen mit zwei Unterstrichen zu beginnen. Auf diese Weise erkennt man sofort, dass wir eine lokale Funktion aufrufen, wenn wir diesen Aufruf irgendwo im Quelltext sehen.

B In dieser Schleife durchlaufen wir die Zeichenkette vom ersten bis zum letzten Zeichen. Wir brechen ab, wenn wir das Ende (die abschließende Null) erreichen.

C Die Funktion `isdigit()` prüft, ob es sich bei dem angegebenen Zeichen um eine Ziffer des Dezimalsystems handelt. Wenn ja, dann liefert sie einen Wert ungleich Null, wenn nicht, dann liefert sie Null. Um diese Funktion verwenden zu können, müssen wir die Datei »`ctype.h`« einbinden.

Wir prüfen auf diese Weise jedes einzelne Zeichen in `num` und liefern Null zurück, wenn wir ein Zeichen finden, das keine Dezimalziffer ist.

D Hier prüfen wir, ob zu viele Argumente angegeben wurden oder ob das Argument ungültige Zeichen enthält. Wenn einer dieser Fälle zutrifft, geben wir -1 zurück.

E Die Funktion `atoi()` wandelt eine Zeichenkette in eine Integerzahl um und liefert diese Zahl zurück. `atoi()` ist in »`stdlib.h`« deklariert.

F Nun prüfen wir, ob sich die über die Kommandozeile angegebene Zahl im erlaubten Bereich befindet. Wenn nicht, liefern wir wieder -1.

G Die Konstante `MAX_NUMTIPS` soll in »`lottofun.h`« definiert werden und enthält die höchstzulässige Anzahl der zu erzeugenden Tipps.

Die Berechnung der Tipps

Sehen wir uns jetzt im Quelltext 8.9 die Datei »lottofun.h« an.

Quelltext 8.9: lotto/lottofun.h, Version 1.0.0

```
1    #ifndef LOTTO_LOTTOFUN_H
2    #define LOTTO_LOTTOFUN_H
3
4
5  A)#define MAX_NUMTIPS 6
6    #define NUM_VALTIP  6
7
8
9  B)typedef int tips_t[MAX_NUMTIPS][NUM_VALTIP];
10
11
12 C)extern tips_t _tips;
13
14
15   void create_tips( int ntips );
16   void sort_tips( int ntips );
17
18
19   #endif /* LOTTO_LOTTOFUN_H */
```

Erklärungen

A Bei den Werten für die maximale Anzahl der zu erzeugenden Tipps und der Anzahl von Zahlen innerhalb eines Tipps handelt es sich um Größen, auf die an verschiedenen Stellen des Programms zugegriffen werden muss. Dass wir diese Werte hier als Konstanten definieren, hat einige Vorteile. Wenn wir im Quelltext die benannte Konstante anstelle einer nackten Zahl sehen, wissen wir sofort, was der Wert zu bedeuten hat. Bei einer Zahl ist das nicht so offensichtlich. Außerdem können wir die Anzahl der zulässigen Tipps verändern, indem wir nur den Wert dieser Konstanten verändern. Alle Programmteile, die diese Konstante verwenden, müssen nun nicht mehr durchsucht und geändert werden.

B Das Feld, das die Tipps aufnehmen soll, wird hier über ein `typedef` definiert. Sehen Sie sich diese Definition genau an: Wenn wir das Wort `typedef` weglassen, würde es sich um eine Variablendefinition handeln. So aber definieren wir einen Typ.

C Von unserem soeben definierten Typen deklarieren wir nun eine Variable. Und das ist hier das Interessante: Es handelt sich nicht um die Definition einer Variablen, sondern um eine *Deklaration*. Es wird also an dieser Stelle kein Speicher für diese Variable definiert. Das Entscheidende ist dabei das Schlüsselwort `extern`. Es sagt uns, dass es eine solche Variable gibt. Und tatsächlich muss diese Variable auch in einem der Module definiert sein. Das ist sie auch, und zwar in der Datei

»lottofun.c«. `extern` macht diese Variable modulübergreifend global. Dadurch ist es möglich, auf die Variablen eines anderen Moduls zuzugreifen.

Quelltext 8.10: lotto/lottofun.c, Version 1.0.0

```
1       #include "lotto/lottofun.h"
2       #include <stdlib.h>
3       #include <assert.h>
4       #include <time.h>
5
6
7       /*********************************
8         Variablendefinition:
9       *********************************/
10
11  A) tips_t _tips;
12
13
14      /******************************************************************
15        Definitionen von Funktionen:
16      ******************************************************************/
17
18      void create_tips( int ntips )
19      {
20          uint i;
21
22          assert(ntips <= MAX_NUMTIPS);
23
24  B)      srand((unsigned)time(NULL));
25
26  C)      for( i = 0; i < ntips; ++i )
27          {
28              int j;
29
30  D)          for( j = 0; j < NUM_VALTIP; ++j )
31              {
32                  int k;
33
34  E)              _tips[i][j] = rand() % 49 + 1;
35
36  F)              for( k = 0; k < j; ++k )
37                      if( _tips[i][j] == _tips[i][k] )
38                      {
39                          --j;
40                          break;
41                      }
42              }
43          }
```

```
44      }
45
46
47      void sort_tips( int ntips )
48      {
49          int t, i, j, k;
50
51          assert(ntips <= MAX_NUMTIPS);
52
53  G)      for( i = 0; i < ntips; ++i )
54  H)          for( j = 0; j < NUM_VALTIP - 1; ++j )
55  H)              for( k = j + 1; k < NUM_VALTIP; ++k )
56                      if( _tips[i][j] > _tips[i][k] )
57                      {
58                          t            = _tips[i][j];
59                          _tips[i][j]  = _tips[i][k];
60                          _tips[i][k]  = t;
61                      }
62      }
```

Erklärungen

A Hier definieren wir die Variable, die in »lottofun.h« als extern deklariert ist.

B Wir wollen Zufallszahlen erzeugen. Dazu müssen wir einen Zufallsgenerator initialisieren. Wenn wir das nicht täten, würde der Generator immer die gleiche Zahlenfolge liefern.

Die Funktion srand() ist in »stdlib.h« deklariert. Ihr muss ein ganzzahliger Wert übergeben werden, der den Generator initialisiert. Würden wir hier eine Konstante angeben (z. B. 5), dann würde ebenfalls immer wieder die gleiche Zahlenfolge erscheinen. Wir verwenden daher den Trick mit der Systemuhr.

Die Funktion time() ist in »time.h« deklariert und liefert die sekundengenaue aktuelle Uhrzeit des Systems. Sie liefert einen Wert vom Typ time_t, in dem die Zeit gespeichert werden kann. Wir können auch die Adresse einer Variablen desselben Typs als Argument angeben. Dann wird die aktuelle Zeit auch in diesem Argument abgelegt. Wenn wir keine zusätzliche Variable benötigen, geben wir hier NULL an.

srand() erwartet einen unsigned als Initialisierungswert. time_t ist aber üblicherweise vom Typ long, weshalb wir hier eine explizite Konvertierung vornehmen. Einige Compiler würden sonst eine Warnung ausspucken.

C In dieser Schleife erzeugen wir die Tipps. Bei ntips handelt es sich um die zu erzeugende Anzahl der Tipps, die uns beim Aufruf dieser Funktion übergeben wurde.

D Für jeden Tipp müssen wir eine Reihe von Zahlen erzeugen. Das machen wir in dieser Schleife.

E Die Funktion `rand()` liefert uns eine zufällige ganze Zahl im Bereich von Null bis RAND_MAX. Diese Konstante in ebenfalls in »stdlib.h« definiert und kann bei den unterschiedlichen Compilern auch unterschiedliche Werte enthalten. In jedem Fall handelt es sich aber um eine ganze positive Zahl.

Wenn wir nur Zufallszahlen im Bereich von 1 bis 49 erhalten wollen, können wir das Ergebnis von `rand()` durch 49 teilen und uns den Rest geben lassen (das machen wir mit dem Modulooperator). Der Rest aus dieser Teilung kann nur ein Wert im Bereich von 0 bis 48 sein. Daher müssen wir das Ergebnis noch um 1 erhöhen.

F In dieser Schleife wird geprüft, ob die zuletzt gezogene Zahl bereits vorher gezogen wurde. Wenn das der Fall ist, erniedrigen wir den Zähler `j` aus der Schleife in Zeile 43 und versuchen noch einmal, eine Zahl zu ziehen.

G In dieser Schleife durchlaufen wir die einzelnen Tipps.

H Innerhalb eines Tipps müssen die gezogenen Zahlen aufsteigend sortiert werden. Das geschieht in diesen zwei Schleifen. Wir prüfen hier, ob eine links befindliche Zahl größer ist als eine rechts befindliche. Wenn dem so ist, dann tauschen wir die Zahlen aus.

Bei dem hier verwendeten Algorithmus handelt es sich um den sogenannten *Bubblesort*-Algorithmus. Es ist der am einfachsten zu implementierende, allerdings auch der langsamste, wenn das Feld gänzlich unsortiert ist. Bei den paar Zahlen, die wir zu sortieren haben, macht die Geschwindigkeit nichts aus, aber wenn Sie auf die Idee kommen sollten, Felder mit mehreren Tausend Einträgen zu sortieren, dann tun Sie sich (und anderen) den Gefallen, einen anderen Algorithmus zu verwenden.

Eine gute Alternative ist die Funktion `qsort()` aus »stdlib.h«. Diese verwendet den sogenannten *Quicksort*-Algorithmus, der bei gänzlich unsortierten Feldern tatsächlich der schnellste ist, der bis zum heutigen Tag entwickelt wurde. Ich habe die Funktion `qsort()` nur deshalb nicht verwendet, weil deren Gebrauch wieder einiges Wissen über Funktionszeiger voraussetzt. Und Funktionszeiger lernen wir erst im Kapitel 9.1 kennen.

Die Ein- und Ausgabefunktionen

Wir kommen jetzt zum problematischsten Teil unseres Projekts. Es ist deshalb problematisch, weil die Funktionen, die etwas von der Tastatur lesen und auf den Bildschirm schreiben, nur sehr rudimentäre und nicht gerade ansprechend aussehende Ausgaben erzeugen können. Schließlich wollen wir uns an die Forderung halten, dass das Programm unter verschiedenen Systemen laufen soll (vgl. Kapitel 8.3.1). Als Entwickler juckt es einem aber in den Fingern, eine schöne Oberfläche zur Verfügung zu stellen. Funktionen, mit denen wir das zustande bringen, sind nicht portabel, und Funktionen, die portabel sind, bringen das nicht zustande. Das ist ein Dilemma.

Wenn wir uns die Anforderungen aus dem Kapitel 8.3.1 ansehen, stellen wir fest, dass keinerlei Format für die Ausgabe der Zahlen verlangt wird. Das heißt, wir können uns für das entscheiden, was am einfachsten zu implementieren ist. Und das werden wir tun.

Warum trat das Problem mit der Ausgabe nicht bereits im Modul »main.c« auf? Dort mussten wir schließlich auch etwas auf dem Bildschirm ausgeben. Nun, an dieser Stelle erwartet niemand eine farbige und stilistisch beeindruckende Ausgabe. Eine Kommandozeile wird immer in der Form ausgegeben, die wir in »main.c« verwendet haben. Und das beantwortet die Frage nach der Ausgabemethode und der Form schon von selbst.

Doch sehen wir uns jetzt die Schnittstelle zum Modul »lottoio.c« im Quelltext 8.11 an.

Quelltext 8.11: lotto/lottoio.h, Version 1.0.0

```
1   #ifndef LOTTO_LOTTOIO_H
2   #define LOTTO_LOTTOIO_H
3
4
5       void draw_bkgrnd( void );
6       int  query_ntips( void );
7       void show_tips( int ntips );
8
9
10  #endif /* LOTTO_LOTTOIO_H */
```

Ich denke, hier gibt es nichts weiter zu sagen. Und auch das Modul selbst ist recht einfach, wie Sie im Quelltext 8.12 sehen können.

Quelltext 8.12: lotto/lottoio.c, Version 1.0.0

```
1    #include "lotto/lottoio.h"
2    #include "lotto/lottofun.h"
3    #include "lotto/str.h"
4    #include "general/getstr.h"
5    #include <stdio.h>
6    #include <stdlib.h>
7    #include <assert.h>
8
9
10   void draw_bkgrnd( void )
11   {
12   #   if defined(__WIN32__) || defined(_WIN32)
13 A)    system("cls");
14   #   else
```

```
15  A)     printf("\x1b[2J\x1b[1;1H");
16      #  endif
17      }
18
19
20      int query_ntips( void )
21      {
22          struct gs_state state;
23          char            num[5];
24
25  B)     do
26          {
27              printf("%s ", STR_INPUTNUMTIPS);
28              getstr(num, sizeof(num) / sizeof(num[0]), "0123456789", &state);
29          }
30          while( state.last != '\n' || atoi(num) < 1 || atoi(num) > MAX_NUMTIPS );
31
32          return atoi(num);
33      }
34
35
36      void show_tips( int ntips )
37      {
38          int i;
39
40          assert(ntips <= MAX_NUMTIPS);
41
42          printf("\n%s\n\n", STR_THISTIPS);
43
44  C)     for( i = 0; i < ntips; ++i )
45          {
46              int j;
47
48              printf("    %s %u:", STR_TIP, i + 1);
49
50              for( j = 0; j < NUM_VALTIP; ++j )
51                  printf("%3u", _tips[i][j]);
52
53              printf("\n");
54          }
55
56  D)     printf("\n%s\n\n", STR_NOWARRANTY);
57      }
```

Erklärungen

A In `draw_bkgrnd()` wird einfach nur der Bildschirm gelöscht. Hier müssen wir aber auf das zugrunde liegende System achten. Da bei Windows NT/2000/XP die ANSI-Escape-Sequenzen nicht funktionieren, löschen wir unter dieser Umgebung den Bildschirm mithilfe der Funktion `system()`.

Bei den Symbolen `_WIN32` und `__WIN32__` handelt es sich um Präprozessorsymbole, die von den Compilern selbst definiert werden. Das Symbol `_WIN32` wird von fast allen Compilern erzeugt, wenn Programme für eine 32-Bit-Windows-Umgebung übersetzt werden. Borland-Compiler definieren das Symbol `__WIN32__`. Damit wir mit keinem Compiler ein Problem bekommen, müssen wir auf beide Symbole prüfen. Es handelt sich hierbei um ein typisches Beispiel für die bedingte Übersetzung, die wir im Kapitel 7.3.2 kennengelernt haben.

B In dieser Schleife geben wir die Eingabeaufforderung aus und holen uns einen Wert von der Tastatur. Wir verwenden dafür die Funktion `getstr()`, die wir im Kapitel 6.7 in ein separates Modul ausgelagert haben (und die sich auf der Buch-CD als Kopie im Verzeichnis »src/general« befindet). Die Schleife wird erst dann verlassen, wenn ein korrekter Wert eingegeben wurde.

Wie Sie sehen, verwenden wir anstelle von konkreten Zeichenketten auch hier wieder die Konstanten aus »lotto/str.h«.

C In dieser Schleife geben wir die Tipps aus. Dabei formatieren wir die Ausgabe ein wenig, indem wir die Tipps mit einigen Leerzeichen einrücken.

D Am Schluss erfolgt noch der Hinweis, dass alle Angaben ohne Gewähr erfolgen (damit uns der Kunde nicht vor ein Gericht zerren kann, wenn die Zahlen nicht auch tatsächlich am kommenden Samstag im Lotto fallen).

Die Zeichenketten

Zu guter Letzt sehen wir uns die Datei »str.h« im Quelltext 8.13 an. Darin befinden sich alle Zeichenketten, die im Programm verwendet werden und eventuell mal in eine andere Sprache übersetzt werden müssen. So brauchen wir uns bei einer Übersetzung nicht durch die Quelltexte zu quälen, sondern übersetzen ausschließlich die Zeichenketten dieser Datei in eine andere Sprache.

Quelltext 8.13: lotto/str.h, Version 1.0.0

```
1   #ifndef LOTTO_STR_H
2   #define LOTTO_STR_H
3
4
5   #define STR_CMDLNERROR    "Invalid command line!\n"
6   #define STR_CMDLNSYNTAX "Using: lotto [n]\n    n: A number between 1 and 6.\n\n"
7   #define STR_INPUTNUMTIPS "Input the number of tips to create (1 - 6):"
8   #define STR_TIP          "Tip"
9   #define STR_THISTIPS     "The tips for this week:"
```

```
10    #define STR_NOWARRANTY  "All tips without any warranty!"
11
12
13    #endif /* LOTTO_STR_H */
```

Es ist nicht schwer zu bemerken, dass die Texte hier alle auf Englisch geschrieben wurden. Und tatsächlich bestehen keine Forderungen, die sich auf die zu verwendende Sprache beziehen (vgl. Kapitel 8.3.1).

Das Finale

Nun müssen wir neben den oben beschriebenen Modulen noch die Dateien aus dem Verzeichnis »src/lotto« in das Projekt bzw. das Makefile aufnehmen. Dann sollten Sie auch dafür sorgen, dass die Ausgabeverzeichnisse richtig eingestellt werden.

Die ausführbare Programmdatei soll in dem Verzeichnis »lotto/bin« erzeugt werden (auf der Buch-CD befindet sich je ein »bin«-Verzeichnis in den Verzeichnissen der verschiedenen Compiler und Umgebungen). Die ausführbare Datei für die Debug-Version soll »lottod.exe« (unter Linux nur »lottod«) heißen und die Version ohne Debug-Informationen soll »lotto.exe« (unter Linux nur »lotto«) genannt werden. Die Objekt- und andere Zwischendateien gehören in die Verzeichnisse »<compiler>/lotto/debug« für die Debug-Versionen und "<compiler>/lotto/ release« für die Auslieferungsversionen. Sehen Sie dazu im Anhang A.2 in den Abschnitten »Ausgabeverzeichnisse festlegen« nach, wo beschrieben ist, wie Sie diese Einstellungen in der jeweiligen Entwicklungsumgebung vornehmen können.

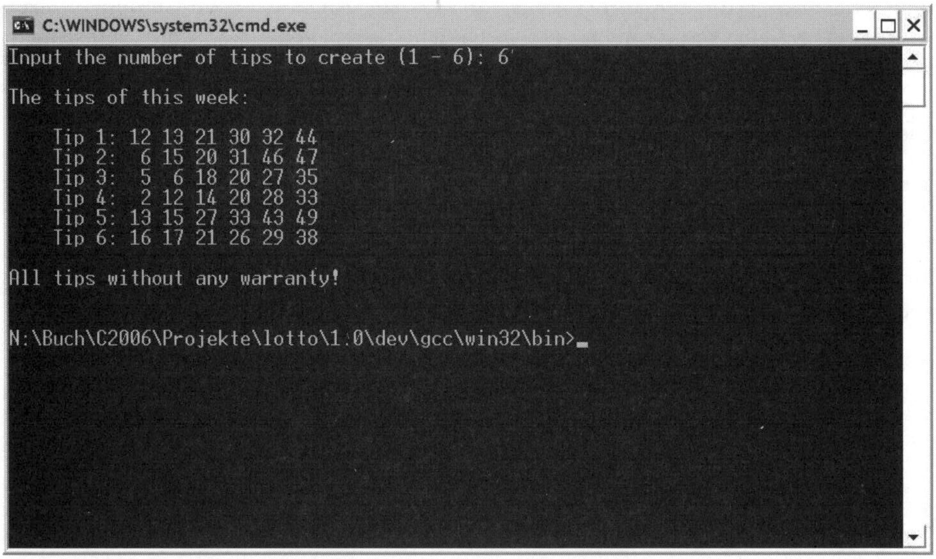

Abbildung 8.1: Ergebnis von Lotto 1.0

Wenn das alles erledigt ist, können wir das Programm erzeugen und über die Kommandozeile starten. Das Ergebnis sehen Sie in Abbildung 8.1.

Sollten Sie Probleme damit haben, das Programm zu erstellen, kann das mehrere Ursachen haben. Hier sind ein paar Beispiele:

- Wenn Sie Fehlermeldungen darüber erhalten, dass eine oder mehrere Funktionen nicht gefunden werden, könnte es daran liegen, dass Sie vergessen haben, die C-Datei, die diese Funktionen enthält, ins Projekt bzw. in das Makefile aufzunehmen.

- Wenn Sie Fehlermeldungen darüber erhalten, dass eine oder mehrere der Informationsdateien nicht gefunden werden können, haben Sie vermutlich die Suchverzeichnisse nicht korrekt oder unvollständig angegeben.

9 Zeiger und Speicher

Wir kommen jetzt zur komplexesten und umfangreichsten Thematik, die es in C gibt, zu den Zeigern. Wir haben deren Verwendung und Definition schon angesprochen. Und wir wissen inzwischen auch, welche Rolle sie einnehmen, wenn es darum geht, Werte einer Variablen in einer anderen Funktion zu verändern. Wir wissen auch, dass Felder und Zeiger beinahe identisch sind und man mit beiden in gleicher Weise arbeiten kann. Wenn Sie sich nicht mehr genau an alles erinnern können, schlagen Sie in den Kapiteln 5 und 6.3 nach.

Wir werden in diesem Kapitel auf einige wichtige und wesentliche Anwendungsbereiche von Zeigern eingehen, wiederholen allerdings nicht mehr die Dinge, die inzwischen selbstverständlich geworden sein sollten, wie das Zuweisen einer Adresse an einen Zeiger, das Ermitteln des Zeigerinhalts und den Zugriff auf die Daten, der im Zeiger gespeicherten Adresse. Stattdessen werden wir uns mit der sogenannten *Zeigerarithmetik* befassen. Das bedeutet, dass wir uns ansehen, wie *Zeiger auf Funktionen* definiert werden und wie wir Funktionen über einen Zeiger aufrufen können. Wir beschäftigen uns auch mit der *dynamischen Speicherverwaltung* und sehen, was das ist und welche Vorteile sie bringt.

Außerdem werden wir uns ein wenig mit dem Aufbau und der Organisation des Arbeitsspeichers eines Computers auseinander setzen. Auch wenn es kaum noch 16-Bit-Rechner geben dürfte, gehen wir auf die Segmentierung des Speichers ein, die auf Intel-Prozessoren für 16-Bit-Programme eine große Rolle spielt. Wir müssen lernen, was ein Segment ist, um zu verstehen, wie Adressen im Speicher abgebildet werden. Die Segmentierung ist auch in 32-Bit-Umgebungen nicht komplett verschwunden, aber ihr unterliegt ein etwas anderes Prinzip. Weil einem Programm durch die größeren Zeiger in einer solchen Umgebung ein wesentlich größerer Adressraum zur Verfügung steht, bekommen wir dort unter normalen Umständen nichts mehr von der Aufteilung des Arbeitsspeichers mit.

9.1 Zeiger auf Funktionen

Bisher haben wir ausschließlich mit Zeigern gearbeitet, die auf Adressen zeigen, in denen Daten gespeichert werden. Aber es gibt auch eine andere Art von Zeigern, die *Zeiger auf Funktionen*. Tatsächlich befindet sich der Code einer Funktion ja nicht irgendwo im Hauptspeicher, sondern der Funktionscode beginnt an einer ganz bestimmten Adresse. Und auch diese Adresse können wir ermitteln.

Das Thema ist recht einfach, weshalb wir uns nicht lange damit aufhalten müssen. Das Schwierigste daran ist die Deklarationssyntax. Aber wir werden Funktionszeiger später noch oft genug verwenden, um uns daran zu gewöhnen.

9.1.1 Die reguläre Definition

Die Definition eines Zeigers auf eine Funktion erinnert sehr stark an die Deklaration einer Funktion. Angenommen, wir deklarieren die Funktion `func()`. Sie soll einen `int` liefern und kein Argument entgegennehmen:

```
int func( void );
```

Wie machen wir daraus jetzt einen Zeiger? Vergleichen wir es mit der Definition einer Variablen:

```
int vari;
```

Wie machen wir daraus einen Zeiger? Ganz einfach, indem wir vor den Variablennamen den Dereferenzierungsoperator setzen:

```
int *vari;
```

Mit einem Funktionszeiger funktioniert es genauso. Wir setzen vor den Bezeichner einen Dereferenzierungsoperator:

```
int *func( void );
```

Kommt Ihnen das nicht auch seltsam vor? So würden wir doch eine Funktion deklarieren, die als Rückgabe einen Zeiger auf `int` liefert. Und das ist tatsächlich so. Das liegt daran, dass der Compiler den Operator nicht an den Bezeichner der Funktion bindet, sondern an den Datentyp des Ergebnisses. Bei einem Zeiger auf Daten ist das umgekehrt. Dort wird der Operator an den Bezeichner gebunden, der Compiler macht daraus also:

```
int (*vari);
```

Bei der Funktion `func()` macht der Compiler daraus aber:

```
(int *)func( void );
```

Der Operator wird also an den Datentyp gebunden. Wenn wir wollen, dass der Operator an den Bezeichner gebunden wird, dann müssen wir die Klammern explizit dahin setzen, wo wir sie haben wollen:

```
int (*func)( void );
```

Und damit haben wir einen Zeiger auf eine Funktion definiert. Auch dieser Zeiger ist typisiert, genauso, wie es die Zeiger auf Daten sind. Das heißt, dass er in diesem Falle nur die Adresse einer Funktion aufnehmen kann, die einen `int` liefert und kein Argument erwartet.

Wozu können wir diesen Zeiger jetzt gebrauchen? Wir können ihm die Adresse einer Funktion zuweisen. Erinnern Sie sich, welchen Zweck der Funktionsoperator hat? Er dient dazu, dem Compiler zu sagen, dass er die Funktion aufrufen soll. Wenn wir diesen Operator weglassen, dann wird einfach nur die Adresse, an der die Funktion im Speicher beginnt, geliefert. Diese Adresse können wir einem Zeiger auf eine Funktion zuweisen.

Wenn wir folgende Funktion definieren,

```
int calculate( void )
{
    ...
}
```

dann rufen wir sie auf, indem wir den Funktionsoperator verwenden:

```
calculate();
```

Wenn wir aber die Adresse dieser Funktion an den Zeiger `func` zuweisen wollen, dann lassen wir den Operator weg:

```
func = calculate;
```

Und was bringt uns das? Ganz einfach, wir können die Funktion `calculate()` jetzt über den Zeiger `func` aufrufen. Dazu verwenden wir einfach wieder den Funktionsoperator, damit der Compiler weiß, dass die Funktion, die sich an der Adresse `func` befindet, aufgerufen werden soll:

```
func();
```

Im Quelltext 9.1 sehen Sie ein Programm, an dem das noch einmal verdeutlicht wird.

Quelltext 9.1: func_ptr.c

```
1     /*
2        File: func_ptr.c
3        Ein Funktionsaufruf durch einen Zeiger.
4     */
5
6     #include <stdio.h>
7
8
9  A) void print( void )
10    {
11        puts("In der Funktion \"print()\"");
12    }
13
14
15    int main( void )
16    {
17 B)     void (*func)( void );
18
19 C)     func = print;
20 D)     func();
21
22        getchar();
23
24        return 0;
25    }
```

Erklärungen

A Dieses ist eine einfache Funktion, die ganz normal, wie wir es kennen, aufgerufen werden kann.

B Diesem Zeiger wollen wir die Adresse der Funktion print() zuweisen. Weil print() nichts liefert und auch keine Parameter enthält, muss der Zeiger natürlich vom gleichen Typ sein, also void liefern und void in der Parameterliste enthalten. Denken Sie dabei immer daran, dass wir den Dereferenzierungsoperator durch die Klammern an den Funktionsnamen binden müssen.

C Hier weisen wir die Adresse, an der sich die Funktion print() befindet, dem Zeiger func zu.

D Nun wird print() aufgerufen, und zwar über den Zeiger.

Ich weiß nicht, ob es Compiler gibt, welche die im Quelltext 9.1 in den Zeilen 19 und 20 dargestellte Syntax nicht unterstützen. In einigen Büchern habe ich eine kompliziertere Syntax gesehen, die den Referenz- und den Dereferenzierungsoperator verwendet. Dazu müssen Sie sich Folgendes vorstellen: Wenn wir die Adresse einer Variablen ermitteln wollen, dann verwenden wir den Referenzoperator:

```
int_ptr = &int_vari;
```

In einigen Büchern finden Sie daher die Beschreibung, dass auch bei der Ermittlung einer Funktionsadresse dieser Operator verwendet werden muss:

```
func = &print;
```

Wenn Sie den Inhalt der Adresse haben wollen, die im Zeiger auf eine Variable gespeichert ist, dann verwenden Sie den Dereferenzierungsoperator:

```
printf("%i", *int_ptr);
```

Also müsste man es beim Funktionsaufruf genauso machen:

```
(*func)();
```

Die Klammern müssen wieder sein, damit der Dereferenzierungsoperator an den Funktionsnamen gebunden wird. Wie gesagt, ich weiß nicht, ob es Compiler gibt, die so etwas tatsächlich verlangen. Bei keinem der von mir getesteten Compiler war das der Fall. Im Gegenteil, die Compiler aus dem Hause Borland gaben sogar Warnungen aus, wenn ich diese komplizierte Schreibweise verwendete. Die überflüssigen Operatoren werden dann vom Compiler ignoriert. Sollte das Programm aus Quelltext 9.1 bei Ihnen nicht laufen – entweder, weil die Funktion print() nicht aufgerufen wird oder das Programm sogar abstürzt –, dann müssen Sie dieses Programm (und alle folgenden) entsprechend ändern. Wie das dann aussieht, zeige ich Ihnen am gleichen Programm. Die geänderten Zeilen sind fett gedruckt:

```
1    int main( void )
2    {
3        void (*func)( void );
4
```

```
5        func = &print;
6        (*func)();
7
8        getchar();
9
10       return 0;
11   }
```

Sehen wir uns jetzt eine komplizierte Funktion an:

```
char* string_func( char *str, void *mem, short n )
{
  ...
  return str;
}
```

Wie sieht ein Zeiger auf eine solche Funktion aus? Genauso wie der Funktionskopf selbst, nur mit einem Dereferenzierungsoperator und den Klammern, die diesen Operator an den Funktionsnamen binden:

```
char* (*func_ptr)( char *mem, void *mem, short n );
```

Die Bezeichner der Parameter können Sie aber auch weglassen:

```
char* (*func_ptr)( char*, void*, short );
```

Um es zu vervollständigen, weisen wir die Adresse der Funktion noch dem Funktionszeiger zu und rufen sie dann mit entsprechenden Argumenten auf:

```
func_ptr = string_func;
...
char* result = func_ptr(string, memory, 5);
```

Falls Sie die komplizierte Version verwenden wollen (oder müssen):

```
func_ptr = &string_func;
...
char* result = (*func_ptr)(string, memory, 5);
```

9.1.2 Funktionszeiger über `typedef`

Wenn Sie sich wieder die Funktion

```
char* string_func( char *str, void *mem, short n )
{
  ...
}
```

ansehen, wird ihnen auffallen, dass es sehr umständlich ist, einen Zeiger darauf zu definieren. Stellen sie sich vor, Sie schreiben an einem großen Programm, in welchem Sie an fünf, zehn oder gar fünfzehn verschieden Stellen einen Zeiger auf eine solche Funktion benötigen.

Sie können sich die Arbeit gewaltig erleichtern, wenn Sie über `typedef` ein Synonym entwickeln:

```
typedef char* (*func_type)( char*, void*, short );
```

Bei dem, was Sie nun getan haben, handelt es sich nicht um eine Zeiger-, sondern um eine Typdefinition. Sie haben ein Synonym für einen Zeiger auf eine Funktion definiert auf eine Funktion, die einen Zeiger auf `char` liefert und drei Argumente (den Parametertypen entsprechend) erwartet. Wenn Sie nun einen Zeiger auf eine solche Funktion definieren wollen, dann verwenden Sie den Bezeichner `func_type` einfach als Datentyp:

```
func_type func_ptr;
```

Diesem Zeiger können wir jetzt wieder die Adresse der Funktion `string_func()` zuweisen:

```
func_ptr = string_func;
```

Auch das sehen wir uns in einem Programm an. Es handelt sich dabei um das Programm aus Quelltext 9.1, mit dem Unterschied, dass wir diesmal `typedef` verwenden. Entsprechend kurz ist dann auch die Definition des Zeigers in `main()`:

```
1   #include <stdio.h>
2
3
4   typedef void (*func_ptr)( void );
5
6
7   void print( void )
8   {
9     puts("In der Funktion \"print()\"");
10  }
11
12
13  int main( void )
14  {
15    func_ptr func;
16
17    func = print;           /* oder: func = &print; */
18    func();                 /* oder: (*func)()       */
19
20    getchar();
21    return 0;
22  }
```

9.1.3 Eine praktische Anwendung

Die Frage, wozu man Zeiger auf Funktionen braucht, habe ich noch immer nicht richtig beantwortet. Wir werden in den folgenden Kapiteln noch viele Beispiele dafür sehen, wie einfach manche Probleme zu lösen sind, wenn wir Zeiger auf Funktionen verwenden. Aber ein konkretes Beispiel will ich Ihnen an dieser Stelle schon geben. Im Abschnitt »Die Berechnung der Tipps« habe ich auf die Funktion qsort() hingewiesen, deren Anwendung ich hier jetzt vorstellen möchte.

Die Funktion qsort() ist in »stdlib.h« folgendermaßen definiert:

```
void qsort(void* base, size_t nelem, size_t width,
           int (*fcmp)(const void*, const void*));
```

Als erstes Argument wird die Adresse des zu sortierenden Feldes erwartet (das ist die Adresse des ersten Feldelements). Das zweite Argument muss die Anzahl der zu sortierenden Elemente angeben und das dritte Argument die Größe eines Elements in Byte. Der vierte Parameter ist der interessanteste. Es wird demnach eine Funktion erwartet, die einen int liefert und zwei Zeiger auf konstante, nicht typisierte Daten erwartet (const void*).

Was an der Deklaration nicht zu sehen, aber zum Glück in der Onlinehilfe zu finden ist, ist der Hinweis darauf, wie die Parameter zu interpretieren sind und welche Rückgabewerte geliefert werden müssen: Wenn die Funktion, deren Adresse als letztes Argument an qsort() übergeben wurde, von qsort() aufgerufen wird, dann befinden sich in den Parametern Zeiger auf je ein Element des zu sortierenden Feldes. Wenn wir ein Feld aus int-Werten sortieren, dann sind das Zeiger auf int, befinden sich double-Werte im Feld, eben Zeiger auf double.

Innerhalb der Funktion müssen wir diese Feldelemente vergleichen und einen Wert liefern, der das Ergebnis dieses Vergleichs beschreibt (die Nummerierung 1 oder 2 meint hier den ersten bzw. den zweiten Parameter):

- Ist das Element 1 kleiner als das Element 2, dann wird ein Wert kleiner Null geliefert.
- Ist das Element 1 größer als das Element 2, dann wird ein Wert größer Null geliefert.
- Sind beide Elemente gleich, wird Null geliefert.

Stellen wir uns vor, wir haben ein Feld aus int, das wir sortieren wollen. Wir übergeben die Adresse der folgenden Funktion an qsort():

```
1   int compare_int( const void* p1, const void* p2 )
2   {
3       ...
4   }
```

Innerhalb von compare_int() müssen wir nun die Zeiger auf void (das ist der Typ der Parameter) erst in einen Zeiger auf int konvertieren (das enthalten die Parameter ja tatsächlich):

```
1   int* pi1 = (int*)p1;
2   int* pi2 = (int*)p2;
```

Nun können wir diese Zeiger auf `int` auch dereferenzieren, um an die gespeicherten Werte heranzukommen:

```
if( *pi1 < *pi2 ) ...
```

Es ist wichtig, dass Sie diese Schritte nachvollziehen können, denn sonst verstehen Sie die folgende Zeile nicht, in der wir das Ganze abkürzen und uns die lokalen Variablen sparen:

```
if( *(int*)p1 < *(int*)p2 ) ...
```

Hier haben wir innerhalb einer Anweisung den Zeiger konvertiert ((`int*`)) und greifen sofort auf seinen Inhalt zu (`*`). Zusammen ist das dann (`*(int*)`). Das sind Konstruktionen, an die Sie sich gewöhnen müssen, wenn Sie mit C arbeiten. Sie werden immer wieder darauf stoßen. Die ganze Vergleichsfunktion sieht also folgendermaßen aus:

Quelltext 9.2: compare_int() aus »qsort.c«

```
1   int compare_int( const void* p1, const void* p2 )
2   {
3       if( *(int*)p1 < *(int*)p2 )
4           return -1;
5
6       if( *(int*)p1 > *(int*)p2 )
7           return 1;
8
9       return 0;
10  }
```

Wenn wir Felder aus Zeichenketten sortieren wollen, haben wir es etwas leichter. Da es sich bei Zeichenketten ja bereits um Zeiger handelt, müssen wir nur noch eine Typumwandlung in `char*` vornehmen und können die Parameter an die Funktion `strcmp()` übergeben. Glücklicherweise liefert `strcmp()` das Ergebnis gleich in der Form, in der wir es brauchen, sodass die Funktion, deren Adresse wir an `qsort()` übergeben, recht kurz ausfällt:

```
int compare_string( const void* p1, const void* p2 )
{
    return strcmp((char*)p1, (char*)p2);
}
```

Und damit das nicht alles nur graue Theorie bleibt, finden Sie auf der CD zum Buch den Quelltext »qsort.c«, in welchem der Umgang mit `qsort()` in der Praxis demonstriert wird.

9.2 Zeigerarithmetik

Der Begriff *Zeigerarithmetik* drückt nichts anderes aus, als die Tatsache, dass man in C mit Adressen rechnen kann. So kann man die in einem Zeiger gespeicherte Adresse inkrementieren, dekrementieren, etwas dazu addieren oder davon subtrahieren. Division und Multiplikation sind allerdings nicht möglich, was auch verständlich wird, wenn man sich die Frage stellt, warum man eine Adresse durch eine andere teilen oder mit einer anderen multiplizieren sollte.

9.2.1 Die einfache Arithmetik

Wir sehen im Quelltext 9.3 ein Programm, in dem ein Zeiger definiert wird und verschiedene Operationen damit durchgeführt werden.

Quelltext 9.3: arith_1.c

```
 1      /*
 2      File: arith_1.c
 3      Einfache Zeigerarithmetik.
 4      */
 5
 6      #include <stdio.h>
 7
 8
 9      int main( void )
10      {
11  A)      short *pint, num1 = 100, num2 = 200, num3 = 300;
12
13  B)      pint = &num2;
14  C)      printf("Adresse von num2:     %p\n", pint);
15
16  D)      (*pint)++;
17  E)      printf("Neuer Inhalt von num2: %i\n", *pint);
18
19  F)      pint++;
20          printf("Neue Adresse von pint: %p\n", pint);
21          printf("Inhalt dieser Adresse: %i\n", *pint);
22
23  G)      pint -= 2;
24          printf("Neue Adresse von pint: %p\n", pint);
25          printf("Inhalt dieser Adresse: %i\n", *pint);
26
27  H)      pint++;
28  I)      --*pint;
29          printf("Neue Adresse von pint: %p\n", pint);
30          printf("Inhalt dieser Adresse: %i\n", *pint);
31
32          getchar();
33
34          return 0;
35      }
```

Erklärungen

A Neben dem Zeiger `pint` definieren wir drei Variablen, die mit unterschiedlichen Werten initialisiert werden. Sie werden vermutlich vom Compiler zwei Warnungen über nicht verwendete Variable erhalten, doch diesmal können Sie das ignorieren.

B `pint` erhält die Adresse von `num2` (`pint` zeigt auf `num2`).

C Wir übergeben die Adresse von `num2`, die sich ja in `pint` befindet, an `printf()`. Denken wir noch einmal daran: Wenn wir Variablen (und Zeiger sind auch Variablen) ohne Referenz- oder Dereferenzierungsoperator verwenden, wird der Inhalt der Variablen angesprochen. Und der Inhalt von `pint` ist zurzeit die Adresse von `num2`.

D Der Inhalt von `num2` wird inkrementiert (über den Zeiger). Da wir auf den Inhalt der Adresse, die im Zeiger gespeichert ist, zugreifen wollen, müssen wir den Dereferenzierungsoperator vor den Zeiger setzen. Die Dekrement- und Inkrementoperatoren binden bei dieser Konstellationen stärker als der Dereferenzierungsoperator. Aus diesem Grunde sind die Klammern nötig (sonst würde nicht der Inhalt der Adresse, sondern die Adresse selbst, also der Zeiger, inkrementiert werden).

E Wir geben den Inhalt von `num2` aus. Da `pint` noch auf `num2` zeigt, können wir es über diesen Zeiger machen.

F `pint` wird ohne Stern benutzt. Also greifen wir auf die Adresse zu, die in `pint` gespeichert ist und inkrementieren diese. Dazu sagen wir in Zukunft nur noch, der *Zeiger wird inkrementiert*, da dieses der übliche Ausdruck dafür ist.

Der Zeiger zeigt jetzt auf die nächste Adresse im Speicher, oder etwa doch nicht? Wenn wir uns den Ausdruck des Programms ansehen, dann müssen wir feststellen, dass der Zeiger nicht um ein, sondern um zwei Bytes erhöht wurde. Warum? Dieses ist in der Zeigerarithmetik eine angenehme Erscheinung, denn der Zeiger wird immer um die Größe des Datentyps erhöht, auf den er zeigt. Da `short` zwei Byte groß ist, wird der Zeiger auch um zwei Bytes erhöht. Wenn Sie es noch nicht glauben, dann nehmen Sie statt `short` einfach `long` oder `double`; Sie werden sehen, der Zeiger richtet sich danach.

G Nun soll der Zeiger um 2 erniedrigt werden. Er wird aber nicht um zwei Bytes zurückgesetzt, sondern um so viel, wie zwei Variable des Typs `short` belegen: um vier Bytes. An der folgenden Ausgabe können Sie es erkennen.

H Der Zeiger wird nochmals inkrementiert und zeigt damit wieder auf `num2`.

I Der Inhalt von `num2` wird erneut über den Zeiger auf den Wert 200 gesenkt. Das Klammern können wir umgehen, wenn wir die Dekrement- und Inkrementoperatoren vor den Zeiger setzen.

Es ist wichtig, dass Sie das, was im Quelltext 9.3 geschieht, auch wirklich nachvollziehen und verstehen können. Wenn es noch nicht ganz reicht, sollten Sie sich noch einmal im Kapitel 5.1 umsehen und mit einem kleinen, selbst geschriebenen Programm experimentieren, bis sich die Schatten gelichtet haben.

9.2 Zeigerarithmetik

Da der Compiler die verschiedenen Variablen nicht unbedingt der Reihenfolge nach im Speicher anordnet, können wir auch nicht davon ausgehen, dass der Zeiger wirklich auf die nächste Variable zeigt. Wenn wir aber ein Feld definieren, zum Beispiel

```c
char numbers[30];
```

dann wissen wir genau, dass alle Elemente auch wirklich eines hinter dem anderen im Speicher angeordnet werden. Und im Quelltext 9.4 können Sie jetzt deutlich erkennen, welche Ähnlichkeiten zwischen Feldern und Zeigern bestehen. Wir können die Anfangsadresse des Feldes einem Zeiger zuweisen und dann entweder über die Zeigerarithmetik oder über den Index auf die unterschiedlichen Elemente zugreifen.

Quelltext 9.4: arith_2.c

```c
/*
File: arith_2.c
Einfache Zeigerarithmetik mit Arrays.
*/

#include <stdio.h>


long numbers[3] = {100L, 200L, 300L};


int main( void )
{
    long *ptr = numbers;

A)  printf("Inhalt von numbers[0]: %li\n", *ptr);

    ptr++;
    printf("Inhalt von numbers[1]: %li\n", *ptr);

    ptr++;
    printf("Inhalt von numbers[2]: %li\n", *ptr);

B)  ptr = numbers;
    printf("Inhalt von numbers[0]: %li\n", ptr[0]);
    printf("Inhalt von numbers[1]: %li\n", ptr[1]);
    printf("Inhalt von numbers[2]: %li\n", ptr[2]);

    getchar();

    return 0;
}
```

Erklärungen

A Anstatt über den Feldindex auf die Elemente zuzugreifen, erhöhen wir nur die Adresse, die sich im Zeiger befindet und geben den Inhalt der neuen Adresse aus. Wir verwenden diesmal den Datentyp `long`, der vier Byte groß ist. Am Ausdruck erkennen Sie, dass eine Inkrementierung der Adresse diese um den Wert 4 erhöht. Denn wenn das nicht der Fall wäre, könnte nicht der korrekte Inhalt der neuen Adresse ausgegeben werden.

B Nun wollen wir über den Feldindex auf die Elemente zugreifen. Weil sich der Zeiger aber zurzeit auf dem letzten Feldelement befindet, würde `ptr[0]` den Inhalt eben dieses Elements liefern, und `ptr[1]` würde dann schon über die Feldgrenzen hinausschießen. Daher setzen wir den Zeiger wieder auf das erste Feldelement.

Wenn Sie versuchen, anstelle des Zeigers `ptr` den Zeiger `numbers` zu erhöhen (`numbers++` oder `numbers + 1`), werden Sie merken, dass das nicht geht. Theoretisch wäre das korrekt, doch der Compiler meldet einen Fehler. Das hat einen einfachen Grund. Sie müssen sich vorstellen, jede Funktion dürfte das Original, also den eigentlichen Feldzeiger, verändern. Wie Sie im Beispielprogramm am Zeiger `ptr` bemerkt haben, zeigt dieser Zeiger nicht mehr auf das erste Feldelement, wenn er verändert wird. Das hätte fatale Folgen, wenn man das mit dem Original machen dürfte. Daher ist es also verboten, den Feldnamen selbst für Arithmetik zu verwenden.

Zum Schluss noch drei Hinweise auf etwas, das leicht übersehen werden kann:

> Mit einem untypisierten Zeiger (`void*`) kann keine Zeigerarithmetik durchgeführt werden, weil der zugrunde liegende Datentyp (und damit auch dessen Größe) nicht bekannt ist. Der Compiler kann daher in solchen Ausdrücken wie `++voidptr` oder `voidptr += 4` nicht wissen, um wie viele Bytes die Adresse in einem solchen Zeiger erhöht werden muss.
> Auf Funktionszeiger lässt sich ebenfalls keine arithmetische Operation durchführen, da Funktionen keine spezifische Größe haben, wie Daten.
> Wenn wir in einem 16-Bit-Programm einen 32-Bit-Zeiger erhöhen oder davon etwas abziehen, dann bezieht sich diese Operation nur auf den Offset-Anteil des Zeigers. Befindet sich in einem Fernzeiger z. B. der Wert B800:FFFF, und dieser Zeiger wird inkrementiert, dann ändert sich die Adresse in B800:0000 und nicht in B801:0000.

9.2.2 Besonderheiten bei mehrdimensionalen Feldern

Ich denke, bisher haben wir mit der Zeigerarithmetik keine großen Probleme. Es kann aber welche geben, wenn Sie mit mehrdimensionalen Feldern arbeiten und bestimmte Felder über arithmetische Berechnungen erreichen wollen. Das liegt daran, dass sich ein mehrdimensionales Feld nicht mehr so einfach auf einen Zeiger abbilden lässt. Ich will das an einem Beispiel darstellen:

```
char names[3][10];
```

Damit erzeugen wir ein Feld, das aus insgesamt 30 Elementen besteht (3 * 10 Elemente). Wenn dieses Feld jetzt mit Zeichen gefüllt wird,

```
strcpy(names[0], "Otto");
strcpy(names[1], "Siegrid");
strcpy(names[2], "Gudrun");
```

dann stellt sich der Inhalt wie folgt dar:

0	1	2	3	4	5	6	7	8	9
O	t	t	o	\0					

10	11	12	13	14	15	16	17	18	19
S	i	e	g	r	i	d	\0		

20	21	22	23	24	25	26	27	28	29
G	u	d	r	u	n	\0			

Die Elemente liegen hintereinander im Speicher. Um dieses zu demonstrieren, habe ich die Elemente nummeriert. Diese Nummern stellen die Adressen dar, und wir gehen in diesem Beispiel davon aus, dass unser Feld tatsächlich an der Adresse Null beginnt. Daran lässt sich erkennen, dass in der ersten Dimension des Feldes keine Zeichen gespeichert werden können, sondern sich darin wieder nur Adressen befinden. names[0] enthält also die Adresse, an welcher der Name »Otto« beginnt, names[1] speichert die Adresse, an der sich der Name »Siegrid« befindet und names[2] schließlich enthält die Adresse, an der »Gudrun« beginnt. Im Grunde handelt es sich bei den Elementen der ersten Dimension um Zeiger auf Zeichenketten. Und da Zeichenketten vom Typ Zeiger auf char sind, befinden sich in der ersten Dimension Zeiger auf Zeiger auf char. Und diesen können wir so definieren:

```
char** ppc;
```

Wir werden allerdings ernste Probleme bekommen, wenn wir Folgendes machen (und auch noch die Warnung des Compilers, die erscheinen wird, ignorieren):

```
ppc = names;
puts(ppc[1]);
```

Wir haben dem Zeiger ppc die Adresse zugewiesen, an der das Feld names beginnt. Da es sich bei names und bei ppc in beiden Fällen im Grunde um Zeiger auf Zeiger auf char handelt, müssten wir anstelle von names[1] auch ppc[1] angeben können, um die Zeichenkette »Siegrid« auszugeben. Aber das Programm wird abstürzen oder etwas anderes tun, aber nicht das Erwartete. Was ist also passiert?

Wenn Sie sich die Größe des Feldes names über den Operator sizeof ausgeben lassen, werden Sie feststellen dass das Feld tatsächlich 30 Byte groß ist. Das sind die 30 Elemente der zweiten Dimension, in der die einzelnen Zeichen gespeichert werden können. Wo aber befinden sich die Zeiger der ersten Dimension? Diese müssten doch auch einen bestimmten Speicherplatz belegen (nämlich 3 * sizeof(char*))?

Das liegt daran, dass es sich bei einem mehrdimensionalen Feld, das wir explizit als solches definieren, tatsächlich nur um ein sparsames Konstrukt für den Compiler handelt, damit dieser weiß, wie die Feldelemente einer Dimension gefunden werden können. In Wirklichkeit legen wir ein eindimensionales Feld an. Damit Ihnen das auch wirklich klar wird, zeige ich Ihnen noch einmal das Feld names, aber diesmal so, wie der Compiler es im Speicher organisiert, nämlich alle Elemente hintereinander weg:

0	1	2	3	4	5	6	7	8	9	10	11	12	13	14	15	16	17	18	19	20	21	22	23	24	25	26	27	28	29
O	t	t	o	\0						S	i	e	g	r	i	d	\0			G	u	d	r	u	n	\0			

Aus diesem Grunde können wir einen Zeiger auf char definieren und diesem die Adresse des Feldes names zuweisen (damit die Warnung des Compilers unterdrückt wird, wandeln wir den Typen bei der Zuweisung um):

```
char* pc = (char*)names;
```

Nun müssen wir aber explizit die korrekte Adresse, an der ein bestimmter Name beginnt, ermitteln. Da für einen einzelnen Namen 10 Elemente vorhanden sind, müssen wir, um auf den zweiten Namen zu kommen, die Adresse, die wir an puts() übergeben, auch um eine entsprechende Anzahl Elemente erhöhen:

```
puts(pc + 10);
```

Wollen wir aber mit den üblichen Indizes arbeiten, dann müssen wir auch ein Feld definieren, das drei Zeiger auf char enthält, in der die Anfangsadressen der Namen einzeln gespeichert werden:

```
char* apc[3];

apc[0] = names[0];
apc[1] = names[1];
apc[2] = names[2];

puts(apc[0]);
puts(apc[1]);
puts(apc[2]);
```

> Dieses ist der eigentliche Unterschied zwischen Feldern und Zeigern. Bei mehrdimensionalen Feldern handelt es sich nur hypothetisch um den Typ »Zeiger auf Zeiger« – bei einem explizit als »Zeiger auf Zeiger« definierten Zeiger aber tatsächlich.
> Wenn wir einen »Zeiger auf Zeiger« definieren, kann der Compiler keinerlei Annahmen über die Anzahl der Elemente innerhalb einer Dimension treffen und daher auch nicht berechnen, wo in einem mehrdimensionalen Feld die Elemente der weiteren Dimensionen beginnen.

Wenn wir ein mehrdimensionales Feld definieren und darauf angewiesen sind, die exakten Adressen der weiteren Dimensionen über einen Zeiger zu ermitteln, dann müssen wir die Positionsberechnungen, die üblicherweise über die Angabe der Indizes erfolgen, selbst durchführen. Anstelle von:

```
1    for( i = 0; i < NUM_ELEMS_FIRST_DIM; ++i )
2        for( j = 0; j < NUM_ELEMS_SEC_DIM; ++j )
3            printf("%6i", num_array[i][j]);
```

schreiben wir entweder:

```
1    for( i = 0; i < NUM_ELEMS_FIRST_DIM; ++i )
2        for( j = 0; j < NUM_ELEMS_SEC_DIM; ++j )
3            printf("%6i", ptr_to_num_array[i * NUM_ELEMS_SEC_DIM + j]);
```

oder:

```
1    for( i = 0; i < NUM_ELEMS_FIRST_DIM; ++i )
2        for( j = 0; j < NUM_ELEMS_SEC_DIM; ++j )
3            printf("%6i", *(ptr_to_num_array + i * NUM_ELEMS_SEC_DIM + j));
```

Im letzten Fall wird uns ein Zeiger auf die berechnete Adresse geliefert, sodass wir diesen am Ende explizit dereferenzieren müssen, um an die Zahl zu kommen, die an der errechneten Adresse gespeichert ist. Daher befindet sich der ganze Ausdruck in Klammern, damit das Resultat dieses Ausdrucks durch den vorangestellten Operator dereferenziert wird.

9.2.3 Praktische Beispiele

Sie werden häufiger Konstruktionen begegnen, in denen die in den Zeigern gespeicherten Adressen in arithmetischen Berechnungen verwendet werden. Ich will das an zwei Beispielen deutlich machen, anhand derer Sie auch erkennen können, wie bequem die Arbeit dadurch werden kann.

Unser erstes Beispiel zeigt eine Funktion, in der gezählt wird, wie häufig ein bestimmtes Zeichen in einer Zeichenkette enthalten ist:

```
1    size_t chrcnt( const char* s, char c )
2    {
3        size_t n = 0;
4        int    i;
5
6        for( i = 0; s[i] != '\0'; ++i )
7            if( s[i] == c )
8                ++n;
9
10       return n;
11   }
```

Wir durchlaufen in einer Schleife alle Zeichen in der gegebenen Zeichenkette und erhöhen den Zähler n jedes Mal um eins, wenn wir das gesuchte Zeichen gefunden haben.

Arbeiten wir nicht mit Indizes, sondern mit Zeigerarithmetik, dann vereinfacht sich der Quelltext um einiges:

```
1   size_t chrcnt( const char* s, char c )
2   {
3       size_t n = 0;
4
5       while( *s )
6           if( *s++ == c )
7               ++n;
8
9       return n;
10  }
```

Die Konstruktion *s++ erläutere ich noch kurz: Wir dereferenzieren den Zeiger s, greifen also auf das Zeichen zu, das an der Adresse, die in s enthalten ist, gespeichert ist. Danach erst wird die in s gespeicherte Adresse erhöht. Das liegt an der Rangfolge der Operatoren und der Tatsache, dass der Postfix-Inkrementoperator erst nach einer anderen Operation tätig wird. Vergleichen Sie dieses noch einmal mit den Erklärungen zum Quelltext 9.3.

Dadurch, dass wir die Zeigerarithmetik verwenden, wird der Quelltext nicht nur kürzer, sondern auch besser lesbar. Im nächsten Beispiel wird die Funktion sogar schneller, wenn wir Zeigerarithmetik verwenden. Diese Funktion soll uns einen Teil einer Zeichenkette liefern. Dazu wird die Adresse des Zielpuffers, in den der Teil kopiert werden soll, übergeben sowie die Adresse der Zeichenkette, aus welcher der Teil gelesen werden soll. Außerdem benötigen wir die Startposition und die Anzahl zu kopierender Zeichen.

Ein Beispiel dazu: Wir wollen den Teil, der an der Position 7 beginnt und drei Zeichen lang ist, kopieren. Wenn die gegebene Zeichenkette »Herzog von Phantasien« enthält, dann ist das Ergebnis das Wort »von«. Hier zum Vergleich erst die Variante mit den Indizes:

```
1   char* substr( char* s1, const char* s2, size_t pos, size_t n )
2   {
3       size_t len = strlen(s2);
4       size_t i   = 0;
5
6       if( pos < len )
7       {
8           size_t p;
9
10          for( p = pos; p < len && i < n; ++p, ++i )
11              s1[i] = s2[p];
12      }
13
14      p1[i] = 0;
15
16      return s1;
17  }
```

Damit wir nicht über das Ende der gegebenen Zeichenkette hinaus lesen, müssen wir vorab die Länge ermitteln. Dann werden in einer Schleife wieder die gewünschten Zeichen kopiert (aber nur, solange auch genug Zeichen vorhanden sind).

Die Variante mit der Zeigerarithmetik ist wieder etwas kompakter. Weil wir nicht mehr die Länge der gegebenen Zeichenkette ermitteln müssen (wo alle Zeichen in dieser Zeichenkette mindestens einmal geprüft werden, um die abschließende Null zu finden), brauchen wir hier in der Regel nur den ersten Teil der Zeichenkette zu durchlaufen, um festzustellen, ob die gegebene Position hinter dem Ende der Zeichenkette liegt:

```
char* substr( char* s1, const char* s2, size_t pos, size_t n )
{
    char*       p1 = s1;
    const char* p2 = s2;

    while( pos-- && *p2 )     /* Prüft, ob pos > strlen(s2) ist, weil */
        ++p2;                 /* abgebrochen wird, sobald *p2 Null ist. */

    while( n-- && *p2 )       /* Hier die Zeichen kopieren. Es wird nur */
        *p1++ = *p2++;        /* kopiert, solange *p2 nicht Null ist.   */

    *p1 = 0;                  /* Und noch das Null-Zeichen setzen. */

    return s1;
}
```

Ich weiß, dass die obigen Zeilen nicht ganz einfach zu verstehen sind, aber gehen Sie diese Funktion bitte Zeile für Zeile durch und stellen Sie sich vor (notfalls auch auf dem Papier), was dort passiert. Sie müssen in der Lage sein, solche Quelltexte zu lesen, denn Sie werden immer wieder auf so etwas stoßen. Und machen Sie sich keine Sorgen, wenn das für Sie nur kompliziert erscheint. Sie werden sich im Laufe der Zeit so daran gewöhnen, dass diese Art Quelltexte für Sie am Ende leichter zu interpretieren sind als die mit den Indizes.

9.3 Der Heap

Uns fehlt immer noch eine der elementarsten Techniken, die sich mit Zeigern verbinden. Ich denke sogar, dass das, was wir nun kennenlernen werden, das Wichtigste an der Zeigertechnik überhaupt ist: Die dynamische Verwaltung des Arbeitsspeichers aus dem Programm heraus. Ohne diese Möglichkeit könnten wir in 16-Bit-Umgebungen keine Programme schreiben, in denen die Variablen mehr als 64 Kilobyte des Speichers einnehmen. Wie wir inzwischen wissen, kann dort ein Segment nicht mehr als 64 Kilobyte groß sein, und zu solchen Segmenten gehört auch das Datensegment. Und dessen Grenze ist schneller erreicht, als man häufig annimmt.

Aber auch in 32-Bit-Umgebungen lässt sich vieles erst dadurch realisieren, wenn Speicher dynamisch verwaltet werden. Damit ist gemeint, dass man nicht alles, was an

Variablen benötigt wird, statisch im Datensegment ablegt (indem man entsprechend viele Variablen definiert), sondern dass man sich den benötigen Speicher erst dann holt, wenn er tatsächlich gebraucht wird und hinterher wieder freigibt, damit er von anderen Teilen des Programms genutzt werden kann. Häufig wissen wir vorab gar nicht, wie viel Speicher wir tatsächlich für unsere Arbeit benötigen. Dann ist es gut zu wissen, wie wir den notwendigen Speicher während der Laufzeit des Programms anfordern können.

Wir beschäftigen uns hier also mit dem Bereich, der neben den üblichen Segmenten noch im Hauptspeicher zur Verfügung steht und bisher von uns nicht genutzt wurde. Diesen Bereich nennt man *Heap* (*Halde*).

9.3.1 Funktionen zur Heap-Verwaltung

Die zwei wichtigsten Funktionen, um den Speicher auf dem Heap zu verwalten, sind die Funktionen `malloc()` und `free()`, die beide in »stdlib.h« deklariert sind. Mit `malloc()` fordern wir Speicherplatz an (dieses nennt man Speicher *reservieren*), und mit `free()` geben wir den reservierten Speicher wieder frei. Was wir von `malloc()` erhalten, ist ein untypisierter Zeiger (`void*`) auf den reservierten Speicher. Dieser enthält die Adresse, an der dieser Speicher beginnt. Da `malloc()` von sich aus keine Ahnung hat, wie viel Speicher wir haben wollen, geben wir die Größe des gewünschten Bereiches in Byte an:

```
double* pnum = (double*)malloc(sizeof(double));
```

Mit dieser Zeile reservieren wir den Platz, den wir brauchen, um einen `double`-Wert zu speichern. Wir müssen den von `malloc()` gelieferten untypisierten Zeiger in den gewünschten Typ umwandeln, hier also in einen Zeiger auf `double`.

Wir sollten uns darüber klar sein, dass wir jetzt mit einem Zeiger auf einen Speicherbereich arbeiten – genauso, als hätten wir das Folgende, uns besser bekannte, gemacht:

```
double num;
double* pnum = &num;
```

Wir ändern den Inhalt des Speichers, auf den `pnum` zeigt, mithilfe des Dereferenzierungsoperators:

```
*pnum = 1.0;
```

Wenn der Speicher nicht mehr benötigt wird, geben wir ihn über `free()` wieder frei:

```
free(pnum);
```

Wir wollen uns das soeben Gelernte noch mal vor Augen halten: Neben dem Speicher, den wir verwenden, wenn wir Variablen innerhalb oder außerhalb von Funktionen definieren, gibt es noch einen weiteren Bereich im Speicher, der dem Programm zur Verfügung steht. Damit wir einen Teil dieses Speichers verwenden können, müssen wir diesen Teil in der gewünschten Größe reservieren. Wir erhalten dann einen Zeiger auf den Beginn des reservierten Teils. Solange dieser Teil nicht freigegeben wird, können wir ihn nutzen, um Daten darin zu speichern. Mehrere Aufrufe von `malloc()` reservieren jeweils andere Teile des Hauptspeichers, sodass jeder Aufruf von `malloc()` eine andere Adresse liefern wird. Erst, wenn ein Teil über `free()` wieder freigegeben wurde, kann ein erneuter Aufruf von `malloc()` die Adresse dieses Teils wieder liefern. Welche Adresse geliefert wird (an welcher Stelle im Speicher der reservierte Teil beginnt), können wir nicht beeinflussen. Dieses obliegt der Speicherverwaltung des verwendeten Compilers (bzw. der Bibliotheken, die mit dem Compiler ausgeliefert werden). Sollte der verfügbare Bereich im Hauptspeicher mal zu klein werden und `malloc()` keinen ausreichend großen Teil für uns reservieren können, liefert `malloc()` den Wert NULL.

Im Quelltext 9.5 sehen wir ein Programm, das uns das soeben Erklärte in der Praxis zeigt.

Quelltext 9.5: heap.c

```
1       #include <stdio.h>
2       #include <stdlib.h>
3
4       int main( void )
5       {
6    A)   long  *pl;
7         float *pf;
8
9    B)   if( (pl = (long*)malloc(sizeof(long))) == NULL )
10        {
11           puts("Nicht genug Hauptspeicher für long vorhanden!");
12           exit(1);
13        }
14
15        if( (pf = (float*)malloc(sizeof(float))) == NULL )
16        {
17           puts("Nicht genug Hauptspeicher für float vorhanden!");
18   C)      free(pl);
19           exit(1);
20        }
21
22   D)   *pl = 100000L;
23        *pf = 12.55F;
24
25   E)   printf("Adresse von pl: %p\n\r"
26               "Inhalt von pl:  %li\n\r"
27               "Adresse von pf: %p\n\r"
28               "Inhalt von pf:  %3.2f\n\n\r", pl, *pl, pf, *pf);
29
30   F)   free(pl);
31        free(pf);
32
33   G)   printf("Adresse von pl: %p\n\r"
34               "Inhalt von pl:  %li\n\r"
35               "Adresse von pf: %p\n\r"
36               "Inhalt von pf:  %3.2f\n\r", pl, *pl, pf, *pf);
```

```
37
38      getchar();
39
40      return 0;
41   }
```

Erklärungen

A Wir definieren zwei Zeiger, einen auf `long int`, einen auf `float`.

B Dem Zeiger `pl` wird die Adresse zugewiesen, an welcher der Speicherbereich für die Aufnahme eines `long`-Werts reserviert wird. Wenn der Hauptspeicher bereits zu voll ist, also nicht mehr genügend Platz enthält, erhält `pl` die Adresse `NULL`. Sollte dieses der Fall sein, wird eine entsprechende Meldung ausgegeben und das Programm verlassen. Daher die Bedingung in dieser Zeile. Die Klammern um »`pl=(long*)malloc(sizeof( long))`« müssen sein, da der Zuweisungsoperator schwächer bindet als der Vergleichsoperator. Wären diese Klammern nicht, so würde erst der Ausdruck »`(long*)malloc( sizeof(long))==NULL`« ausgewertet und dieses Ergebnis dann `pl` zugewiesen werden.

C Wenn der Speicher für `float` nicht mehr reserviert werden kann, verlassen wir das Programm ebenfalls, allerdings müssen wir zuvor den Speicher, der vorher für den `long int` reserviert werden konnte, noch freigeben.

D Die reservierten Bereiche werden mit Werten belegt. Vergessen wir nicht, dass wir den Dereferenzierungsoperator brauchen, damit nicht der Zeiger selbst, sondern der Inhalt des Speicherplatzes verändert wird.

E Wir lassen uns die Adressen und die Inhalte der reservierten Speicherplätze ausgeben.

F Der Speicher wird nun wieder freigegeben.

G Wir lassen uns noch einmal die Adressen und Inhalte ausgeben.

Hier sollten sie die Ausgaben, die Sie auf dem Bildschirm sehen, genau vergleichen. Vielleicht sind die Adressen und Inhalte noch unverändert, doch das muss nicht so sein. Es ist durchaus möglich, dass die Inhalte der Speicherstellen jetzt völlig andere sind.

Was wir aber beobachten können, ist, dass die Adressen, die in den Zeigern stehen, nicht automatisch auf `NULL` gesetzt werden. Wir können daher auch nach der Freigabe durch `free()` auf diesen Speicherbereich zugreifen. Doch das sollte man in der Praxis lieber nicht tun, da leicht unangenehme Folgen auftreten können. Um ein versehentliches Zugreifen auf den freigegebenen Speicher zu verhindern, sollte man es sich zur Gewohnheit machen, den Zeiger nach der Freigabe des Speichers sofort explizit auf `NULL` zu setzen.

Neben den einfachen und kleinen Datentypen können natürlich auch die Daten der von uns selbst definierten Typen wie Strukturen und Unionen auf dem Heap abgelegt werden. Wir nehmen als Beispiel das Programm aus dem Quelltext 9.5 und ändern es entsprechend ab. Das Ergebnis befindet sich im Quelltext 9.6.

Quelltext 9.6: sheap.c

```
1   #include <stdio.h>
2   #include <string.h>
3   #include <stdlib.h>
4
5
6   struct pers_data
7   {
8       char name[30];
9       char street[30];
10      char city[30];
11  };
12
13
14  int main( void )
15  {
16      struct pers_data* pdata;
17
18      pdata = (struct pers_data*)malloc(sizeof(struct pers_data));
19
20      if( pdata == NULL )
21      {
22          puts("Speicher für die Daten kann nicht reserviert werden!");
23          exit(1);
24      }
25
26      strcpy(pdata->name, "Manfred Mustermann");
27      strcpy(pdata->street, "Musterweg 12");
28      strcpy(pdata->city, "1234 Musterstadt");
29
30      printf("\x1b[2J");
31      printf("\x1b[1;1H");
32
33      printf("\n%s\n%s\n%s\n", pdata->name, pdata->street, pdata->city);
34
35      free(pdata);
36
37      getchar();
38      return 0;
39  }
```

Eine weitere Erklärung ist dazu sicher nicht mehr nötig.

9.3.2 Felder auf dem Heap

Da es sich bei der von `malloc()` gelieferten Adresse um den Beginn des reservierten Bereichs im Speicher handelt, können wir, wenn wir genügend Speicher reservieren, den reservierten Bereich auch wie ein eindimensionales Feld nutzen.

```
char* s = (char*)malloc(40);
```

Hiermit haben wir Platz für eine Zeichenkette, in der 39 Zeichen und die Endekennung gespeichert werden können. Ein Feld für Zahlen des Typs `int` können wir ebenso reservieren. Da wir aber die Größe, die ein `int` hat, nicht genau kennen, ist es besser, den Operator `sizeof` zu verwenden. Dabei haben wir zwei Möglichkeiten, die ich hier vorstelle:

```
int* p1 = (int*)malloc(40 * sizeof(int));
int* p2 = (int*)malloc(sizeof(int[40]));
```

In beiden Fällen wird der Speicher für die Aufnahme von 40 Werten des Typs `int` reserviert.

Wie wir aus dem Kapitel 9.2.1 wissen, können wir die Feldelemente über die Zeigerarithmetik oder über die Indexoperatoren ansprechen:

```
p1[5] = 700;
p2[0] = *(p1 + 5);     /* *(p1 + 5) entspricht p1[5] */
p2[1] = *p2;           /* *p2 entspricht *(p2 + 0), also p2[0] */
```

Alle drei Elemente (`p1[5]`, `p2[0]` und `p2[1]`) enthalten jetzt den Wert 700.

Um mehrdimensionale Felder auf dem Heap zu speichern, müssen Sie an das denken, was wir im Abschnitt 9.2.2 besprochen haben. Sie können über `malloc()` einen Bereich reservieren, der groß genug ist, um alle zu speichernden Elemente der obersten Dimension aufzunehmen. Dann müssen Sie die Adressen der Elemente selbst berechnen:

```
1    char* strings = (char*)malloc(sizeof(char[3][10]));/* wie char strings[3][10] */
2    strcpy(strings + 2 * 10, "Gudrun");
3    printf("%c", strings[2 * 10 + 3]);
```

Dieses reserviert den Speicher für die Aufnahme von drei Zeichenketten, die jeweils neun Zeichen plus Endekennung speichern können. Dann wird in das Element `strings[2]` die Zeichenkette »Gudrun« kopiert und schließlich das »r« aus »Gudrun« auf dem Bildschirm ausgegeben. Sie können in der Anweisung `strcpy()` hier nicht `strings[2]` angeben, weil sie damit das zweite Zeichen des gesamten Feldes liefern würden, also das Element `strings[0][2]`.

Die eben vorgestellte Lösung ist die komplizierteste, wenn es um die Indizierung der Feldelemente geht, aber sie ist die mit Abstand speicherschonendste und auch für die Laufzeit schnellste Methode.

Eine andere Lösung ist die folgende, die mehr Speicher verbraucht, aber einfacher zu indizieren ist:

```
1    char* strings[3];
2    int   i;
3
4    for( i = 0; i < 3; ++i )
5        strings[i] = (char*)malloc(char[10]);
6
7    strcpy(strings[2], "Gudrun");
8    printf("%c", strings[2][3]);
```

Wir brauchen jetzt den zusätzlichen Speicher für die drei Zeiger, die strings enthält. Diese Indizierung ist jetzt wieder sehr leicht und verständlich.

Wenn man Speicher für ein Feld auf dem Heap reservieren muss, weiß man häufig vorher nicht, wie viele Elemente man braucht, sodass eine Vorwegdefinition in der Art »char* strings[3]« nicht gemacht werden kann. In solchen Fällen bleibt einem nur die erste Lösung, oder aber man reserviert jede Dimension explizit:

```
1    char** strings;
2    int    i;
3    int    num_strings;
4
5    printf("Anzahl zu erzeugender Zeichenketten eingeben: ");
6    scanf("%i", &num_strings);
7
8    strings = (char**)malloc(sizeof(char*) * num_strings);
9
10   for( i = 0; i < num_strings; ++i )
11       strings[i] = (char*)malloc(char[10]);
12
13   strcpy(strings[num_strings - 1], "Gudrun");
14   printf("%c", strings[num_strings - 1][3]);
```

Felder auf dem Heap einzurichten, ist, wie Sie sehen, nicht ganz einfach, weil Sie abwägen müssen, wie viel Speicher eine bestimmte Lösung benötigt und wie die Elemente am einfachsten indiziert werden können.

Einen Trick will ich Ihnen noch verraten. Er funktioniert, lässt aber den Compiler eine Warnung ausgeben. Sie können als Parameter folgende Konstruktion verwenden:

```
void fill( char p[][10] )
```

Die zweite Dimension müssen Sie immer angeben, wenn Sie wollen, dass die Positionen der Feldelemente korrekt berechnet werden. Jede zweite Dimension enthält also zehn Elemente. Jetzt können Sie ein Feld auf dem Heap erzeugen und dieses der Funktion übergeben.

In der Funktion indizieren Sie die einzelnen Dimensionen so, wie sie es auch bei einem normalen zweidimensionalen Feld tun würden:

```
1   void fill( char p[][10] )
2   {
3       strcpy(p[0], "Otto");
4       strcpy(p[1], "Siegrid");
5       strcpy(p[2], "Gudrun");
6   }
```

Der Compiler weiß jetzt, wo die Elemente einer Dimension enden und die folgenden Elemente beginnen. Das Feld kann wie folgt auf dem Heap erzeugt werden:

```
char** ppc = (char**)malloc(sizeof(char[3][10]));
```

Das folgende Programm macht genau das:

```
1   #include <stdio.h>
2   #include <stdlib.h>
3   #include <string.h>
4
5
6   void fill( char p[][10] )
7   {
8       strcpy(p[0], "Otto");
9       strcpy(p[1], "Siegrid");
10      strcpy(p[2], "Gudrun");
11  }
12
13
14  void show( char p[][10] )
15  {
16      puts(p[0]);
17      puts(p[1]);
18      puts(p[2]);
19  }
20
21
22  int main()
23  {
24      char** ppc = (char**)malloc(sizeof(char[3][10]));
25
26      fill(ppc);
27      show(ppc);
28
29      getchar();
30
31      free(ppc);
32
33      return 0;
34  }
```

Wie gesagt, Sie werden Warnungen erhalten, weil die Zeiger, die Sie an `fill()` und `show()` übergeben, nicht den gleichen Typ haben wie die Parameter. Aber dieses ist eine Möglichkeit, platzsparende mehrdimensionale Felder auf dem Heap einzurichten und diese auch auf einfachste Weise zu indizieren.

10 Dateien und Verzeichnisse

Wir kommen nun zu einem Thema, auf das die meisten Leser wohl schon sehnsüchtig gewartet haben. Denn schließlich kann man nur wenige sinnvolle Programme schreiben, die ohne die Arbeit mit Dateien auskommen.

Allerdings müssen Sie sich auf einiges gefasst machen, denn es gibt kaum etwas, das so viele Probleme bereitet, wie die plattformübergreifende Arbeit mit Dateien und Verzeichnissen. Das betrifft nicht nur die Sprache C, sondern ist ein allgemeines Problem, weil die verschiedenen Plattformen einfach zu unterschiedliche Dateisysteme haben. Das hat Auswirkungen auf die erlaubte Länge von Dateinamen, auf die Art, wie Dateien benannt werden dürfen, welche Zeichen erlaubt sind und wie Pfade dargestellt werden. Das wird alles andere als einfach, wie wir noch sehen werden.

10.1 Arbeiten mit Dateien

10.1.1 Öffnen, schließen und löschen von Dateien

Damit Daten in eine Datei geschrieben oder daraus gelesen werden können, muss sie zunächst geöffnet werden. Dafür gibt es die Funktion fopen(), die in »stdio.h« deklariert ist und die Adresse einer Variablen des Typs FILE liefert. Diese Funktion erwartet zwei Argumente: Den Namen der zu öffnenden Datei (mit oder ohne Pfadangabe) und den Modus, in dem diese Datei geöffnet werden soll. Der Modus legt unter anderem fest, ob die Datei zum Lesen oder zum Schreiben von Daten geöffnet wird. Außerdem gibt der Modus auch an, ob eine Datei neu erzeugt wird, ob sie überschrieben wird oder ob Daten zugefügt werden sollen, ohne dass andere Daten dabei zerstört werden.

Die möglichen Modi sind:

w: für *write*. Die Datei wird neu erstellt. Falls sie bereits existiert, werden alle darin befindlichen Daten gelöscht. Aus dieser Datei kann nicht gelesen werden.

a: für *append*. Die Datei wird neu erstellt. Falls sie bereits existiert, werden alte Daten *nicht* überschrieben und neue hinten angehängt. Aus dieser Datei kann ebenfalls nicht gelesen werden.

r: für *read*. Ist die Datei nicht vorhanden, ist das ein Fehler, und die Datei wird nicht geöffnet. In diese Datei kann nicht geschrieben werden.

t: für *text*. Die Datei wird im Textmodus geöffnet. Das heißt, dass Steuerzeichen interpretiert werden. Unter DOS und Windows z. B. wird jedes gelesene »\n« in »\r\n« umgewandelt und das Zeichen mit der Nummer 26 (dieses kann durch [Strg] + [Z] erzeugt werden) als Dateiendezeichen gewertet.

b: für *binary*. Die Datei wird im binären Modus geöffnet. Das heißt, dass Steuerzeichen *nicht* interpretiert werden. So wird als Kennung für das Dateiende auch das tatsächliche Ende der Datei und nicht das Dateiende-Zeichen herangezogen.

Wenn weder »b« noch »t« angegeben wird, ist »t« die verwendete Voreinstellung.

Sie können die obigen Modi kombinieren. Um z. B. eine Datei zum Lesen im Binärmodus zu öffnen, geben Sie »rb« an. Wenn die Datei zum Lesen und Schreiben geöffnet werden soll, können Sie das Zeichen »+« verwenden. »w+« öffnet die Datei zum Schreiben und zum Lesen. Wenn sie nicht existiert, wird sie erzeugt, wenn sie existiert, wird der bisherige Inhalt gelöscht. »r+« öffnet die Dateien ebenfalls zum Schreiben und zum Lesen. Wenn die Datei aber nicht existiert, wird sie nicht erzeugt und damit auch nicht geöffnet. Auch »a+« öffnet die Datei zum Lesen und Schreiben und erzeugt sie nötigenfalls. Allerdings können neue Daten nur ans Dateiende angehängt werden.

Geschlossen wird eine Datei über die Funktion `fclose()`.

Im folgenden Beispiel wird die Datei »satz.dat« geöffnet und gleich wieder geschlossen. Wenn die Datei noch nicht existiert, wird sie erzeugt. Sollte sie existieren, wollen wir sie aber nicht überschreiben, weshalb wir den Modus »a« verwenden. Sollte ein Fehler auftreten, wird die Datei nicht geöffnet und NULL geliefert. In diesem Fall sollten wir auch nicht versuchen, `fclose()` aufzurufen:

```
1    #include <stdio.h>
2
3    main()
4    {
5        FILE* file = fopen("satz.dat", "a");
6
7        if( file != NULL )
8            fclose(file);
9
10       return 0;
11   }
```

Wenn Sie dieses Programm übersetzen und ausführen, sollte sich die leere Datei »satz.dat« im aktuellen Verzeichnis befinden[1]. Wenn Sie bereits vorher existierte, hat sich ihr Inhalt nicht geändert.

Um eine Datei zu löschen, ist im ANSI-Standard die Funktion `remove()` definiert. Als Argument erwartet sie lediglich den Namen der zu löschenden Datei. `remove()` liefert den Wert Null, wenn die Datei gelöscht werden konnte:

```
1    if( remove(filename) != 0 )
2        printf("Kann die Datei %s nicht löschen!\n", filename);
```

---

[1] Es ist unmöglich zu sagen, wo die Datei liegt. Eventuell müssen Sie diese suchen. Das Problem ist, dass man nicht klar definieren kann, welches das aktuelle Verzeichnis eigentlich ist. Das hängt davon ab, unter welchem System Sie arbeiten und ob Sie eine Entwicklungsumgebung verwenden.

Jokerzeichen, wie »*« und »?«, um mehrere Dateien zu löschen, werden von `remove()` nicht unterstützt. Wenn Sie solche Zeichen verwenden, beendet sich `remove()` mit einem Fehler.

10.1.2 Arbeiten mit Textdateien

Für die Arbeit mit Textdateien können Sie alle Funktionen verwenden, die Sie auch für die Eingaben von der Tastatur und die Ausgaben auf dem Bildschirm zur Verfügung haben. Nur, dass diese Funktionen jetzt etwas anders heißen und sich teilweise auch etwas anders verhalten, wie aus der Tabelle 10.1 ersichtlich ist.

Sie können alle Dateifunktionen aus der Tabelle 10.1 auch mit den bereits vordefinierten Variablen `stdin` für die Standardeingabe (die Tastatur), `stdout` für die Standardausgabe (der Bildschirm) und `stderr` für die Standardfehlerausgabe (ebenfalls der Bildschirm) verwenden. Bei allen drei Variablen handelt es sich tatsächlich um Zeiger auf den Typ `FILE`.

Tabelle 10.1: Funktionen für das formatierte Lesen und Schreiben von Dateien

Funktion	Wirkung
`int getc( FILE* )`	Liest ein einzelnes Zeichen aus der Datei. Bei einem Fehler oder wenn das Dateiende eingelesen wird, liefert `getc()` die Konstante `EOF` (*end of file*), die ebenfalls in »stdio.h« definiert ist.
`char* fgets( char*, int, FILE*)`	Liest eine Zeichenkette inklusive Leerzeichen in den Puffer, dessen Adresse als erstes Argument angegeben werden muss. Das zweite Argument ist die Größe des Puffers. Das Lesen endet, wenn ein Zeilenvorschub gelesen wird (dieser wird in den Puffer geschrieben) oder wenn der Puffer voll ist. In jedem Fall wird ein abschließendes Nullzeichen angehängt. Im Fehlerfall oder wenn das Dateiende eingelesen wurde, liefert `fgets()` `NULL`.
`int fscanf( FILE*, const char*, ... )`	Verhält sich genauso, wie `scanf()`. Im Fehlerfall oder wenn das Dateiende eingelesen wurde, liefert `fscanf()` `EOF`.
`int putc( int, FILE* )`	Schreibt das Zeichen, das als erstes Argument angegeben werden muss, in eine Datei. Im Fehlerfall liefert `putc()` `EOF`.

Tabelle 10.1 (Fortsetzung): Funktionen für das formatierte Lesen und Schreiben von Dateien

Funktion	Wirkung
`int fputs( const char*, FILE* )`	Schreibt die null-terminierte Zeichenkette, deren Adresse als erstes Argument angegeben werden muss in eine Datei. Anders als bei `puts()` wird kein automatischer Zeilenvorschub angehängt. Im Fehlerfall liefert `fputs()` EOF.
`int fprintf( FILE*, const char*, ... )`	Verhält sich genauso, wie `printf()`. Im Fehlerfall liefert `fprintf()` EOF.

Um einen Satz von der Tastatur zu lesen und sicherzustellen, dass die Puffergrenzen nicht wie bei `gets()` überschrieben werden können, kann man auch die Funktion `fgets()` verwenden:

```
char buffer[12];
fgets(buffer, sizeof(buffer), stdin);
```

Sie müssen aber daran denken, dass sich eventuell ein Zeilenvorschub am Ende der eingegebenen Zeichenkette befindet. Wenn das letzte gelesene Zeichen kein Zeilenvorschub ist, dann müssen Sie nachträglich den Tastaturpuffer leeren, weil die restlichen eingegebenen Zeichen noch nicht ausgelesen wurden:

```
1   char buffer[12];
2
3   fgets(buffer, sizeof(buffer), stdin);
4
5   if( buffer[strlen(buffer) - 1] != '\n' )
6       while( getchar() != '\n' )
7           ((void)0);
```

Benötigen Sie die restlichen Zeichen aber noch, dann muss das Lesen mit `fgets()` in einer Schleife stattfinden, bis ein Zeilenvorschub gelesen wurde:

```
1    char buffer[12];
2
3    for( ;; )
4    {
5        fgets(buffer, sizeof(buffer), stdin);
6
7        /* Den gelesenen Teil verarbeiten. */
8
9        if( buffer[strlen(buffer) - 1] == '\n' )
10           break;
11   }
```

Im Quelltext 10.1 finden Sie die Datei »sf.c« (das steht für *show file*). Das Programm soll einen Dateinamen entgegennehmen, der über die Kommandozeile eingegeben werden muss. Genauso wie das DOS-Programm TYPE gibt es den Inhalt der Datei auf dem Bildschirm aus.

Quelltext 10.1: sf.c

```
 1      #include <stdio.h>
 2
 3      int main( int argc, char* argv[] )
 4      {
 5          if( argc < 2 )
 6          {
 7              puts("Verwendung: fs [<Pfad>]<Dateiname>");
 8          }
 9          else
10          {
11  A)          FILE* file = fopen(argv[1], "r");
12
13              if( file == NULL )
14                  printf("Kann die Datei \"%s\" nicht oeffnen!\n", argv[1]);
15              else
16              {
17                  char buffer[128];
18
19                  for( ;; )
20                  {
21  B)                  if( fgets(buffer, sizeof(buffer), file) == NULL )
22                          break;
23
24  C)                  fputs(buffer, stdout);
25                  }
26
27  D)              fclose(file);
28              }
29          }
30
31          return 1;
32      }
```

Erklärungen

A Hier wird die Datei im Lesemodus geöffnet. Wenn sie nicht existiert, liefert fopen() NULL.

B Wir lesen jede Zeile aus der Datei aus. Wenn das Dateiende eingelesen wurde oder ein anderer Fehler auftrat, liefert fgets() NULL, und wir steigen aus der Schleife aus.

C Wir geben die eingelesenen Zeichen über fputs() auf dem Bildschirm aus.

Weshalb verwenden wir gerade fputs()? Das ist ganz einfach: puts() würde einen Zeilenvorschub anhängen. Doch da Zeilenvorschübe bereits im Puffer mit den gelesenen Zeilen enthalten sind, hätten wir auf dem Bildschirm immer eine zusätzliche Leerzeile zwischen den Zeilen der gelesenen Datei. Sie können es gerne ausprobieren, indem Sie `puts()` anstelle von `fputs()` verwenden.

Vielleicht denken Sie ja an `printf()` als Alternative? Immerhin gibt diese Funktion tatsächlich keinen zusätzlichen Zeilenvorschub aus. Doch da muss ich Sie warnen: Verwenden Sie niemals `printf()`, um den Inhalt einer gelesenen Datei auf dem Bildschirm auszugeben. Ja, ich gehe sogar so weit, zu sagen, dass Sie in Zukunft niemals mehr `printf()` verwenden, wenn Sie nicht sicher sind, was die auszugebende Zeichenkette enthält.

Stellen Sie sich vor, Sie lesen die Datei »sf.c« ein und geben diese Zeile für Zeile über `printf()` aus. Was wird passieren? `printf()` wird die Zeile 30 ausgeben und dabei auf das Prozentzeichen stoßen. Und es wird versuchen, dieses aufzulösen, indem es eine Zeichenkette einfügt, die ganz sicher nicht vorhanden ist. Das voraussichtliche Ergebnis wird sein, dass sich das Programm mit einer Schutzverletzung verabschiedet. Die einzige Alternative bestünde darin, `printf()` ausschließlich so zu verwenden:

```
printf("%s", buffer);
```

D Am Ende dürfen wir nicht vergessen, die Datei wieder zu schließen.

Also noch einmal zur Erinnerung:

> Verwenden Sie niemals `printf()` oder `fprintf()`, wenn Sie den Inhalt der auszugebenden Zeichenkette nicht kennen. Das ist immer dann der Fall, wenn der Anwender diese Zeichenkette eingegeben hat oder Sie diese Zeichenkette aus einer Datei gelesen haben.
> Wenn Sie `printf()` verwenden, um eine Zeichenkette auszugeben, dann ausschließlich so: `printf("%s", input)`.

Wenn Sie nicht nur Texte, sondern auch Zahlen in eine Datei schreiben wollen, ist dafür die Funktion `fprintf()` geeignet. Der Vorteil ist, dass Sie eine solche Datei problemlos mit `fscanf()` wieder einlesen können. Um das zu veranschaulichen, nehmen wir an, wir hätten ein Programm, das es dem Anwender ermöglicht, verschiedene Optionen einzustellen: die Schrittweite eines Tabulators, dass beim Speichern eines Dokuments Sicherungskopien erzeugt werden sollen, welche Dateierweiterung diese erhalten und welche Text- und Hintergrundfarben eingestellt sind. Diese Optionen schreiben wir über `fprintf()` in eine Datei:

```
fprintf(options_file, "%i %i %s %i %i",
        tab_size, do_backup, str_fext, tcolor, bcolor);
```

Genauso können Sie die Datei hinterher auch wieder auslesen:

```
fscanf(options_file, "%i %i %s %i %i",
       &tab_size, &do_backup, str_fext, &tcolor, &bcolor);
```

10.1.3 Arbeiten mit Binärdateien

Die Begriffe *Textdatei* und *Binärdatei* sind im Grunde recht unglückliche Ausdrücke. Denn eigentlich erfolgt jede Datenhaltung (und damit auch jede Speicherung) in einem binären Format – genauso, wie die Daten im Hauptspeicher gehalten werden. Jede Textdatei ist daher auch automatisch eine Binärdatei.

Umgekehrt gilt das aber nicht in jedem Fall. Üblicherweise können Sie jede Datei mit Funktionen wie `fgets()` auslesen. Schwierig ist nur, wenn `fgets()` auf das Zeichen trifft, welches das logische Dateiende darstellt. Damit das Einlesen der Datei nicht an dieser Stelle beendet wird, können wir den Modus beim Öffnen um den Buchstaben »b« erweitern:

```
file = fopen(filename, "rb");
```

In diesem Fall ist das tatsächliche (also das physische) Dateiende relevant. Der einzige Unterschied ist jetzt noch, dass die Zeichenfolge »\r\n« unter DOS und Windows nicht mehr in »\n« konvertiert wird. Ansonsten arbeiten alle Funktionen genauso wie im Textmodus.

Schreiben und Lesen von Speicherblöcken

Es gibt noch zwei weitere Funktionen, mit denen man aus Dateien lesen und etwas in sie hineinschreiben kann, die Funktionen `fread()` und `fwrite()`. Diese Funktionen sind allerdings nur dann sinnvoll, wenn die Datei tatsächlich als Binärdatei geöffnet wurde. Denn sie lesen und schreiben *unformatierte* Daten, im Gegensatz zu allen anderen Funktionen, die die Daten *formatieren*[2]. Doch auch, wenn die Ausgabe nicht formatiert wird, werden die Zeichen »\n« bzw. »\r\n« unter DOS und Windows noch immer konvertiert, wenn die Datei als Textdatei geöffnet wurde. Das kann bei den Funktionen `fread()` und `fwrite()` zu seltsamen Ergebnissen führen. Beide Funktionen schreiben und lesen eine bestimmte Anzahl von Bytes. Diese Anzahl zu lesender bzw. zu schreibender Bytes wird beiden Funktionen dann als Argument übergeben. Als Rückgabe liefern die Funktionen dann die Anzahl der tatsächlich gelesenen bzw. geschriebenen Bytes. Wenn zwei Bytes gelesen werden sollen und das erste Byte gleich das Zeichen »\n« ist, dann wird daraus »\r\n«. Es wurden also zwei Zeichen in den Puffer geschrieben, obwohl nur ein einziges Zeichen gelesen wurde. Das Lesen wird abgebrochen, aber die aktuelle Leseposition in der Datei ist nicht das dritte Zeichen, sondern erst das zweite, das ja noch gar nicht eingelesen wurde. Weil `fread()` aber den Wert 2 zurückgeliefert hat, können wir nicht feststellen, wie viele Zeichen physikalisch gelesen wurden, was uns zu falschen Annahmen über die aktuelle Leseposition führen wird.

---

[2] Wenn Sie den Wert 12 (1100_2) in eine Datei schreiben, wird daraus die Zeichenfolge »12«, die aus 2 anstelle von nur 1 Byte besteht. Bei einer unformatierten Ausgabe wird der tatsächliche Wert 1100_2 in die Datei geschrieben, was nur ein einziges Byte belegt, aber bei der Betrachtung der Datei nicht mehr, als Zahl 12 erkannt wird.

> Öffnen Sie die Dateien ausschließlich im Binärmodus, wenn Sie fread() oder fwrite() verwenden.

Sie sollten sich immer dann für fread() und fwrite() entscheiden, wenn Sie auch etwas anderes als nur Zeichenketten lesen oder speichern wollen. Denn fwrite() schreibt ein genaues Abbild des Hauptspeichers in eine Datei und fread() liest dieses Abbild wieder ein. Um das zu veranschaulichen, nehmen wir wieder an, wir hätten ein Programm, das es dem Anwender ermöglicht, verschiedene Optionen einzustellen: die Schrittweite eines Tabulators, ob beim Speichern eines Dokuments Sicherungskopien erzeugt werden sollen, welche Dateierweiterung die Sicherungskopien erhalten und welche Text- und Hintergrundfarben eingestellt sind. Diese Daten können wir bequem in einer Struktur halten:

```
1   typedef struct options
2   {
3       uint8 mTabSize;
4       uint8 bBackup;
5       uint8 nTextColor;
6       uint8 nGrndColor;
7       char  szFileExt[4];
8   } OPTIONS;
9
10  OPTIONS opts;
```

Anstatt nun fprintf() zu verwenden, schreiben wir den kompletten Speicherbereich, den die Variable opts belegt, in die Datei:

```
fwrite(&opts, sizeof(opts), 1, options_file);
```

Das zweite Argument gibt die Größe eines Datenblocks an und das dritte Argument die Anzahl der zu schreibenden Blöcke.

Da die Ausgabe unformatiert erfolgt, Zahlen also nicht in Ziffern umgewandelt werden, wird diese Datei im Vergleich zu der Datei, die mit printf() geschrieben wurde, in jedem Fall kleiner sein, also weniger Speicherplatz benötigen. Allerdings werden Sie die Datei, wenn Sie sie betrachten wollen, nicht lesen können, weil anstelle von Ziffernfolgen nur einzelne Bytes enthalten sind, die Sie erst umrechnen müssen.

Auslesen können wir die Datei wieder mit fread():

```
fread(&opts, sizeof(opts), 1, options_file);
```

Beide Funktionen liefern die Anzahl der fehlerfrei geschriebenen bzw. gelesenen Blöcke (nicht Bytes). Um zu kontrollieren, ob ein Fehler aufgetreten ist, brauchen wir diesen Wert nur zu prüfen:

```
if( fwrite(&opts, sizeof(opts), 1, options_file) != 1 )
    print_error("Fehler beim Schreiben in die Datei");

if( fread(&opts, sizeof(opts), 1, options_file) != 1 )
    print_error("Fehler beim Lesen aus der Datei");
```

Damit wir uns ein wenig an diese Funktionen gewöhnen, gibt es im Quelltext 10.2 dazu ein kleines Beispielprogramm, das einige Zahlen erzeugt, diese speichert und hinterher wieder einliest.

Quelltext 10.2: rwf.c

```
1     #include <stdio.h>
2     #include <stdlib.h>
3
4
5     void print_error( const char* s )
6     {
7         printf("%s\nWeiter mit <Eingabe>...", s);
8         getchar();
9         exit(1);
10    }
11
12
13    void write_numbers( const char* fname )
14    {
15        int   i;
16        FILE* file;
17
18 A)   file = fopen(fname, "wb");
19
20        if( file == NULL )
21            print_error("Fehler beim Erzeugen der Datei");
22
23        for( i = 1000; i < 1020; ++i )
24        {
25            float f = i * 0.7755f;
26
27 B)       if( fwrite(&f, sizeof(f), 1, file) != 1 )
28            print_error("Fehler beim Schreiben in die Datei");
29        }
30
31 C)   fclose(file);
32    }
33
34
35    void read_numbers( const char* fname )
36    {
37        FILE* file;
38
39 A)   file = fopen(fname, "rb");
40
41        if( file == NULL )
42            print_error("Fehler beim Oeffnen der Datei");
43
44 D)   for( ;; )
```

```
45        {
46            float f;
47
48   E)       if( fread(&f, sizeof(f), 1, file) != 1 )
49            {
50   F)           if( feof(file) )
51                   break;
52
53                print_error("Fehler beim Lesen aus der Datei");
54            }
55
56            printf("%f\n", f);
57        }
58
59   C)   fclose(file);
60    }
61
62
63    int main()
64    {
65        const char* fname = "num.dat";
66
67        write_numbers(fname);
68        read_numbers(fname);
69
70        getchar();
71
72        return 0;
73    }
```

Erklärungen

A Wir öffnen die Datei immer im Binärmodus.

B Wenn die Anzahl geschriebener Blöcke von der Anzahl zu schreibender Blöcke abweicht, verlassen wir das Programm mit einer Fehlermeldung.

C In keinem Fall dürfen wir vergessen, die Datei zu schließen.

D Das Einlesen erfolgt in einer Endlosschleife. Diese wird dann verlassen, wenn kein Block mehr gelesen werden kann.

E Auch beim Lesen prüfen wir, ob die gewünschte Anzahl Blöcke gelesen werden konnte.

F Wenn das Dateiende erreicht wurde, dann ist das kein Fehler, sondern ein ganz normaler Zustand. Wenn wir nicht im Textmodus arbeiten, dann wird das Dateiende nicht durch die Konstante EOF angezeigt, sondern wir müssen über die Funktion feof() ermitteln, ob das Dateiende eingelesen wurde. Diese liefert einen Wert ungleich Null, wenn das der Fall ist.

Ihnen wird auffallen, dass wir das Programm über `exit()` verlassen, wenn wir `print_error()` aufrufen, aber die Datei vorher nicht über `fclose()` schließen. In diesem Fall ist das nicht notwendig, denn `exit()` schließt automatisch jede noch offene Datei. Wenn nötig, werden auch gepufferte Daten, die sich noch nicht auf dem Datenträger befinden, dorthin übertragen. Anders ist es bei der Funktion `abort()`, die ebenfalls das Programm sofort beendet, aber keine offenen Dateien schließt und auch keine gepufferten Daten schreibt. Sie sollten daher immer `exit()` bevorzugen. Die Funktion `abort()` ist für kritische Situationen gedacht, in denen das Programm keine weiteren Anweisungen mehr ausführen darf.

Der wahlfreie Datenzugriff

Unter einem wahlfreien Datenzugriff versteht man das gezielte Setzen der aktuellen Schreib- bzw. Leseposition in einer Datei. Man nennt dieses auch *random access*. Immer, wenn Daten geschrieben werden, wird ein interner Positionszeiger, genauso wie die Schreibmarke am Bildschirm, um die geschriebenen Bytes weiter gesetzt. Das Gleiche geschieht beim Lesen, wo jedes gelesene Byte den Positionszeiger um ein Byte weiter setzt. Beim Öffnen einer Datei befindet sich dieser Zeiger immer am Anfang der Datei, außer, wir öffnen die Datei im Modus »a« oder »ab«. In diesem Fall wird der Zeiger sofort an das Ende der Datei gesetzt.

Diesen Zeiger können wir bei Dateien, die wir im Binärmodus öffnen, in der Regel[3] frei innerhalb der Dateigrenzen bewegen. Dazu dient die Funktion `fseek()`. Diese erwartet neben dem obligatorischen Zeiger auf die geöffnete Datei zwei weitere Argumente, nämlich eine Position und ein Argument, das angibt, welcher Art die Positionsangabe ist. Das ist in der Tabelle 10.2 dargestellt. Die folgende Zeile setzt den Positionszeiger auf das Ende der Datei:

```
fseek(file, 0, SEEK_END);
```

Bei erfolgreicher Ausführung liefert `fseek()` den Wert Null. Man kann sich aber nicht wirklich darauf verlassen. `fseek()` muss letztlich auf das Betriebssystem zurückgreifen, und wenn dieses keinen Fehler beim Verändern der Position liefert (wie das bei DOS der Fall ist), muss `fseek()` davon ausgehen, dass die Operation erfolgreich war.

Tabelle 10.2: Konstanten für das dritte Argument der Funktion `fseek()`

Konstante	Wirkung
SEEK_SET	Die Positionsangabe ist relativ zum Anfang der Datei.
SEEK_CUR	Die Positionsangabe ist relativ zur aktuellen Position. In diesem Fall kann die Positionsangabe auch negativ sein. Dann wird der Positionszeiger rückwärts bewegt.
SEEK_END	Die Positionsangabe ist relativ zum Ende der Datei.

---

[3] Bei Bandlaufwerken ist das ein Problem, weil diese ausschließlich sequenziell gelesen und beschrieben werden können.

Um sicherzugehen, kann man die Position mit `ftell()` auslesen, sich diese merken, den Zeiger verschieben, die Position erneut auslesen und mit der vorherigen vergleichen:

```
1    long oldpos = ftell(file);
2
3    fseek(file, 10, SEEK_CUR);
4
5    if( oldpos == ftell(file) )
6        print_error("Fehler beim Setzen der Position");
```

Wie es sich eben von selbst erklärt hat, liefert `ftell()` die aktuelle Position des Dateizeigers. Kann die Position nicht gelesen werden, liefert `ftell()` den Wert -1.

Das Beispielprogramm, das Ihnen den Umgang mit `fseek()` und `ftell()` näherbringen soll, finden Sie im Quelltext 10.3. Es ist das gleiche wie im Quelltext 10.2, mit ein paar kleinen Änderungen, die im Anschluss erklärt werden.

Quelltext 10.3: skf.c

```
1    #include <stdio.h>
2    #include <stdlib.h>
3    #include <string.h>
4
5
6    void print_error( const char* s )
7    {
8        ...
9    }
10
11
12   void write_numbers( const char* fname )
13   {
14       ...
15   }
16
17
18   int get_index( void )
19   {
20       unsigned idx;
21       char     input[8];
22
23       for( ;; )
24       {
25           printf("Geben Sie den Index der Zahl an, die Sie sehen wollen (1 - 20)\n"
26                  "Leere Eingabe beendet: ");
27
28           fgets(input, sizeof(input), stdin);
29
30           if( input[strlen(input) - 1] != '\n' )
```

```
31             while( getchar() != '\n' )
32                 ((void)0);
33
34         idx = 0;
35
36         sscanf(input, "%u", &idx);
37
38         if( idx <= 20 )
39             break;
40     }
41
42     return idx;
43 }
44
45
46 void read_numbers( const char* fname )
47 {
48     FILE* file;
49
50     file = fopen(fname, "rb");
51
52     if( file == NULL )
53         print_error("Fehler beim Oeffnen der Datei");
54
55     for( ;; )
56     {
57         float f;
58         int   idx;
59
60 A)      idx = get_index();
61
62 B)      if( idx == 0 )
63             break;
64
65 C)      if( fseek(file, --idx * sizeof(float), SEEK_SET) != 0 )
66             print_error("Fehler beim Setzen der Position");
67
68 D)      if( fread(&f, sizeof(f), 1, file) != 1 )
69             print_error("Fehler beim Lesen aus der Datei");
70
71         printf("%f\n", f);
72     }
73
74     fclose(file);
75 }
76
77
78 int main()
79 {
80     const char* fname = "num.dat";
```

```
81
82          write_numbers(fname);
83          read_numbers(fname);
84
85   E)     return 0;
86   }
```

Erklärungen

A Den Index des zu lesenden Datensatzes holen wir uns vom Anwender. Dafür sorgt die Funktion `get_index()`.

B Wenn der gelieferte Index null ist, verlassen wir die Schleife.

C Hier setzen wir die Position, und zwar immer vom Anfang der Datei aus. Weil der Anwender nur Indizes von 1 bis 20 angeben kann, müssen wir den Index um den Wert 1 erniedrigen, um einen Index im Bereich von 0 bis 19 zu erhalten.

D Da wir jetzt nicht mehr über das Dateiende hinaus lesen können, brauchen wir das Dateiende auch nicht zu prüfen.

E Das `getchar()` kann an dieser Stelle entfallen.

10.1.4 Dateien kopieren, umbenennen und verschieben

Sie können eine Datei mit der Funktion `rename()` umbenennen und sogar von einem Verzeichnis in ein anderes verschieben. Unter DOS und Windows arbeitet die Funktion aber nur, wenn sich die Aktion auf dasselbe Laufwerk bezieht. `rename()` ist in »stdio.h« deklariert und erwartet als erstes Argument die Adresse einer Zeichenkette, die den Originalnamen der Datei enthält. Als zweites Argument muss die Adresse einer Zeichenkette angegeben werden, die den neuen Namen enthält. In beiden Namen können sich absolute oder relative Pfadangaben befinden. `rename()` liefert den Wert Null, wenn die Datei erfolgreich umbenannt werden konnte:

```
1    if( rename(oldname, newname) != 0 )
2        puts("Fehler beim Umbenennen/Verschieben der Datei");
```

Eine Funktion, die eine Datei kopiert, gibt es im ANSI-Standard nicht. Aber mit unserem Wissen können wir so eine Funktion auch selbst entwickeln. Im Quelltext 10.4 befindet sich ein Programm, das eine Datei kopiert. Die Zieldatei kann einen beliebigen Namen haben und auch auf einem anderen Laufwerk liegen als die Quelldatei.

> Wenn Sie das Programm »cf.c« übersetzen und damit Dateien kopieren, dann denken Sie daran, dass dieses Programm bereits vorhandene Dateien ohne Nachfrage überschreibt.

Quelltext 10.4: cf.c

```
1    #include <stdio.h>
2
3    int main( int argc, char* argv[] )
4    {
5       if( argc < 3 )
6          puts("Verwendung: cf [<Pfad>]<Zieldatei> [<Pfad>]<Quelldatei>");
7       else
8       {
9          FILE* src;
10         FILE* dst;
11
12         src = fopen(argv[1], "rb");
13
14         if( src == NULL )
15            printf("Kann die Datei \"%s\" nicht oeffnen!\n", argv[1]);
16         else
17         {
18            dst = fopen(argv[2], "wb");
19
20            if( dst == NULL )
21            {
22               printf("Kann die Datei \"%s\" nicht erzeugen!\n", argv[2]);
23               fclose(src);
24            }
25            else
26            {
27               char*  buffer[1024];
28               size_t read;
29               int    errors = 0;
30
31 A)            while( (read = fread(buffer, 1, sizeof(buffer), src)) > 0 )
32 B)               if( fwrite(buffer, 1, read, dst) < read )
33 C)                  break;
34
35 D)            if( ferror(dst) )
36               {
37                  printf("Fehler beim Schreiben in die Datei \"%s\"!\n",
                         argv[2]);
38                  ++errors;
39               }
40 E)            else if( !feof(src) )
41               {
42                  printf("Fehler beim Schreiben in die Datei \"%s\"!\n",
                         argv[2]);
43                  ++errors;
44               }
45
46               fclose(dst);
```

```
47                      fclose(src);
48
49                      if( errors == 0 )
50                          return 0;
51
52  F)                  remove(argv[2]);
53              }
54          }
55      }
56
57      return 1;
58  }
```

Erklärungen

A Es ist sehr schwer zu lesen, bietet sich in diesem Fall aber an: Wir weisen der Variablen `read` die Anzahl gelesener Blöcke zu und prüfen danach, ob überhaupt Blöcke gelesen wurden. Damit die Prüfung auch tatsächlich erst nach der Zuweisung ausgeführt wird, müssen wir den Teil des Ausdrucks, der die Zuweisung enthält, einklammern.

Diesmal geben wir als Blockgröße 1 Byte an, während wir die Anzahl zu lesender Blöcke auf die Größe des Puffers setzen. Das hat den Vorteil, dass `read()` in diesem Fall die in den Puffer geschriebene Anzahl Bytes liefert (weil ein Block 1 Byte groß ist).

B Jetzt schreiben wir die gelesene Anzahl Bytes in die neue Datei. Wir dürfen nicht einfach den gesamten Puffer hineinschreiben, denn wenn `read` aufgrund des gefundenen Dateiendes nur ein paar Bytes gelesen hat, befinden sich im Rest des Puffers ungültige Zeichen, die wir nicht in die neue Datei hineinschreiben dürfen.

C Wenn nicht alle Zeichen, die gelesen wurden, auch in die neue Datei geschrieben werden konnten, brechen wir den Kopiervorgang ab.

D Die Funktion `ferror()` prüft den Status einer Datei. Wenn ein Fehler aufgetreten ist, liefert die Funktion einen Wert ungleich Null.

E Da auch ein eingelesenes Dateiende als Fehler gilt, prüfen wir den Status der Quelldatei nicht über `ferror()`, sondern fragen ein eingelesenes Dateiende explizit ab, weil das Dateiende hier anzeigt, dass die Datei vollständig ausgelesen wurde. Jeder andere Status wäre also tatsächlich ein Fehler.

F Wenn ein Fehler aufgetreten ist, löschen wir die Zieldatei, da wir nicht wissen, ob alle Daten korrekt übertragen wurden (und wir auch keine ungültige Datei liegen lassen wollen).

10.1.5 Prüfen von Dateieigenschaften

Es gibt Situationen, in denen man, bevor man eine Datei öffnet oder erzeugt, prüfen möchte, ob die Datei bereits existiert oder ob diese Datei beschrieben werden darf. Es gibt im ANSI-Standard keine Funktion, die das erledigt, aber trotzdem stellen alle bekannten Compiler dafür die Funktion `access()` zur Verfügung (wenn Sie in den Optionen des Microsoft-Compilers über die Option »/Za« die Microsoft-spezifischen Spracherweiterungen deaktivieren, also die ANSI-Kompatibilität des Quelltextes erzwingen, dann heißt die Funktion `access()` dort `_access()`).

Unter Linux und Unix müssen Sie die Datei »unistd.h« einbinden, um `access()` zu verwenden, unter Windows und DOS finden Sie diese Funktion in der Datei »io.h«.

Das erste Argument, das an `access()` übergeben werden muss, ist die Adresse einer Zeichenkette, die einen Datei- oder Verzeichnisnamen enthält. Das zweite Argument ist eine Kombination von verschiedenen Bits, die eine bestimmte Prüfung veranlassen. Wird hier null angegeben, wird lediglich geprüft, ob die Datei bzw. das Verzeichnis existiert. Der Rückgabewert ist -1, wenn die Prüfung fehlschlägt, die Datei also nicht vorhanden ist oder der geprüfte Zugriff nicht gestattet wird. Im Erfolgsfall und bei positiver Prüfung wird null geliefert:

```
1    if( access("test", 0) == -1 )
2        puts("\"test\" does not exist!");
```

In Tabelle 10.3 finden Sie die dezimalen Entsprechungen der Bits, die als zweites Argument an `access()` übergeben werden können. Werden diese Bits kombiniert, also z. B. 2 + 4, dann liefert `access()` -1, wenn auch nur einer der Zugriffe nicht gestattet ist.

Tabelle 10.3: Bitwerte für die Arbeit mit der Funktion `access()`

Wert	Bedeutung
0	Prüft auf Vorhandensein. Dieses ist der einzige Wert, der unter Windows und DOS für Verzeichnisse verwendet werden darf.
1	Prüft auf Ausführbarkeit. Dieser Wert ist ausschließlich für die Prüfung einer Datei sinnvoll. Unter Windows und DOS wird lediglich geprüft, ob die Dateierweiterung auf eine ausführbare Datei hinweist, unter Linux und Unix wird die tatsächliche Ausführbarkeit geprüft. Dieses Bit wird vom Microsoft-Compiler offiziell wohl nicht unterstützt. Es ist jedenfalls in keiner Dokumentation enthalten.
2	Prüft, ob die Datei bzw. das Verzeichnis beschrieben, geändert oder gelöscht werden darf.
4	Prüft, ob die Datei bzw. das Verzeichnis gelesen werden darf.

Wenn einem die Informationen, die `access()` liefert, nicht ausreichen, kann man eine andere Funktion verwenden. Diese nennt sich `stat()` und ist ebenfalls nicht im ANSI-Standard definiert, aber unter jedem mir bekannten Compiler verfügbar. Dazu muss die Datei »sys/stat.h« über `#include` eingebunden werden. Diese Funktion liefert ebenfalls null bei Erfolg und -1, wenn ein Fehler auftritt. Auch hier gilt wieder, dass die Funktion mit einem Unterstrich beginnt, wenn bei Microsoft die Spracherweiterungen ausgeschaltet wurden:

```
1    struct stat s;
2
3    if( stat("test", &s) == -1 )
4       puts("\"test\" does not exist!");
5    else
6    {
7       printf("Device-ID:                %i\n", s.st_dev);
8       printf("Number of links:          %i\n", s.st_nlink);
9  A)  printf("Time of last modification: %s", ctime(s.st_mtime));
10      printf("Size of the file in Byte: %lu\n", (unsigned long)s.st_size);
11   }
```

Erklärungen

A Die Funktion `ctime()` erwartet eine Zeit vom Typ `time_t`, die z. B. über `time()` geliefert wurde, und generiert daraus eine Zeichenkette, deren Adresse sie zurückgibt. Die Zeichenkette enthält Datum und Uhrzeit in der Form »Mon Mar 06 11:12:30 2006\n«, also immer mit einem Zeilenvorschub am Ende der Zeichenkette. Die gelieferte Zeichenkette ist statisch. Sie muss nicht über `free()` freigegeben werden und wird mit dem nächsten Aufruf von `ctime()` überschrieben.

Die Struktur `stat` enthält viele Komponenten, von denen diejenigen in der Tabelle 10.4 aufgelistet sind, die von allen von mir untersuchten Compilern unterstützt werden. Diese Struktur ist bei den meisten Compilern in »sys/types.h« definiert.

Tabelle 10.4: Komponenten der Struktur `stat`

Komponente	Inhalt
st_dev	Enthält die Gerätenummer des Geräts, auf dem das Objekt liegt. Unter DOS und Windows handelt es sich um die Nummer des Laufwerks, wobei das Laufwerk A die Nummer 0 hat, das Laufwerk B die Nummer 1 usw.
st_rdev	Enthält die Gerätenummer des Geräts, auf welches das Objekt verweist, wenn es sich bei dem untersuchten Objekt um einen Verweis auf ein Gerät handelt. Unter DOS und Windows ist st_rdev mit st_dev identisch.
st_mode	Eine Kombination aus Bits, die den Modus des untersuchten Objekts darstellen. Diese sind in Tabelle 10.5 näher erläutert.
st_nlink	Nummer der Verweise auf dieses Objekt. Unter DOS und Windows immer 1.

Tabelle 10.4 (Fortsetzung): Komponenten der Struktur `stat`

Komponente	Inhalt
`st_size`	Die Größe des Objekts in Byte. Hier handelt es sich in neueren Linux-Bibliotheken um den Typ `long long`, bei allen anderen um `long`. Wenn Sie unter Windows die Größe lieber als 64-Bit-Zahl geliefert haben wollen, müssen Sie die Funktion `_stati64()` verwenden, die auch einen Zeiger auf eine Struktur des Typs `_stati64` erwartet. Ansonsten sind alle Felder gleich denen in `stat`. `_stati64()`. Wird allerdings nur von wenigen Compilern unterstützt.
`st_uid`	Die Benutzeridentifikationsnummer des Eigentümers dieses Objekts. Unter DOS und Windows immer Null.
`st_gid`	Die Identifikationsnummer der Gruppe, der dieses Objekt gehört. Unter DOS und Windows immer null.
`st_ino`	Die Informationsknotennummer des Objekts. Sie ist unter DOS und Windows nicht relevant. Unter Linux und Unix werden unter dieser Nummer Informationen zu Datums- und Zeitstempeln sowie Inhalt und Zugriffsrechten gespeichert.
`st_mtime`	Datum und Zeit der letzten Änderung, die an dem Objekt vorgenommen wurde. Es handelt sich hierbei um den Datentyp `time_t` aus »time.h«.
`st_atime`	Datum und Zeit des letzten Zugriffs auf das Objekt. Unter DOS und Windows 3.x immer identisch mit `st_mtime`. Es handelt sich hierbei um den Datentyp `time_t` aus »time.h«.
`st_ctime`	Datum und Zeit der Erzeugung des Objekts. Unter DOS und Windows 3.x immer identisch mit `st_mtime`. Es handelt sich hierbei um den Datentyp `time_t` aus »time.h«.

In der Tabelle 10.5 sind nur einige der vielen Modus-Bits für die `stat`-Komponente `st_mode` aufgeführt, und zwar diejenigen, die von allen getesteten Compilern unterstützt werden. Da die Namen der Konstanten nicht standardisiert sind, kann man sich nicht unbedingt auf ihr Vorhandensein verlassen. In den Microsoft-Bibliotheken enthalten diese Bezeichner allesamt einen führenden Unterstrich. Ich habe unter Linux schon dieselben Bezeichner mit zwei führenden Unterstrichen gefunden. Sie können eine ausführlichere Beschreibung erhalten, wenn Sie an der Eingabeaufforderung unter Linux »man 3 stat« eingeben.

Tabelle 10.5: Modus-Bits für die Arbeit mit `stat`

Konstante	Bedeutung
S_IFREG	Es handelt sich um eine reguläre Datei (kein Verweis, kein eingebundenes Verzeichnis usw.).
S_IREAD	Die Datei darf gelesen werden. Das bezieht sich nur auf die Rechte, die der Benutzer hat, der das Programm ausführt.
S_IWRITE	Die Datei darf beschrieben, umbenannt und gelöscht werden. Das bezieht sich nur auf die Rechte, die der Benutzer hat, der das Programm ausführt.
S_IFBLK	Es handelt sich um ein Gerät, das mit Datenblöcken arbeitet, wie z. B. eine Festplatte.
S_IFCHR	Es handelt sich um ein Gerät, das mit sequenziellen Zeichenfolgen arbeitet, wie z. B. die Tastatur.
S_IFDIR	Es handelt sich um ein Verzeichnis.
S_IEXEC	Es handelt sich um eine ausführbare Datei. Unter Windows und DOS wird hier lediglich nur die Dateierweiterung geprüft.
S_IFIFO	Es handelt sich um eine Gerät, das wie ein Stapel arbeitet (wird manchmal auch *Pipe* genannt).

Um also herauszufinden, ob es sich bei dem untersuchten Objekt um ein Verzeichnis handelt, kann die Konstante `S_IFDIR` zur Maskierung verwendet werden:

```
1    if( (s.st_mode & S_IFDIR) != 0 )
2       puts("A directory!")
```

10.2 Arbeiten mit Verzeichnissen

Nach der Lektüre über die Arbeit mit Dateien glauben Sie vielleicht, dass das alles gar nicht so schlimm ist. Dann werden Sie jetzt eines Besseren belehrt. Wenn Sie mit Verzeichnissen arbeiten müssen, finden Sie im ANSI-Standard nicht eine einzige Funktion, die Ihnen die Arbeit erleichtert. Vermutlich ist man einfach daran gescheitert, die vielen unterschiedlichen Dateisysteme unter einen Hut zu bekommen. Weshalb das so schwierig ist, sehen Sie, wenn Sie einige Dateinamen miteinander vergleichen. Nehmen wir die Datei »text.abc« im Verzeichnis »/dir1/dir2«. Unter Unix und Linux oder ähnlichen Systemen lautet der vollständige Dateiname korrekt:

    /dir1/dir2/text.abc

Unter Windows und DOS gehört die Angabe der Festplatte zu einem vollständigen Namen. Außerdem werden dort Rückwärtsstriche für die Trennung der Verzeichnisebenen verwendet.

    C:\dir1\dir2\text.abc

Bei Mac OS muss ebenfalls die Festplatte angegeben werden. Allerdings gehört diese praktisch zum Verzeichnis, wird also genauso wie eine Verzeichnisebene angegeben. Getrennt werden diese Ebenen hier durch den Doppelpunkt:

    Hard Disk:dir1:dir2:text.abc

Ganz anders ist nun z. B. das System VMS, wo der gleiche Dateiname so aussieht:

    DISK0:[dir1.dir2]text.abc

Als ob diese Unterschiede nicht schon ausreichen, verfügen verschiedene Systeme auch über verschiedene Sonderzeichen, die spezielle Bedeutungen haben. So steht bei Unix, Linux, DOS und Windows ein Punkt für das aktuelle Verzeichnis, zwei aufeinander folgende Punkte stehen für das Elternverzeichnis, also das dem aktuellen Verzeichnis übergeordnete. In einigen Betriebssystemen gibt es dieses Konzept gar nicht. VMS verwendet »[]« für das aktuelle und »[-]« für das Elternverzeichnis. Unter Unix und Linux steht die Tilde (~) für das Heimatverzeichnis des aktuellen Benutzers. Das Prinzip eines *Heimatverzeichnisses* ist auch nicht auf allen Systemen realisiert. VMS verwendet das Zeichen »$«, um das Heimatverzeichnis auf einem Datenträger zu kennzeichnen, wobei der Benutzername wieder zum Pfad gehört, in der Form:

    USERS$DISK0:[Benutzername]

Es ist ebenso ein Problem, Namen von Dateien, die auf anderen Rechnern liegen, darzustellen. Unter Windows sieht das so aus, wenn die Datei auf dem Rechner »Server01« unter dem Freigabenamen »MyFiles« im Verzeichnis »dir1/dir2« liegt:

    \\Server01\MyFiles\dir1\dir2\text.abc

Unter Unix-artigen Systemen und unter Mac OS ist diese Art nicht bekannt, weil dort alle Geräte und Freigaben unterhalb des Wurzelverzeichnisses in den Verzeichnisbaum gehängt und wie normale Verzeichnisse angesprochen werden können. Unter VMS sieht ein Dateiname, der einen Server enthält, wieder ganz anders aus:

    Server01::MyFiles:[dir1.dir2]text.abc

Optional kann auch noch eine Versionsnummer angegeben werden, vom Dateinamen durch ein Semikolon getrennt:

    Server01::MyFiles:[dir1.dir2]text.abc;1

Und eine weitere interessante Frage, an der viele Programmierer immer wieder scheitern, ist die, wie lange ein Dateiname überhaupt sein darf. Auch das ist höchst unterschiedlich. So kann eine Anwendung, die für ein 16-Bit-Windows oder für DOS entwickelt wurde, nur 8 Zeichen für den Namen und 3 Zeichen für die Erweiterung verwenden. Ein vollständiger Pfad darf nicht länger als 256 Zeichen sein. Unter 32-Bit-Windows und 32-Bit-DOS dürfen vollständige Pfade ebenfalls nicht länger als 256 Zeichen sein, aber dafür kann auch allein der Name einer Datei schon 256 Zeichen enthalten. Ist die Festplatte unter Linux mit dem Dateisystem *ext2* oder *ext3* formatiert, darf ein Pfad nicht mehr als 255 Zeichen enthalten. Und bei *ReiserFS* dürfen es sogar bis zu 4032 Zeichen sein. Ich habe auch schon die Angabe von 4096 Zeichen gesehen.

Nun wissen Sie, weshalb es dafür keinen Standard gibt.

10.2.1 Arbeitsverzeichnis ermitteln und setzen

Die Funktion, mit deren Hilfe wir ermitteln können, welches das aktuelle Arbeitsverzeichnis ist, heißt `getcwd()` (*get current work directory*). Anhand des folgenden kurzen Beispiels können Sie erkennen, welche Probleme es bereiten kann, allein diese Funktion zu verwenden, wobei wir jetzt lediglich die Betriebssysteme DOS und Windows sowie Unix-artige Systeme unterstützen:

```
1     #include <stdio.h>
2
3     #if defined(_MSC_VER) || defined(__WATCOMC__)
4  A) #   include <direct.h>
5     #elif defined(__TURBOC__)
6  B) #   include <dir.h>
7     #elif defined(__GNUC__)
8  C) #   include <unistd.h>
9     #endif
10
11    #if defined(_MSC_VER) && defined(__STDC__)
12 D) #   define getcwd( p, n ) _getcwd(p, n)
13    #endif
14
15
16    int main()
17    {
18        char path[256];
19
20 E)     if( getcwd(path, sizeof(path)) != NULL )
21            puts(path);
22
23        getchar();
24
25        return 0;
26    }
```

Erklärungen

A Für die Arbeit mit Microsoft- oder Watcom-Compilern brauchen wir die Datei »direct.h«.

B Wenn wir mit Borland-Compilern arbeiten, brauchen wir die Datei »dir.h«.

C Für die gcc-Compiler müssen wir »unistd.h« einbinden.

D Wenn die Spracherweiterungen des Microsoft-Compilers ausgeschaltet sind, definieren wir ein Makro, das die korrekte Funktion aufruft.

E Hier endlich ermitteln wir das aktuelle Arbeitsverzeichnis. Die Funktion füllt den als erstes Argument angegebenen Puffer und liefert auch die Adresse dieses Puffers zurück. Wenn ein Fehler auftritt, liefert `getcwd()` NULL.

Das zweite Argument gibt die Größe des Puffers an. `getcwd()` schreibt nicht über diese Länge hinaus und liefert `NULL`, wenn der Puffer nicht ausreicht, um den kompletten Pfad inklusive der abschließenden Null zu speichern.

Wenn anstelle der Adresse eines Puffers der Wert `NULL` an `getcwd()` übergeben wird, reserviert `getcwd()` den Puffer selbstständig über einen Aufruf von `malloc()`. Der Puffer ist dann groß genug, um den kompletten Pfad aufzunehmen, aber mindestens so groß, wie im zweiten Argument angegeben. Sie müssen den Puffer hinterher wieder über `free()` freigeben.

Das Verzeichnis wechseln wir mit `chdir()` (*change directory*). Diese Funktion erwartet die Adresse einer Null-terminierten Zeichenkette, in der das neue Verzeichnis angegeben ist. Wenn Sie unter DOS oder Windows arbeiten, müssen Sie darauf achten, dass Sie die Rückwärtsstriche, welche die Verzeichnisebenen voneinander trennen, doppelt angeben müssen (siehe Tabelle D.1). Im Folgenden wieder ein kurzes Beispiel, in welchem wir das aktuelle Verzeichnis einfach auf eine Ebene nach oben verschieben. Die Änderungen gegenüber dem obigen Quelltext sind **fett gedruckt**:

```
1    #include <stdio.h>
2
3    #if defined(_MSC_VER) || defined(__WATCOMC__)
4    #   include <direct.h>
5    #elif defined(__TURBOC__)
6    #   include <dir.h>
7    #elif defined(__GNUC__)
8    #   include <unistd.h>
9    #endif
10
11   #if defined(_MSC_VER) && defined(__STDC__)
12   #   define getcwd( p, n )   _getcwd(p, n)
13   #   define chdir( p )       _chdir(p)
14   #endif
15
16
17   int main()
18   {
19       char path[256];
20
21       if( getcwd(path, sizeof(path)) != NULL )
22           puts(path);
23
24       chdir("..");
25
26       if( getcwd(path, sizeof(path)) != NULL )
27           puts(path);
28
29       getchar();
30
31       return 0;
32   }
```

Beim Programmstart aus einer Konsole heraus wird das Verzeichnis der Konsole nicht verändert, sondern nur das Verzeichnis des gestarteten Programms. Das ist unter Windows, Unix und Linux so. Starten Sie das Programm unter DOS, wechseln Sie damit das Arbeitsverzeichnis für das gesamte System.

Wenn unter DOS oder Windows eine Laufwerksangabe im Pfad enthalten ist, gilt der Verzeichniswechsel für das angegebene Laufwerk. Entwickeln Sie ein 32-Bit-Programm für Windows, wird das Laufwerk auch automatisch gewechselt, so dass Sie sich um nichts weiter kümmern müssen. Schreiben Sie ein Programm für DOS, dann müssen Sie das Laufwerk explizit wechseln.

Um das Laufwerk zu wechseln, stellt Borland die Funktion `setdisk()` bereit, die in »dir.h« deklariert ist. Diese Funktion erwartet eine Laufwerksnummer, wobei das Laufwerk A die Nummer 0 hat, Laufwerk B die Nummer 1 usw. Laufwerk Z hat demnach die Nummer 25. Es spielt bei der Nummerierung keine Rolle, ob die Laufwerke auch tatsächlich existieren. Als Rückgabe liefert `setdisk()` die Anzahl der tatsächlich verfügbaren Laufwerke zurück. Nachfolgend sehen Sie einen Quelltext für den Borland-Compiler:

```
1      #include <stdio.h>
2      #include <dir.h>
3
4      int main()
5      {
6          char path[256];
7
8          if( getcwd(path, sizeof(path)) != NULL )
9              puts(path);
10
11  A)     setdisk('D' - 'A');
12  B)     chdir("D:\\TEST");
13
14         if( getcwd(path, sizeof(path)) != NULL )
15             puts(path);
16
17         getchar();
18
19         return 0;
20     }
```

Erklärungen

A Um die Laufwerksnummer zu ermitteln, müssen wir das Zeichen »A« von dem Zeichen, welches das gewünschte Laufwerk darstellt, subtrahieren. Die Zeichen werden intern als Zahlenwerte gespeichert, die lediglich die Position des Zeichens in der Kodierungstabelle darstellen (siehe Kapitel »Variablen, die einzelne Zeichen speichern«). Daher funktioniert diese Berechnung, denn »'A'-'A'« ergibt 0, »'B'-'A'« ergibt 1 usw.

B Da wir uns bereits auf dem gewünschten Laufwerk befinden, könnte die Laufwerksangabe hier auch entfallen.

Watcom stellt uns zum Wechseln des Laufwerks eine andere Funktion zur Verfügung. Sie heißt _dos_setdrive() und ist in »dos.h« deklariert. Diese Funktion liefert nichts zurück, erwartet aber zwei Argumente:

1. Als Erstes ebenfalls einen Laufwerksbuchstaben, wobei die Zählung hier nicht bei 0, sondern bei 1 beginnt. Laufwerk A hat also die Nummer 1, Laufwerk B die Nummer 2 usw.

2. Das zweite Argument muss die Adresse einer Variablen vom Typ unsigned int sein. Hierin wird die Anzahl der verfügbaren Laufwerke gespeichert.

Sie sehen nun einen Quelltext für den Watcom-Compiler:

```
1    #include <stdio.h>
2    #include <direct.h>
3    #include <dos.h>
4
5    int main()
6    {
7        unsigned total;
8        char     path[256];
9
10       if( getcwd(path, sizeof(path)) != NULL )
11           puts(path);
12
13       _dos_setdrive('D' - 'A' + 1, &total);
14       chdir("D:\\TEST");
15
16       if( getcwd(path, sizeof(path)) != NULL )
17           puts(path);
18
19       getchar();
20
21       return 0;
22   }
```

Microsoft und der gcc-Compiler von MinGW stellen ebenfalls eine Funktion zur Verfügung, mit Hilfe derer wir das Laufwerk wechseln können. Diese Funktion heißt _chdrive() und ist in »direct.h« deklariert (auch bei MinGW). _chdrive() liefert null, wenn das Laufwerk erfolgreich geändert werden konnte, ansonsten -1. Das einzige Argument, das _chdrive() erwartet, ist wieder die Nummer des Laufwerks, wobei die Zählung auch hier nicht bei null, sondern bei 1 beginnt.

Abschließend zeige ich Ihnen ein Programm, das auf das Diskettenlaufwerk wechselt und dort das Arbeitsverzeichnis »/test« einstellt. Wenn das Diskettenlaufwerk bei Ihnen unter Linux in einem anderen Verzeichnis liegt, müssen Sie diese Angaben entsprechend ändern, damit Sie das Beispiel praktisch nachvollziehen können. Und das Verzeichnis »test« muss natürlich auch auf der Diskette vorhanden sein. Weil das

Programm unter jeder Umgebung und mit jedem Compiler korrekt funktionieren soll, ist es allerdings kaum noch lesbar:

```
1    #include <stdio.h>
2
3    #if defined(_MSC_VER)
4    #   include <direct.h>
5    #elif defined(__WATCOMC__)
6    #   include <direct.h>
7    #   include <dos.h>
8    #elif defined(__TURBOC__)
9    #   include <dir.h>
10   #elif defined(__GNUC__)
11   #   include <unistd.h>
12   #endif
13
14   #if defined(_MSC_VER) && defined(__STDC__)
15   #   define getcwd( p, n ) _getcwd(p, n)
16   #   define chdir( p )     _chdir(p)
17   #endif
18
19
20   int main()
21   {
22   #   if defined(__WATCOMC__)
23       unsigned total;
24   #   endif
25       char    path[256];
26
27       if( getcwd(path, sizeof(path)) != NULL )
28          puts(path);
29       else
30          puts("Kann Verzeichnis nicht ermitteln!");
31
32   #   if defined(__linux__) || defined(__unix__)
33       chdir("/media/cdrom/test");
34   #   else
35   #   if defined(__TURBOC__)
36       setdisk('D' - 'A');
37   #   elif defined(__WATCOMC__)
38       _dos_setdrive('D' - 'A' + 1, &total);
39   #   endif
40       chdir("D:\\test");
41   #   endif
42
43       if( getcwd(path, sizeof(path)) != NULL )
44          puts(path);
45       else
46          puts("Kann Verzeichnis nicht ermitteln!");
47
```

```
48      getchar();
49
50      return 0;
51  }
```

Vielleicht ahnen Sie jetzt, weshalb das Arbeiten mit Verzeichnissen zu einer Katastrophe ausartet, wenn man portable Quelltexte erzeugen will.

10.2.2 Verzeichnisse erstellen und löschen

Ein einzelnes Verzeichnis erstellen Sie mit der Funktion mkdir() (*make directory*). Bei den Borland-Compilern ist sie wieder in »dir.h« deklariert, bei Microsoft, MinGW und Watcom in »direct.h« und unter Unix und Linux in »sys/stat.h«. mkdir() erwartet unter DOS und Windows die Adresse einer Zeichenkette mit dem Namen des zu erzeugenden Verzeichnisses. Unter Linux und Unix muss zusätzlich noch ein Zugriffsmodus für das zu erzeugende Verzeichnis angegeben werden. In jedem Fall liefert die Funktion den Wert Null, wenn das Verzeichnis erstellt werden konnte.

Mit rmdir() (*remove directory*) können Sie ein Verzeichnis löschen. Diese Funktion erwartet die Adresse einer Zeichenkette mit dem Namen des zu löschenden Verzeichnisses. Auch rmdir() liefert den Wert Null bei Erfolg. Bei den gcc-Compilern ist rmdir() in »unistd.h« deklariert, bei Microsoft und Watcom in »direct.h« und bei Borland in »dir.h«.

Wenn die Compilererweiterungen bei Microsoft ausgeschaltet sind, heißt rmdir() dort _rmdir(). Entsprechend dazu lautet die Funktion zum Erzeugen eines Verzeichnisses _mkdir().

Keine dieser Funktionen arbeitet rekursiv. Das heißt, dass immer nur ein einziges Verzeichnis erstellt oder gelöscht wird. Wenn Sie z. B. das Verzeichnis »test/bc/work« erstellen wollen, wird das Verzeichnis »work« nur erzeugt, wenn »test« und »bc« bereits existieren. Und ein Verzeichnis, das Sie löschen wollen, muss leer sein. Es darf keine Dateien und keine weiteren Verzeichnisse enthalten.

Nun folgt ein kleines Beispiel, in dem das Verzeichnis »test« unterhalb des aktuellen Verzeichnisses erzeugt und, nachdem der Anwender einmal die Eingabetaste gedrückt hat, wieder gelöscht wird:

```
1   #include <stdio.h>
2
3   #if defined(__TURBOC__)
4   #   include <dir.h>
5   #elif defined(__linux__) || defined(__unix__)
6   #   include <sys/stat.h>
7   #   include <unistd.h>
8   #elif defined(__GNUC__)
9   #   include <unistd.h>
10  #   include <direct.h>
11  #else
12  #   include <direct.h>
```

```
13    #endif
14
15    #if defined(_MSC_VER) && defined(__STDC__)
16    #   define mkdir( p )  _mkdir(p)
17    #   define rmdir( p )  _rmdir(p)
18    #endif
19
20
21    int main()
22    {
23    #   if defined(__linux__) || defined(__unix__)
24        mkdir("test", 0777);
25    #   else
26        mkdir("test");
27    #   endif
28
29        getchar();
30
31        rmdir("test");
32
33        return 0;
34    }
```

Um Ihnen zu zeigen, wie ein Verzeichnis inklusive aller nicht vorhandenen Elternverzeichnisse erzeugt werden kann, finden Sie im Quelltext 10.5 ein Programm, das dieses erledigt.

Quelltext 10.5: mkd.c

```
1     #include <stdio.h>
2     #include <string.h>
3     #include <stdlib.h>
4
5     #if defined(__TURBOC__)
6     #   include <dir.h>
7     #elif defined(__linux__) || defined(__unix__)
8     #   include <sys/stat.h>
9     #else
10    #   include <direct.h>
11    #endif
12
13
14    #if defined(_MSC_VER) && defined(__STDC__)
15    #   define mkdir( p )  _mkdir(p)
16    #endif
17
18    #if defined(__linux__) || defined(__unix__)
19    #   define md( p )   mkdir(p, 0777);
20    #else
21    #   define md( p )   mkdir(p);
```

```
22      #endif
23
24
25      int make_dir( const char* path )
26      {
27          int         rslt;
28          char*       dir;
29          const char* p = path;
30          size_t      l = strlen(path);
31
32  A)      if( strstr(p, "://") != NULL )
33              return -1;
34
35          if( p[1] == ':' )
36  B)          p += 2;
37          else if( strncmp(p, "\\\\", 2) == 0 || strncmp(p, "//", 2) == 0 )
38          {
39  C)          p = strpbrk(p + 2, "\\/");
40
41  D)          if( p != NULL )
42                  p = strpbrk(p + 1, "\\/");
43
44  E)          if( p == NULL )
45                  return -1;
46          }
47
48  F)      if( *p == '/' || *p == '\\' )
49              ++p;
50
51  G)      if( *p == '\0' )
52              return -1;
53
54  H)      dir = (char*)malloc(l + 1);
55
56          if( dir == NULL )
57              return -1;
58
59  I)      p = strpbrk(p, "\\/");
60
61          while( p != NULL )
62          {
63
64  J)          strncpy(dir, path, p - path);
65              dir[p - path] = 0;
66
67  J)          rslt = md(dir);
68
69  K)          p = strpbrk(p + 1, "\\/");
70          }
71
```

```
72          free(dir);
73
74   L)     if( path[l - 1] != '\\' && path[l - 1] != '/' )
75             rslt = md(path);
76
77          return rslt;
78      }
79
80
81      int main( int argc, char* argv[] )
82      {
83          if( argc < 2 )
84              puts("Verwendung: mkd <Pfad>");
85          else
86              return make_dir(argv[1]);
87
88          return 1;
89      }
```

Erklärungen

A Wir prüfen zunächst, ob es sich vielleicht um eine URL handelt, also um einen Dateinamen, wie wir ihn in einem Internetbrowser eingegeben würden. Diese Dateinamen enthalten den Namen eines Protokolls, in der Art »http://...« oder »file://...«. Wenn wir ein solches Protokoll finden, erzeugen wir kein Verzeichnis.

B Unter DOS und Windows kann es sein, dass ein Laufwerksbezeichner angegeben wurde. In diesem Fall ist das zweite Zeichen ein Doppelpunkt. Um das Verzeichnis zu finden, müssen wir den Hilfszeiger p um diese zwei Zeichen verschieben.

C Wenn wir kein Laufwerk finden, müssen wir damit rechnen, dass wir einen UNC-Pfad haben. Ein solcher Pfad beginnt mit dem Namen eines Servers, dem der Name eines *Shares*, eines freigegebenen Verzeichnisses auf diesem Server, folgt. In einem solchen Namen befindet sich das Verzeichnis, das erstellt werden kann, erst hinter dem Namen des Shares (z. B. »\\Server\Share\Verzeichnis«). Um den Servernamen zu überspringen, suchen wir in dieser Zeile den nächsten Schrägstrich.

D Hier überspringen wir den Namen des Shares.

E Wenn nun kein weiteres Verzeichnis mehr folgt, verlassen wir die Funktion.

F Der Zeiger p befindet sich jetzt auf dem ersten Zeichen, das zum eigentlichen Verzeichnispfad gehört. Wenn dieses ein Schrägstrich ist, müssen wir ihn ebenfalls überspringen, um den abschließenden Schrägstrich des ersten Verzeichnisses zu finden.

G Sollten wir jetzt am Ende der Zeichenkette angelangt sein, gibt es nichts weiter zu tun, weil kein zu erstellendes Verzeichnis in der Zeichenkette enthalten ist.

H Das ist der Puffer, der einen Teil des Pfades aufnimmt. Und zwar immer den Teil, der das aktuell zu erstellende Verzeichnis enthält.

I Nun suchen wir uns das Ende des Namens des obersten Verzeichnisses. Dieses endet immer mit einem Schrägstrich. Wenn kein Schrägstrich mehr folgt, ist nur ein einziges Verzeichnis angegeben, und wir kommen nicht in die folgende Schleife hinein.

J Hier kopieren wir den zu erstellenden Teil des Pfades in den Puffer und erzeugen das Verzeichnis.

K Jetzt suchen wir uns das Ende des nächsten Teilpfades. Wenn es keinen weiteren Schrägstrich mehr gibt, wird die Schleife verlassen.

L Wenn wir hier ankommen, haben wir alle Elternverzeichnisse erstellt. Jetzt bleibt noch zu prüfen, ob das vom Anwender angegebene Verzeichnis einen abschließenden Schrägstrich enthält. Wenn ja, brauchen wir nichts weiter zu tun, denn alle Verzeichnisebenen wurden bereits in der Schleife erzeugt. Existiert kein abschließender Schrägstrich, erzeugen wir noch das unterste Verzeichnis.

10.2.3 Rekursives Verarbeiten von Verzeichnissen

An dieser Stelle müsste ich ihnen eigentlich wieder vier verschiedene Lösungen zeigen, weil es für das Durchsuchen von Verzeichnisses leider auch keine einheitliche Lösung gibt. Es gibt zwar einen Standard (zwar nicht ANSI, aber immerhin), doch der wird nicht von allen Compilern unterstützt. Wir kommen hier aber glücklicherweise mit zwei Varianten aus: eine für die Compiler von Microsoft und eine für alle anderen.

Microsoft

Um ein Verzeichnis zu durchlaufen, stellt Microsoft die Funktionen `_findfirst()`, `_findnext()` und `_findclose()` zur Verfügung. Die Compiler von Watcom und MinGW unterstützen diese Funktionen ebenfalls. Diese Funktionen sind auch bei allen Compilern in der Datei »io.h« deklariert.

`_findfirst()` erwartet zwei Argumente: Als Erstes die Adresse einer Zeichenkette, die den Namen des der zu suchenden Datei oder des Verzeichnisses enthält, und als Zweites die Adresse einer Variablen vom Typ `struct _finddata_t`. Wenn nicht nur eine Datei gefunden werden soll, kann man im Namen auch Jokerzeichen angeben. `_findfirst()` liefert ein Handle, das den Wert -1 enthält, wenn keine Datei und kein Verzeichnis mit dem angegebenen Namen gefunden werden kann. Die folgende Anweisung sucht im Verzeichnis »c:\temp« nach einer beliebigen Datei:

```
1    struct _finddata_t fd;
2    long               hf;
3
4    hf = _findfirst("C:\\temp\\*", &fd);
5
6    if( hf == -1 )
7       puts("Keine Datei gefunden!");
```

Wenn eine Datei gefunden wurde und die Suche fortgesetzt werden soll, geschieht das mit der Funktion `_findnext()`. Diese liefert den Wert Null, wenn eine weitere Datei gefunden werden konnte und erwartet jetzt als erstes Argument das von `_findfirst()` gelieferte Handle. Der folgende Quelltext gibt alle Dateien im Verzeichnis »c:\temp« aus:

```
1    struct _finddata_t fd;
2    long              hf;
3
4    hf = _findfirst("C:\\temp\\*", &fd);
5
6    if( hf == -1 )
7        puts("Keine Datei gefunden!");
8    else
9    {
10       do
11           puts(fd.name);
12       while( _findnext(hf, &fd) == 0 );
13
14       _findclose(fd);
15   }
```

Am Ende dürfen wir nicht vergessen, das von `_findfirst()` gelieferte Handle über `_findclose()` wieder zu schließen.

Es wird jede Datei und jedes Verzeichnis gefunden, das der angegebenen Maske entspricht, im obigen Beispiel »C:\\temp*«. Wenn wir wissen wollen, ob es sich bei dem gefundenen Element um eine Datei oder ein Verzeichnis handelt, müssen wir den Inhalt der Komponente attrib der Struktur `_finddata_t` überprüfen. In dieser Komponente werden verschiedene Bits gesetzt, wenn ein bestimmtes Attribut auf das Element zutrifft. Für die einzelnen Bits gibt es benannte Konstanten, die in Tabelle 10.6 dargestellt sind.

Tabelle 10.6: Attribute für die Arbeit mit `_finddata_t`

Konstante	Bedeutung
_A_NORMAL	Eine Datei, in der keine Attribute gesetzt sind. Diese Konstante eignet sich nicht zum Maskieren, weil deren Wert Null ist.
_A_RDONLY	Die Datei ist schreibgeschützt.
_A_HIDDEN	Die Datei ist versteckt.
_A_SYSTEM	Bei der Datei handelt es sich um eine Systemdatei.
_A_VOLID	Bei dem gefundenen Bezeichner handelt es sich um den Namen eines Datenträgers, der mit dem DOS-Befehl LABEL vergeben werden kann.
_A_SUBDIR	Es handelt sich um ein Verzeichnis.
_A_ARCH	Das Archiv-Attribut ist gesetzt.

Um zu ermitteln, ob es sich um ein Verzeichnis handelt, müssen Sie Folgendes tun:

```
if( (fd.attrib & _A_SUBDIR) != 0 )
    /* Verzeichnis verarbeiten. */
```

Sie müssen immer daran denken, dass das aktuelle und das übergeordnete Verzeichnis gefunden werden. Diese haben als Namen einen bzw. zwei Punkte (genauso, wie diese Verzeichnisse in einem relativen Dateinamen angegeben werden).

Wenn Sie mit dem Microsoft-Compiler der Version 7 oder mit Visual Studio .NET arbeiten, werden Sie sich sicherlich über die Meldungen wundern, die Sie bei der Verwendung von _findfirst() erhalten. Dummerweise hat Microsoft die Schnittstelle dieser Funktion in neueren Bibliotheken geändert. Das hat einige Nachteile: Anstatt eine neue Funktion in die Bibliotheken einzufügen, wird die Schnittstelle der alten so verändert, dass man seine Programm nicht mehr übersetzen kann, ohne die Quelltexte zu bearbeiten. Wenn man die Quelltexte geändert hat, kann man die Programme nicht mehr mit älteren oder anderen Compilern übersetzen. Das ist ein Weg, den Sie niemals beschreiten sollten. Wenn Sie an einer Funktion etwas ändern müssen, dann schreiben Sie eine neue, die einen anderen Namen hat. Sie erleichtern sich selbst und auch allen anderen, die mit Ihren Dateien arbeiten, das Leben.

Doch nun sehen wir uns an, was wir für die neuen Compiler ändern müssen:

```
1   struct _finddata_t fd;
2   intptr_t           hf;
3
4   hf = _findfirst("C:\\temp\\*", &fd);
```

Anstelle des Datentyps long liefert die Funktion nun den Typ intptr_t, der in den neueren Bibliotheken von Microsoft definiert wird. Wie gesagt, wenn Sie diesen Typ verwenden, kann die Datei von keinem anderen Compiler mehr übersetzt werden. Die einzige Lösung ist die folgende:

```
1   struct _finddata_t fd;
2
3   #if defined(_MCS_VER) && _MSC_VER > 1200
4   intptr_t           hf;
5   #else
6   long               hf;
7   #endif
8
9   hf = _findfirst("C:\\temp\\*", &fd);
```

Linux und Unix (und die meisten anderen Compiler)

Das Erste, was wir hier zu tun haben, ist ein Verzeichnis zu öffnen – wie auch eine Datei geöffnet werden muss, die ausgelesen werden soll. Um ein Verzeichnis zu öffnen, steht die Funktion opendir() bereit, die in »dirent.h« deklariert ist. Sie liefert einen Zeiger auf den Typ DIR. So wie auch eine Datei wieder geschlossen werden muss, müssen wir auch ein geöffnetes Verzeichnis wieder schließen. Das geschieht über `closedir()`:

```
1   DIR* dir = opendir(dirname);
2
3   if( dir == NULL )
4       puts("Verzeichnis kann nicht geöffnet werden");
5   else
6       closedir(dir);
```

Lesen können wir ein geöffnetes Verzeichnis mithilfe der Funktion `readdir()`. Das muss an die von `opendir()` gelieferte Adresse übergeben werden. Als Rückgabe liefert `readdir()` einen Zeiger auf den Typ `struct dirent` oder `NULL`, wenn kein (weiterer) Eintrag gelesen werden konnte. Im folgenden Quelltext geben wir alle im Verzeichnis »/tmp« enthaltenen Objekte aus:

```
1   DIR* dir = opendir("/tmp");
2
3   if( dir == NULL )
4       puts("Verzeichnis kann nicht geöffnet werden");
5   else
6   {
7       struct dirent* ent;
8
9       while( (ent = readdir(dir)) != NULL )
10          puts(ent->d_name);
11
12      closedir(dir);
13  }
```

Viel mehr als den Namen gibt die Struktur `dirent` nicht her. Um weitere Informationen über das gefundene Objekt zu erhalten, müssen wir die Funktion `stat()` bemühen, die im Kapitel 10.1.5 besprochen wurde. Um also herauszufinden, ob es sich bei einem über `readdir()` gefundenen Objekt um ein Verzeichnis handelt, muss man wie folgt vorgehen, was nicht gerade kurz und übersichtlich ist:

```
1   DIR* dir = opendir("/tmp");
2
3   if( dir == NULL )
4       puts("Verzeichnis kann nicht geöffnet werden");
5   else
6   {
7       struct dirent* ent;
8
9       while( (ent = readdir(dir)) != NULL )
10      {
11          struct stat s;
12          char        name[4096];
13
14          strcpy(name, "/tmp/");
15          strcat(name, ent->d_name);
```

```
16
17          if( stat(name, &s) == 0 && (s.st_mode & S_IFDIR) != 0 )
18              /* Verzeichnis verarbeiten. */
19      }
20
21      closedir(dir);
22  }
23  while( (ent = readdir(dir)) != NULL )
```

Zum Schluss sehen wir uns jetzt noch ein Programm an, das ein Verzeichnis rekursiv löscht. Dazu liest es alle Dateien und Unterverzeichnisse eines angegebenen Verzeichnisses ein, löscht diese (ebenfalls rekursiv) und löscht schließlich das angegebene Verzeichnis selbst. Das Programm finden Sie auf der CD zum Buch unter dem Namen »rmd.c«. Im Folgenden sehen wir zwei Ausschnitte.

Eines der größten Probleme besteht wieder darin, die richtigen Informationsdateien zu finden. Anhand der Präprozessorbedingungen im Quelltext 10.6 können Sie sehen, für welchen Compiler welche Dateien notwendig sind.

Quelltext 10.6: Benötigte Informationsdateien für »rmd.c«

```
1   #include <stdio.h>
2   #include <stdlib.h>
3   #include <string.h>
4
5   #if defined(_MSC_VER)
6   #   include <direct.h>
7   #   include <io.h>
8   #elif defined(__BORLANDC__)
9   #   include <dir.h>
10  #   include <dirent.h>
11  #   include <sys/stat.h>
12  #elif defined(__WATCOMC__)
13  #   include <direct.h>
14  #   include <sys/stat.h>
15  #else
16  #   include <unistd.h>
17  #   include <dirent.h>
18  #   include <sys/stat.h>
19  #endif
```

Die Funktion `main()` ruft nach der Überprüfung der Kommandozeilenargumente lediglich die Funktion `remove_dir()` auf, die zweimal implementiert ist. Da der Algorithmus in beiden Implementierungen gleich ist, finden Sie im Quelltext 10.7 lediglich eine Implementierung erklärt, nämlich die, die von den meisten Compilern verwendet werden kann.

Quelltext 10.7: remove_dir() aus »rmd.c«

```
1     int remove_dir( const char* dir )
2     {
3         struct dirent* pent;
4         DIR*           pdir;
5         char           path[_MAX_PATH];
6         size_t         len;
7
8         len = strlen(dir);
9         strcpy(path, dir);
10
11        if( path[len - 1] != PATH_SEP )
12            path[len++] = PATH_SEP;
13
14        path[len] = '\0';
15
16        pdir = opendir(dir);
17
18        if( pdir == NULL )
19            return -1;
20
21        while( (pent = readdir(pdir)) != NULL )
22        {
23            struct stat s;
24
25  A)        if( strcmp(pent->d_name, ".") == 0 || strcmp(pent->d_name, "..") == 0 )
26                continue;
27
28  B)        strcat(path, pent->d_name);
29
30            if( stat(path, &s) == 0 )
31            {
32                if( (s.st_mode & S_IFDIR) != 0 )
33  C)                remove_dir(path);
34                else
35  D)                remove(path);
36            }
37
38            path[len] = '\0';
39        }
40
41        closedir(pdir);
42
43        return rmdir(dir);
44    }
```

Erklärungen

A Wenn wir das aktuelle oder das übergeordnete Verzeichnis gefunden haben, dürfen wir nichts tun und suchen daher gleich den nächsten Eintrag.

B Für die weitere Arbeit vervollständigen wir den Namen, hängen also den gefundenen Namen an das Verzeichnis an.

C Wenn es sich bei dem gefundenen Objekt um ein Unterverzeichnis handelt, rufen wir remove_dir() rekursiv auf.

D Wenn wir kein Verzeichnis gefunden haben, gehen wir davon aus, dass es sich um eine Datei handelt und löschen diese über remove().

Sie finden in der Datei »rmd.c« noch folgende Definition:

```
1   #if defined(__linux__) || defined(__unix__)
2   #  define PATH_SEP  '/'
3   #  define _MAX_PATH 4096
4   #else
5   #  define PATH_SEP  '\\'
6   #endif
```

_MAX_PATH wird nur definiert, wenn wir unter Linux oder Unix arbeiten. Bei Windows-Compilern ist diese Konstante bereits vorhanden und wird mit der Informationsdatei »dir.h« bzw. »direct.h« eingebunden. Sie definiert die maximale Länge eines Dateinamens (inklusive Laufwerk und Verzeichnis).

> Seien Sie vorsichtig, wenn sie das aus dem Quelltext »rmd.c« erzeugte Programm aufrufen. Sie löschen damit unwiderruflich alle angegebenen Verzeichnisse. Diese landen auch nicht im Papierkorb, von wo aus Sie diese wiederherstellen könnten.

A Compiler und Umgebungen

In diesem Teil des Anhangs ist stichpunktartig die Bedienung der Compiler und Entwicklungsumgebungen erklärt, die auf der CD zum Buch enthalten sind.

Es werden lediglich die wichtigsten Optionen behandelt, die für die Arbeit mit diesem Buch wichtig sind. Alles weitere sollten Sie sich später, sobald Sie ausreichende Kenntnisse haben oder bestimmte Einstellungen ändern wollen oder müssen, über die Herstellerdokumentation erarbeiten.

A.1 Kommandozeilencompiler

Um für den jeweiligen Kommandozeilencompiler unter Windows eine korrekte Umgebung bereitzustellen, befinden sich auf der CD zum Buch im Verzeichnis »/Projekte/compiler« Verknüpfungen zu einem Stapelverarbeitungsprogramm (»umgebung.bat«), das eine Eingabeaufforderung öffnet, in der die Pfade und Verzeichnisse für die entsprechende Umgebung korrekt gesetzt werden. Diese Stapelverarbeitungsdatei müssen Sie wahrscheinlich anpassen, da die Installationen der Compiler bei Ihnen vermutlich in anderen Verzeichnissen erfolgen werden (oder bereits erfolgt sind). Überprüfen Sie daher die Angaben der Pfade zu den Compilern und ändern Sie diese gegebenenfalls entsprechend ab.

Auch für Linux gibt es in »/Projekte/compiler« ein Script (»Linux gcc X-Term Prompt«), das eine Konsole öffnet und eine Umgebungsvariable setzt, die den Pfad zu den Bibliotheken, die in diesem Buch entwickelt werden, enthält. Das Arbeitsverzeichnis wird ebenfalls von diesem Script eingestellt. Auch hier müssen Sie vermutlich die im Script angegebenen Pfade ändern.

A.1.1 Linux und MinGW (gcc)

Wenn ich einen Compiler empfehlen sollte, dann wäre es der *gcc*. Dieser ist zwar nicht besonders schnell und nach meinen Erfahrungen auch nicht ganz so leistungsfähig wie der von Borland oder Watcom. Aber einerseits ist er kostenlos. Und andererseits hat er einen Vorteil, der so ziemlich alle anderen Argumente verblassen lässt: Es gibt ihn für beinahe jedes System. Und das heißt, dass nicht nur der Compiler mit all seinen Parametern in derselben Weise aufgerufen wird, sondern auch alle Werkzeuge (und die sind wirklich umfangreich) gleich funktionieren und verwendet werden können.

Ein weiterer Vorteil ist, dass seine Bibliotheken sehr ausgereift sind und besonders bei der Arbeit mit C++ eine erstaunlich gute Unterstützung bieten. Borland ist für seine hervorragenden Compiler und Bibliotheken bekannt, hat aber recht lange gebraucht, um den C++-Standard weitgehend zu erfüllen (die anderen namhaften Hersteller waren noch langsamer). Und bis heute gibt es nur eine Handvoll Compiler, von denen man sagen kann, dass sie in dieser Hinsicht wirklich was können. Dazu gehört der gcc.

Quelldateien übersetzen

Um das Programm zu erzeugen, ist es nötig, alle Quelldateien anzugeben, die zu dem Programm gehören. Es wird als Programmname immer »a.out« unter Linux und »a.exe« unter Windows verwendet. Um das zu verhindern, muss man die Option »-o« verwenden.

Übersetzt die Datei »aus_1.c« und erzeugt »a.exe«, bzw. »a.out«:

```
gcc aus_1.c
```

Übersetzt die Datei »aus_1.c« und erzeugt »aus_1.exe«:

```
gcc aus_1.c -o aus_1.exe
```

Übersetzt die Dateien »prog.c«, »mod1.c«, »mod2.c« und »../include/stdioex.c« und erzeugt »prog.exe«:

```
gcc prog.c mod1.c mod2.c ../include/stdioex.c -o prog.exe
```

Um zu verhindern, dass der Linker nach dem Übersetzungsvorgang aufgerufen wird, müssen Sie die Option »-c« angeben.

Übersetzt die Datei »aus_1.c« und erzeugt die Datei »aus_1.o«:

```
gcc -c aus_1.c
```

Übersetzt die Dateien »lotto.c« und »lottoio.c« und erzeugt die Dateien »lotto.o« und »lottoio.o«:

```
gcc -c lotto.c lottoio.c
```

Suchverzeichnisse angeben

Verzeichnisse, in denen der Compiler nach Include-Dateien suchen soll, werden über die Option »-I« angegeben. Mehrere Verzeichnisse können dem Compiler über mehrere Angaben der Option »-I« bekanntgegeben werden.

Gibt dem Compiler die Include-Verzeichnisse »../include« und »../../include« bekannt:

```
gcc /I../include /I../../include aus_1.c
```

Verzeichnisse, in denen der Compiler nach Bibliotheken suchen soll, werden über die Option »-L« angegeben. Mehrere Verzeichnisse können dem Compiler über mehrere Angaben der Option »-L« bekanntgegeben werden.

Gibt dem Compiler die Bibliotheksverzeichnisse »../lib« und »../../lib« bekannt:

```
gcc -L../lib -L../../lib aus_1.c
```

Ausgabeverzeichnisse festlegen

Wenn Sie eine Objektdatei in ein bestimmtes Verzeichnis legen wollen, können Sie die Option »-o« verwenden.

Übersetzt die Datei »modul.c« und erzeugt daraus die Objektdatei »bin/debug/modul.o«:

```
gcc -c modul.c -o bin/debug/modul.o
```

Für eine ausführbare Datei oder eine dynamische Bibliothek können Sie ebenfalls die Option »-o« verwenden:

Erzeugt die Datei »bin/prog.exe« aus dem Modul »bin/debug/modul.o«:

```
gcc -o bin/prog.exe bin/debug/modul.o
```

Präprozessorsymbole definieren

Symbole werden über die Option »-D« erzeugt. Für jedes Symbol muss eine eigene Option angegeben werden. Einem Symbol kann optional ein Wert zugewiesen werden, in der Form »<Symbol>=<Wert>«.

Erzeugt die Symbole NDEBUG und EXTRA, wobei EXTRA den Wert 5 erhält:

```
gcc -DNDEBUG -DEXTRA=5 aus_1.c
```

Bibliotheken einbinden

Bibliotheken werden über die Option »-l« eingebunden. Für jede Bibliothek muss eine eigene Option angegeben werden.

Wenn der Name der Bibliothek mit »lib« beginnt und die Erweiterung ».a« besitzt, dann können diese Namensbestandteile weggelassen werden. Anstelle von »-llibcurses.a« reicht die Angabe »-lcurses«. Wenn der vollständige Name der Bibliothek verwendet wird, dann muss auch ein Pfad in dem Namen enthalten sein (es reicht ein relativer Pfad). In solchen Fällen ist es auch nicht nötig, die Option »-l« an den Compiler zu übergeben.

Bindet die Bibliothek »libncurses.a« ein:

```
gcc aus_1.c -lncurses
gcc aus_1.c /usr/lib/libncurses.a
```

Unter Linux müssen Sie, wenn sich die Bibliothek nicht im Verzeichnis »/usr/lib« befindet, sogar das aktuelle Verzeichnis als Suchpfad angeben (es reicht ein Punkt), wenn sich die einzubindende Bibliothek darin befindet.

Unter Windows müssen Sie immer einen Suchpfad angeben, auch dann, wenn die Bibliothek im aktuellen Verzeichnis liegt (auch hier reicht ein Punkt).

Bindet die Bibliothek »libneu.a« ein, die sich im aktuellen Verzeichnis befindet:

```
gcc aus_1.c -L. -lneu
gcc aus_1.c ./libneu.a
```

Unter Linux erhalten dynamische Bibliotheken die Erweiterung ».so«. Bei der Bibliothek »libncurses.so« reicht die Angabe »-lncurses« ebenfalls aus. Wenn beide Bibliotheken existieren (».a« und ».so«) weiß ich nicht, welche von beiden normalerweise bevorzugt wird. Dieses könnte von Compiler zu Compiler verschieden sein. Um eine bestimmte Bibliothek zu erzwingen, sollten Sie den kompletten Namen der Bibliothek inklusive einer Pfadangabe verwenden.

A.1.2 Borland (bcc32)

Mit diesem Compiler können ausschließlich 32-Bit-Programme für Windows erzeugt werden. Der Compiler selbst lässt sich auch nur unter Windows ab der Version 95/NT betreiben. Der Vorteil dieses Compilers ist, dass er kostenlos und sehr leistungsfähig ist und auch einige sehr praktische Werkzeuge mitbringt (besonders das Programm Make).

Quelldateien übersetzen

Um das Programm zu erzeugen, ist es nötig, alle Quelldateien anzugeben, die zum Programm gehören. Es wird als Programmname der Name der ersten angegebenen Quelldatei verwendet, lediglich mit der Erweiterung ».exe«.

Übersetzt die Datei »aus_1.c« und erzeugt »aus_1.exe«:

```
bcc32 aus_1.c
```

Übersetzt die Dateien »prog.c«, »mod1.c«, »mod2.c« und »..\include\stdioex.c« und erzeugt »prog.exe«:

```
bcc32 prog.c mod1.c mod2.c ..\include\stdioex.c
```

Über die Option »-e« kann man den Namen der ausführbaren Datei ändern. Allerdings hat diese Option bei meinen Versuchen nie bei einer direkten Eingabe auf der Kommandozeile funktioniert. Sie funktionierte aber immer, wenn ich sie in einer Make-Datei verwendete.

Übersetzt die Dateien »prog.c«, »mod1.c«, »mod2.c« und »..\include\stdioex.c« und erzeugt »myprog.exe«:

```
bcc32 prog.c mod1.c mod2.c ..\include\stdioex.c -emyprog.exe
```

Um zu verhindern, dass der Linker nach dem Übersetzungsvorgang aufgerufen wird, müssen Sie die Option »-c« angeben.

Übersetzt die Datei »aus_1.c« und erzeugt die Datei »aus_1.obj«:

```
bcc32 -c aus_1.c
```

Übersetzt die Dateien »lotto.c« und »lottoio.c« und erzeugt die Dateien »lotto.obj« und »lotooio.obj«:

```
bcc32 -c lotto.c lottoio.c
```

Suchverzeichnisse angeben

Verzeichnisse, in denen der Compiler nach Include-Dateien suchen soll, werden über die Option »-I« angegeben. Mehrere Verzeichnisse können dem Compiler über mehrere Angaben der Option »-I« oder über die Angabe mehrerer Verzeichnisse in einer Liste bekanntgegeben werden, wobei die einzelnen Verzeichnisse in der Liste durch Semikolon voneinander getrennt werden müssen.

Gibt dem Compiler die Include-Verzeichnisse »..\include« und »..\..\include« bekannt:

```
bcc32 -I..\include;..\..\include aus_1.c
bcc32 -I..\include -I..\..\include aus_1.c
```

Verzeichnisse, in denen der Compiler nach Bibliotheken suchen soll, werden über die Option »-L« angegeben. Mehrere Verzeichnisse können dem Compiler über mehrere Angaben der Option »-L« oder über die Angabe mehrerer Verzeichnisse in einer Liste bekannt gegeben werden, wobei die einzelnen Verzeichnisse in der Liste durch Semikolon voneinander getrennt werden müssen.

Gibt dem Compiler die Bibliotheksverzeichnisse »..\lib« und »..\..\lib« bekannt:

```
bcc32 -L..\lib;..\..\lib aus_1.c
bcc32 -L..\lib -L..\..\lib aus_1.c
```

Ausgabeverzeichnisse festlegen

Wenn Sie eine Objektdatei in ein bestimmtes Verzeichnis legen wollen, können Sie die Option »-o« verwenden.

Übersetzt die Datei »modul.c« und erzeugt daraus die Objektdatei »bin/debug/modul.obj«:

```
bcc32 -c modul.c -obin\debug\modul.obj
```

Für eine ausführbare Datei oder eine DLL (Dynamic Link Library) können Sie die Option »-e« verwenden:

Erzeugt die Datei »bin/prog.exe« aus dem Modul »bin/debug/modul.obj«:

```
bcc32 -ebin\prog.exe bin\debug\modul.obj
```

Die Optionen »-e« und »-o« haben bei meinen Versuchen nie bei einer direkten Eingabe auf der Kommandozeile funktioniert. Sie funktionierten aber immer, wenn ich sie in einer Make-Datei verwendete.

Präprozessorsymbole definieren

Symbole werden über die Option »-D« erzeugt. Hier können mehrere Symbole in einer Liste angegeben werden, wobei die einzelnen Symbole durch ein Semikolon voneinander getrennt werden müssen, oder es wird für jedes Symbol eine eigene Option angegeben. Einem Symbol kann optional ein Wert zugewiesen werden, in der Form »<Symbol>=<Wert>«.

Erzeugt die Symbole NDEBUG und EXTRA, wobei EXTRA den Wert 5 erhält:

```
bcc32 -DNDEBUG;EXTRA=5 aus_1.c
bcc32 -DNDEBUG -DEXTRA=5 aus_1.c
```

Bibliotheken einbinden

Eine Bibliotheksdatei übergeben Sie einfach mit ihrem Namen an den Compiler. Dieser reicht die Datei an den Linker weiter, der sie dann in das Programm einbindet. Die Voraussetzung dafür ist, dass die Bibliothek die Dateierweiterung ».lib« besitzt. Wenn sich die Bibliothek nicht im Suchverzeichnis befindet, kann auch der Pfad (relativ oder absolut) zusammen mit dem Namen angegeben werden.

Bindet die Bibliotheken »neue.lib« und »alte.lib« aus dem Verzeichnis »c:\projekte\lib« ein:

```
bcc32 aus_1.c -Lc:\projekte\lib neue.lib alte.lib
bcc32 aus_1.c c:\projekte\lib\neue.lib c:\projekte\lib\alte.lib
```

A.2 Entwicklungsumgebungen

Die Beschreibungen, die Sie auf den folgenden Seiten finden, sind rudimentär. Sie sollen nur ermöglichen, die Beispiele im Buch ohne große Einarbeitung in die jeweilige Umgebung nachzuvollziehen. Wenn Sie ernsthaft mit einer Entwicklungsumgebung arbeiten wollen, kommen Sie nicht darum herum, sich auch mit den jeweiligen Dokumentationen zu beschäftigen.

Hervorragend sind die Online-Benutzerhandbücher zu der Umgebung von Open Watcom. Die Dokumentationen zu den anderen kostenlosen Umgebungen, wie z. B. zu Dev-C++, sind meines Erachtens kaum brauchbar. Man muss mehr herumprobieren als lesen, um herauszufinden, wie etwas funktioniert.

A.2.1 Dev-C++ und wx-DevCpp

Bei Dev-C++ und wx-DevCpp handelt es sich um identische Umgebungen. Der Unterschied ist nur, dass wx-DevCpp bereits dafür optimiert und eingerichtet wurde, mit der wxWidgets-Bibliothek zu arbeiten. Diese Bibliothek kann nicht mit der Sprache C verwendet werden und ist daher für uns an dieser Stelle nicht relevant. Wenn in diesem Buch von Dev-C++ die Rede ist, gilt alles Gesagte auch für wx-DevCpp.

Dev-C++ zeichnet sich dadurch aus, dass diese Umgebung recht komfortabel ist. Allerdings müssen Sie fleißig und ausdauernd an den Einstellungen herumprobieren, denn die mitgelieferte Onlinehilfe ist nicht brauchbar.

In diesem Abschnitt beschreibe ich die Arbeit mit der Version von wx-DevCpp, die auf der CD zum Buch enthalten ist. Sie sollten aber immer darauf achten, mit der neuesten Version dieser Umgebung zu arbeiten.

Diese Umgebung gibt es nur für 32-Bit-Windows, und es können Programme auch nur dafür erzeugt werden.

Ein neues Projekt erstellen

Wählen Sie im Menü den Punkt »Datei / Neu / Projekt ...«. Im daraufhin erscheinenden Dialog »Neues Projekt« wählen Sie auf der Registerseite »Basic« den Eintrag »Console Application«.

In der Eingabezeile »Name« geben Sie den Namen des Projekts an (ohne Dateierweiterung), z. B. »aus_1«. Dann markieren Sie die Auswahl »C-Projekt«, um die Sprache C zu verwenden.

Wenn Sie die Option »Standardsprache setzen« markieren, wird die Auswahl »C-Projekt« standardmäßig eingestellt sein.

Schließen Sie den Dialog nun mit »OK«. Es öffnet sich ein Dialog mit dem Titel »Create new project«, in welchem Sie das Verzeichnis aussuchen können, in dem die Projektdatei gespeichert werden soll. Sie können auch hier noch einen anderen Projektdateinamen angeben.

Nun wird, wenn Sie den Vorgang nicht abbrechen, ein neues Projekt in die Entwicklungsumgebung geladen und eine C-Datei geöffnet. Diese C-Datei sollten Sie, wenn Sie diese nicht benötigen, sofort schließen und *nicht* speichern.

Einem Projekt Dateien hinzufügen

Wählen Sie den Menüpunkt »Projekt / Neue Datei«, wenn Sie eine noch nicht existierende Datei in das Projekt aufnehmen wollen. Daraufhin wird eine leere Datei in das Bearbeitungsfenster geladen. Den Dateinamen und den Speicherort geben Sie an, wenn Sie die Datei speichern (Menü »Datei / Speichern unter ...«).

Eine bereits vorhandene Datei nehmen Sie in das Projekt auf, indem Sie den Menüpunkt »Projekt / zum Projekt hinzufügen« wählen. Über den Dialog, der daraufhin erscheint, können Sie die Dateien, die Sie aufnehmen nehmen, auswählen.

Dateien aus einem Projekt entfernen

Um eine Datei aus dem Projekt zu entfernen, wählen Sie den Menüpunkt »Projekt / Aus Projekt entfernen«. In dem gleichnamigen Dialog, der sich daraufhin öffnet, wählen Sie die zu löschenden Dateien aus und schließen den Dialog über »OK«.

Quelldateien übersetzen

Wollen Sie nur eine bestimmte Datei übersetzen, öffnen Sie diese so, dass sie im Vordergrund ist, und wählen dann das Menü »Ausführen / Aktuelle Datei kompilieren«.

Wollen Sie das ganze Projekt übersetzen, wählen Sie das Menü »Ausführen / Kompilieren«. Zum Starten wählen Sie den Menüpunkt »Ausführen / Kompilieren + Ausführen« oder einfach nur »Ausführen / Ausführen«, wenn Sie das Projekt nicht neu übersetzen wollen.

Suchverzeichnisse angeben

Um Suchverzeichnisse für Include- und Bibliotheksdateien anzugeben, wählen Sie den Menüpunkt »Projekt / Projekt Optionen«. Daraufhin öffnet sich der gleichnamige Dialog, in dem Sie die Registerseite »Verzeichnisse« aktivieren müssen.

In der sich öffnenden Seite sehen Sie weitere Register mit den jeweiligen Verzeichnistypen (Bibliotheksverzeichnisse, Include-Verzeichnisse usw.). Wählen Sie hier das entsprechende Register aus.

Was nicht leicht zu erkennen ist: Rechts neben der unteren Eingabezeile befindet sich ein Schalter mit einem Ordnersymbol. Diesen müssen Sie anklicken, woraufhin Sie das Verzeichnis, das Sie hinzufügen möchten, auswählen können. Das gewählte Verzeichnis wird dann in der entsprechenden Eingabezeile angezeigt. Mit einem Klick auf den Schalter »Hinzufügen«, wird das Verzeichnis in die Liste der Suchverzeichnisse aufgenommen.

Ausgabeverzeichnisse festlegen

Um die Ausgabeverzeichnisse zu ändern, wählen Sie den Menüpunkt »Projekt / Projekt Optionen«. Daraufhin öffnet sich der gleichnamige Dialog, in dem Sie die Registerseite »Build Optionen« aktivieren müssen.

In der sich öffnenden Registerseite geben Sie das »Ausgabeverzeichnis für ausführbare Dateien« und das »Ausgabeverzeichnis für Objektdateien« an. Rechts neben diesen Eingabezeilen befindet sich je ein Schalter mit einem Ordnersymbol. Klicken Sie darauf, um die Verzeichnisse über einen Dialog auszuwählen.

Wenn Sie die Option »Überschreibe Ausgabe-Dateiname« markieren, können Sie in der darunterliegenden Eingabezeile den Namen der ausführbaren Datei ändern.

Präprozessorsymbole definieren

Um Symbole für den Präprozessor zu definieren, wählen Sie den Menüpunkt »Projekt / Projekt Optionen«. Daraufhin öffnet sich der gleichnamige Dialog, in dem Sie die Registerseite »Zusätzliche Kommandozeilen-Optionen« aktivieren müssen.

Sie finden nun in der unteren Hälfte der Seite ein Eingabefenster, das mit »Preprocessor Definitions« beschriftet ist. Ich selbst habe diese Art der Definition nicht ausprobiert. Diese Möglichkeit gibt es nur in den neuesten Versionen der Umgebung und ist in keiner Onlinehilfe beschrieben. Daher empfehle ich die herkömmliche Methode:

Geben Sie im Eingabefenster »Compiler« die Optionen ein, wie Sie diese auf der Kommandozeile eingeben würden (Sie können nach jeder Option [Eingabe] drücken, um eine neue Zeile zu beginnen). Um z. B. das Symbol TEST zu definieren, geben Sie »-DTEST« ein (Sie müssen dafür den MinGW-Compiler nutzen, was Sie in demselben Dialog in der oberen Auswahlzeile »Project Profile« angeben).

Bibliotheken einbinden

Um Bibliotheken in das Programm einzubinden, wählen Sie den Menüpunkt »Projekt / Projekt Optionen«. Daraufhin öffnet sich der gleichnamige Dialog, in dem Sie die Registerseite »Zusätzliche Kommandozeilen-Optionen« aktivieren müssen.

Geben Sie nun im Eingabefenster »Linker« die Optionen ein, wie Sie diese auf der Kommandozeile eingeben würden (Sie können nach jeder Option [Eingabe] drücken, um eine neue Zeile zu beginnen). Um z. B. die Bibliothek »libcbkbase10.a« einzubinden, geben Sie »-lcbkbase10« ein (Sie müssen dafür den MinGW-Compiler nutzen, was Sie in demselben Dialog in der oberen Auswahlzeile »Project Profile« angeben).

Argumente an das Programm übergeben

Um an ein Programm, das aus der Entwicklungsumgebung heraus ausgeführt wird, Kommandozeilen-Argumente zu übergeben, öffnen Sie das Menü »Ausführen / Parameter ...«. Geben Sie hier in der Eingabezeile »Übergabe-Parameter für Ihr Programm« die gewünschten Argumente ein.

A.2.2 MinGW Developer Studio

Bei dem MinGW Developer Studio handelt es sich um eine Umgebung, die im Aussehen und in der Bedienung sehr stark an Microsoft Visual Studio 6.0 angelehnt ist.

Der Vorteil dieser Umgebung ist, dass sie kostenlos für Linux, FreeBSD und Windows zur Verfügung steht. Das ermöglicht auf allen drei System ein einheitliches Arbeiten. Leider gibt es keinerlei Onlinehilfe, die eine Einführung in die Handhabung erleichtert.

Ein neues Projekt erstellen

Um ein neues Projekt zu erzeugen, wählen Sie das Menü »File / New ...«. Im daraufhin erscheinenden Dialog selektieren Sie das Register »Projects« und aus der Liste den Eintrag »Win32 Console Application«, um eine Konsolenanwendung zu erzeugen.

Unter »Project Name« geben Sie den Namen der Projektdatei ein (ohne Erweiterung) und unter »Location« das Verzeichnis, in dem die Datei gespeichert werden soll.

Einem Projekt Dateien hinzufügen

Um eine neue Datei zu einem Projekt hinzuzufügen, wählen Sie das Menü »File / New...« oder das Menü »Project / Add to project / New...«. Im darauf erscheinenden

Dialog selektieren Sie das Register »Files« und wählen den entsprechenden Dateityp aus. Markieren Sie die Option »Add to Project«, damit die Datei in das Projekt eingefügt wird (ansonsten wird sie lediglich zum Bearbeiten geöffnet).

Unter »File name« geben Sie den Namen der Datei ein (mit Erweiterung, wenn Sie »C/C++ Source File« gewählt haben) und unter »Location« das Verzeichnis, in dem die Datei gespeichert werden soll.

Um vorhandene Dateien in das Projekt aufzunehmen, wählen Sie das Menü » Project / Add to project / Files...«. Im darauf erscheinenden Dialog wählen Sie die Dateien aus, die dem Projekt hinzugefügt werden sollen.

Dateien aus einem Projekt entfernen

Markieren Sie im Fenster »File View« (Menü »View / Projekt Window«) die Datei, die Sie aus dem Projekt entfernen möchten und drücken Sie [Entf] auf der Tastatur.

Quelldateien übersetzen

Wenn Sie eine bestimmte Datei übersetzen wollen, müssen Sie diese Datei geöffnet haben und sich im aktiven Bearbeitungsfenster befinden. Wählen Sie nun das Menü »Build / Compile«.

Wenn Sie alle Dateien übersetzen und auch die ausführbare Programmdatei erstellen wollen, wählen Sie das Menü »Build / Build«, um alles das zu übersetzen, was nicht mehr aktuell ist und seit dem letzten Übersetzungsvorgang geändert wurde, oder Sie wählen das Menü »Build / Rebuild all«, um alles neu zu erstellen.

Sie können das erstellte Programm aus der Umgebung heraus starten, indem Sie »Build / Build and execute« wählen.

Suchverzeichnisse angeben

Wählen Sie das Menü »Edit / Options ...«, wenn Sie Verzeichnisse eingeben wollen, die für alle Projekte gelten. Im darauffolgenden Dialog öffnen Sie die Registerseite »Directories«. In der Zeile »Show directories for« wählen Sie aus, ob Sie Suchverzeichnisse für Include-Dateien oder für Bibliotheksdateien hinzufügen wollen.

Sie müssen auf den linken der vier Schalter klicken, die sich rechts über der Liste »Directories« befinden. In dem erscheinenden Dialog wählen Sie ein Verzeichnis aus. Sie ändern einen vorhandenen Eintrag, indem Sie darauf doppelklicken. Löschen können Sie ihn, indem Sie den zu löschenden Eintrag markieren und auf den Schalter mit dem roten »X« klicken.

Um Suchverzeichnisse, die nur für ein bestimmtes Projekt gelten sollen, einzugeben, wählen Sie das Menü »Project / Settings ...«, wenn Sie Suchverzeichnisse eingeben wollen. Im darauf folgenden Dialog markieren Sie in der Liste unter »Settings for« die Konfiguration.

Um Suchverzeichnisse für Include-Dateien einzugeben, wählen Sie das Register »Compile«. In der Zeile »Additional include directories« geben Sie die gewünschten Verzeichnisse ein. Mehrere Verzeichnisse müssen durch Komma voneinander getrennt werden.

Um Suchverzeichnisse für Ressourcen-Include-Dateien einzugeben, wählen Sie das Register »Resources«. In der Zeile »Additional resource include directories« geben Sie die gewünschten Verzeichnisse ein. Mehrere Verzeichnisse müssen durch Komma voneinander getrennt werden.

Um Suchverzeichnisse für Bibliotheksdateien einzugeben, wählen Sie das Register »Link«. In der Zeile »Additional library path« geben Sie die gewünschten Verzeichnisse ein. Mehrere Verzeichnisse müssen durch Kommata voneinander getrennt werden.

Ausgabeverzeichnisse festlegen

Wählen Sie das Menü »Project / Settings ...« und im daraufhin erscheinenden Dialog die Registerseite »General«. Geben Sie in der Eingabezeile »Intermediate files« das Verzeichnis für die Ausgabe der Objektdateien ein und in der Eingabezeile »Output files« das Verzeichnis, in dem die erzeugte Programmdatei abgelegt werden soll.

Präprozessorsymbole definieren

Wählen Sie das Menü »Project / Settings ...« und im daraufhin erscheinenden Dialog die Registerseite »Compile«.

In der Zeile »Preprocessor definitions« geben Sie die Symbole ein, die Sie definieren möchten. Einem Symbol kann ein bestimmter Wert zugewiesen werden, indem Sie hinter das Symbol ein Zuweisungszeichen eingeben, gefolgt von dem gewünschten Wert (alles ohne Leerzeichen). Mehrere Definitionen werden durch Komma voneinander getrennt.

Bibliotheken einbinden

Wählen Sie das Menü »Project / Settings ...« und im daraufhin erscheinenden Dialog die Registerseite »Link«.

In der Zeile »Libraries« tragen Sie die Bibliotheken, die Sie zusätzlich einbinden wollen, ein. Mehrere Bibliotheken werden durch Kommata voneinander getrennt. Die Angabe der Bibliotheken erfolgt ohne die Angabe eines Pfades und ohne das Präfix »lib« und ohne die Erweiterung ».a«. Suchpfade tragen Sie in der Zeile »Additional library path« ein.

Auf diese Weise können Sie nur Bibliotheken einbinden, die das Präfix »lib« und die Erweiterung ».a« haben. Wollen Sie Bibliotheken einbinden, die nicht dieser Namenskonvention entsprechen, geben Sie den vollständigen Bibliotheksnamen inklusive des Pfades in der Zeile »Libraries« ein.

Argumente an das Programm übergeben

Um an ein Programm, das aus der Entwicklungsumgebung heraus ausgeführt wird, Kommandozeilen-Argumente zu übergeben, wählen Sie das Menü »Project / Settings ...« und im daraufhin erscheinenden Dialog die Registerseite »General«.

In der Eingabezeile »Program arguments« geben Sie die gewünschten Argumente ein.

A.2.3 Open Watcom 1.4

Mit Open Watcom 1.4 können Sie Programme für alle Speichermodelle des DOS Real Mode sowie Programme für Windows (alle 16- und 32-Bit-Versionen) schreiben. Es sind auch Programme für den DOS Protected Mode möglich, und zwar für 16-Bit- als auch für 32-Bit-DPMI. Zudem bietet Open Watcom die Option, unter Windows die Programme für OS/2 und für Linux zu übersetzen. Das wurde von mir allerdings nicht getestet.

Die Umgebung von Open Watcom 1.4, die sich auf der CD zum Buch befindet, läuft nur unter Windows NT, Windows 2000 usw. Allerdings gibt es auch eine Variante für OS/2, die Sie von [OWHome] herunterladen können.

Zum besseren Verständnis muss vorweg noch etwas über Projekte und Ziele in Open Watcom erklärt werden: Ein Projekt enthält noch keinerlei Informationen über das zu erzeugende Programm. Es ist vielmehr ein Mittel zur Organisation mehrerer Programme, Bibliotheken usw. Die eigentlichen Programminformationen sind in Open Watcom in einem *Ziel* enthalten. Ein Ziel ist also eine ausführbare Datei, eine Bibliothek usw.

Ein neues Projekt erstellen

Ein neues Projekt beginnen Sie über das Menü »File / New Project ...«. In den sich daraufhin öffnenden Dialog geben Sie den Namen des Projekts ein und wählen das Verzeichnis, in dem es gespeichert werden soll. Wenn Sie diesen Dialog nicht abbrechen, öffnet sich das Fenster »New Target«. Hier geben Sie in der Eingabezeile »Target name« den Namen (ggf. mit Pfad aber ohne Erweiterung) des Ziels ein. Dieser Name wird auch der Name des Programms sein. Unter »Target Environment« wählen Sie die Plattform aus, für die das Programm erzeugt werden soll. Dann wählen Sie unter »Image Type« die Art des Programms. Für unser Buch sind das die Einstellungen »Win32 (NT/Win95/Win32s)« zusammen mit »Character-mode Executable [.exe]«, »DOS – 16-bit« zusammen mit »Executable [.exe]« oder »DOS – 32-bit« zusammen mit »DOS/4GW Executable [.exe]«.

Wenn Sie dieses Fenster über »OK« schließen, öffnet sich in der IDE ein Fenster, das in der Titelleiste den Programmnamen trägt.

Ein neues Ziel fügen Sie einem vorhandenen Projekt hinzu, indem Sie das Menü »Targets / New Target ...« wählen. Es öffnet sich das Fenster »New Target«, in das Sie die Einstellungen wie oben beschrieben vornehmen können.

Dateien aus einem Ziel entfernen

Um eine Datei aus einem Ziel zu entfernen, markieren Sie die Datei im Zielfenster und drücken Sie [Entf].

Quelldateien übersetzen

Um alle geänderten Dateien zu übersetzen und zu binden, wählen Sie das Menü »Targets / Make«. Um das Ziel komplett neu zu übersetzen und zu binden, wählen Sie das Menü »Targets / Mark Target for Remake« und anschließend das Menü »Targets / Make«.

Suchverzeichnisse angeben

Suchverzeichnisse geben Sie über das Fenster »C Compiler Switches« ein, das Sie über das Menü »Options / C Compiler Switches...« öffnen. Wählen Sie in diesem Fenster unter »Switches for making '*.c' in target ...« den Eintrag »1. File Option Switches« aus. In der Zeile »Include Directories: [-i]« geben Sie die Suchverzeichnisse ein. Mehrere Verzeichnisse werden durch Leerzeichen voneinander getrennt. Sie erkennen daran schon, dass die Suchverzeichnisse selbst keine Leerzeichen enthalten dürfen.

Ausgabeverzeichnisse festlegen

Ich habe leider keine Möglichkeit ermitteln können, die Ausgabeverzeichnisse zu ändern. Die Dateien werden immer im Zielverzeichnis abgelegt.

Präprozessorsymbole definieren

Symbole geben Sie über das Fenster »C Compiler Switches« ein, das Sie über das Menü »Options / C Compiler Switches ...« öffnen. Wählen Sie in diesem Fenster unter »Switches for making '*.c' in target ...« den Eintrag »3. Source Switches«. In der Eingabezeile »Makro definitions: [-d]« geben Sie die zu definierenden Symbole ein. Einem Symbol kann ein bestimmter Wert zugewiesen werden, indem Sie hinter das Symbol ein Zuweisungszeichen eingeben, gefolgt von dem gewünschten Wert (alles ohne Leerzeichen). Mehrere Definitionen werden durch Leerzeichen voneinander getrennt.

Bibliotheken einbinden

Wechseln Sie in das Fenster, welches das Ziel enthält, in das Sie Bibliotheken einbinden wollen. Wählen Sie dann das Menü »Sources / New Source ...«. Es öffnet sich der Dialog »Add File(s) to ...«, wo Sie die Dateien suchen und wählen können, die Sie einfügen wollen.

Um eine ausgewählte Datei tatsächlich in das Ziel aufzunehmen, müssen Sie die Schalter »Add« oder »Add all« drücken. »Add all« fügt alle Dateien des ausgewählten Verzeichnisses ein, während »Add« lediglich die markierte Datei einfügt.

Wird die Option »Store Absolute Paths« markiert, werden absolute Pfadangaben anstelle von relativen gespeichert.

Argumente an das Programm übergeben

Wählen Sie das Menü »Targets / Target Options / Run Switches ...« und geben Sie in dem sich daraufhin öffnenden Dialog die gewünschten Argumente ein.

B Operatoren

In der Tabelle B.1 sind alle in C verfügbaren Operatoren aufgelistet. Die höchste Priorität steht dabei obenan (Stufe 1), wobei alle Operatoren, die sich innerhalb derselben Stufe befinden, die gleiche Priorität besitzen, unabhängig von der Reihenfolge ihrer Auflistung.

Bei den mit »1)« gekennzeichneten Operatoren handelt es sich um unäre Operatoren. Diese haben nur einen Operanden, im Gegensatz zu den binären Operatoren, die zwei Operanden besitzen (einen links und einen rechts des Operators).

Tabelle B.1: Operatoren in C

Beschreibung		Symbol	Priorität
Funktionsaufruf	1)	()	1. Stufe
Feldelement (Arrayoperator)	1)	[ ]	
Strukturzugriffe		->	
Strukturzugriffe		.	
Logisches NICHT (NOT)	1)	!	2. Stufe
Bitweises Komplement	1)	~	
Vorzeichen	1)	-	
Inkrementation	1)	++	
Dekrementation	1)	--	
Referenzoperator	1)	&	
Sternoperator (Indirektionsoperator)	1)	*	
Typumwandlung (Castoperator)	1)	()	
sizeof-Operator	1)	sizeof	
Strukturzugriffe		->*	
Strukturzugriffe		.*	
Multiplikation		*	3.Stufe
Division		/	

Tabelle B.1 (Fortsetzung): Operatoren in C

Beschreibung	*Symbol*	*Priorität*
Rest (Modulooperator)	%	
Addition	+	4. Stufe
Subtraktion	-	
Bitweises Rechtsschieben	>>	5. Stufe
Bitweises Linksschieben	<<	
Kleiner als ...	<	6. Stufe
Größer als ...	>	
Kleiner oder gleich ...	<=	
Größer oder gleich ...	>=	
Gleich ...	==	7. Stufe
Ungleich ...	!=	
Bitweises UND (bitweises AND)	&	8. Stufe
Bitweises exklusives ODER (EXOR)	^	9. Stufe
Bitweises ODER (bitweises OR)	|	10. Stufe
Logisches UND (AND)	&&	11. Stufe
Logisches ODER (OR)	||	12. Stufe
Bedingungsoperator	?:	13. Stufe
Einfache Zuweisung	=	14. Stufe
Zuweisung des Produkts	*=	
Zuweisung der Division	/=	
Zuweisung des Rests	%=	
Zuweisung der Summe	+=	
Zuweisung der Differenz	-=	
Zuweisung nach bitweisem AND	&=	
Zuweisung nach bitweisem EXOR	^=	
Zuweisung nach bitweisem OR	|=	

Tabelle B.1 (Fortsetzung): Operatoren in C

Beschreibung	Symbol	Priorität
Zuweisung nach Linksschieben	<<=	
Zuweisung nach Rechtsschieben	>>=	
Anweisungslisten (Kommaoperator)	,	15. Stufe

C Literale Konstanten

C.1 Numerische Literale

C.1.1 Zahlen allgemein

Eine Konstante vermag denselben Zahlenbereich aufzunehmen, den eine dem Datentypen entsprechende Variable aufnehmen kann (vgl. Tabelle 3.1, Tabelle 3.2 und Tabelle 3.3).

Oktale Konstanten kennzeichnet man mit einer vorangestellten Null:

010   entspricht dezimal 8.
04   entspricht dezimal 4.
012   entspricht dezimal 10.

Sedezimale Konstanten werden mit »0x« oder »0X« gekennzeichnet:

0x10 entspricht dezimal 16.
0x2   entspricht dezimal 2.
0xF   entspricht dezimal 15.

Ob die Ziffern »A« bis »F« groß- oder kleingeschrieben sind, ist nicht von Bedeutung. Also ist »0xFF« dasselbe wie »0xff«.

Mit sedezimalen und oktalen Konstanten kann man keine negativen Werte darstellen.

C.1.2 Suffixe

Konstanten werden immer als derjenige Datentyp behandelt, in dessen Wertebereich sie liegen, der kleinste Typ ist allerdings nicht `char`, sondern `int`.

Einer Konstanten kann man ein Suffix anhängen, wenn man will, damit sie als vorzeichenlos oder als ein größerer Datentyp behandelt wird. Die Suffixe für Integerkonstanten sind:

»U« oder »u« für `unsigned`,
»L« oder »l« für `long`.

100L entspricht `long int`.
100U entspricht `unsigned int`.
100UL entspricht `unsigned long int`.

Fließkommaliterale werden immer als `double` behandelt. Man kann auch dieses anhand eines Suffixes ändern:

»F« oder »f« für `float`,
»L« oder »l« für `long double`.

10.0L entspricht `long double`.
10.0F entspricht `float`.

Auch die wissenschaftliche Notation ist möglich und wird durch ein »E« gekennzeichnet, wobei ebenfalls nicht zwischen Groß-/Kleinschreibung unterschieden wird:

123E2 entspricht 123 * 10².
12e-5 entspricht 12 * 10-5.

Bei Compilern, die 64-Bit-Integertypen unterstützen, kann man auch diesen Typ kennzeichnen, je nach Compiler durch »LL« oder »i64«, wobei die Groß-/Kleinschreibung keine Rolle spielt:

100LL   entspricht `long long int` (nicht bei Borland und Microsoft).
100ULL   entspricht `unsigned long long int` (nicht bei Borland und Microsoft).

100i64   entspricht `__int64` (nur bei Borland, Microsoft und Watcom).
100ui64 entspricht `unsigned __int64` (nur bei Borland, Microsoft und Watcom).

C.2 Zeichen und Zeichenketten

Ein einzelnes Zeichen wird in einfachen Hochkommata eingeschlossen:

'A' ist das Zeichen »A«.

'9' ist das Zeichen »9« (keine Zahl).

Zeichenketten werden in Anführungszeichen eingeschlossen. Dabei können Zeichenketten auch aufgeteilt werden, wobei sich zwischen den Anführungszeichen von zwei Teilzeichenketten nur Blanks befinden dürfen:

"Eine Zeichenkette"   ist die Zeichenkette »Eine Zeichenkette«.

"Eine" " Zeichenkette"   ist die Zeichenkette »Eine Zeichenkette«.

Bei der Ausgabe ist darauf zu achten, dass das Fluchtsymbol (der Rückwärtsstrich) von allen ANSI-C-Funktionen interpretiert wird. Die möglichen Steuerzeichen befinden sich in Tabelle D.1.

D Formatkennzeichner und Steuerzeichen

Steuerzeichen und Formatkennzeichner kommen innerhalb einer Zeichenkette vor und entscheiden über die Form der Ausgabe in eine Datei, auf den Drucker oder den Bildschirm. Sie werden durch sogenannte Fluchtsymbole eingeleitet. Das Fluchtsymbol wird von einem oder mehreren Zeichen gefolgt, der Escape-Sequenz.

D.1 Steuerzeichen

Beim Fluchtsymbol für ein Steuerzeichen handelt es sich um den Rückwärtsstrich (Backslash). Die möglichen Zeichen und deren Bedeutung finden Sie in Tabelle D.1.

Tabelle D.1: Steuerzeichen in Zeichenketten

Sequenz	Bedeutung
\a	Klingelzeichen auf dem Systemlautsprecher ausgeben (Beep).
\b	Eingabemarke um ein Zeichen nach links setzen.
\f	Seitenvorschub (speziell für die Ausgabe auf einen Drucker).
\n	Eingabemarke eine Zeile tiefer setzen (Zeilenvorschub).
\r	Eingabemarke in die erste Spalte setzen (Wagenrücklauf).
\t	Eingabemarke auf die nächste horizontale Tabulatorposition setzen.
\v	Eingabemarke auf die nächste vertikale Tabulatorposition setzen.
\\	Ausgabe des Rückwärtsstrichs.
\'	Ausgabe des einfachen Anführungszeichens.
\"	Ausgabe des doppelten Anführungszeichens.
\ooo	Ausgabe des Zeichens mit der angegebenen Nummer (o = eine oktale Ziffer).
\xhh oder \Xhh	Ausgabe des Zeichens mit der angegebenen Nummer (h = eine sedezimale Ziffer).

D.2 Formatkennzeichner

Beim Fluchtsymbol für einen Formatkennzeichner handelt es sich um das Prozentzeichen (%). Das bzw. die darauf folgenden Zeichen regeln die Ausgabeform des entsprechenden Arguments.

D.2.1 printf() und scanf()

In `printf()` und `scanf()` sind alle Formatanweisungen, die sich auf die Aus- und Eingabe von Zahlen beziehen, abhängig von der über `setlocale()` gesetzten Einstellung.

Die Präzision wird zwischen dem Fluchtsymbol und dem Formatkennzeichner angegeben. Dabei muss bei der Präzision zwischen Zeichenketten, Integer- und Fließkommazahlen unterschieden werden. Bei ganzen Zahlen und Zeichenketten handelt es sich bei der Präzision um eine Dezimalzahl, die die Breite des Ausgabefeldes bestimmt. Bei der Ausgabe von Fließkommazahlen handelt es sich um zwei Dezimalzahlen, die durch einen Punkt voneinander getrennt werden. Die erste Zahl gibt die Gesamtbreite inklusive Dezimalpunkt des Feldes an, die zweite Zahl die Anzahl der Nachkommastellen. Es wird dabei automatisch richtig gerundet.

Vor oder anstelle der Präzision können sich auch zusätzliche Kennzeichen (sogenannte »Flags«) befinden, die in Tabelle D.3 dargestellt sind. Über die alternativen Formen gibt die Tabelle D.4 Aufschluss. Es ist auch gestattet, dem Formatkennzeichner eine explizite Größenangabe voranzustellen. Die möglichen Angaben befinden sich in Tabelle D.5.

Tabelle D.2: Formatkennzeichner für `printf()` und `scanf()`

Sequenz	Bedeutung
%d oder %i ...	Ausgabe als ganze (positive oder negative) Dezimalzahl (Datentyp `int`).
%u ...	Ausgabe als ganze positive Dezimalzahl (Datentyp `int`).
%o ...	Ausgabe als ganze positive Oktalzahl (Datentyp `int`).
%x ...	Ausgabe als ganze positive Sedezimalzahl in Kleinschreibung (Datentyp `int`).
%X ...	Ausgabe als ganze positive Sedezimalzahl in Großschreibung (Datentyp `int`).
%f ...	Ausgabe als Fließkommazahl (Datentyp `double`). Wenn die Vorkommastelle Null ist, wird diese nicht mit ausgegeben. Bei einer Eingabe über `scanf()` wird der Typ `float` erwartet.
%e ...	Ausgabe in Exponentialdarstellung mit kleingeschriebenem »e«.

Tabelle D.2 (Fortsetzung): Formatkennzeichner für `printf()` und `scanf()`

Sequenz	Bedeutung
%E	Ausgabe in Exponentialdarstellung mit großgeschriebenem »E«.
%g	Ausgabe verschieden, entweder im %f- oder %e-Format. Das hängt davon ab, ob die Präzisionsangabe für die Darstellung im %f-Format ausreichend ist.
%G	Ausgabe verschieden, entweder im %f- oder %E-Format. Das hängt davon ab, ob die Präzisionsangabe für die Darstellung im %f-Format ausreichend ist.
%c	Ausgabe eines einzelnen Zeichens.
%C	Ausgabe eines einzelnen Zeichens. Das Argument wird in `printf()` als Doppelbytezeichen verarbeitet, in `wprintf()` als Einzelbytezeichen.
%s	Ausgabe einer Zeichenkette.
%S	Ausgabe einer Zeichenkette. Das Argument wird in `printf()` als Doppelbytezeichenkette verarbeitet, in `wprintf()` als Einzelbytezeichenkette.
%n	Speichert in einer als Argument angegebenen Variablen des Typs `int` die Anzahl der bisher ausgegebenen Zeichen.
%p	Ausgabe einer Adresse im sedezimalen Format.

Tabelle D.3: Kennzeichen (Flags) für Formatkennzeichner

Kennzeichen	Wirkung
-	Linksbündige Ausgabe.
+	Auch positive Vorzeichen werden ausgegeben.
Leerzeichen	Positive Werte werden mit führenden Leerzeichen ausgegeben.
0	Zahlen werden mit führenden Nullen ausgegeben, bis die Feldbreite erreicht ist.
#	Konvertierung des Arguments in alternativer Form (siehe Tabelle D.4).

Tabelle D.4: Alternative Formatierung der Ausgabe

Bei Formatkennzeichner	Wirkung von # (alternative Form)
c, s, d, i, u	Keine Wirkung
o	Eine Null wird vorangestellt, wenn das Argument nicht Null ist.
x	Die Zeichen 0x werden vorangestellt.
X	Die Zeichen 0X werden vorangestellt.
e, E, f	Es wird immer ein Dezimalpunkt ausgegeben, auch wenn das Argument keine Nachkommastellen enthält.
g, G	Wie bei e und E; zusätzlich werden hinten anstehende Nullen nicht unterdrückt.

Tabelle D.5: Explizite Größenangaben für Formatkennzeichner

Größenangabe	bei Formatkennzeichner	Wirkung
h	d, i, o, u, x, X	Das Argument wird als `short int` interpretiert.
l	d, i, o, u, x, X	Das Argument wird als `long int` interpretiert.
l	e, E, f, g, G	Das Argument wird bei `printf()` als `long double` interpretiert (nicht bei MinGW und nicht bei Borland) und bei `scanf()` als `double`.
L	d, i, o, u, x, X	Das Argument wird als `long long int` interpretiert (nicht bei MinGW).
L	e, E, f, g, G	Das Argument wird bei `printf()` als `long double` interpretiert (nicht bei MinGW) und bei `scanf()` ebenfalls als `long double`.
ll	d, i, o, u, x, X	Das Argument wird als `long long int` interpretiert (nur bei Watcom).
i64	d, i, o, u, x, X	Das Argument wird als `int64` interpretiert (nicht bei gcc unter Linux).

D.2.2 strftime()

Die Formatanweisungen in `strftime()` sind alle abhängig von der über `setlocale()` gesetzten Einstellung.

Alle Zeichen, die sich nicht hinter einem Fluchsymbol befinden, werden von `strftime()` unverändert ausgegeben (sofern es sich nicht um Steuerzeichen handelt, die natürlich ganz regulär umgesetzt werden).

Tabelle D.6: Formatkennzeichner für `strftime()`

Sequenz	Bedeutung
%%	Das Prozentzeichen wird ausgegeben.
%a	Der Name des Wochentags wird in Kurzform ausgegeben.
%A	Der Name des Wochentags wird voll ausgeschrieben ausgegeben.
%b	Der Name des Monats wird in Kurzform ausgegeben.
%B	Der Name des Monats wird voll ausgeschrieben ausgegeben.
%c	Datum und Uhrzeit werden ausgegeben.
%d	Die Nummer des Tages im Monat wird ausgegeben, wenn nötig mit führender Null.
%H	Die Stunde im 24-Stunden-Format wird ausgegeben, wenn nötig mit führender Null.
%I	Die Stunde im 12-Stunden-Format wird ausgegeben, wenn nötig mit führender Null.
%j	Die Nummer des Tages im Jahr wird ausgegeben, wenn nötig mit führender Null.
%m	Die Nummer des Monats wird ausgegeben ohne führende Null.
%M	Die Minute wird ausgegeben, wenn nötig mit führender Null.
%p	Die Zeichenfolge »AM« bzw. »PM« wird ausgegeben.
%S	Die Sekunde wird ausgegeben, wenn nötig mit führender Null.
%U	Die Nummer der Woche wird ausgegeben, wenn nötig mit führender Null. Die Woche beginnt hier mit Sonntag.
%w	Die Nummer des Tages in der Woche wird ausgegeben (0–6). Die Woche beginnt hier mit Sonntag.

Tabelle D.6 (Fortsetzung): Formatkennzeichner für `strftime()`

Sequenz	Bedeutung
%W	Die Nummer der Woche wird ausgegeben, wenn nötig mit führender Null. Die Woche beginnt hier mit Montag.
%x	Das Datum wird ausgegeben.
%X	Die Uhrzeit wird ausgegeben.
%y	Das Jahr wird ohne Jahrhundert ausgegeben, wenn nötig mit führender Null.
%Y	Das Jahr wird mit Jahrhundert ausgegeben.
%Z	Der Name der Zeitzone wird ausgegeben, sofern eine festgelegt ist.

E ANSI-Escape-Sequenzen

ANSI-Escape-Sequenzen sind auf fast jedem System bekannt und können daher eingesetzt werden, wenn es um Kompatibilität geht. Allerdings ist das Ausführen dieser Sequenzen recht langsam und sollte daher mit Bedacht eingesetzt werden.

Unter DOS und Windows müssen Sie üblicherweise selbst noch Hand anlegen, damit die Sequenzen korrekt arbeiten. So muss sich unter DOS in der Datei »c:\config.sys« der Eintrag

     DEVICE=C:\DOS\ANSI.SYS

bzw. der Eintrag

     DEVICEHIGH=C:\DOS\ANSI.SYS

befinden. Unter Windows NT/2000 muss in der Datei »c:\winnt\system32\config.nt« die Zeile

     DEVICE=C:\WINNT\SYSTEM32\ANSI.SYS

eingetragen werden. Dieses wirkt sich aber nur auf DOS-Programme aus. Für die 32-Bit-Konsolenprogramme stellt Microsoft keine ANSI-Treiber zur Verfügung.

In der Tabelle E.1 finden Sie die wichtigsten Sequenzen. Die Zeichenfolge »ESC« steht für das Zeichen 27 (Escape). Bei den fett gedruckten Teilen einer Sequenz handelt es sich um Argumente, die ersetzt werden müssen. Die Groß-/Kleinschreibung ist wichtig und muss beachtet werden.

Tabelle E.1: ANSI-Escape-Sequenzen

Sequenz	Bedeutung
ESC[2J	Löscht den Bildschirm. Die Schreibmarke wird nicht in die linke obere Ecke gesetzt.
ESC[K	Löscht die Zeile, in der sich die Schreibmarke befindet, von der Spalte an, in der sich die Schreibmarke befindet, bis zum Ende der Zeile.

ESC[**Z**;**S**H	Positioniert die Schreibmarke.
	   Z: die Zeilennummer. Die erste Zeile hat die Nummer 1.
	   S: die Spaltennummer. Die erste Spalte hat die Nummer 1.

ESC[H	Setzt die Schreibmarke in die linke obere Ecke des Bildschirms.
ESC[**N**A	Bewegt die Schreibmarke die angegebene Anzahl Zeilen nach oben. **N**: die Anzahl der Zeilen.

Tabelle E.1 (Fortsetzung): ANSI-Escape-Sequenzen

Sequenz	Bedeutung
ESC[A	Bewegt die Schreibmarke eine Zeile nach oben.
ESC[NB	Bewegt die Schreibmarke die angegebene Anzahl Zeilen nach unten. N: die Anzahl der Zeilen.
ESC[B	Bewegt die Schreibmarke eine Zeile nach unten.
ESC[NC	Bewegt die Schreibmarke die angegebene Anzahl Spalten nach rechts. N: die Anzahl der Spalten.
ESC[C	Bewegt die Schreibmarke eine Spalte nach rechts.
ESC[ND	Bewegt die Schreibmarke die angegebene Anzahl Spalten nach links. N: die Anzahl der Spalten.
ESC[D	Bewegt die Schreibmarke eine Spalte nach links.
ESC[s	Speichert die aktuelle Position der Schreibmarke.
ESC[u	Stellt die Position wieder her, die beim letzten Speichern festgehalten wurde.
ESC[6n	Ermittelt die aktuelle Position der Schreibmarke. Das Ergebnis wird in den Tastaturpuffer geschrieben und hat das Format ESC[Z;SR. Z: die Zeile, in der sich die Schreibmarke befindet. S: die Spalte, in der sich die Schreibmarke befindet.

ESC[Am	Setzt die Attribute der Ausgabe. Bei diesen Attributen kann es sich um eine einzelne Zahl für ein einzelnes Attribut oder eine Reihe von Zahlen für mehrere Attribute handeln. Werden mehrere Attribute gesetzt, müssen die Zahlen durch Semikolon voneinander getrennt werden.
	Es werden nicht immer alle Attribute unterstützt. Das liegt an der zugrunde liegenden Hardware oder auch an den Möglichkeiten des Systems.
	A: Ein oder mehrere durch Semikolon getrennte Attribute:
	  0: Alle Attribute auf Standard zurücksetzen
	  1: Verstärkte Intensität (fett)
	  4: Unterstreichen (nur Monochrom-Bildschirme)
	  5: Blinken
	  7: Farben invertieren
	  8: Unsichtbare Ausgabe
	  30: Vordergrundfarbe Schwarz
	  31: Vordergrundfarbe Rot
	  32: Vordergrundfarbe Grün

Tabelle E.1 (Fortsetzung): ANSI-Escape-Sequenzen

Sequenz	Bedeutung
	33: Vordergrundfarbe Gelb 34: Vordergrundfarbe Blau 35: Vordergrundfarbe Lila 36: Vordergrundfarbe Kobaltblau 37: Vordergrundfarbe Hellgrau 40: Hintergrundfarbe Schwarz 41: Hintergrundfarbe Rot 42: Hintergrundfarbe Grün 43: Hintergrundfarbe Gelb 44: Hintergrundfarbe Blau 45: Hintergrundfarbe Lila 46: Hintergrundfarbe Kobaltblau 47: Hintergrundfarbe Hellgrau
ESC[7h	Wenn sich die Eingabemarke in der letzten Spalte befindet und ein Zeichen ausgegeben wird, erfolgt automatisch ein Zeilenvorschub. Dieses ist die Standardeinstellung jeder Konsole.
ESC[7l	Wenn sich die Eingabemarke in der letzten Spalte befindet und ein Zeichen ausgegeben wird, erfolgt kein Zeilenvorschub. Weil es schwer zu erkennen ist: Das letzte Zeichen ist ein kleines »L« und keine Eins.

E ANSI-Escape-Sequenzen

F Literatur

In diesem Anhang finden Sie Bücher und Internetseiten, die entweder in diesem Buch erwähnt wurden oder die ich einfach für empfehlenswert halte.

DCHome: http://www.bloodshed.net/devcpp.html, Internetseite für die Dev-C++ Entwicklungsumgebung

DoxyHome: http://www.doxygen.org, Internetseite für das Dokumentationswerkzeug doxygen

GTKHome: http://www.gtk.org/api/, Internetseite für die API-Dokumentation der GTK-Bibliotheken

McConnel93: Steve McConnel, Code complete, Microsoft Press

OWHome: http://www.openwatcom.org/; Internetseite der Open Watcom IDE.

MGWHome: http://www.mingw.org/, Internetseite für den Compiler von MinGW

MGWSHome: http://www.parinyasoft.com/, Internetseite für das MinGW Developer Studio

Petzold99: Charles Petzold, Windows-Programmierung, Microsoft Press

Rätzmann04: Manfred Rätzmann, Software-Testing & Internationalisierung, Galileo Computing (Galileo Press GmbH)

Sedgewick94: Robert Sedgewick, Algorithmen in C++, Addison-Wesley

Stroustrup00: Bjarne Stroustrup, Die C++ Programmiersprache, Addison-Wesley

wxDCHome: http://wxdsgn.sourceforge.net/, Internetseite für die wx-DevCpp Entwicklungsumgebung

Stichwortverzeichnis

Symbol
__386__ 250
__BOR_DPMI__ 247
__BORLANDC__ 245
__COMPACT__ 249
__CONSOLE__ 248
__DOS__ 247
__DPMI__ 248
__DPMI16__ 247
__DPMI32__ 247
__FLAT__ 247
__GNUC__ 250
__HUGE__ 249
__int64 54
__LARGE__ 249
__linux__ 245
__LINUX__ 246
__MEDIUM__ 249
__REAL__ 249
__SMALL__ 249
__TINY__ 249
__TURBOC__ 249
__UNIX__ 247
__USE_MISC 254
__WATCOMC__ 247
__WC_DPMI__ 247
__WIN32__ 295
_A_ARCH 356
_A_HIDDEN 356
_A_NORMAL 356
_A_RDONLY 356
_A_SUBDIR 356
_A_SYSTEM 356
_A_VOLID 356
_access 341
_chdrive 349
_CONSOLE 248
_dos_setdrive 349
_findclose 355
_finddata_t 355
_findfirst 355
_findnext 355
_MAX_PATH 361
_mkdir 351
_MSC_VER 245
_rmdir 351
_WIN32 295
_Windows 245

A
Abhängigkeiten (make) 265
abort 335
access 341
Addition 55
addstr 174
Adresse 33, 104
Aktuelles Verzeichnis 345
Alternativen 80
AND 68
ANSI-Escape-Code 24
ANSI-Escape-Sequenz 24
Anweisungsblock 84

Anweisungsblöcke ... 212
Arbeitsverzeichnis ... 346
argc ... 196
Argument ... 158
Argumente ... 160
argv ... 196
Arithmetische Operatoren ... 55
ASCII ... 39
ASCII-Codes ... 39
ASCII-Tabelle ... 39
assert ... 219
atoi ... 288
Aufzählungen ... 73
auto ... 213

B
Bearbeitungsreihenfolge ... 58
Bedinge Verzweigung ... 82
Bedingte Übersetzung ... 241
Bedingung ... 77
Bedingungsoperator ... 85
Benannte Konstante ... 27
Bezeichner (Begriff) ... 40
Bibliothek (Begriff) ... 14
Big Endian Model ... 147
Binärdatei ... 331
Binärmodus ... 326
Bit ... 59
Bitfelder ... 148
Bitweise Negation ... 69
Bitweise Verknüpfungen ... 67
Bitweise Verschiebung ... 66
Bitweises Oder ... 68
Bitweises Und ... 67
BLACK ... 28
Blanks ... 27
BLINK ... 29
BLUE ... 28
bool ... 252
Booleschen Operatoren ... 54
Bottom-up ... 284

box ... 174
break (Fallunterscheidung) ... 87
break (in Schleifen) ... 99
BROWN ... 28
Bubblesort ... 292
Bubblesort- ... 188
Byte ... 59

C
call by reference ... 184
call by value ... 184
case ... 87
cast operator ... 72
cgets ... 41, 121
char ... 39, 50
chdir ... 347
closedir ... 358
clrscr ... 27
Codepage ... 39
Codesegment ... 119
COLS ... 210
Compiler (Begriff) ... 13
const ... 73, 120
continue ... 100
cprintf ... 30
cputs ... 22, 25, 27
cscanf ... 46, 110
ctime ... 342
CYAN ... 28

D
DARKGRAY ... 28
Datei löschen ... 326
Datei öffnen ... 325
Datei schließen ... 326
Datei umbenennen ... 338
Dateinamen ... 344
Datensegment ... 119
Debugger (Begriff) ... 14
default ... 87
define ... 227

Definition (Datentyp) ... 156
Definition (Funktion) ... 156
Definition (Konstanten) ... 73
Definition (Variablen) ... 157
Definition (Variables) ... 34
Definition (Zeichenketten) ... 118
Deklaration (Datentyp) ... 156
Deklaration (explizite ~) ... 157
Deklaration (Funktion) ... 156
Deklaration (Variablen) ... 157
Dekrementoperator ... 57
delwin ... 175
Dereferenzierungsoperator ... 182
Dereferenzierungsoperator1 ... 106
Dezimalsystem ... 60
DIR ... 357
dirent ... 358
Division ... 55
Doppelwort ... 59
double ... 50
do-while ... 97
Doxygen ... 251
Dualsystem1 ... 60

E

Eindimensionale Felder ... 111
Einstiegspunkt ... 21
elif ... 243
Ellipse ... 190
else ... 83
else (Präprozessor) ... 244
Elternverzeichnis ... 345
endif ... 241
Endlosschleife ... 90, 95
endwin ... 175
Entwicklungsumgebung (Begriff) ... 15
enum ... 73
env ... 196
EOF ... 327
Erhöhen ... 57
exit ... 335

Exklusives Oder ... 68
Explizite Deklaration ... 157
extern ... 213, 289
EXTINT_AVAIL ... 249

F

Fallunterscheidung ... 86
Falsch ... 77
false ... 252
fclose ... 326
Fehlerbehandlung ... 113
Feld ... 111
Feldbreite ... 31
Felder (eindimensionale) ... 111
Felder (Initialisierung) ... 116
Felder (mehrdimensionale) ... 115
feof ... 334
ferror ... 340
fgets ... 41, 327
FILE ... 325
Fixkommazahlen ... 49
Fließkommazahlen ... 49
float ... 50
Fluchtsymbol ... 24
fopen ... 325
for ... 90
Formatanweisung ... 30
formatierte Ausgabe ... 29
Formatkennzeichner ... 30
fprintf ... 328, 330
fputs ... 328
fread ... 331
free ... 316
fscanf ... 327
fseek ... 335
ftell ... 336
Funktion ... 21
Funktion (Aufbau) ... 157
Funktion (Begriff) ... 155
Funktionsaufruf-Operator ... 21
Funktionsblock ... 21

Funktionskopf 157
Funktionskörper 21, 157
Funktionsrumpf 21, 157
Funktionszeiger 299
fwrite 331

G
getc 327
getch 28
getchar 20
getcwd 346
getenv 199
gets 41
GetStdHandle 179
getstr() 215
goto 81
gotoxy 27
GREEN 28
Grundrechenarten 54

H
Halde 316
Handle 179
Hauptspeicher 33
Hauptversion 240
Header 20
Heap 315
Heimatverzeichnis 345
Hintergrundfarbe 29
höherwertig 62

I
if 82
if (Präprozessor) 241
ifndef 243
Implizite Regeln 274
include 20, 239
Informationsdatei 21
Initialisieren (Strukturen) 136
Initialisieren von Strukturen 136

Initialisierung 35
Initialisierung von Feldern 116
initscr 174, 210
Inkrementoperator 57
int 21, 50
int16 253
int32 253
int64 253
int8 253
intptr_t 357
isdigit 288

K
Klammern (Ausdrücke) 56
Kodierungs-tabelle 39
Kommandozeilenargumente 195
Kommazahlen 49
Kommentare 20
Kommentare (verschachtelte) 20
Komponenten 131
Komponentennamen 131
Konstante 33
Konstanten (Definition) 73

L
Laufwerk wechseln 348
leere Anweisung 93
LIGHTBLUE 28
LIGHTCYAN 28
LIGHTGRAY 28
LIGHTGREEN 28
LIGHTMAGENTA 28
LIGHTRED 28
LINES 210
Linker (Begriff) 14
Linksschieben 66
Literal 119
Little Endian Model 147
Logische Negation 79
logische Operatoren 54
Logische Operatoren 77

Logisches Oder 79
Logisches Und 79
long 50

M
MAGENTA 28
main 21, 196
make (Programm) 264
Makefile 265
makeset 222
Makros 233
Makros (make) 272
malloc 316
Mehrdimensionale Felder 115
Minuszeichen 32
mkdir 351
Modul 259
Modulooperator 55
Modus (Datei) 325
move 174
Multiplikation 55
mvwaddstr 210

N
Nachkommastellen 32, 55
NDEBUG 219
Nebenversion 240
Negation (bitweise) 69
Negation (logische) 79
niederwertig 62
NO_EXTINT 249
normvideo 28
NUL 39
NULL 128

O
Objektdatei (Begriff) 13
Oder (bitweise) 68
Oder (logisch) 79
Oktalsystem 61
opendir 357

Operatoren (zusammengesetzte) 69
OR 68

P
Parameter 158, 160, 180
Pluszeichen 32
Präprozessor 20, 227
Präzision 31
printf 29, 330
printw 211
Priorität (Operatoren) 56
Programmieren (Begriff) 13
Programmiersprache (Begriff) 13
Prototyp 162
Prozedur 155
Pseudocode 217
Punktrechnung 56
putc 327
putenv 200
puts 20

Q
qsort 292, 305
Quadwort 59
Quelltext (Begriff) 13
Quicksort 292

R
rand 292
RAND_MAX 292
random access 335
Rang (Operatoren) 56
readdir 358
Rechenregeln 56
Rechtsschieben 66
RED 28
Referenzoperator 43, 104, 182
refresh 174
Regeln (make) 274
register 213
Release 240

remove ... 326
remove_dir() ... 359
rename ... 338
Rest einer Division ... 55
return ... 161, 193
rmdir ... 351

S

S_IEXEC ... 344
S_IFBLK ... 344
S_IFCHR ... 344
S_IFDIR ... 344
S_IFIFO ... 344
S_IFREG ... 344
S_IREAD ... 344
S_IWRITE ... 344
scanf ... 44, 110, 183
scanw ... 211
Schieben (vorzeichenbehaftet) ... 67
Schieben (vorzeichenlos) ... 67
Schiebeoperatoren ... 66
Sedezimalsystem ... 62
SEEK_CUR ... 335
SEEK_END ... 335
SEEK_SET ... 335
Seiteneffekte. ... 211
SetConsoleCursorPosition ... 179
setdisk ... 348
short ... 50
signed ... 50
size_t ... 261
sizeof ... 51
Speicherklassen ... 213
sprintf ... 47
Sprungmarke ... 81
srand ... 291
sscanf ... 46
standard screen ... 174
Standardfenster ... 174
stat ... 341
static ... 213

STD_OUTPUT_HANDLE ... 179
stderr ... 327
stdin ... 327
stdout ... 327
Stern ... 32
Steuerzeichen ... 24
strcat ... 126
strchr ... 129
strcmp ... 127
strcpy ... 125
Strichrechnung ... 56
stricmp ... 127
String ... 21
strlen ... 129
strlwr ... 126
strncat ... 126
strncmp ... 127
strncpy ... 125
strnicmp ... 127
strrev ... 126
strstr ... 128
strtok ... 130
struct ... 131
Struktur (Datentyp) ... 131
Strukturen (schachteln) ... 137
Strukturmustername ... 131
Strukturname ... 150
Strukturzugriffsoperator ... 134
strupr ... 126
Subtraktion ... 55
switch ... 86
Synonym ... 33
system ... 179

T

Tastatureingaben ... 40
textbackground ... 27
textcolor ... 27
Textdateien ... 327
Textmodus ... 325
time ... 291

time_t 291
tolower 89
Top-Down 284
toupper 89
true 252
Typangabe 34
type cast operator 72
typedef 150
Typumwandlung (implizite) 70
Typumwandlungsoperator 72

U
Übersetzungseinheit 259
uint 252
uint16 253
uint32 253
uint64 253
uint8 252
Umgebungsvariablen 196
Unbedingte Verzweigung 81
Und (bitweise) 67
Und (logisch) 79
undef 229
union 138
Union (Datentyp) 138
unsigned 50

V
va_arg 191
va_end 191
va_list 191
va_start 191
Variablen 32
Variablen (Definition) 34
Variablen (globale) 206
Variablen (Gültigkeit) 206
Variablen (lokale) 203
Variablen (Sichtbarkeit) 206
Verarbeitungsreihenfolge 57
Vermindern 57
Versionierung 240
Verzeichnis erstellen 351

Verzeichnis löschen 351
Verzeichnis öffnen 357
Verzeichnis schließen 358
Verzeichnis wechseln 347
Verzweigung 80
void 21
volatile 213
Vorzeichen 32

W
waddstr 174, 210
Wahlfreier Datenzugriff 335
Wahr 77
Wahrheitswert 54
Warnmeldung 22
wgetch 175
wgetnstr 210
while 95
WHITE 28
window 164
WINDOW 174
wmove 174
Wort 59
wrefresh 175

X
X-Achse 27
XOR 68

Y
Y-Achse 27
YELLOW 28

Z
Zahlen (Ausgabe) 29
Zahlen (linksbündig) 32
Zahlensysteme 59
Zählschleife 90
Zehnersystem 60
Zeichenkette 21, 39
Zeichenkette (definieren) 118
Zeichenkette (konstante) 120

Zeichenketten 118
Zeiger 103, 180
Zeiger (auf Funktionen) 299
Zeigerarithmetik 306
Zeilennummerierung 57
Ziele (make) 265
Zusammengesetzte Operatoren 69
Zuweisungsoperator 34
Zuweisungsoperatoren
  (zusammengesetzte) 70

PHP hat sich längst zum Standard in der Internet-Programmierung entwickelt, aber ein wesentlicher Aspekt der Programmierung blieb bisher außen vor – die Objektorientierung. Mit der Version 5 gewinnt PHP vor allem in diesem Bereich mächtige Features hinzu. Das Buch ist für erfahrene PHP-Programmierer der ideale Schritt in die Objektorientierung und weg von der Skriptsprache. Berücksichtigt werden neben Windows auch Linux und Mac. OOP für das Internet – ein ideales Buch für PHP-Programmierer!

Objektorientierte Programmierung mit PHP 5

Kannengiesser, Matthias; 2004; ca. 400 Seiten + CD-ROM

ISBN 978-3-7723-**6296-6**   € **39,95**

Besuchen Sie uns im Internet – www.franzis.de

Servervirtualisierung mit Xen ist kein Exotenthema mehr: Enorme Leistungssteigerung, Effizienz- und Kostenersparnis durch den parallelen Betrieb mehrerer Betriebssysteme sind unschlagbare Vorteile. Ganze Rechenzentren lassen sich so auf wenige Rechner zusammenschrumpfen. Die IT-Experten Andrej Radonic, Frank Meyer und Thomas Halinka haben ihr Xen-Know-how in diesem praxisorientierten Leitfaden zum Thema Virtualisierung zusammengetragen. Mit der speziell für dieses Buch entwickelten Linux-Distribution eisXen/eisfair können Sie innerhalb von nur zehn Minuten einen kompletten Xen-Server aufsetzen.

Xen 3.2
Radonic Andrej, Meyer Frank, Halinka Thomas; 2008; ca. 500 Seiten + CD-ROM
ISBN 978-3-7723-**7247-6** € **39,95**

Besuchen Sie uns im Internet – www.franzis.de

Mit .NET hat Microsoft eine mächtige Entwicklungsplattform geschaffen, die mit MONO auch ihren Einzug in die Linux-Welt hält. Neben großen Teilen des .NET-Frameworks stehen Entwicklern auch MONO-spezifische Bibliotheken zur Verfügung. Damit bietet sich eine ganze Reihe neuer Möglichkeiten. Der Clou dabei: Mit .NET unter Windows entwickelte Programme laufen unter Linux und mit MONO unter Linux entwickelte Software läuft unter Windows. Dieses Buch stellt MONO vor und zeigt anhand konkreter Beispiele, worauf es bei der Arbeit mit dieser Entwicklungsumgebung ankommt.

MONO .NET goes Linux

Kaan Candar; 2006; 480 Seiten

ISBN 978-3-7723-**7105-9** € **49,95**

Besuchen Sie uns im Internet – www.franzis.de

Office bietet eine riesige Funktionsvielfalt – aber ist für Sie wirklich alles dabei? Wenn Ihnen wiederkehrende Arbeitsabläufe zu mühselig sind, wenn Sie mehr wollen, als Office Ihnen bieten kann, brauchen Sie programmierte Lösungen. Hier kommt Visual Basic von Microsoft für Applikationen ins Spiel. Machen Sie sich Ihr Office über neue Funktionen einfach „passend". In diesem Buch finden Sie eine detaillierte, erklärende und praxisbezogene Anleitung zur VBA-Programmierung in Excel, Word, Access, Outlook, PowerPoint und anderen Office-Komponenten. Der Autor ist MVP und einer der bekanntesten VBA-Spezialisten Deutschlands.

VBA Programmierung

Held, Bernd; 2006; 544 Seiten + CD-ROM

ISBN 3-7723-**7589**-8

€ 20,–

Besuchen Sie uns im Internet – www.franzis.de